“盐”而有信

民国自贡盐务书信选

盐商卷

四川省档案馆 自贡市档案馆 编

四川大學出版社
SICHUAN UNIVERSITY PRESS

图书在版编目（CIP）数据

“盐”而有信 ：民国自贡盐务书信选. 盐商卷 / 四川省档案馆，自贡市档案馆编. — 成都 ：四川大学出版社，2023.4

ISBN 978-7-5690-6059-1

Ⅰ. ①盐… Ⅱ. ①四… ②自… Ⅲ. ①盐业史—史料—自贡—民国 Ⅳ. ①F426.82

中国国家版本馆 CIP 数据核字（2023）第 057065 号

书　　名：“盐”而有信——民国自贡盐务书信选（盐商卷）
“Yan” er You Xin——Minguo Zigong Yanwu Shuxin Xuan (Yanshang Juan)

编　　者：四川省档案馆　自贡市档案馆

选题策划：杨岳峰
责任编辑：李畅炜
责任校对：荆　菁
装帧设计：李　野
责任印制：王　炜

出版发行：四川大学出版社有限责任公司
地址：成都市一环路南一段 24 号（610065）
电话：（028）85408311（发行部）、85400276（总编室）
电子邮箱：scupress@vip.163.com
网址：https://press.scu.edu.cn
印前制作：成都完美科技有限责任公司
印刷装订：四川煤田地质制图印务有限责任公司

成品尺寸：185mm×260mm
印　　张：23
字　　数：263 千字

版　　次：2023 年 5 月 第 1 版
印　　次：2023 年 5 月 第 1 次印刷
定　　价：160.00 元

扫码获取数字资源

四川大学出版社
微信公众号

“盐”而有信——民国自贡盐务书信选

编 委 会

前 言

四川省档案馆馆长　祝云

中国井盐，肇始四川；四川井盐，首指自贡。自贡在近两千年井盐发展的历史长河中，因盐而兴，因盐建镇，因盐置县，因盐设市，是名副其实的“千年盐都”。

自贡盐业在中国近现代发展史上曾出现了两次重要的兴盛时期：第一次是太平天国定都南京后，清政府在长江流域的盐政废驰，给四川井盐业发展带来契机，自贡盐业便在“井盐济楚”中迅速崛起，由嘉庆、道光年间的四川三大产场之一，迅速跃居天府之国井盐之首；第二次便是艰苦卓绝的抗日战争时期，由于历史的选择，自贡井盐在此期间获得空前发展，“独领风骚”，鼎盛辉煌，盐业税收为抗战胜利做出了历史性的巨大贡献。正是有了这份历经千年的深厚积淀，自贡在历史上成为四川省的盐政重地：1915年川南盐务稽核分所迁至自流井，该所负责全省80%的盐税的收缴，直接左右着四川省财政收入；1935年四川盐运使署迁驻自流井，之后的四川盐务管理局、川康盐务管理局均设置于此。

大浪淘沙，积淀精华。自贡盐业历史档案和资料便是上述历史时期井盐发展的真实记录，共有8万余卷（册），始于清雍正十年（1732年），止于民国三十八年（1949年）。自贡盐业历史档案以其系统性、独特性，成为我国乃至世界井盐史上的瑰宝，而其中两万余件盐业书信，则是这一瑰宝中熠熠生辉的明珠。

“烽火连三月，家书抵万金”。古往今来，书信作为一种向特定对象传递信息、交流思想感情的文书形式，是书信者亲笔形成的第一手文字材料，也是微观个体观察记录社会生活的原始资料，具有重要的历史与现实价值。

一滴水可以见太阳。今天我们梳理这些盐业书信档案，从一个新的视角可以看到自贡、四川乃至中国井盐业发展前行的历史脉络：从人力畜力推卤到机械汲卤再到真空制盐，从场产疲困到上下求索力争楚岸以拓展市场，从盐运受阻到整治陆路河道改善盐场产运销，从产业发展到关注人才教育投入，从盐业研究著述到创办博物馆、图书馆积极投身公益文化活动。特别是抗战时期自贡盐业金融联合国家银行设置盐业增产加运贷款、签章保证押汇放款等业务，助力自贡盐场创造出巨额盐产税收，其食盐供应区域辐射川、康、滇、黔、湘、鄂、陕等地，担负起这些区域达7000多万人口军需民用的重任，其盐税缴纳达到川盐税收80%以上，有力支撑了抗战大后方四川的财政，这一历史功勋在书信中均有记述和体现。与此同时，从书信中我们还真切地看到，在关系民族存亡的抗战时期，冯玉祥将军不辞辛劳冒着酷暑多次亲临自贡开展献金救国运动，最终使自贡创下二十二项全国献金记录，谱写了一曲曲抗日救国的壮歌。

自贡的沧桑来自于它悠久的井盐业，而它的魅力源泉则是生生不息的人文情怀。作为真实记录的盐业书信，穿越时空的隧道，透过历史的云烟，再现了自贡的昌盛，反映了盐都的文化，折射了川盐的变迁。我们从书信中“吾兄”“挚兄”“尊兄”“志兄”“仁兄”等称谓，感受到了当时著名盐官、盐商及社会人物在谈论国事家事时亲如兄弟的心态。正是这样的称谓与交流，拉近了他们彼此的距离，同时也让我们从书信中读出了浓厚的人文情怀，了解了自贡（四川）井盐业的发展历程，真切感受到了书信作者在特定社会历史条件下的生存状态，以及字里行间透露出来的坚韧精神与聪明智慧。

研究历史可以启迪智慧，借鉴历史可以激励今人。我们编辑出版“‘盐’而有信——民国自贡盐务书信选”，就是以实际行动贯彻落实习近平总书记“让历史说话、用史实发言”的指示精神，增强历史自觉，坚定文化自信，让盐业历史档案这一不可多得的珍贵文化信息资源服务当今社会经济发展、盐业史学研究、书法艺术研究，并使其在人文精神创建、家风家训研究传承方面发挥应有的作用，做出档案人独特的贡献。

2022年9月

凡 例

一、本书所收录信函，均来自自贡市国家综合档案馆馆藏档案。

二、本书所收录信函，以直接或间接反映民国时期四川自贡井盐业为主要内容（并侧重其公务活动），兼以收录部分反映当时社会生活的信函。

三、本书所收录信函以个人书信为主，兼收盐业团体组织或多位作者联名的信函。

四、为使所收录信函更具内容上的完整性、时代性，适当收录了与之相关联的“快邮代电”“笺呈”“函文稿”“电文稿”等特别信函。

五、丛书共收录129人、663封信函，按人物身份分成三卷，分别是“盐官卷（上、下）”“盐商卷”“社会人物卷”；各卷以作者为单元进行编排，多位作者联名的信函按第一顺序人或主体作者编排。

六、信函作者排序以其最早的信函时间来确定。同一作者的信函按时间先后编排：如只有年、月者，排列在该年该月月末；如只有年份者，排列在该年年末；如不能确定年份者，则按月、日时间依次排列在该作者信函的最后。

七、本书在每一信函作者单元前均设有人物简介，但因年代久远查考困难等原因，部分作者信息极少，仅根据自贡市国家综合档案馆馆藏档案资料整理出其所任职务等简单情况，如无法考证，则标注“生平不详”。

八、为便于读者快速理解信函及检索原档，编者为所收录信函拟定了题名。题名由三部分组成，分别为序号、档案号及内容提要。序号，即信函在本书中的编号；档案号，即信函原件在自贡市国家综合档案馆的编号；内容提要，即用于揭示信函主要内容及时间，对部分内容庞杂的信函，只择其主要方面揭示，客观上难免挂一漏万。

九、信函题名中的机构名称使用机构全称或规范简称；地名沿用当时地名；人名采用“姓+名”的方式（以字、号行于世者，则循例著其字、号），如不能考证姓氏，以□代替；文字使用规范的简化字，繁体字、错别字、异体字等予以径改，限于篇幅，本书一般不作注释。

十、对于中国传统历法，有的信函作者称“农历”，有的称“旧历”，有的称“阴历”，根据当前规范应称“农历”，但为尊重档案原貌、便于理解，书中仍用“阴历”。信函题名中标注的时间原则上照录信函落款时间：如信函原文未提示历法信息，即默认为阳历时间；如信函原文标注有阴历时间，信函标注时间则先录阳历时间，再将阴历时间注于其后。无落款时间的则依次以发文时间、收文时间、稿面上最迟时间为准。如以上时间均无，则结合相关档案进行考证推断。实在无法考证的，标注为“时间不详”。

十一、信函的人物注释，主要对收信人的名、字、号以及当时的任职情况进行说明，如无法查证，则标注“不详”。同一收信人，如职务或称谓未变，只在第一次出现时进行注释，后文不再予以注释。

十二、信函影印概当体现原件历史风貌，但由于编排及便于阅读的需要，对信函原件均作了放大或缩小处理，有的还做了裁剪拼接处理。原件有残缺损坏、文字褪变者照原样影印。

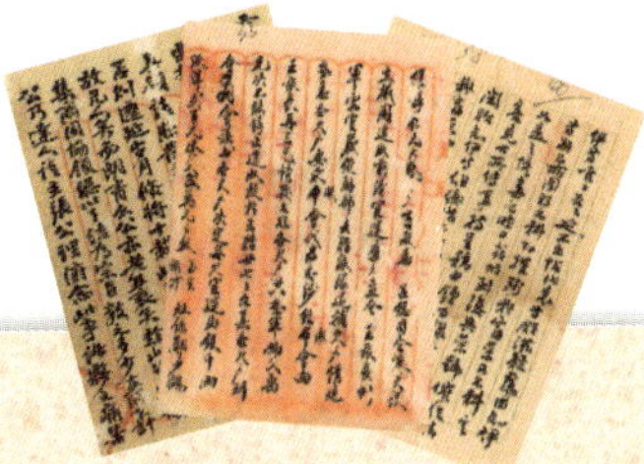

CONTENTS

目录

1924–1949

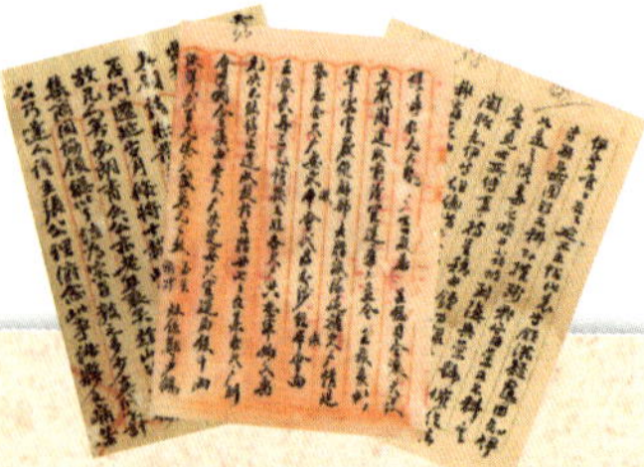

牛沛清

人物简介

牛沛清（生卒年不详），曾任桐垱区火灶帮帮董。

1　0017-001-0475-047

牛沛青、朱德新为推举朱子方、钟子卿接任桐垱区火灶帮帮董事致范修明的信函（1924年1月17日／阴历十二月十二）

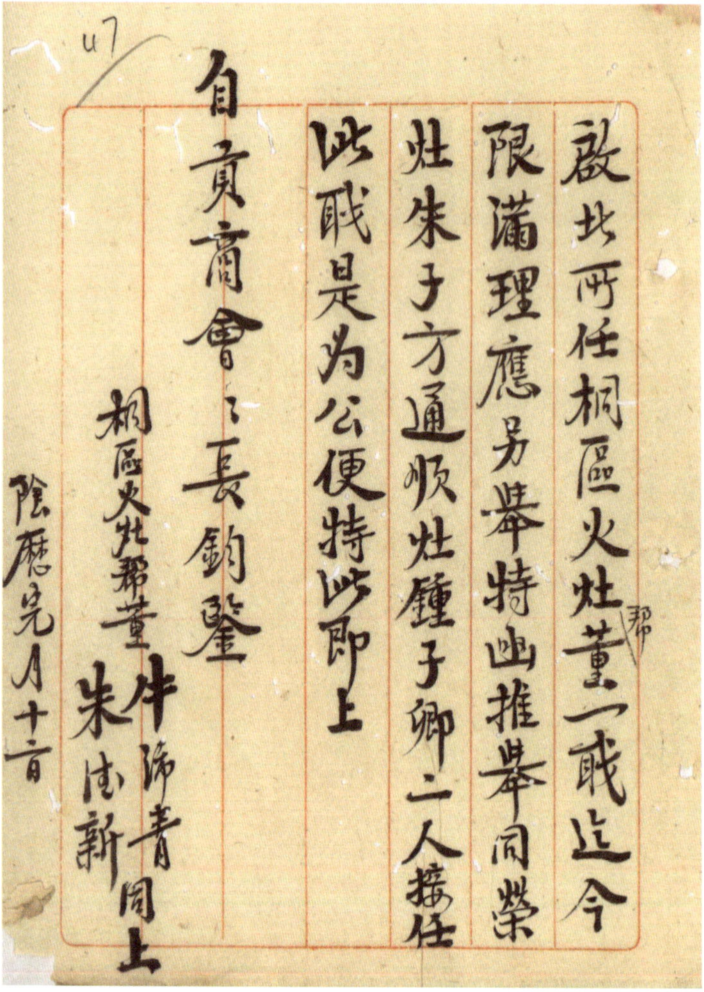

敬啟者所任桐區火灶帮董一職迄今
限滿理應另舉特函推舉同業
灶朱子方通順灶鍾子卿二人接任
此職是為公便特此即上
自貢商會會長鈞鑒
桐區火灶帮董 牛沛青 朱德新 同上
陰曆[illegible]月十二日

注：自贡商会会长，即范修明，字容光。

自贡（市）商会，1911年3月，四川通省商会联合会成立，自贡商务分会于同期成立，1915年7月，改名为自贡商会，1928年末筹备改设为自贡市商会（自贡正式设市于1939年，但因自贡地区盐业经济发达、政治地位特殊，正式设市前已出现了冠以“自贡市”的社会组织，自贡市商会就是其中之一），1929年4月，自贡商会正式改组为自贡市商会。自贡商会时期，其负责人称会长；自贡市商会时期，其负责人称主席，后改为理事长。

范修明

人物简介

范修明（1884—？），字容光，四川自贡人。曾任自贡商会执行委员、自贡商会会长、自贡市盐垣主席、自贡市高硐同业公会监察委员、富荣东场垣商研究会常务执行委员等职。

2　0017-001-0208-040

范修明为碍难办理豁免军部追缴前清官运旧欠派款事致□维静的信函（1924年2月）

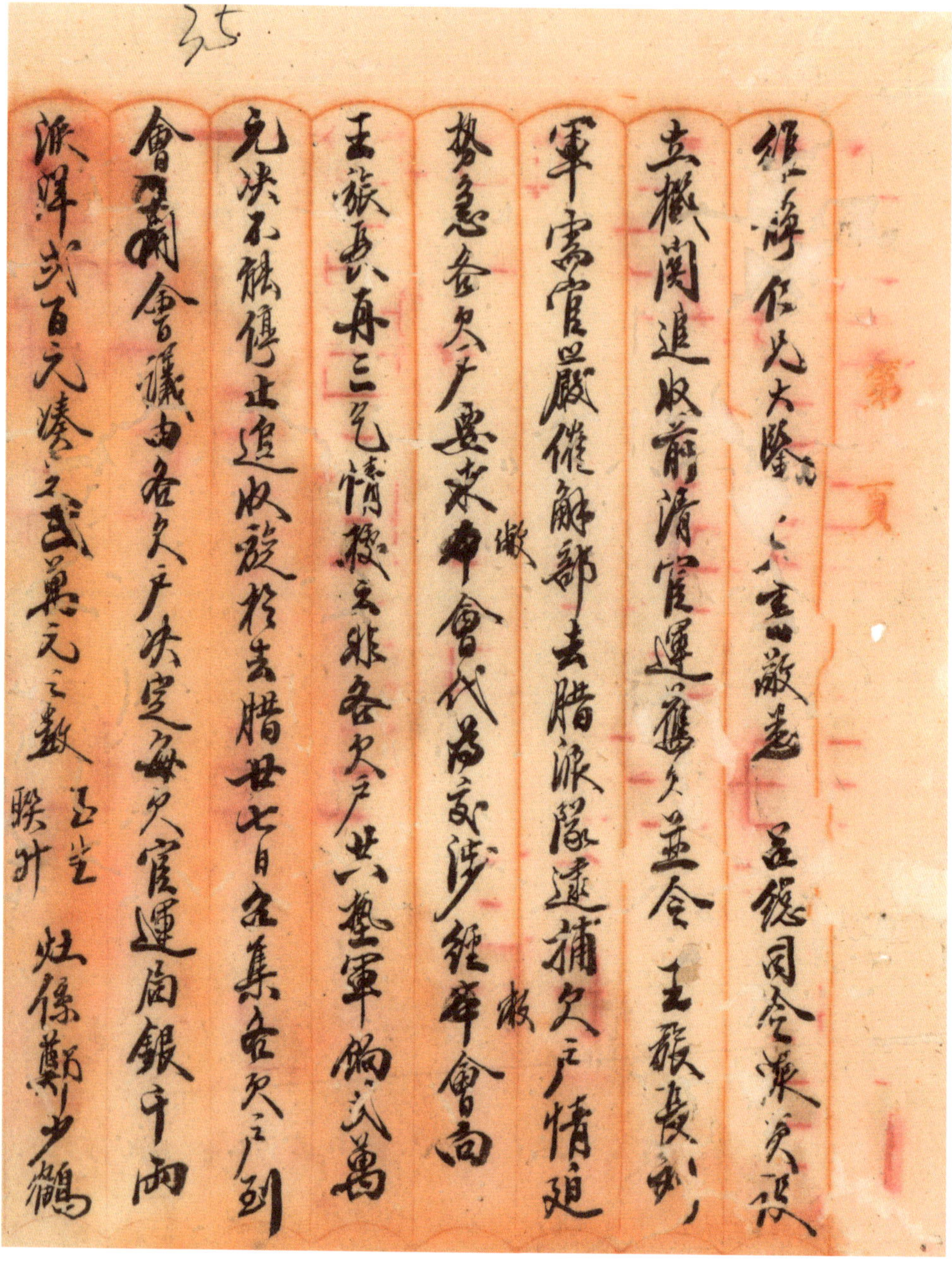

注：维静，自贡商人，其他信息不详。

第　頁

經手之銀弍千兩因之應派洋四百元此項派款由當局
決定敝會並未主張蘇樣秉照稱伊家上年已經
豁免此種關係早已脫離查舍久在戚全鄉截城匪
經前　劉總司令暨運使給予印收豁免証據
而之人此次派款仍要之人脫離關係少鶴既有此大
款仍能之人邀免況派單早已退交張部舊欠更所託設
法維持期達豁免目的之交得難辦理此函並頌
年祺
弟　范修明啓
十三　二

3　0017-001-0488-038

范修明为已去函宜宾商会商量办理双毫银币作十成通用并询问富顺县商会之意见等事致马仁育的信函（1925年4月2日／阴历三月初十）

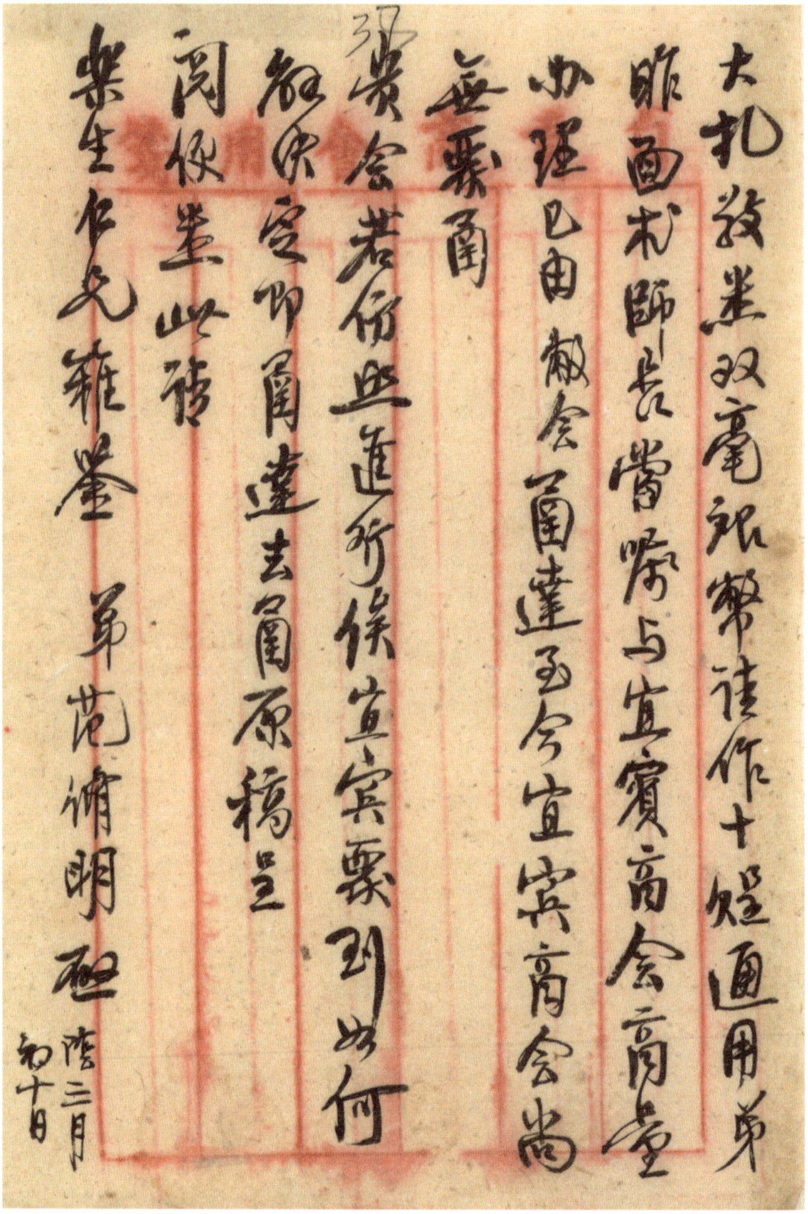

大札敬悉。双毫银币请作十成通用，弟昨函求師長嘗囑与宜賓商會商量办理，已由敝會函達[illegible]會宜賓商會，尚無覆函。貴會若[illegible]照進行，俟宜賓覆到如何[illegible]決定即函達，去函原稿呈閱，候查此請
樂生仁兄雅鑒
弟范修明啟
陰三月初十日

注：乐生，即马仁育，字乐生，时任富顺县商会会长。

4　0017-001-0243-035

范修明为请凑足五千元军需派款事致林敬初的信函（1925年5月）

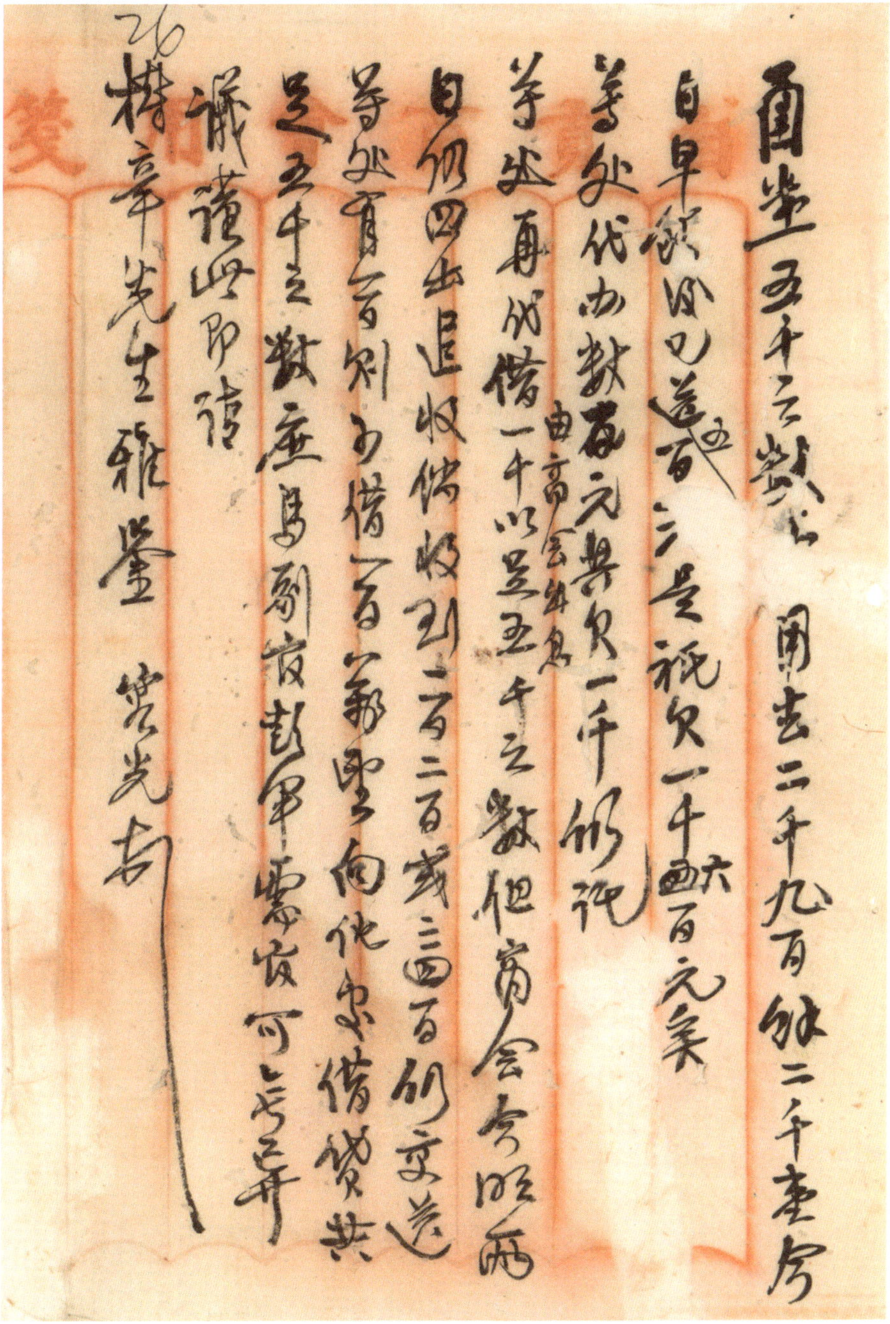

注：树章，即林敬初，字树章，任职不详。

5　0017-001-0246-027

范修明、王澂清为告知已转催各团缴清蒂欠及如有缴来立即转送等事致陆长丰的信函（1925年8月）

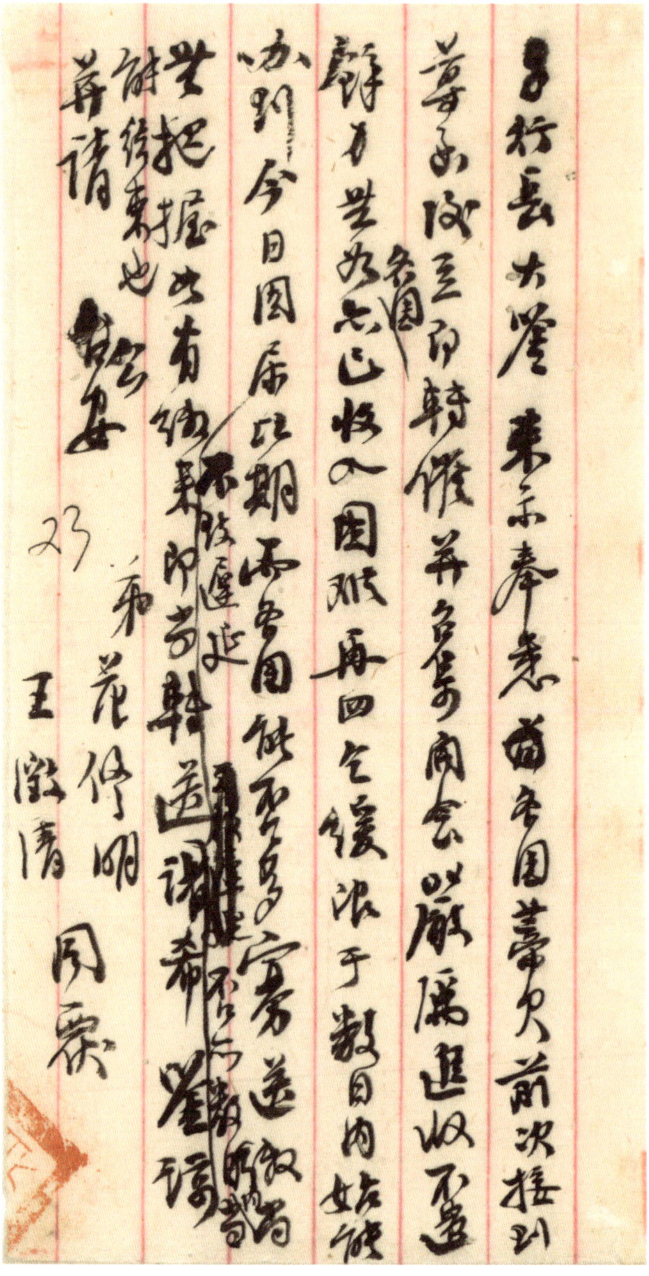
穀行長大鑒：來示奉悉。前各團蒂欠，前次接到
尊函後，立即轉催，并召集商會，以嚴厲追收，不意
各團辭有並如已收之團限再四令緩，限于數日內始能
辦到。今日團區依期[illegible]
並把握。如有續來，即為轉送。謝希鑒諒。
謝結束也。耑請
台安
弟范修明、王澂清同啟
23

注：行长，即陆长丰，字毂年，时任中国银行自流井分行行长。

6 0017-001-0246-040

范修明为已叠催团局积极追收贷款及请予原谅缴款时间参差事致陆长丰的信函（1925年8月）

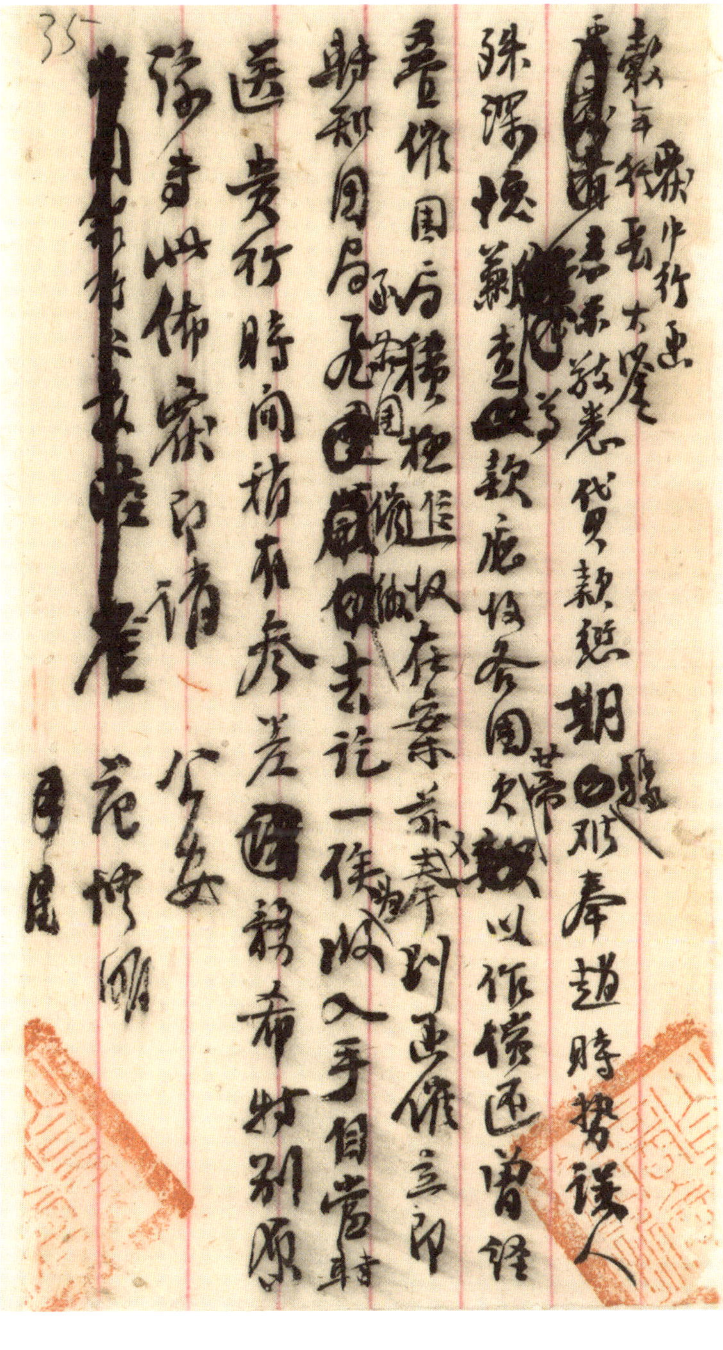

7　0017-001-0407-090

范修明、雷昭仁等为挽留自贡地方法院审判厅刘厅长事致刘湘的电函（1925年）

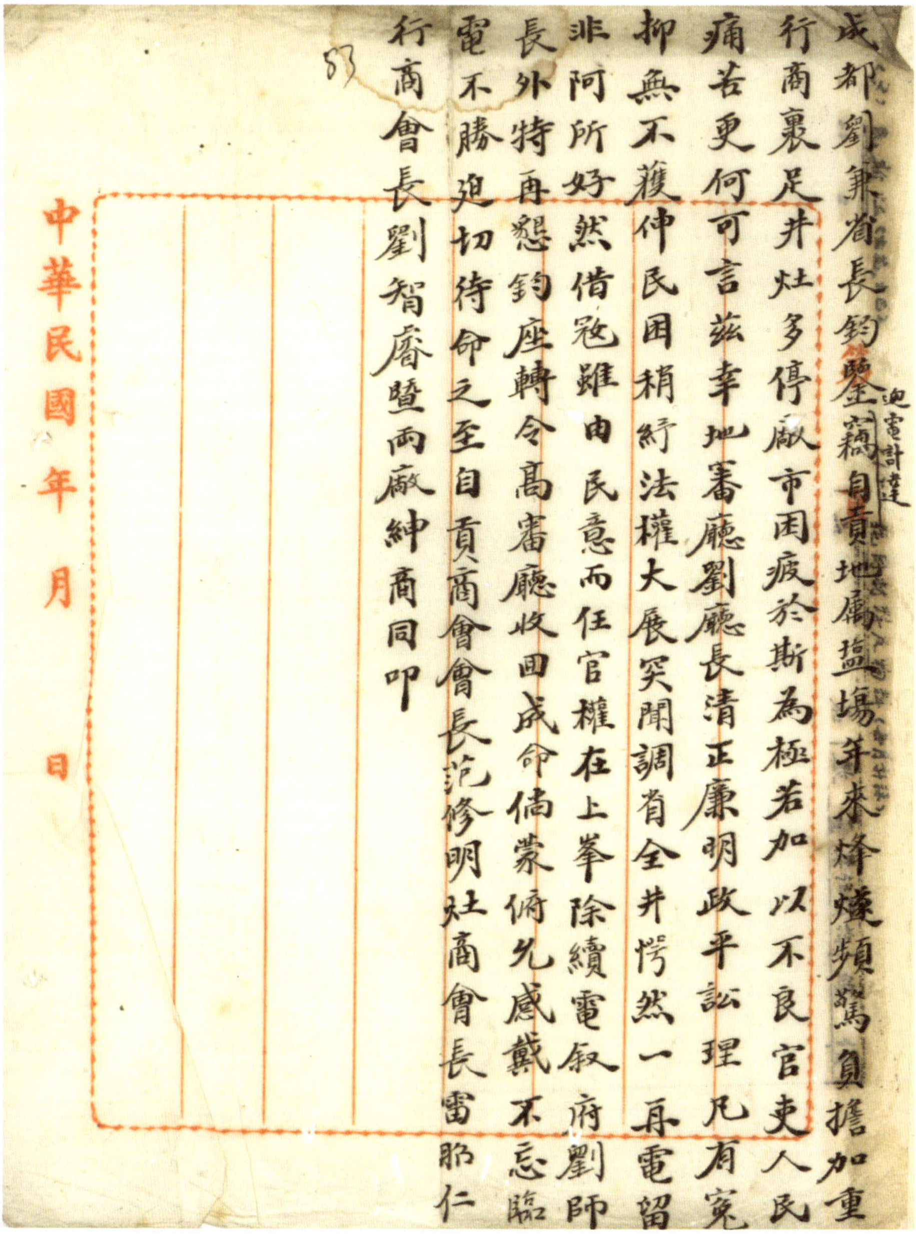
成都劉兼省長鈞鑒：迴電計達。竊自貢地屬鹽場，年來烽燧頻驚，負擔加重，行商裹足，井灶多停，廠市困疲，於斯為極。若加以不良官吏，人民痛苦更何可言。茲幸地審廳劉廳長清正廉明，政平訟理，凡有冤抑，無不獲伸，民困稍紓，法權大展。巽聞調省，全井愕然，一再電留，非阿所好。然借寇雖由民意，而任官權在上峰，除續電叙府劉師長外，特再懇鈞座轉令高審廳收回成命。倘蒙俯允，感戴不忘。臨電不勝迫切待命之至。自貢商會會長范修明、灶商會會長雷昭仁、行商會長劉智曆暨兩廠紳商同叩

中華民國　年　月　日

注：刘省长，即刘湘，时任四川省省长等职。
　　刘厅长，其信息不详。

潘树烜

人物简介

潘树烜（生卒年不详），曾任四川济楚富荣产场盐商代表、四川盐务场岸驻京代表等职。

8　0017-001-0444-002

潘树烜为已将续借芦盐销鄂事分电沙市、重庆等地并请力争市场事致范修明、黄光麟的信函（1924年3月16日）

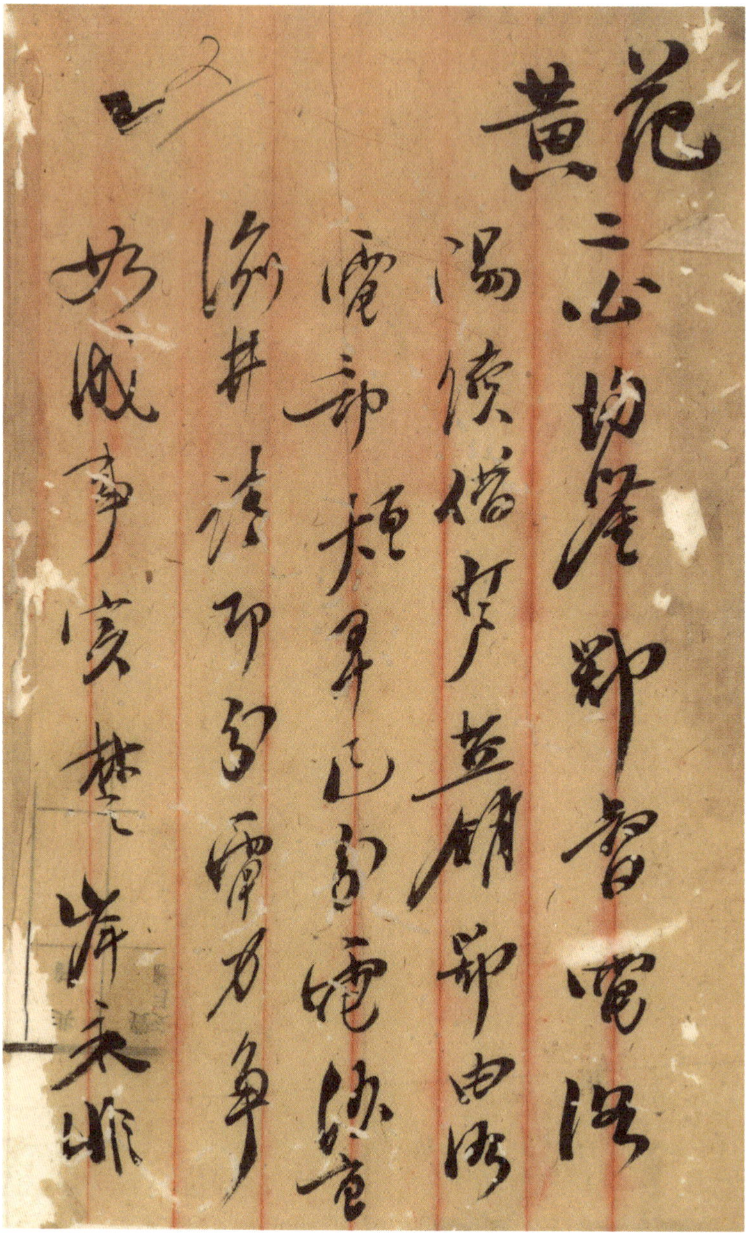

注：范，即范修明。

黄，即黄光麟，字玉书，时任自贡商会副会长。

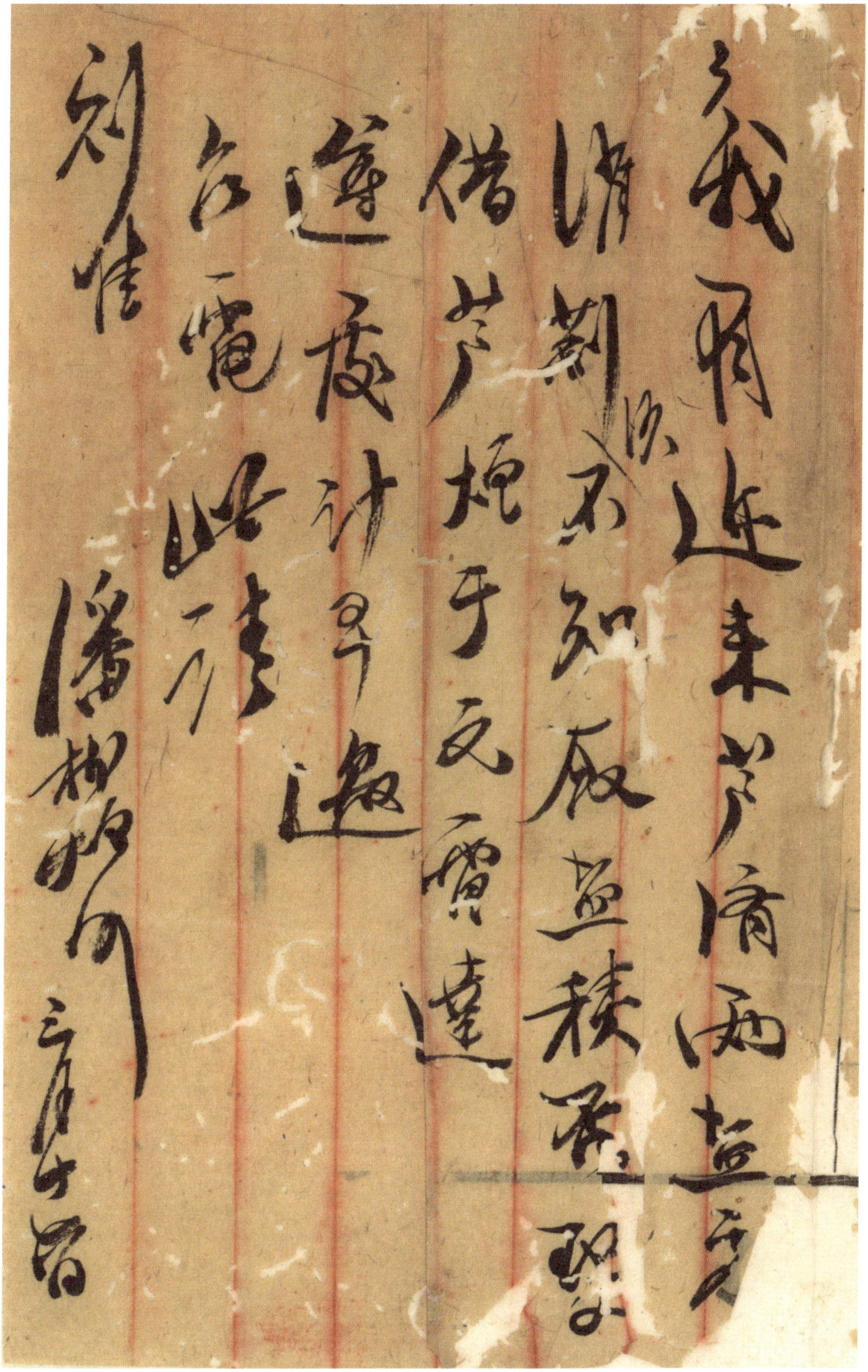

又我們近來廠彈兩造成
渝劉以不知敵益積蓄堅
借廠炮手交價達
尊處度計兼邀
台電此請
劉佳
潘樹烜
三月廿日

9　0017-001-0444-009

潘树烜为抄呈邓锡侯会同李樵联衔报请执政府及财政部盐务署打消借济盐销楚案电文事致自贡商会的信函（1925年1月7日 / 阴历十二月十三）

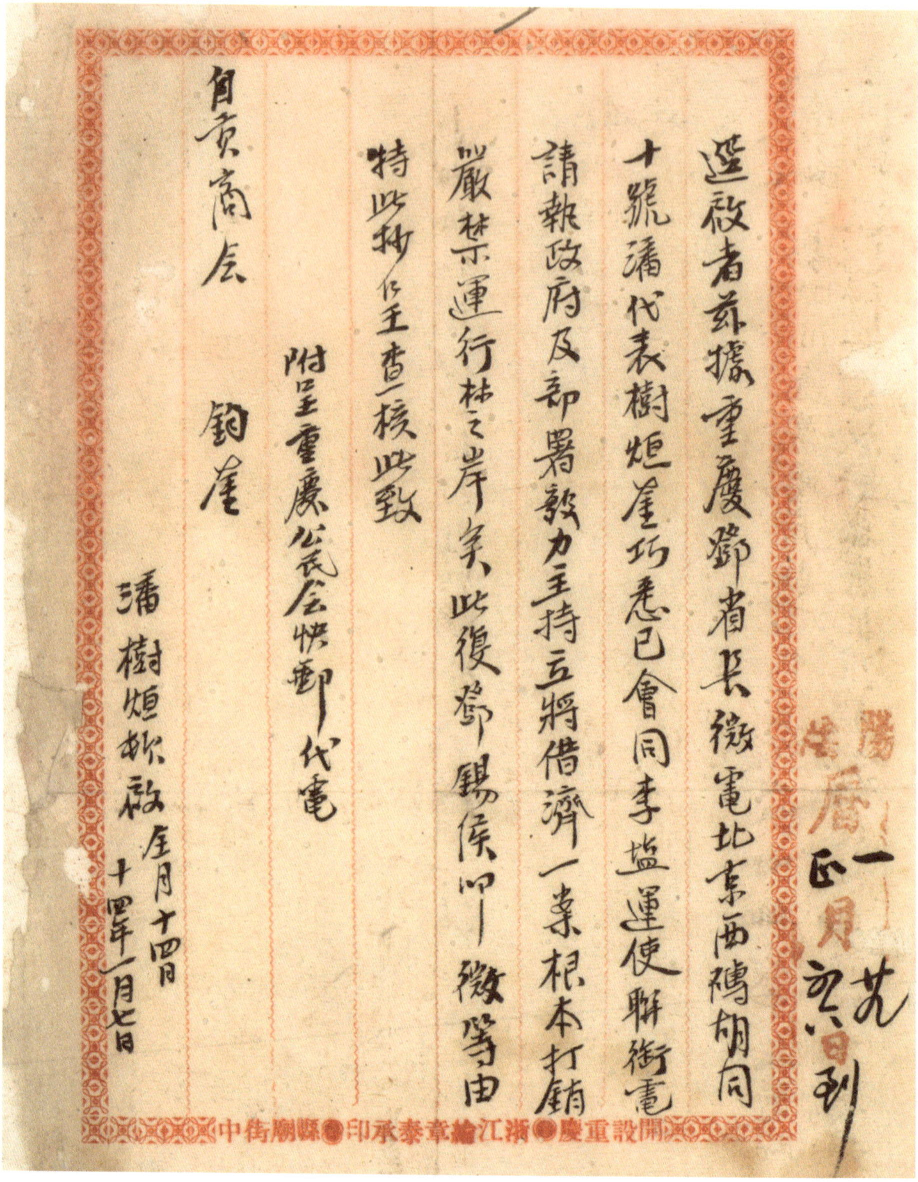
逕啓者茲據重慶鄧省長微電北京西磚胡同
十號潘代表樹烜鑒巧悉已會同李鹽運使聯銜電
請執政府及部署毅力主持立將借濟一案根本打銷
嚴禁運行楚岸矣此復鄧錫侯叩微等由
特此抄作呈查核此致
附呈重慶公民會快郵一代電
自貢商會
鈞鑒
潘樹烜叩啓　正月十四日
十四年一月七日

開設重慶◎浙江綸章泰承印◎縣廟街中

注：此件落款时间有误，阴阳历日期不对应，因无法考证正确时间，编者暂以阳历时间为准，并据此更正阴历时间。

10　0017-001-0444-046

潘树烜为抄呈梁正麟电文请予具呈川中当局取消川盐附加税事致自贡商会的信函（1925年3月1日／阴历二月初七）

附：梁正麟致潘树烜的电文（26日）

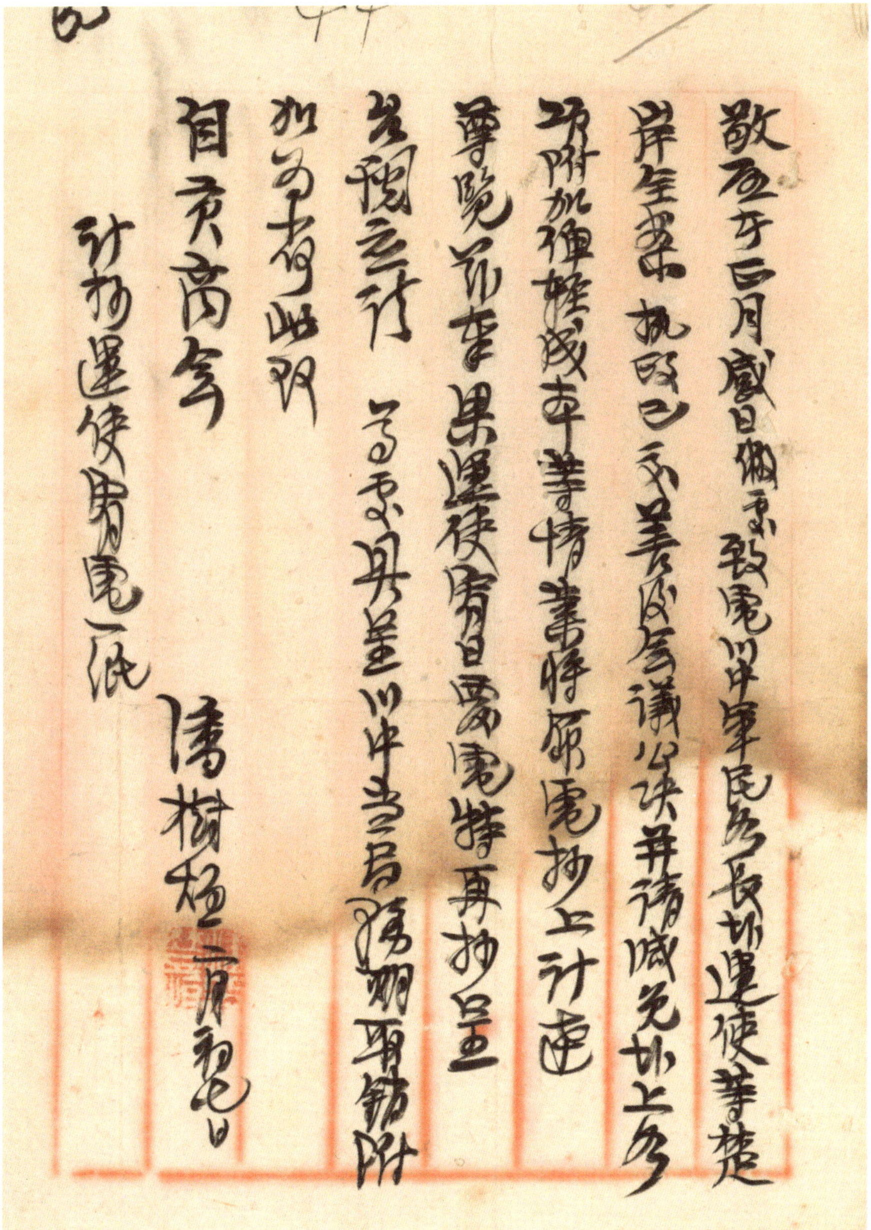
敬启者：正月感日准京　致电川中军民各长切嘱运使等，楚岸全案执政已交善后会议公决，并请减免川上各项附加杂捐，减去半数等情，原电抄上计达
尊览。前奉　梁运使有日要电，特再抄呈
察阅之。计　为要求具呈川中当局，请明取销附加为要。此致
自贡商会
计抄运使有电一纸
潘树烜　二月初七日

附：梁正麟至潘树烜的电文（26日）

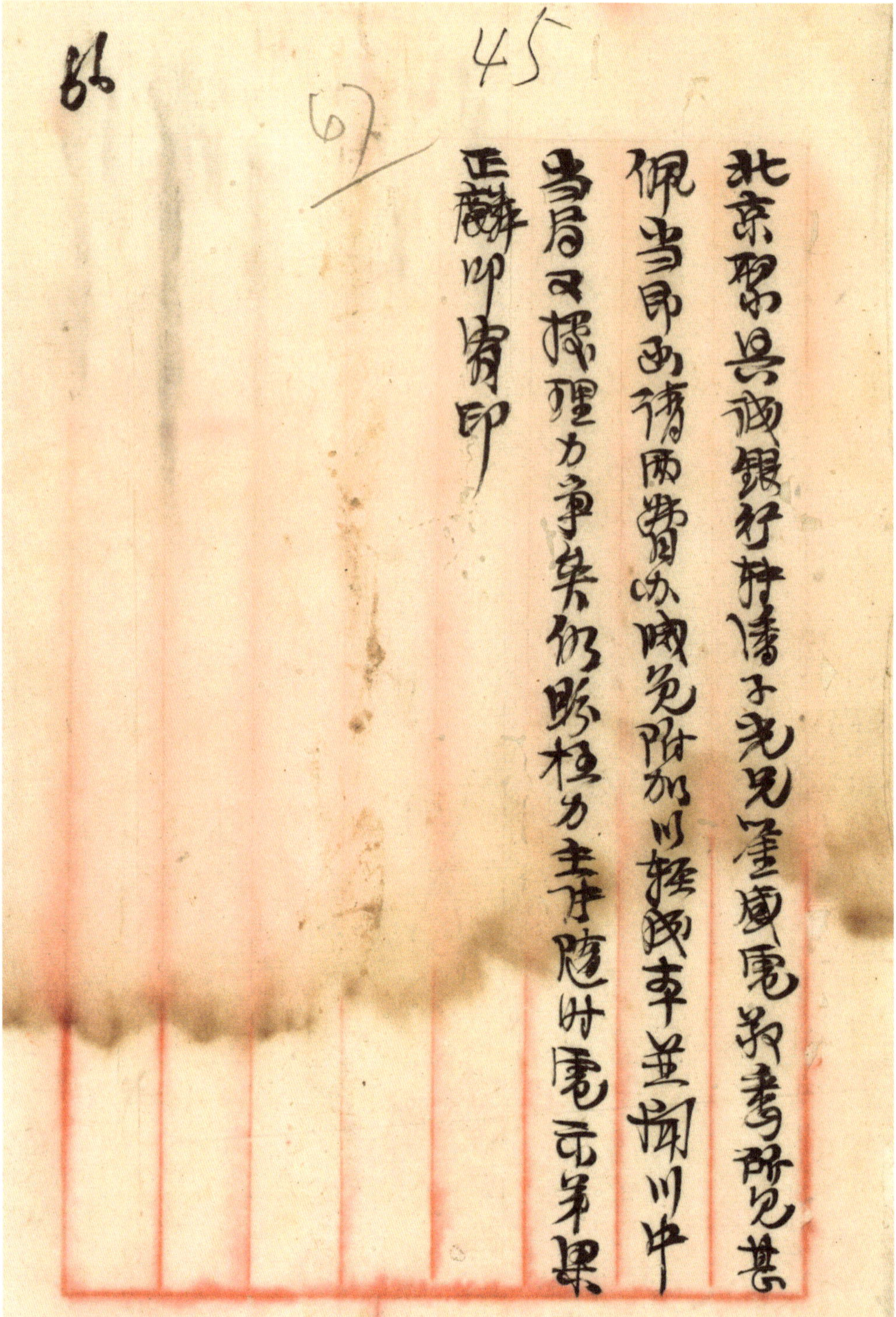

北京聚兴诚银行杨倩子先生鉴盛电敬悉所见甚
佩当即函请两帮次陶免附加川盐李并搁川中
当局又据理力争矣仍盼极力主持随时电示弟梁
正麟叩宥印

11 0017-001-0444-036

潘树烜为抄呈刘湘、赖心辉等人复电及济淮公司代表刘廷杰请借芦盐行销鄂岸事致自贡商会、自贡行商会的信函（1925年3月24日／阴历三月初一）

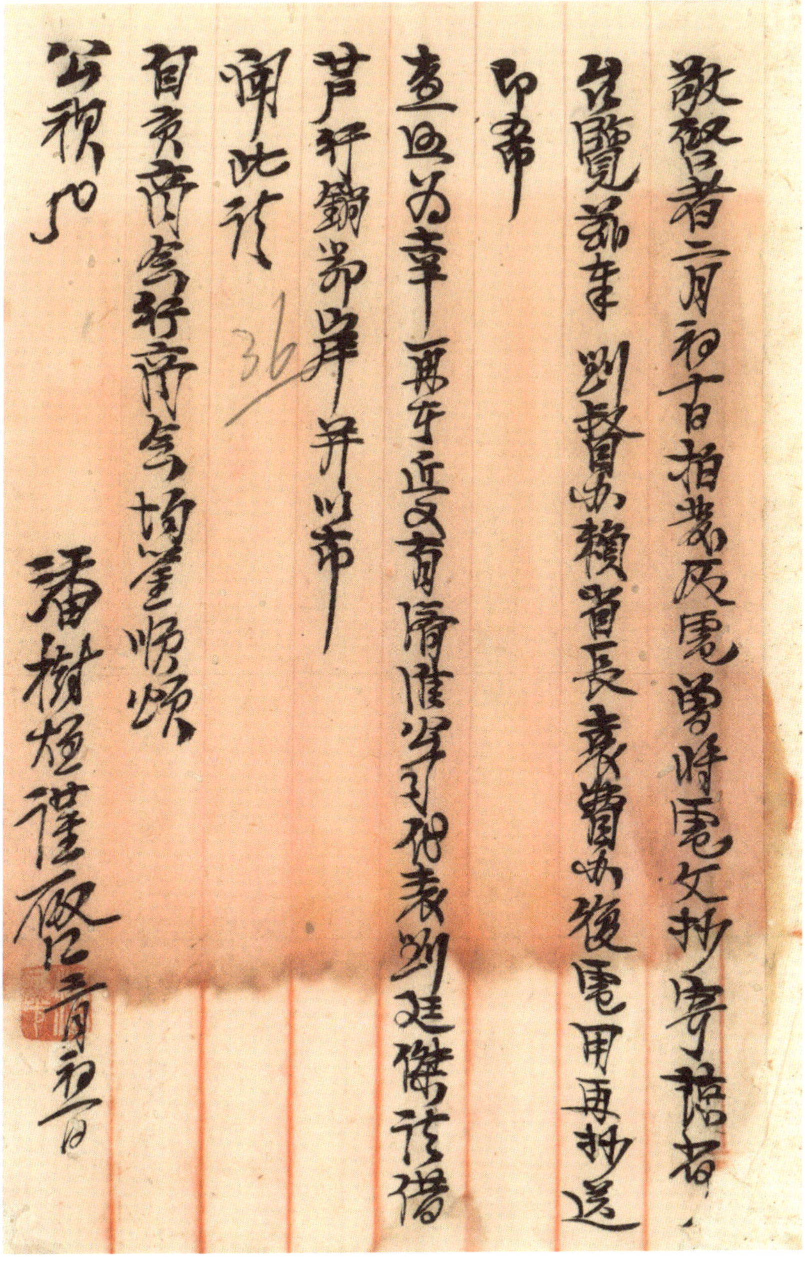
敬启者，二月初十日拍发灰电，曾将电文抄寄，谅荷
垂览。兹奉刘督办、赖省长、袁会办复电，用再抄送
印希
查照为幸。再，本年近又有济淮公司代表刘廷杰请借
芦行销鄂岸，并以希
闻。此请
自贡商会、行商会均鉴。顺颂
公祺。
潘树烜谨启 三月初一日
36

12　0017-001-0444-054

潘树烜为抄录宜昌助理员办公处关于宜昌、沙市存放川盐及沙市存放淮北盐数量电文事致自流井商会、自流井行商会的信函（1925年3月29日）

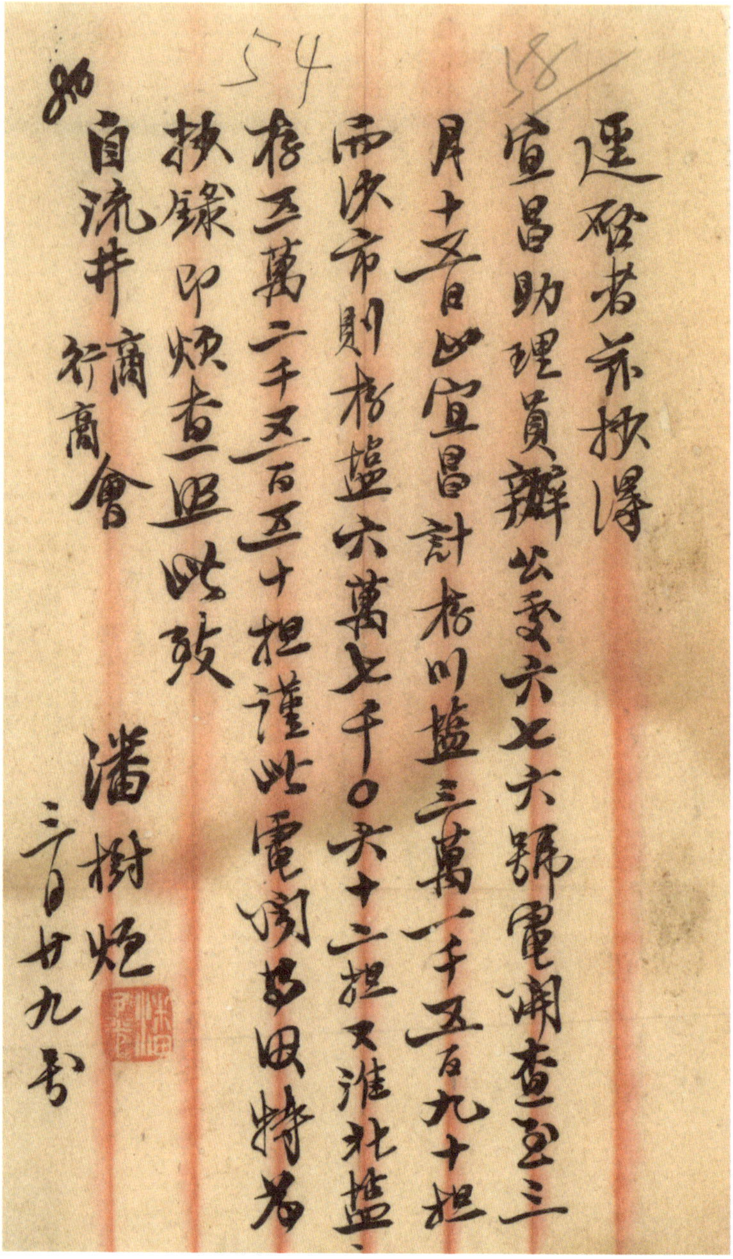
逕啓者：茲抄得
宜昌助理員辦公處六七六號電開：查至三月十五日止，宜昌計存川鹽三萬一千五百九十担，而沙市則存鹽六萬七千〇六十二担，又淮北鹽存五萬二千又五百五十担。謹此電聞等因，特為抄錄，即煩查照。此致
自流井商、行商會
潘樹烜
三月廿九號

13　0017-001-0444-001

潘树烜为请勿漠视续借芦盐行销湘鄂事致自贡商会的信函（1925年4月1日／阴历三月初九）

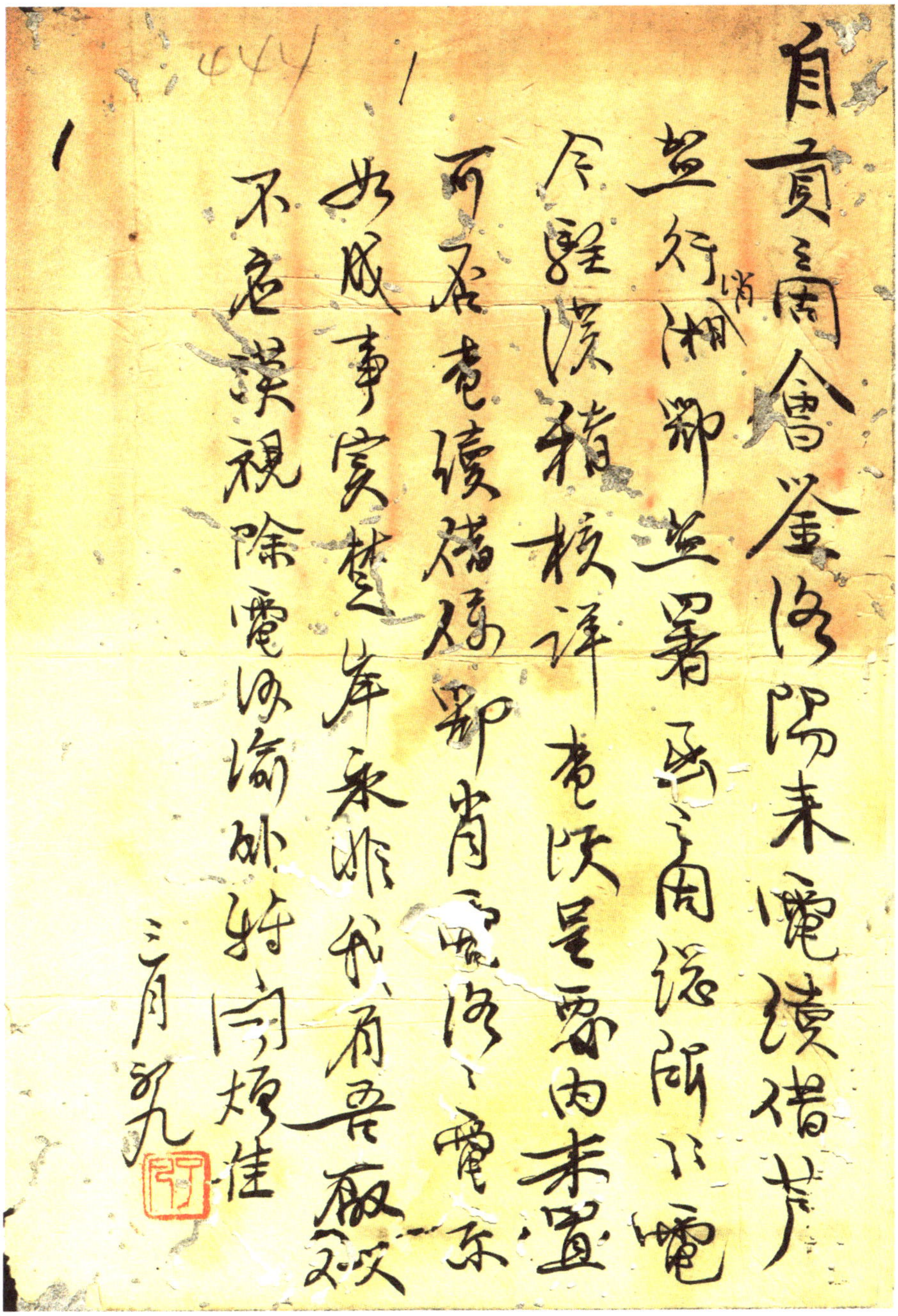

自
贡商会鉴：泸阳来电续借芦
盐行销湘鄂，盐署函商总所，以电
令驻渝稽核详电，究是否由来宜，
可否电续储係鄂省电泸、电示。
如成事实，楚岸永非我有，吾敝叹
不忍漠视，除电泸渝外，特闻。炯佳
三月初九

14　0017-001-0444-067

潘树烜为已将来电分转善后会议四川代表及专门委员并当极力抗争楚岸被人借侵等事致自贡商会的信函（1925年5月22日／阴历闰四月初一）

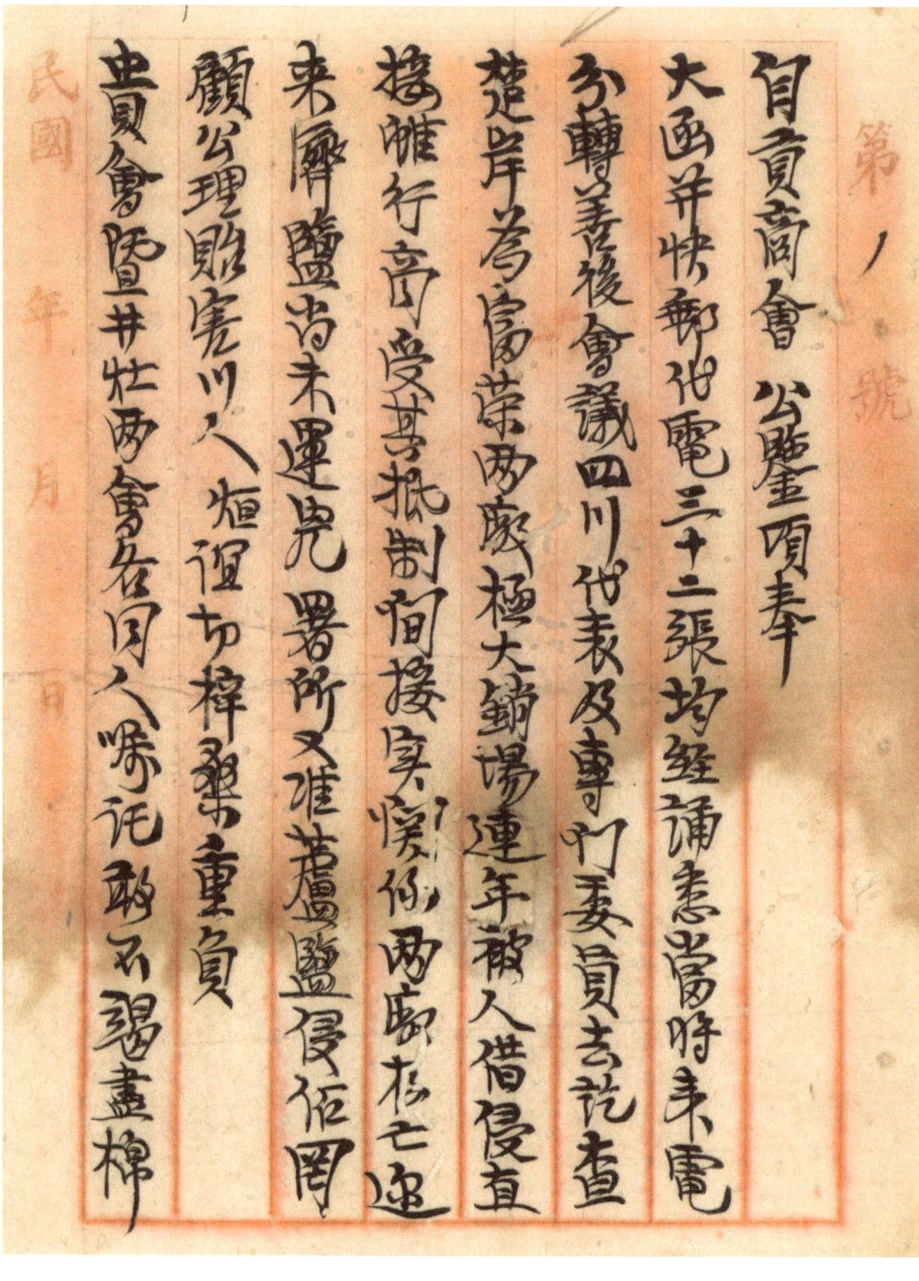
第　號

自貢商會　公鑒：頃奉
大函并快郵代電三十二張，均經誦悉，當將來電
分轉善後會議四川代表及專門委員去訖。查
楚岸為富榮兩廠極大銷場，連年被人借侵，直
接雖行商受其抵制，間接實關係兩廠存亡。迭
來廢鹽尚未運完，署所又准蘆鹽侵佔，圖
顧公理，貽害川人。烜誼切桑梓，重負
貴會暨井灶兩會各同人囑託，敢不竭盡綿

民國　年　月　日

第2號

薄極力抗爭以圖萬一之補救前此曾電重
慶鹽務公所請與鄂省修好商定專銷川
鹽條約解款鄂省銷以為根本之抵制對於兩
廠井灶停歇慘狀亦經具呈鹽務署懇行援
案准借鹽款撥歸業於號日（即五月十六號）電請
貴會井灶場各暨何人等來電一再呼籲諒邀早達
尊覽務祈查照辦理免失機宜至為感禱惟字
中用度異常拮据多方面之應酬接濟以及

民國　年　月　日

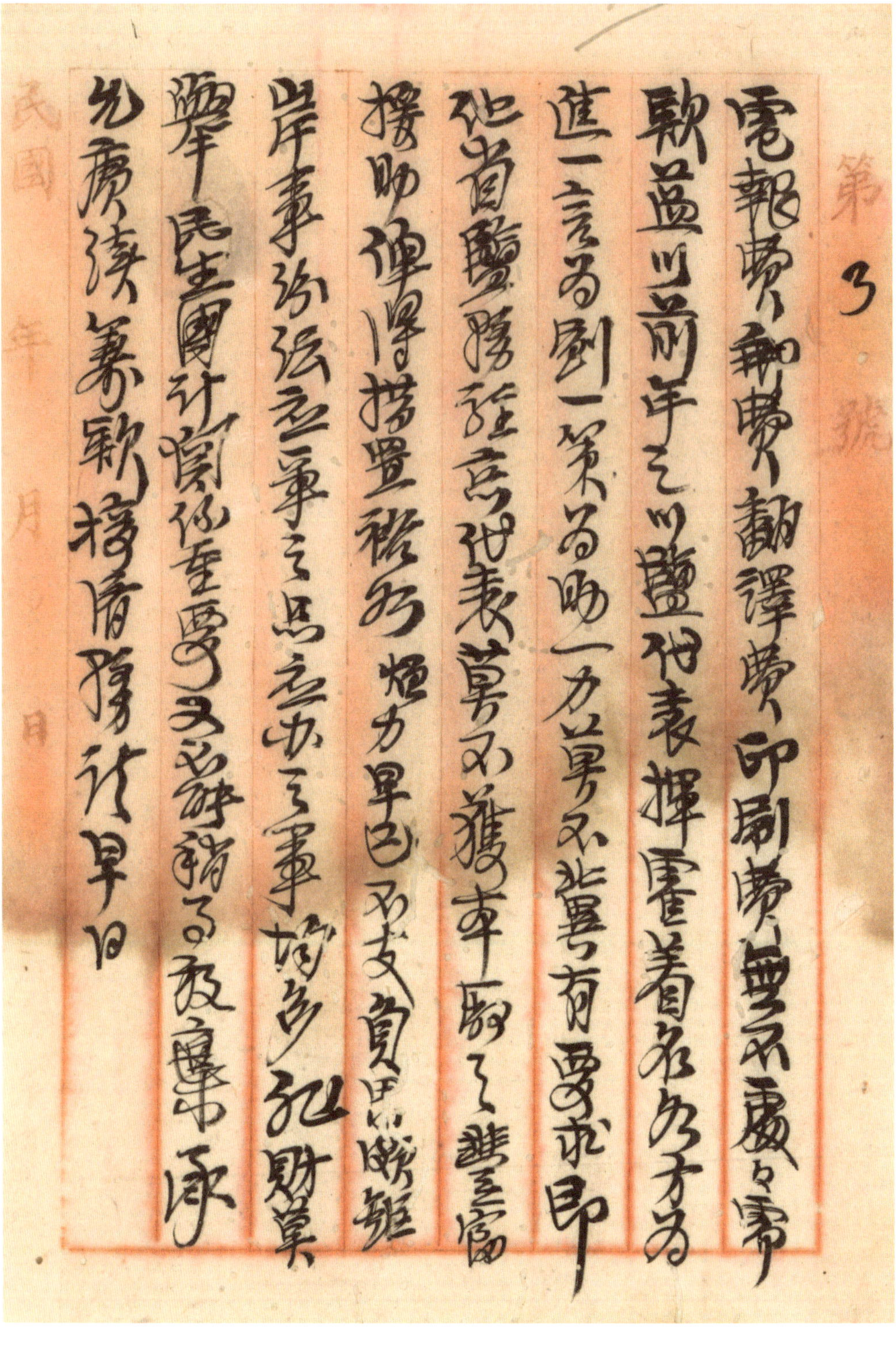
第 3 號

電報費、郵費、翻譯費、印刷費無不處處需

款，益以前年之以鹽代表揮霍著名者，乃為

進一言，為劃一策，為助一力，莫不皆要求即

此省鹽務聯合會代表莫不獲本廠之豐富

援助，俾得措置裕如，惟力量因而支負日蹙，

岸事務後之爭之患之事，增多弘財莫

關乎民生國計，實係重要，又必籌辯為發展事，承

先賡續籌款接濟，俾得早日

民國　年　月　日

第十 號

匯京以應需要，所有進行籌計，特函聊
情形，及此中近況，隨時
見示，以免隔閡，不勝企禱。專此，布覆，並請
台安，並候
卅姑高參、醫許同人均祉

潘樹烜謹啓

五月廿二號
陰四月初五日

民國　年　月　日

陽曆六月十七日到

15　0017-001-0444-071

潘树烜为抄呈恳请刘湘、赖心辉等人电京请求援案批准井灶借款电文并请迅速回复事致自贡商会的信函（1925年5月25日）

附：潘树烜致刘湘、赖心辉等人的电文

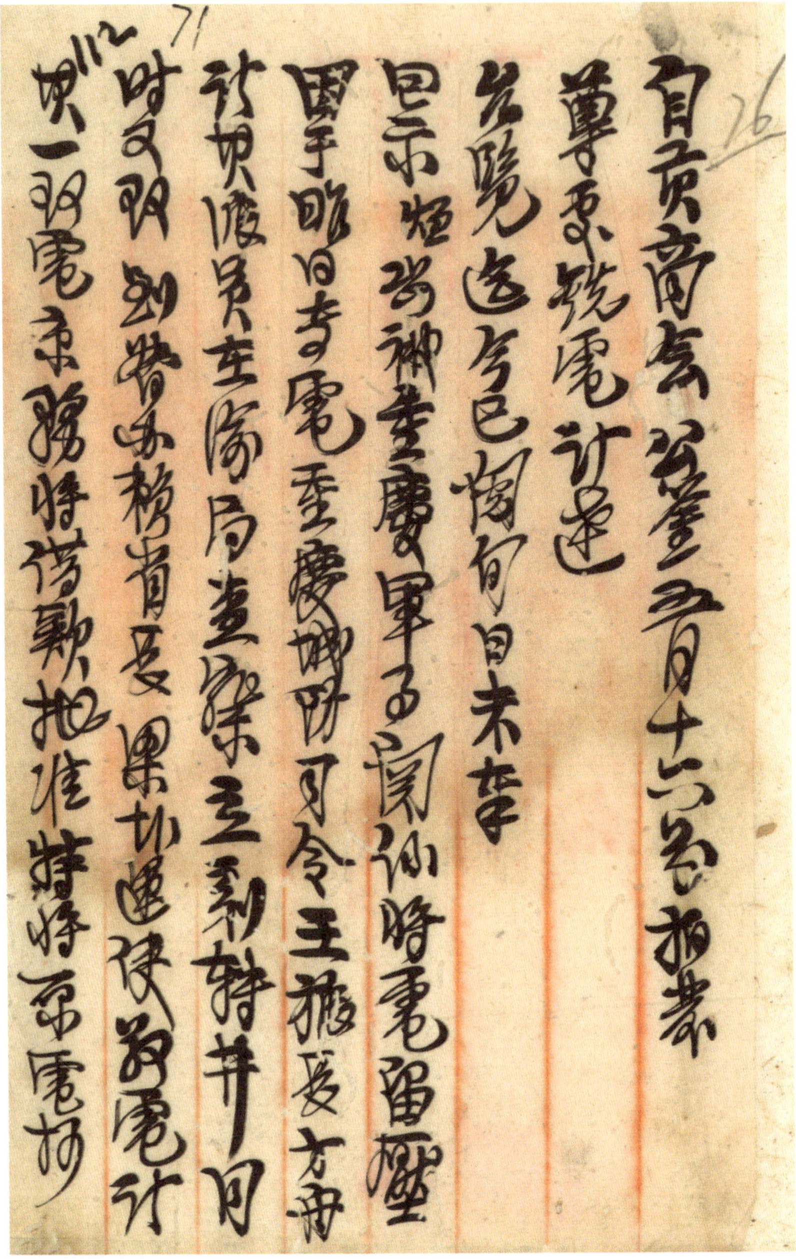

子闓吾弟：查照先後電文，迅予來電為盼。順頌

台安

附抄電一張

潘樹烜 手啟 十一月廿五號

陰曆六月十三日到
又四月廿三日到

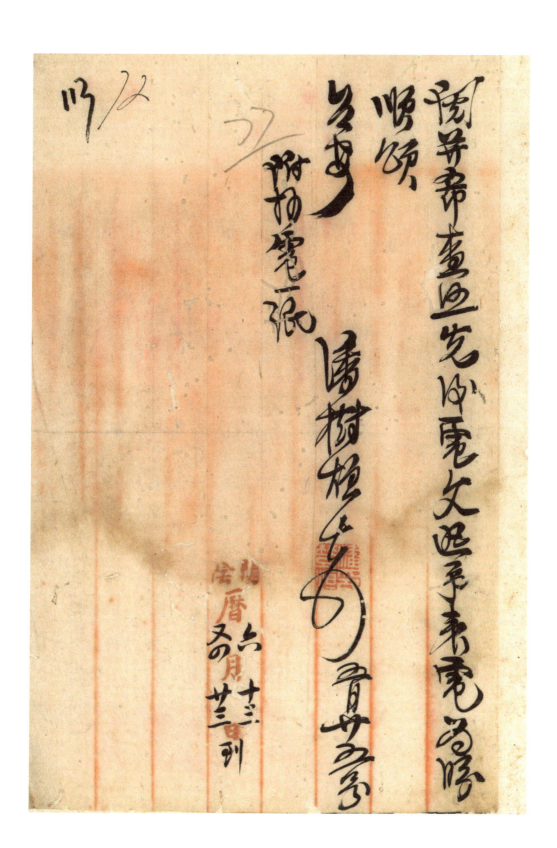

明

附：潘树烜致刘湘、赖心辉等人的电文

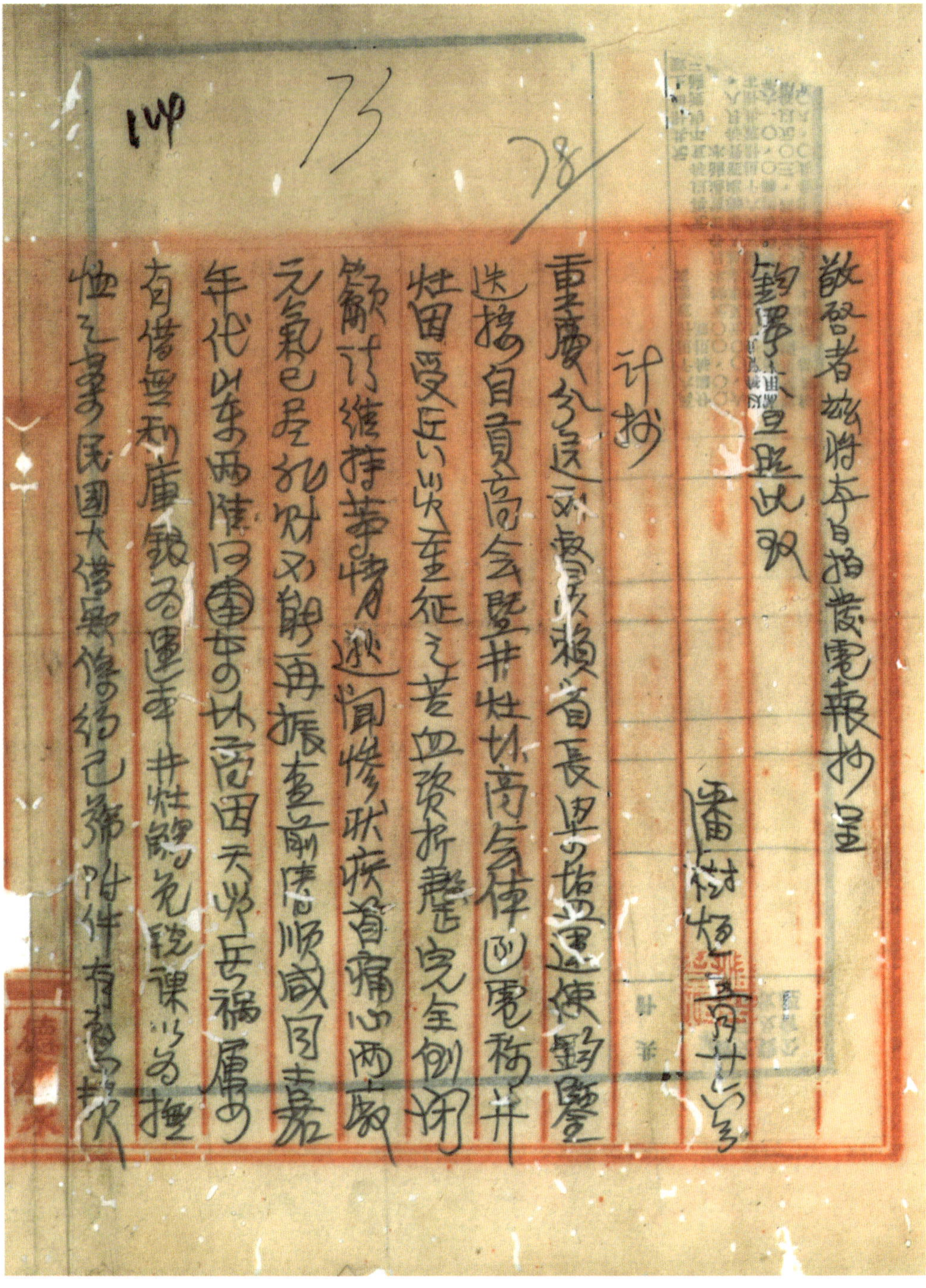

敬启者兹将本日拍发电报抄呈
钧鉴查照此致
潘树烜 五月廿六日
计抄
重庆分送刘督办赖省长思总指挥盐运使邹鉴
迭接自贡商会暨井灶坊商会传函电称井
灶困受兵火以来重征之苦血资折磬完全倒闭
筹款计维持等情迭闻惨状疾首痛心两厂
元气已尽非财又不能再振查前清顺咸同嘉
年代以来两淮同运每以商因天灾兵祸屡
有借无利库银为运本井灶所免缴课以为援
恤之案民国大借款偿给已第附件有为抵

注：按照上下文推断，此件抄呈之时间应为5月25日，文中记为“5月26日”，疑为笔误。或有他因，待考。

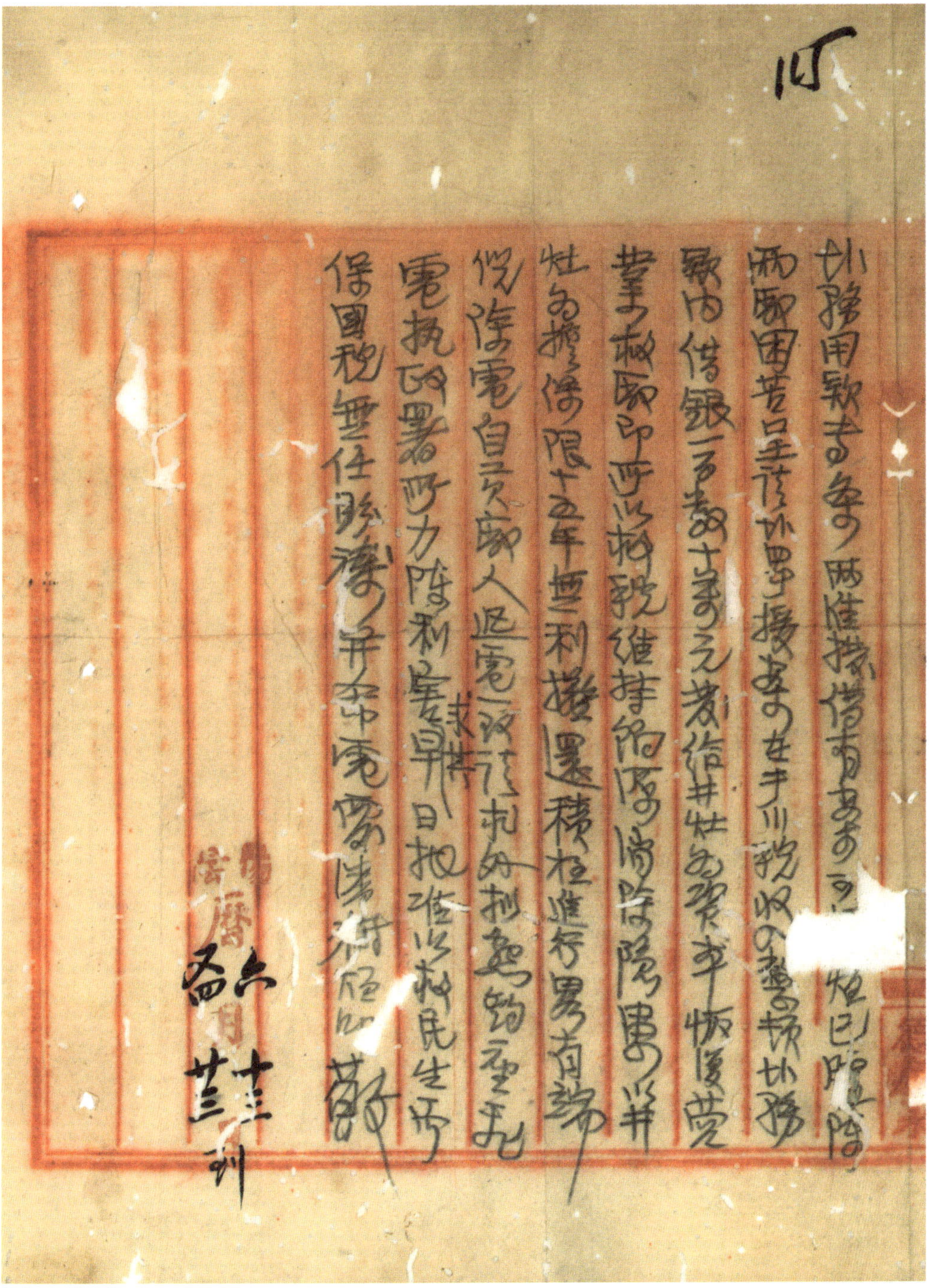

16　0017-001-0444-012

潘树烜为告知已电请旅京津乡长代为抗争借济南盐侵销楚岸事致王和甫的信函（1926年1月12日／阴历十一月廿八）

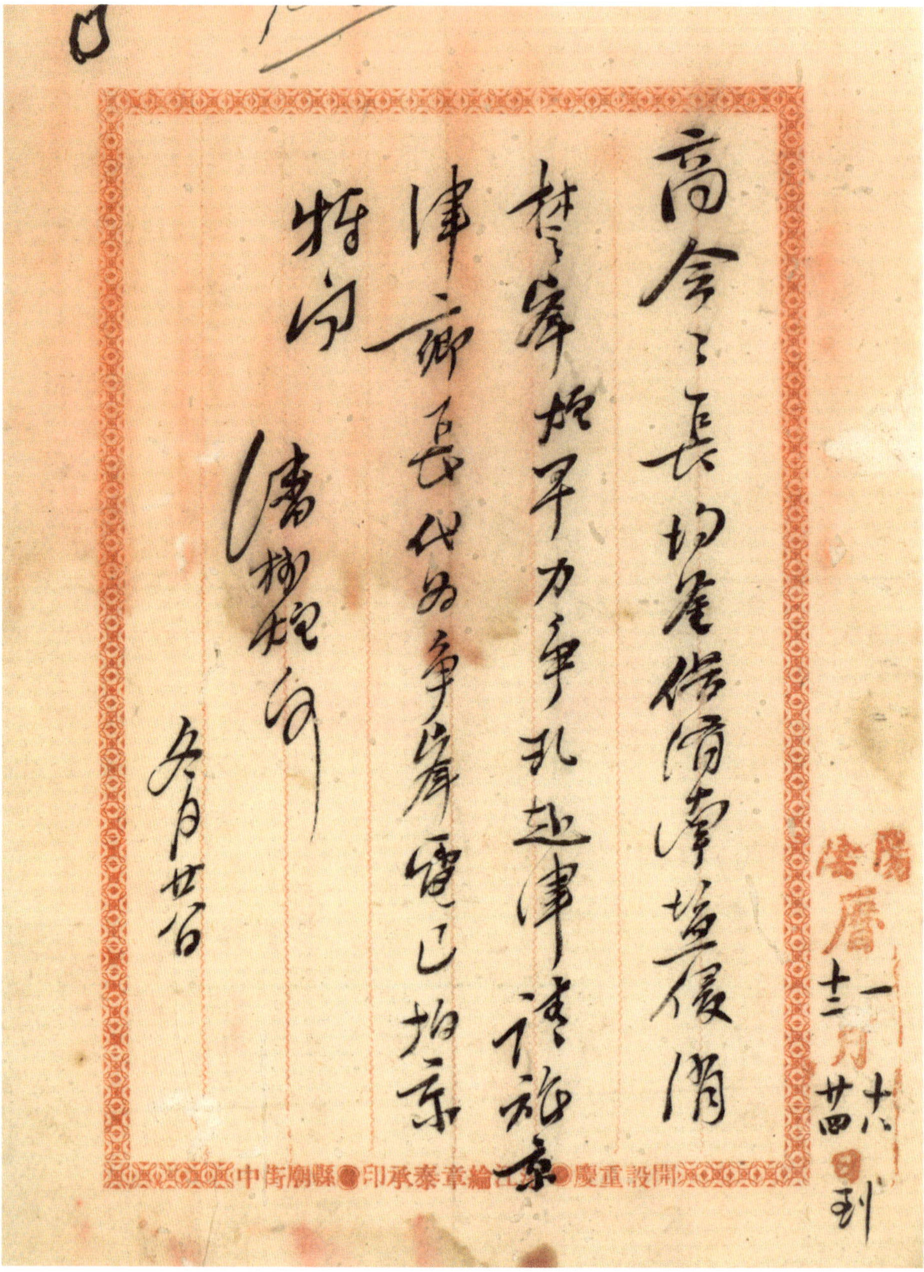

注：商会会长，即王和甫，字德骞，时任自贡商会会长。

17　0017-001-0785-019

潘树烜为陈明在北京和沙市等地争取川盐销岸经过及请予迅速筹款事致□文琴的信函（4月22日）

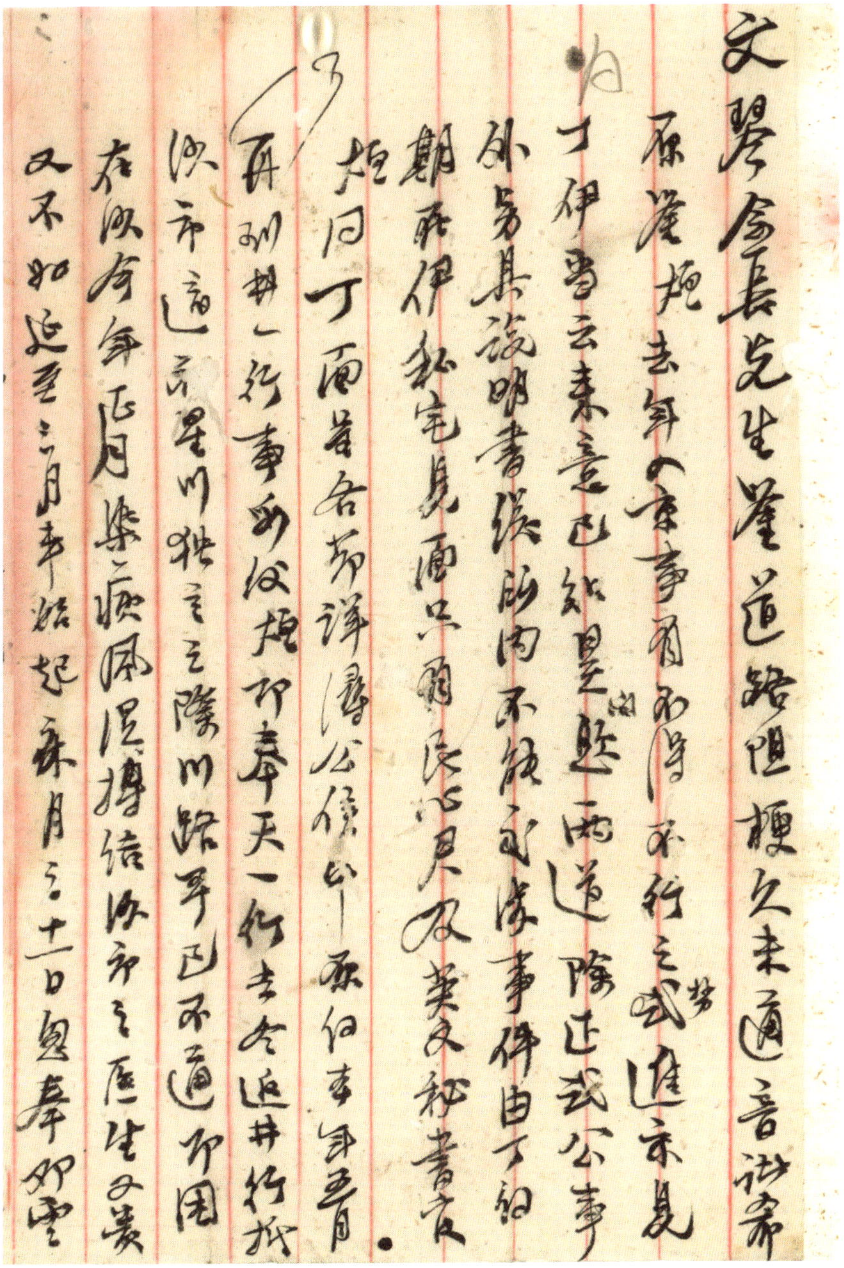

注：文琴，时任某会会长，其他信息不详。

奉来信及王智瑶电报均自井赶回人 台岳本已
停资额只称局名义向情同心都晤计明只有亡亡个归外
恒丰太多如井赶得內江人假均無主张拉印電
晋尺速谒丁公 丁云所到部署一切家中要事
一切张炭数三千元均書有根票第八此信如何
准川外之某某而晋君年时对於食十非常郑重
担印到賣会高郁君一切而宜先筹李瑶先後
情王智事不能印之處造日能执由承智銷貨李
稽核員随同会云王智銷川高承款在外委劃似於
瑶电所說甫呈报事畏官如暗均云强救代公理命令
代传律又為一月子宽其两营年而撤销之心幾乎

滇战事实尹王孔耿虞口李瑾然迪口来电促派
代表入京一旦失去何悔(叔悔)及并邦府从宜毫莫竭力
云台兄长外叔言无人即由伊积做得我方全提出
京南丁恩事闽宫厅生计全年津贴于五百元以
上垣太前二电言会一块信竞来缀一字之覆或邮局
之误亦未可知著乎尹耿承宣与款所筹垣闽局会
覆云长信谓我(知)　公任局会长请速筹实款协济
为要务不可视为浮语而也筹款之法请诸局之员佐大
了办(由)事手续已由云台直达矣陈行之

潘树垣上

刘往
琳葉同人公鉴

四月廿二夜日即

名 心

人物简介

名心（生卒年不详），自贡商人。

18 0017-001-0265-022

名心为陈明过往水火厘为害情形并托请详呈当道等事致范修明、黄光麟等的信函（1924年4月28日）

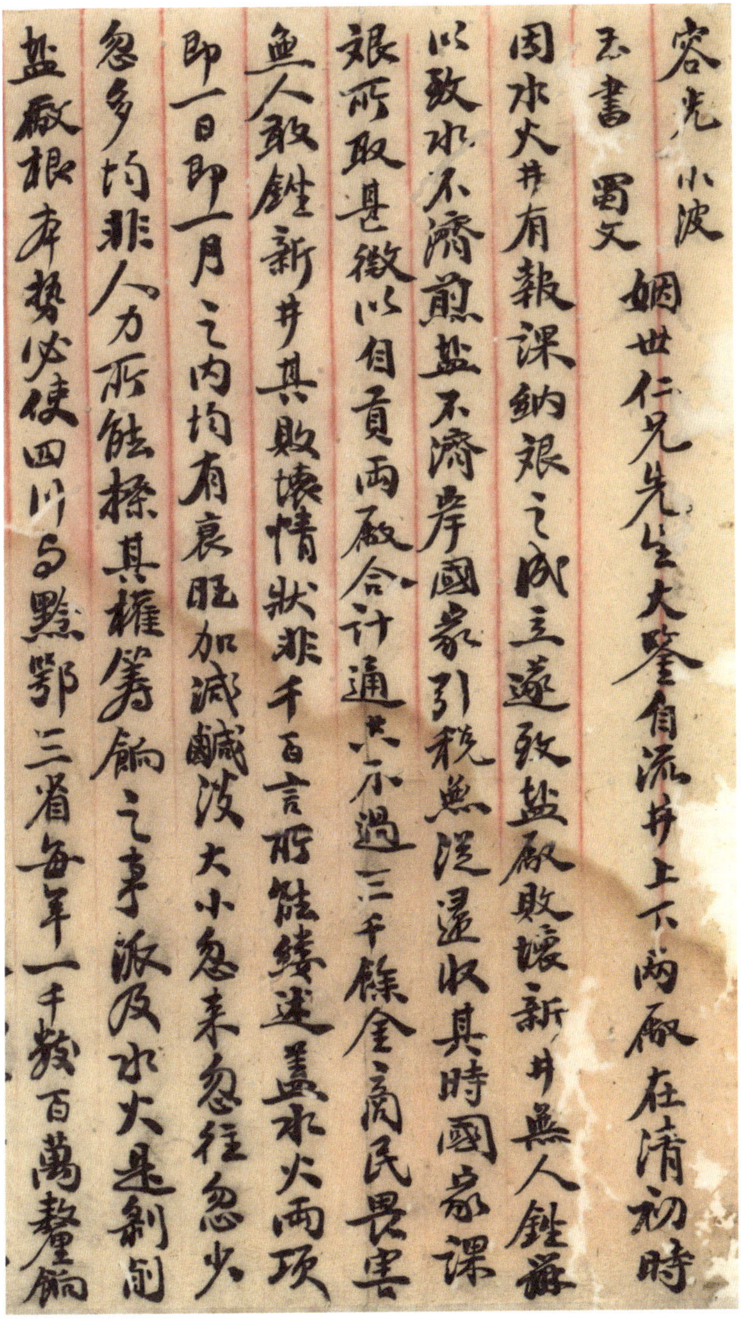

容光 小波
玉書 蜀文 姻世仁兄先生大鑒自流井上下兩廠在清初時
因水火井有報課納銀之例遂致鹽廠敗壞新井無人錐辦
以致水不濟煎鹽不濟岸國家引稅無從還收其時國家課
銀所取甚微以自貢兩廠合計通共不過三千餘金而民畏害
無人敢錐新井其敗壞情狀非千百言所能罄述蓋水火兩項
即一日即一月之內均有衰旺加減鹹淡大小忽來忽往忽少
忽多均非人力所能操其權籌備之事派及水火是剝削
鹽廠根本勢必使四川與黔鄂三省每年一千數百萬釐觔

無從取上為害甚大在清初因水火提課兩廠敗壞鹽不敷引若非林鹽道莅廠體察情形將水火課急力改輕自貢地方早無鹽廠矣從前以省覺理鹽務多大員深悉水火課之害無論國家如何欠餉均不肯鹽向水火提釐一層蓋恐戕賊根本為害餉源也今閣旅長 貴公有重抽水火釐之說煩 兄等費心將從前抽水火之害說呈明當道求為 貴公另擇好防地以免戕害千萬之餉項之根本也專此布達敬請

公安

名心印

四月廿八日泐

胡 宪

人物简介

胡宪（生卒年不详），曾任职于富荣东场制盐公司，并任自贡市商会常务委员兼仲裁股股长等职。

19　0017-001-0234-021

胡宪为请予详示叙府派往自流井查办验契之沈委员在自流井之言辞及此次来省实为私事等事致范修明的信函（1924年8月3日 / 阴历七月初三）

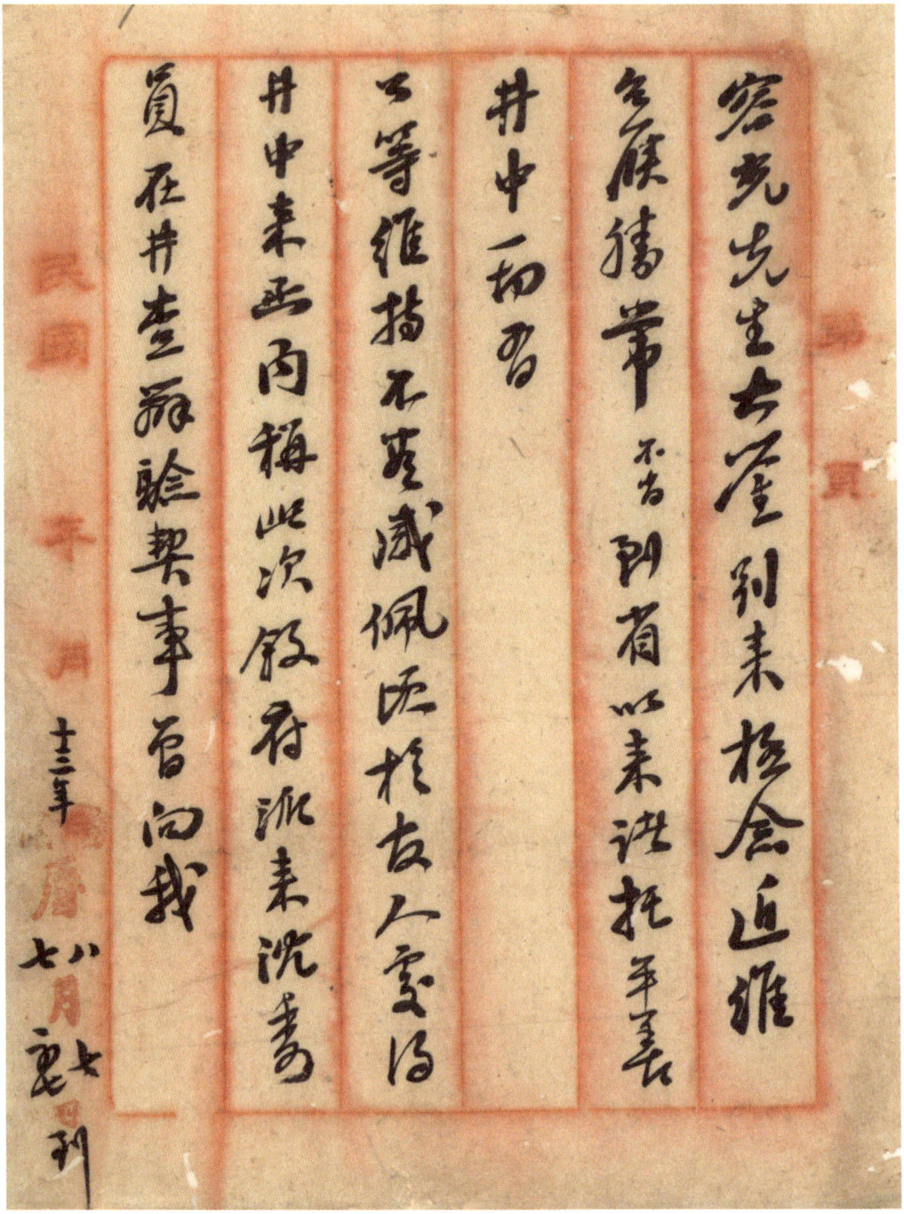

注：沈委员，其信息不详。

只云劉師長此次之舉然令行者不肖首与言及九層不得千萬自處不得二百萬兩語不肖當閲之下不禁失笑然無論此種毫無價值之言差研究之必要不肖十年來對於自處實是以往自省多數人評論非一二人所能顛

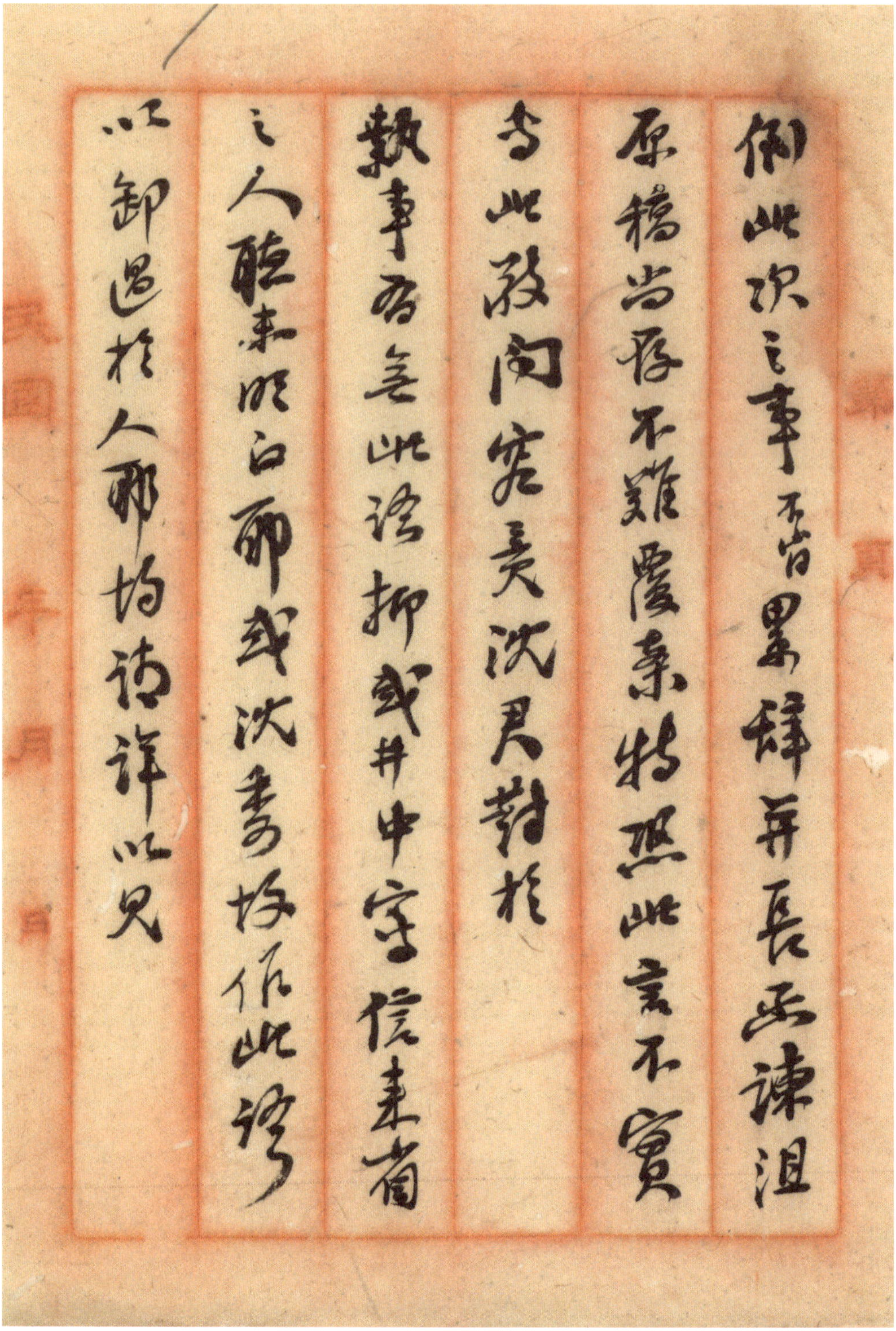
倘此次之事不啻果肆彝長丞諫沮
原稿尚存不難覆案特恐此言不實
今此殺閩客吳沈君對於
數事為急此語抑或井中寄信來省
之人臆來明白耶或沈秀峰作此語
以卸過於人耶均請詳以見

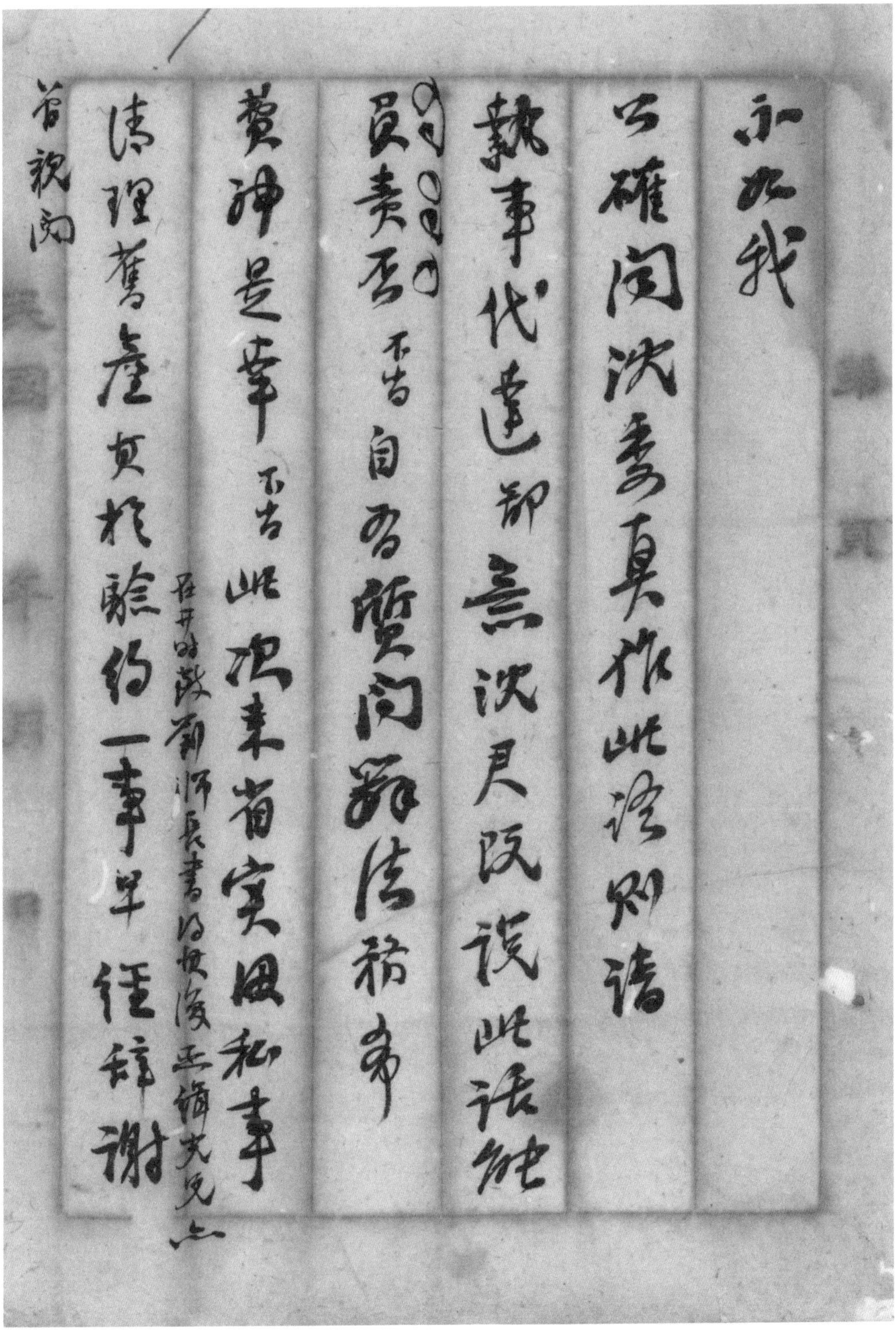

示如我

可確聞洪秀真作此語則請

執事代達鄧意洪民既說此語繼

員責否 不占 自有質問難法務弟

貴神是幸 不占 此次來省實因和事

清理舊產負於驗約一事早經辭謝

在开時致鄧師長書以投後亞續交兄處

台祺

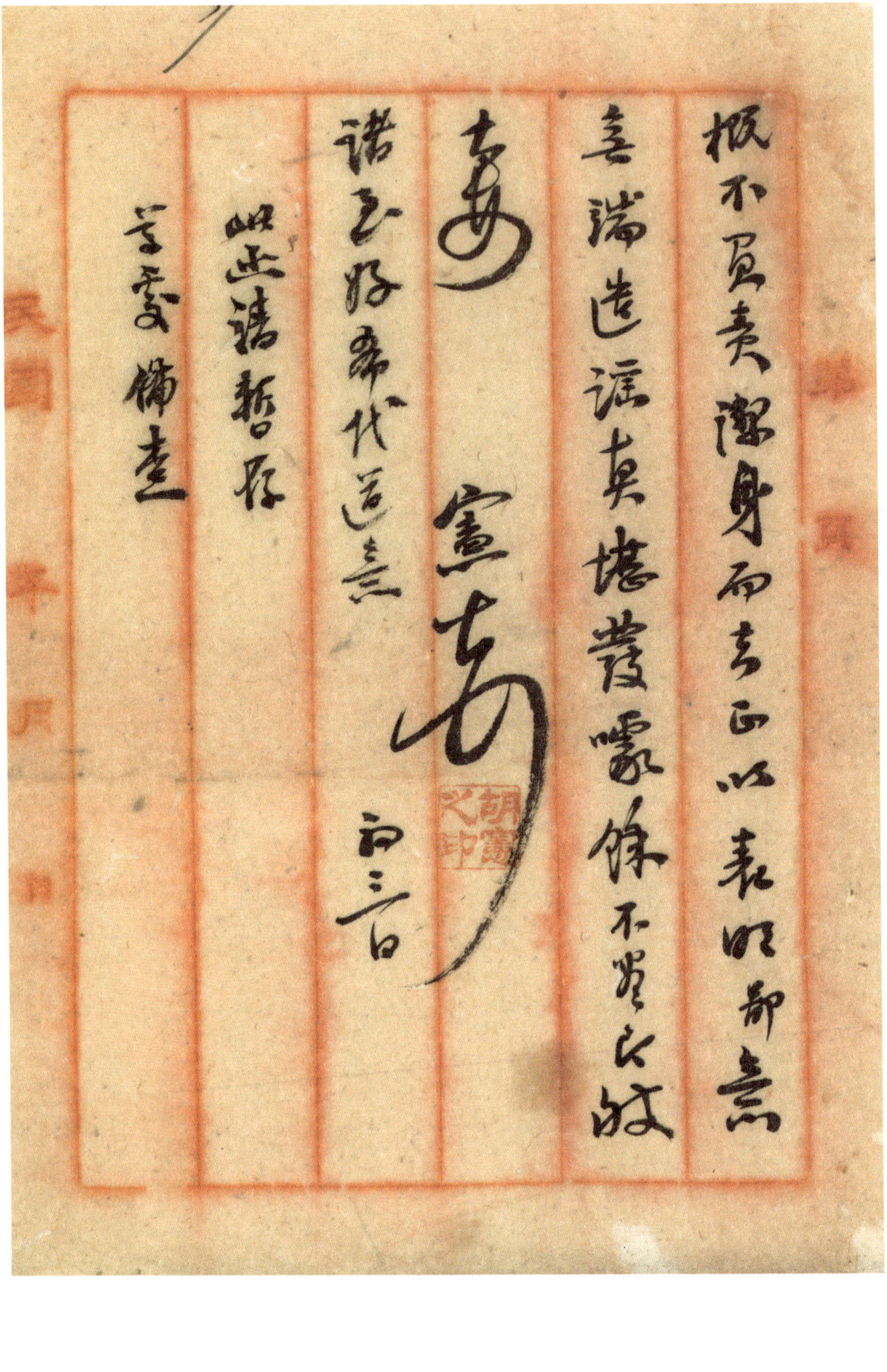

概不負責，潔身而去，正以表明節意。善端造謠其據，發囑，餘不贅，即頌

台安

諸至好希代為達意

富吉 初三日

此函請暫存

等處備查

20　0017-001-0263-034

胡宪为告知如有意加入分引分岸招商认销宜迅速派员与会事致自贡井商会的信函（1930年3月20日）

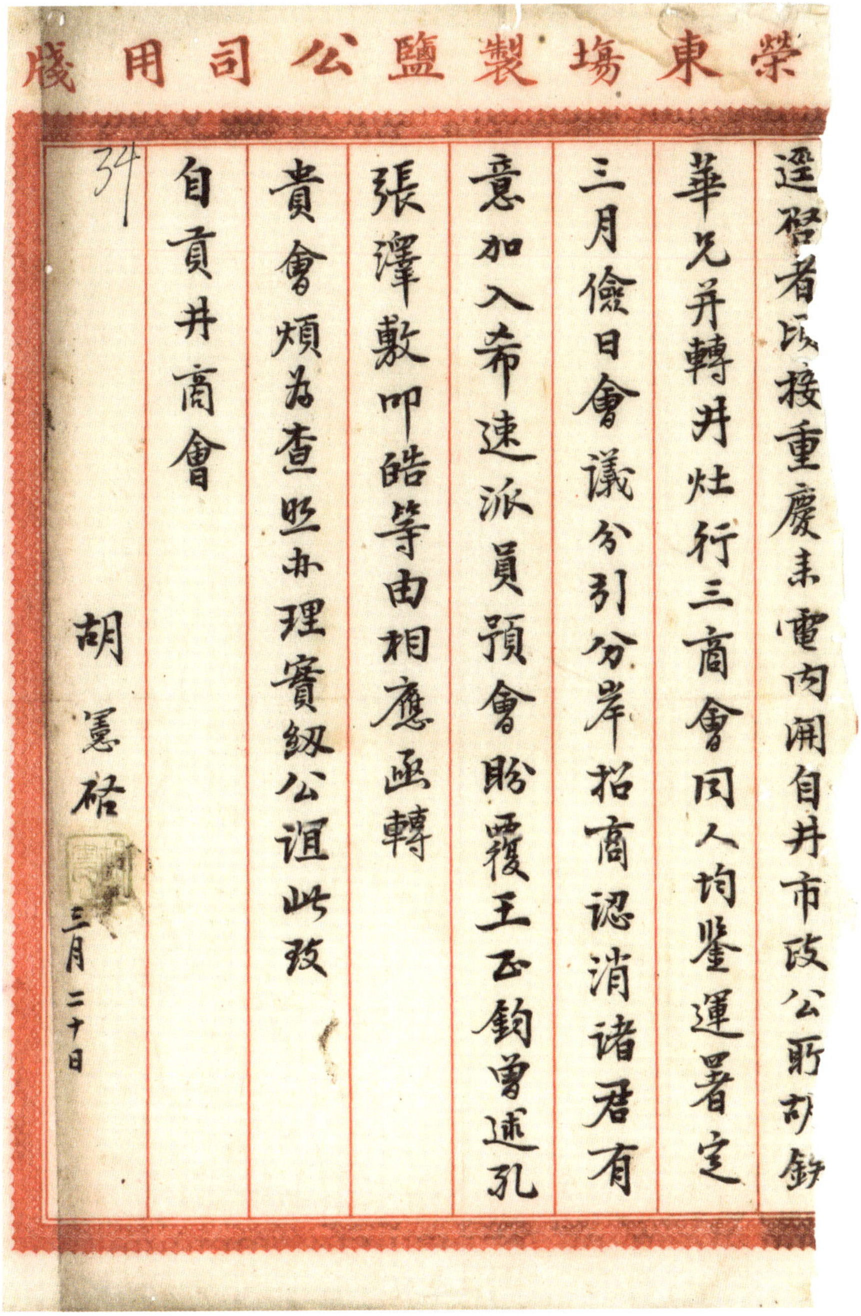

榮東場製鹽公司用箋

34

逕啓者頃接重慶來電內開自井市政公所胡欽

華兄并轉井灶行三商會同人均鑒運署定

三月儉日會議分引分岸招商認消諸君有

意加入希速派員預會盼霞王丕鈞曾述孔

張澤敷叩皓等由相應函轉

貴會煩爲查照辦理實紉公誼此致

自貢井商會

胡憲啓

三月二十日

张鹏翼

人物简介

张鹏翼（1877—1948），字筱坡，四川威远人。1901年，张鹏翼集资租井推卤煮盐，后围绕自贡盐场产运销各个环节扩大经营范围，逐渐成为自贡盐场产运销经营活动中举足轻重的商人。曾任自流井盐场海流井经手、西南盐业公司董事长、中央工业试验所盐碱厂董事长等职。还曾任自贡市私立蜀光中学校董会董事长。

21 0017-001-0266-058

张鹏翼为仍需等待段雨琴来川商议边岸盐务及请予召集富荣两场同人以为后援等事致范修明、黄光麟的信函（1925年3月3日）

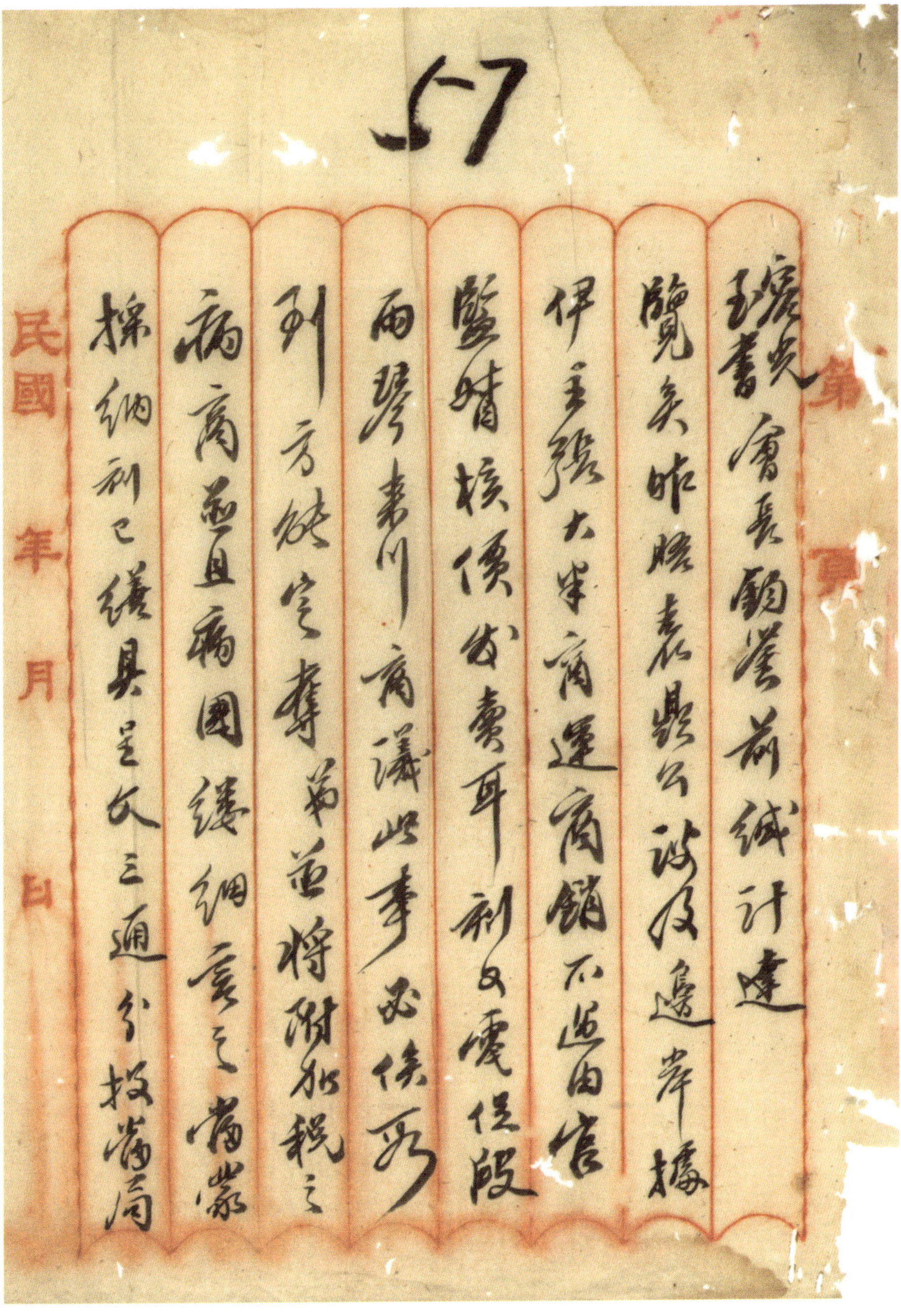

57

[illegible]書會長鈞鑒：前緘計達
覽矣。昨晤袁縣公，談及邊岸，據
伊言張大半商運商銷，不過由信
鹽暫核價發賣耳。刻又電促段
雨琴來川商議，此事必俟段
到方能定奪。弟茲將附加稅之
病商並直病國縷細言之，當蒙
採納。刻已繕具呈文三通，分投省局

第 頁

民國 年 月 日

58

第　頁

原稿抄呈，致北京之電一並附上
鈞閱，即祈垂詳。但所辦各件，第等
自當竭盡棉薄，冀收效果，以副
兩廠同人之望。但惟當賴此間廠人
不落後援，聯力量愈形單薄，務
乞速即開會遙為吶喊，或電或
郵，總求多多益善，不必過存顧
慮也。蓋此時合肥登台，民氣銷落

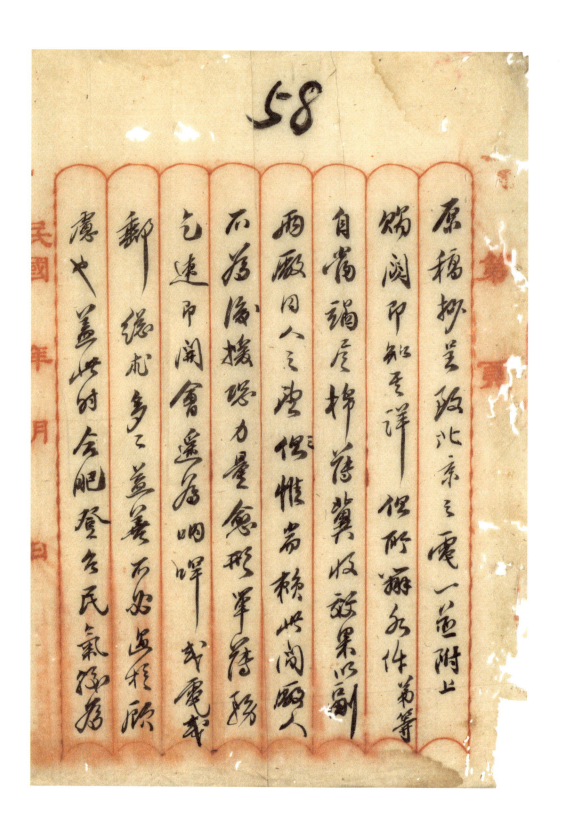

民國　年　月　日

59

俾張文萱國民會議為期不遠，吾
廠既處此不可終日之勢，以無所識默，吾
廠恐終無翻身之時矣。盼切之餘，務懇
論一事，終屬與妹子再四磋商，已有
活動意見，刷正兄先生渝並渝江黃
名幫一籌，議終期不為少數把持，
大家得享同等待遇，則選舉自多，
而廠商當不受制矣。

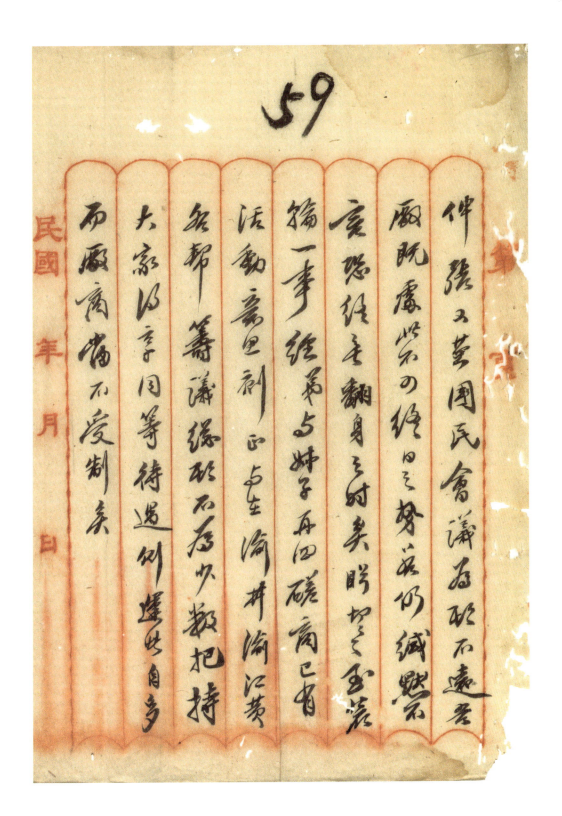

民國　年　月　日

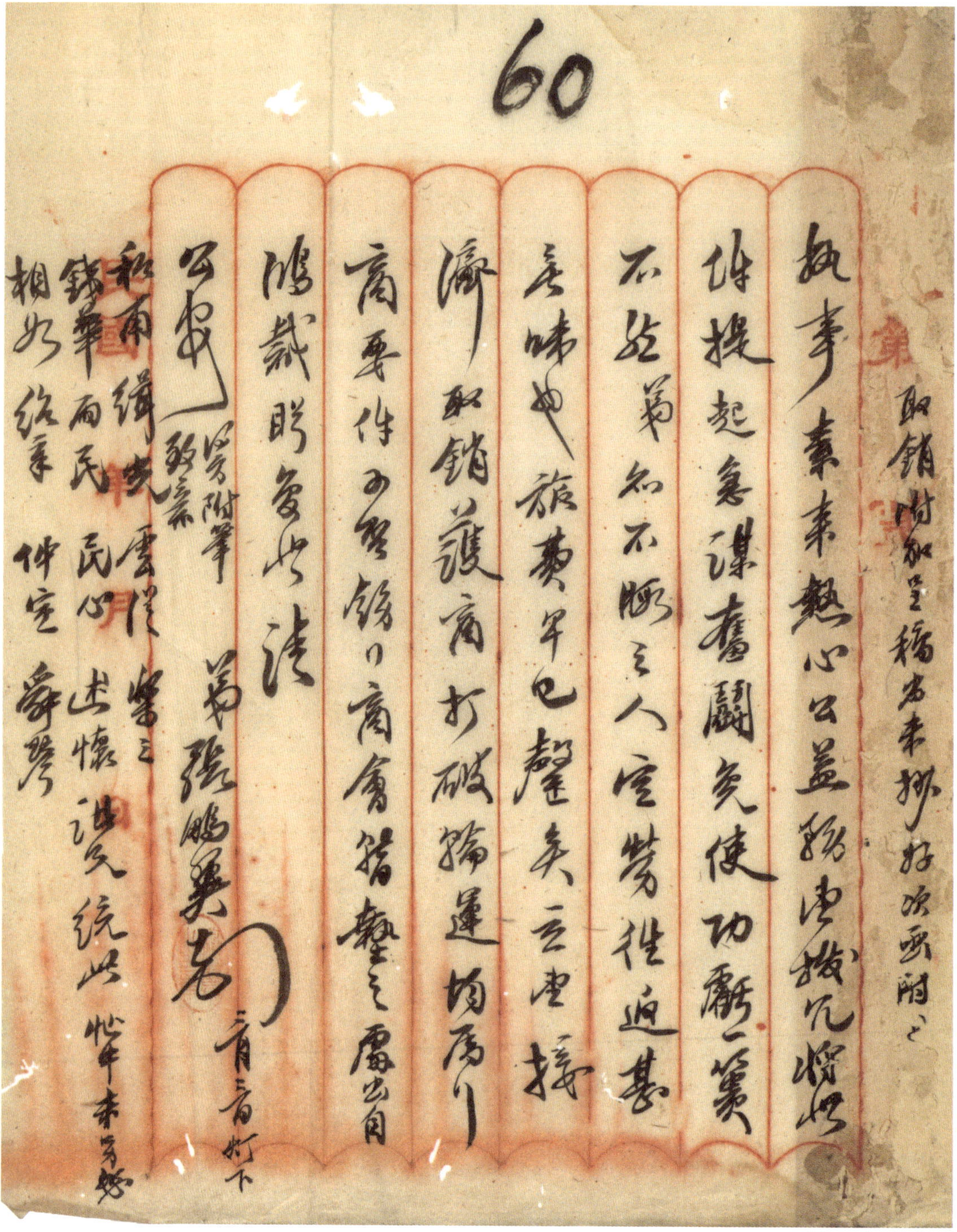

60

執事素來熱心公益，務速擬呈，將此件提起，急謀奮鬬，免使功虧一簣。不然，弟知不勝之人，空勞往返，甚無味也。旅費早已罄矣，云速接濟。取銷護商折、破綸運，均屬川商要件，可望錯川商會籌之處尚有鴻裁。盼復。此請

公安

弟 張鵬翼 頓首 二月二十二日灯下

取銷附加呈稿尚未擬好，好後再附之。

另附筆致意

秋雨、緝熙、雲階兄等之

錢筆而民、民心、述懷、諸兄統此 恕未另函

相好 緒來、仲宣、舜琴

22 0017-001-0318-001

张鹏翼为当前难以向渝中银行息借三四十万元用于复业及请由自贡商会发行五十万元信托券等事致范修明、黄光麟的信函（1925年3月15日）

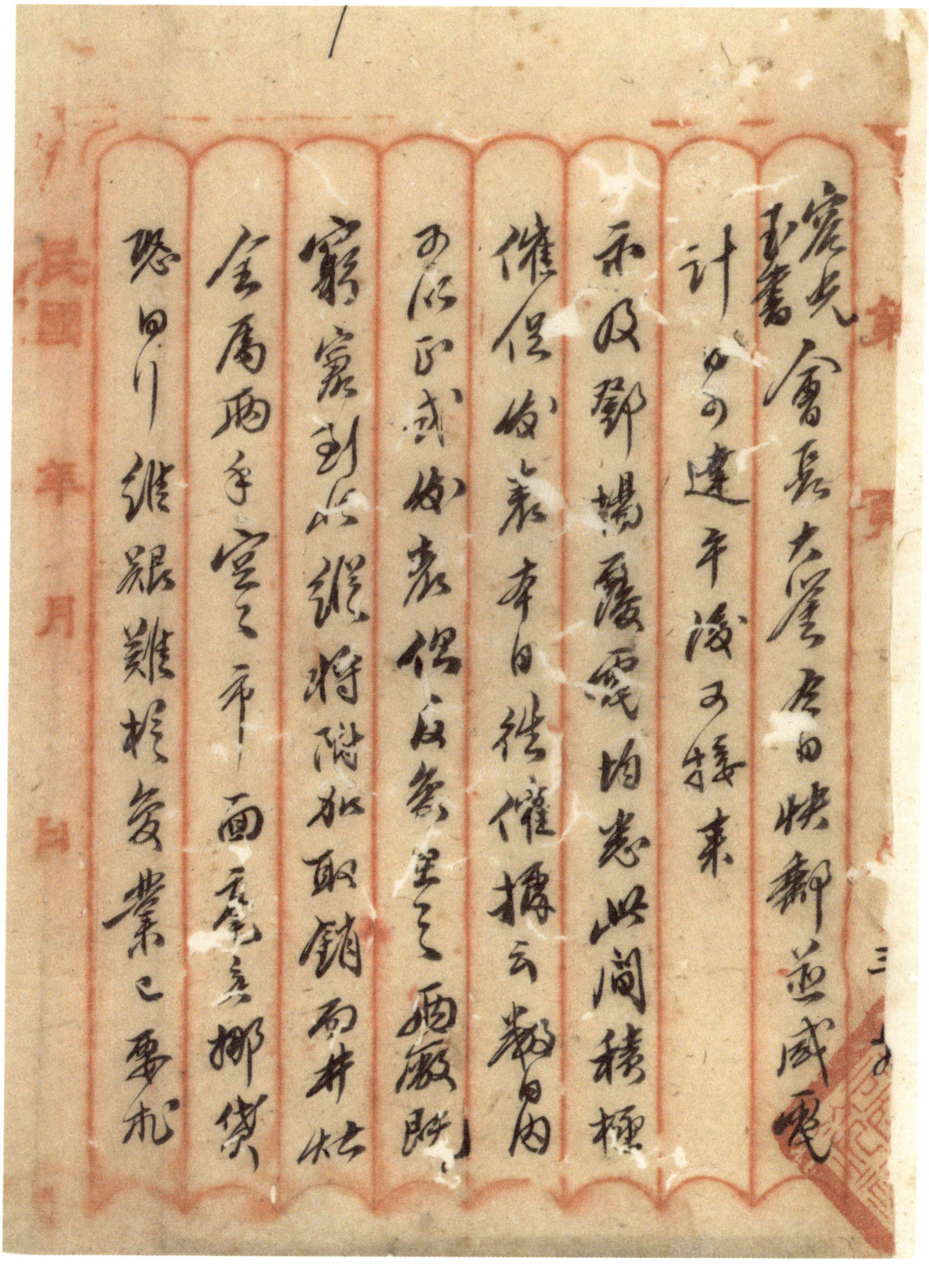

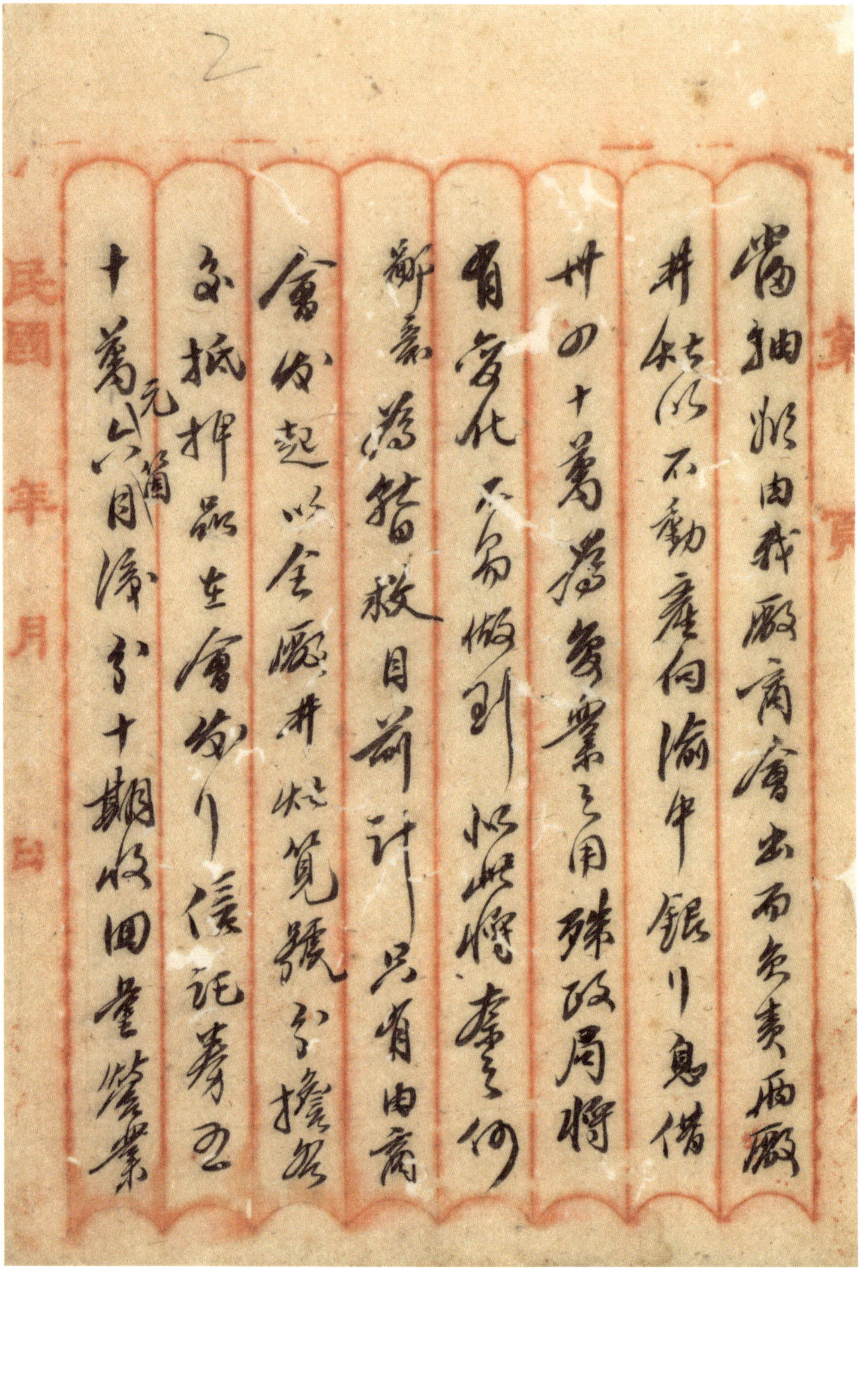
當細數由我廠商會出而負責兩廠
井灶以不動產向渝中銀行息借
卅四十萬為營業之用殊政局將
貨實化不易做到以致將來何
挪款爲籍救目前計只有由商
會發起以全廠井灶覓殷擔保
爲抵押品在會發行債券四
十萬元分月攤分十期收回營業

民國　年　月　日

第　頁

大小之配多寡務極平均毋稍偏
私此票只要大眾信用即生殿由流
通則可活動矣此間美重券最有
信用者可何常能行於外州鈔耶
只在立法與保持之善與不善耳已
因動機擇一數淇同鄉商之均蒙
贊許請即因多數商酌我
閣會通過如以為可即速將議決案

民國　年　月　日

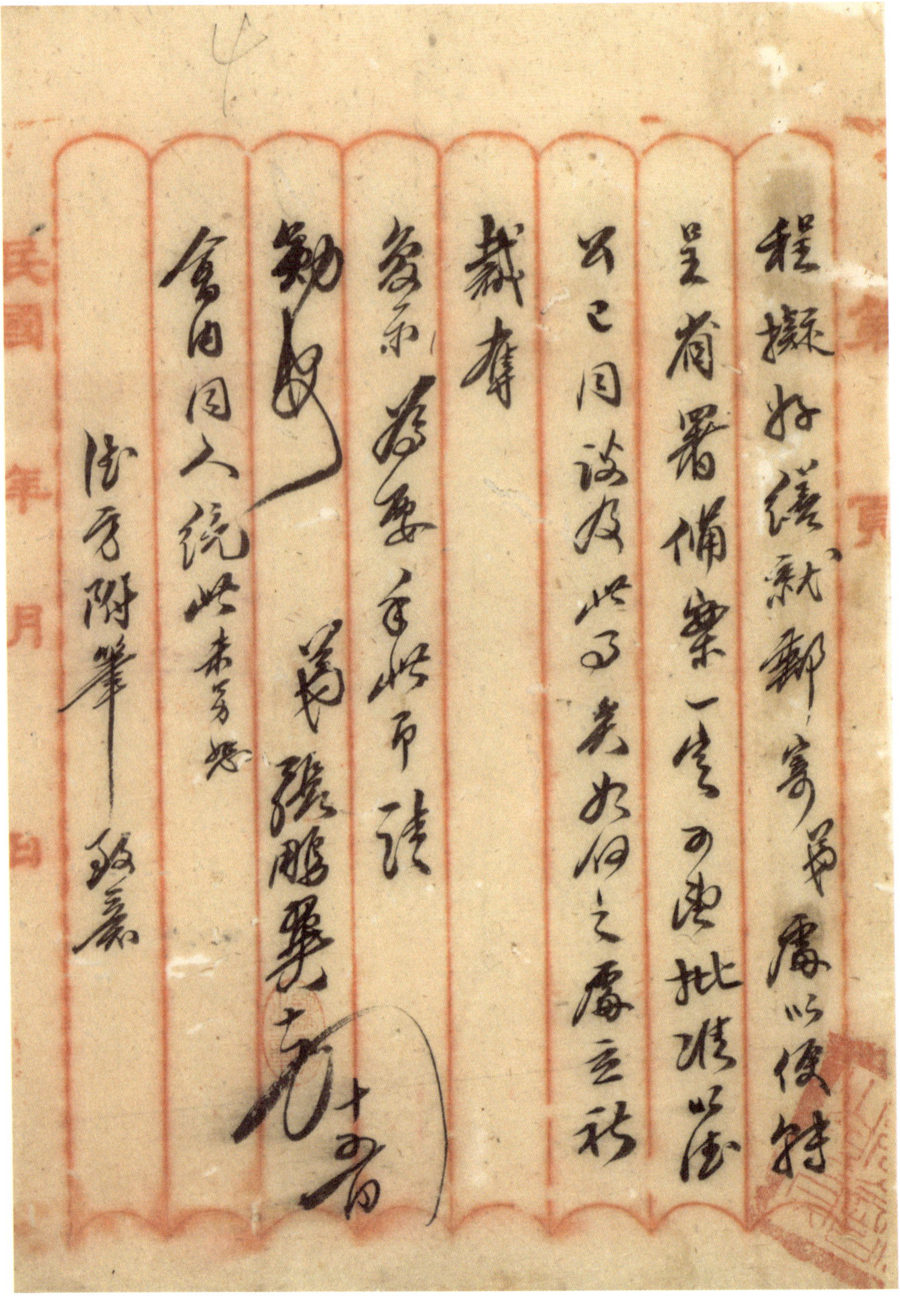

程擬好債款鄂寄萬處以便特
呈荷署備案一俟可邀批准後
於己同該及此可先於何之處立刻
裁奪
發示 務要手此亦請
勤安 萬 張鵬翼上 十二月十日
會內同人統此未另
汝方附筆致意
民國 年 月 日

23　0017-001-0266-073

张鹏翼为请速向刘湘、赖心辉等拍发电报推定代表负责商请取消运盐沿途附加税事致范修明、黄光麟的信函（1925年3月24日／阴历三月初一）

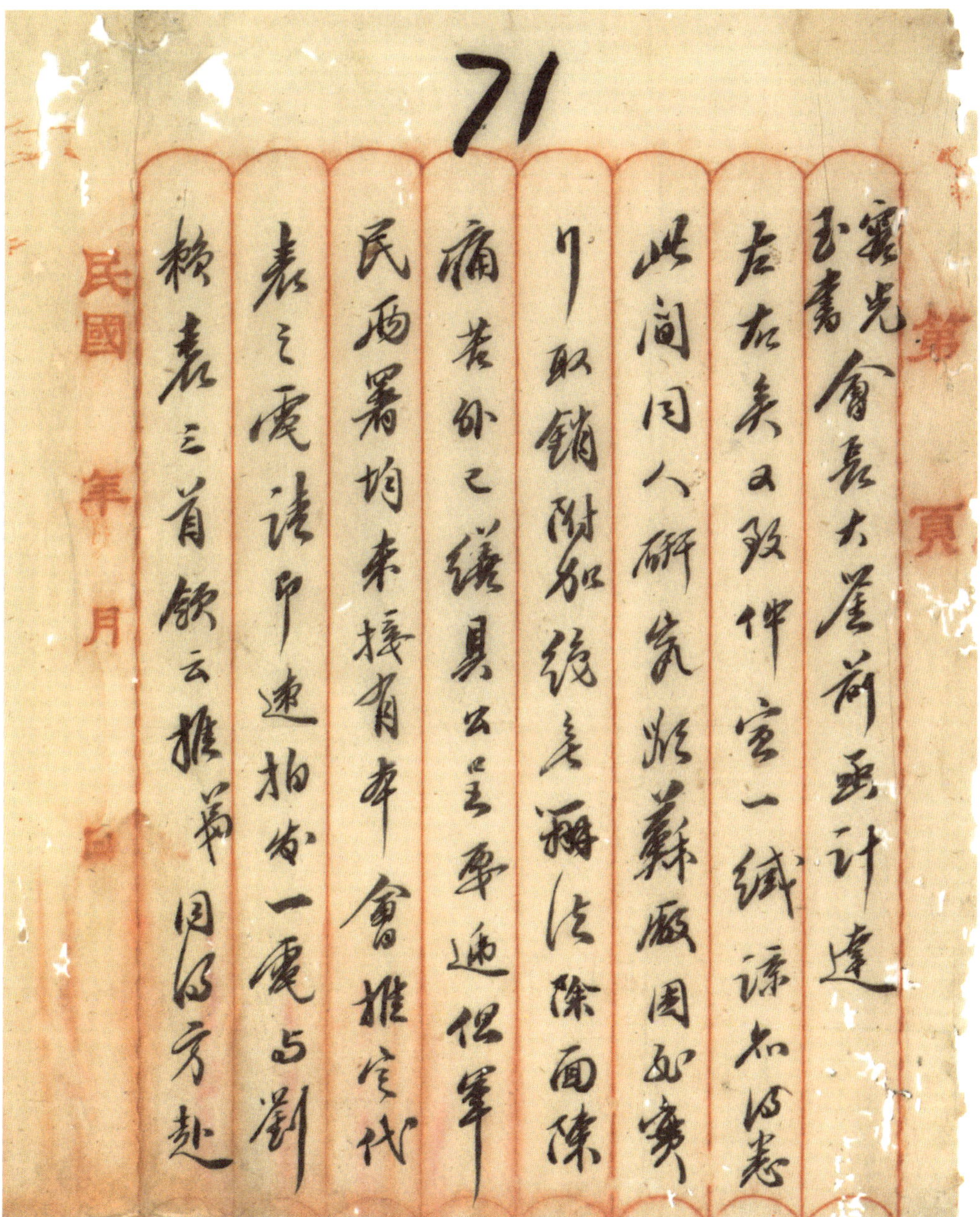

71

第　頁

寰光
玉書會長大鑒：前函計達
左右矣。又致仲宣一緘，諒亦收悉。
此間同人研究，將蘇廠因加費
川取銷附加綫岸，擬請除面陳
痛苦外之，續具公呈專遞。但軍
民兩署均未接有本會推定代
表之處，請即速拍發一電與劉
賴二表之首領，云推舉同時方赴

民國　年　月　日

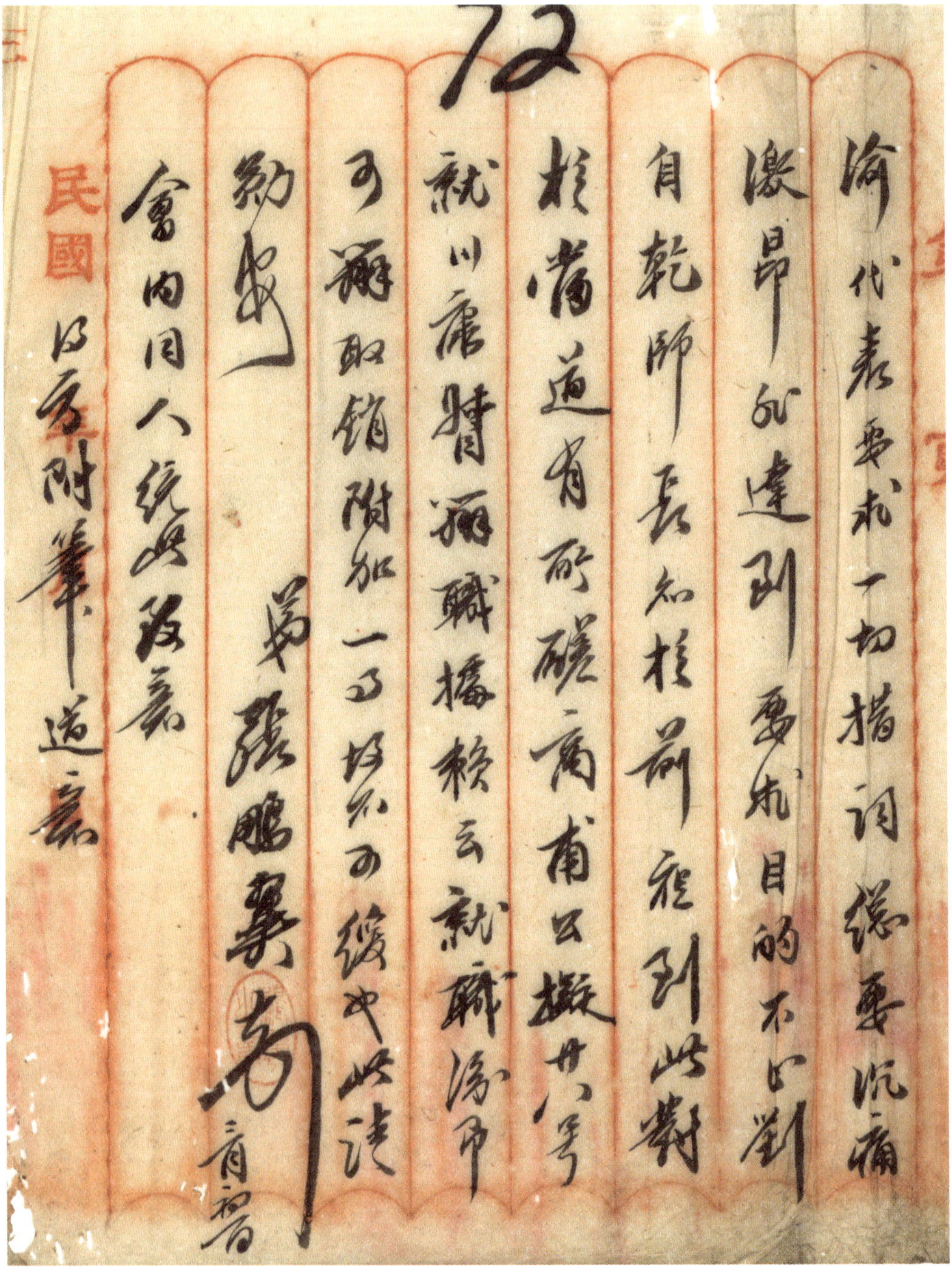

72

渝代表要求一切措詞總要沉痛
激昂，非達到要求目的不止。劉
自乾師長知於前途到此對
於省道有所礙，商甫以擬廿八号
就川康督辦職，據報云就職後即
可將取銷附加一兩，現亦可緩也。此請
勛安　弟張鵬翥頓首　二月初四
會內同人統此致意
民國　以方附筆道意

24　0017-001-0266-037

张鹏翼为刘湘等准予取消由厂至岸所有一切护商附加税并请迅速通告富荣两场同人以防变化事致范修明的信函（1925年4月6日／阴历三月十四）

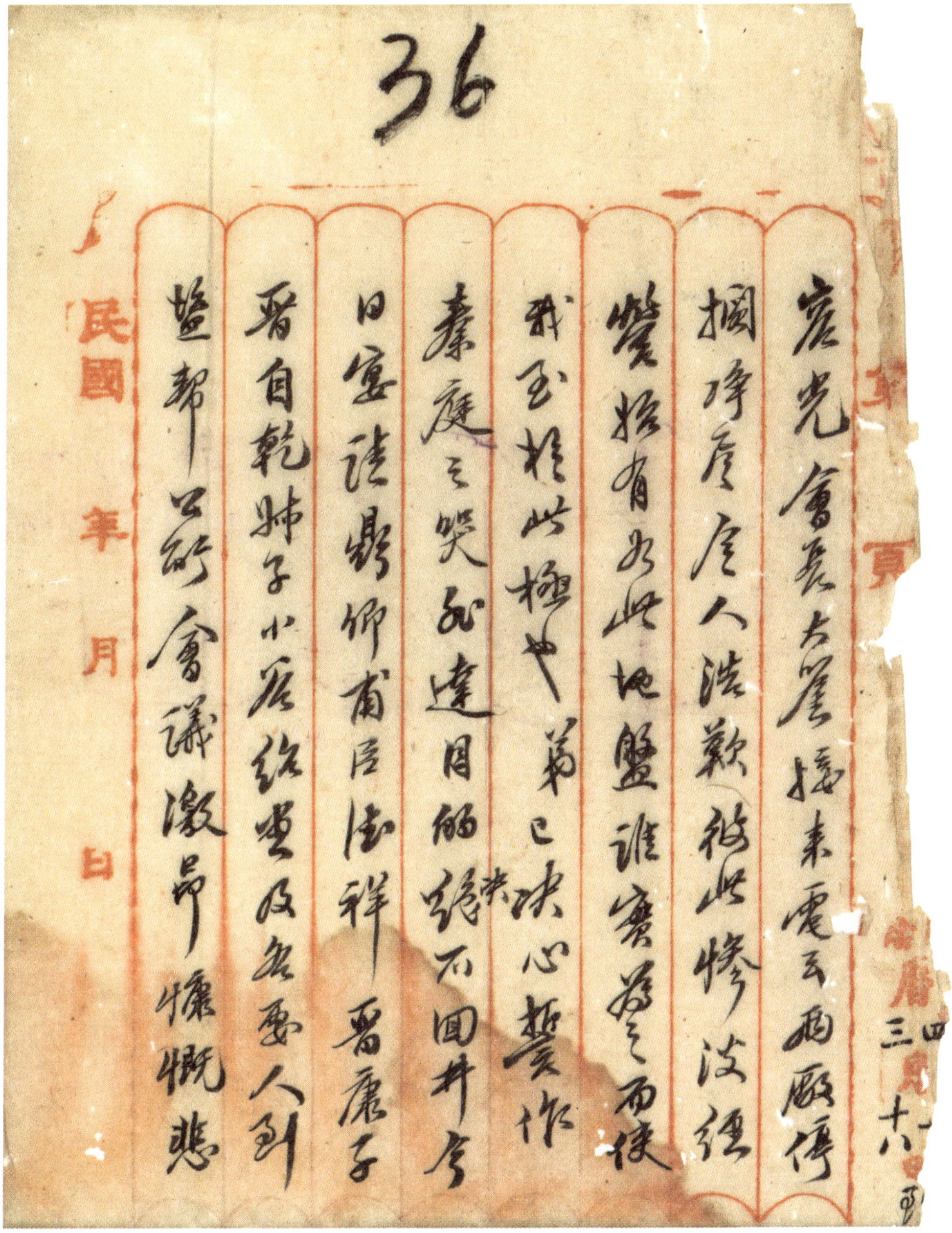

36

宸光會長大鑒：接來電云兩廠停
擱，停岸岸人諸款，從此慘淡經
營，將有此地盤，誰實爲之，而使
我至於此極也！弟已決心誓作
秦庭之哭，務達目的，總不回井。今
日宴請鄧錫卿、甫臣、法祥、晉康、子
晉、自乾、帥子、小庭、紹豐及各要人到
鹽都公所會議，激昂慷慨悲

民國　年　月　日

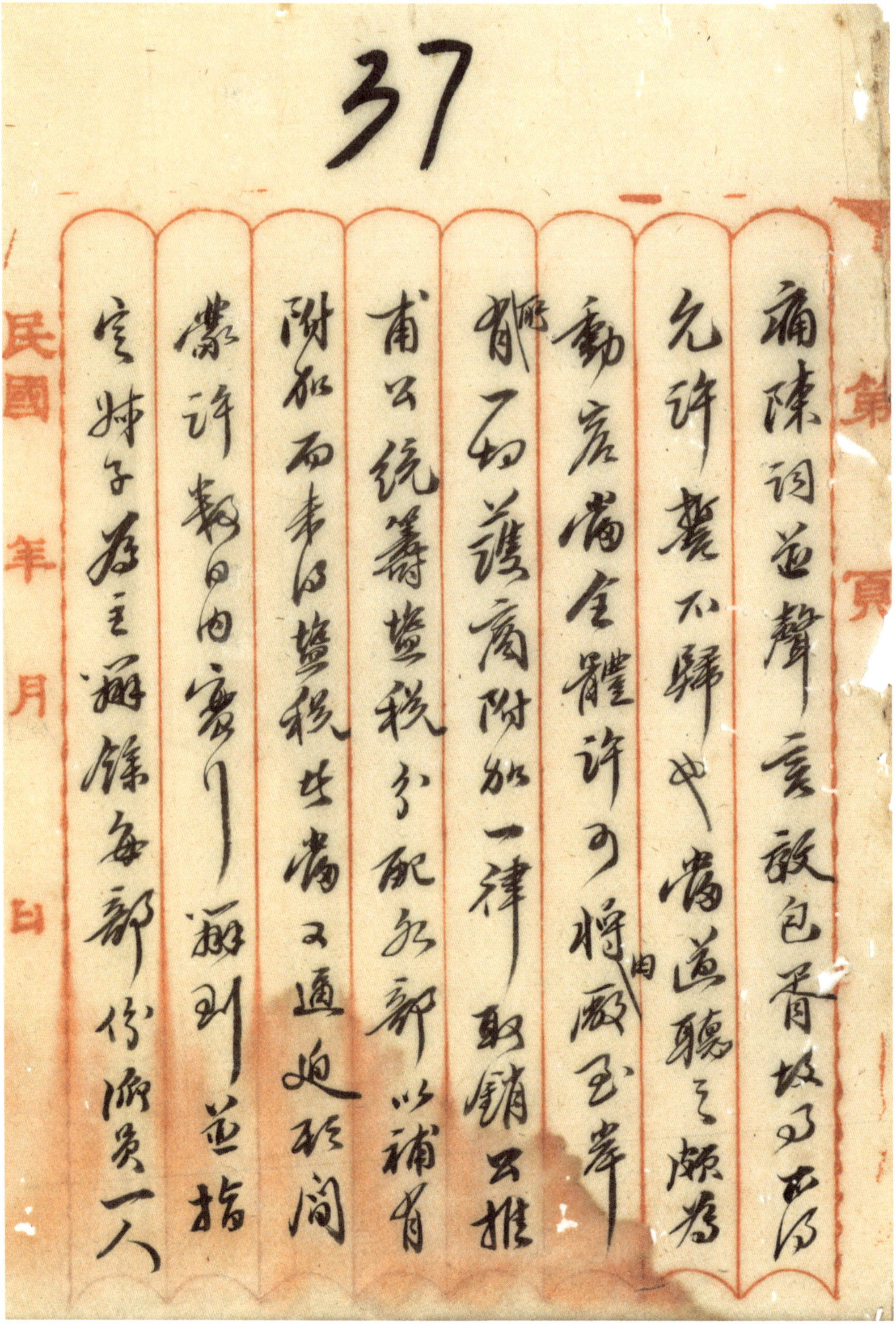

37

第　頁

痛陳詞並聲言敝包晉坡及西河
允許甚不歸也商道聽之頗為
動容商全體許可將（由）敝至岸
背（附）另行護商附於一律取銷以推
甫公統籌鹽稅分配於鄰以補首
附加而來之鹽稅其商又適迫於間
蒙許報日內實行辦到並指
定姊子為主辦條每鄰保派員一人

民國　年　月　日

38

第　頁

會同爲此故第五井時雖有此心
而到濟看邊岸尚屬幼稚楚岸
又能減輕成本一數雖與人競爭
能每年一數百萬之雖享受此項
又爲强有力之人初不料其有如是之
美滿結果也能會議結果如此
而其中尚有出於勉强此特恐此
數日中又生變化宣成泡影似覺

民國　年　月　日

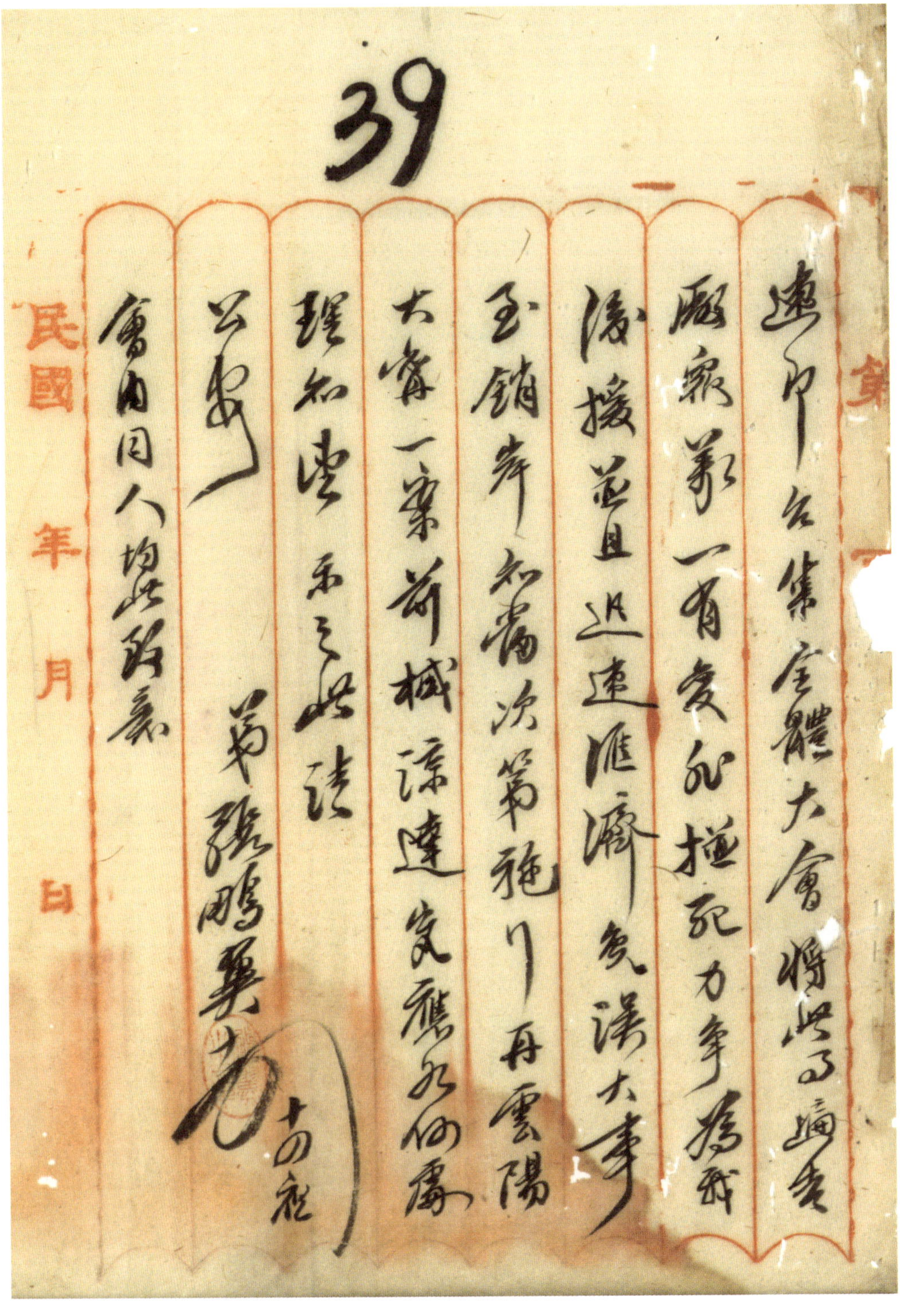

39

第

遠帥台集全體大會將此函交
厰家第一次參與拚死力爭務祈
源源接濟並且迅速滙濟參議大事
至銷岸如當次第施行再雲陽
大寧一案前緘諒達究應如何處
理知照示之為禱
公安
弟張鵬翼 十九
十四夜
會内同人均此致意

民國　年　月　日

25　0017-001-0318-005

张鹏翼为政府正在筹划取消附加税并请迅速开会讨论解决政府与商人相持办法等事致范修明、黄光麟的信函（1925年4月13日）

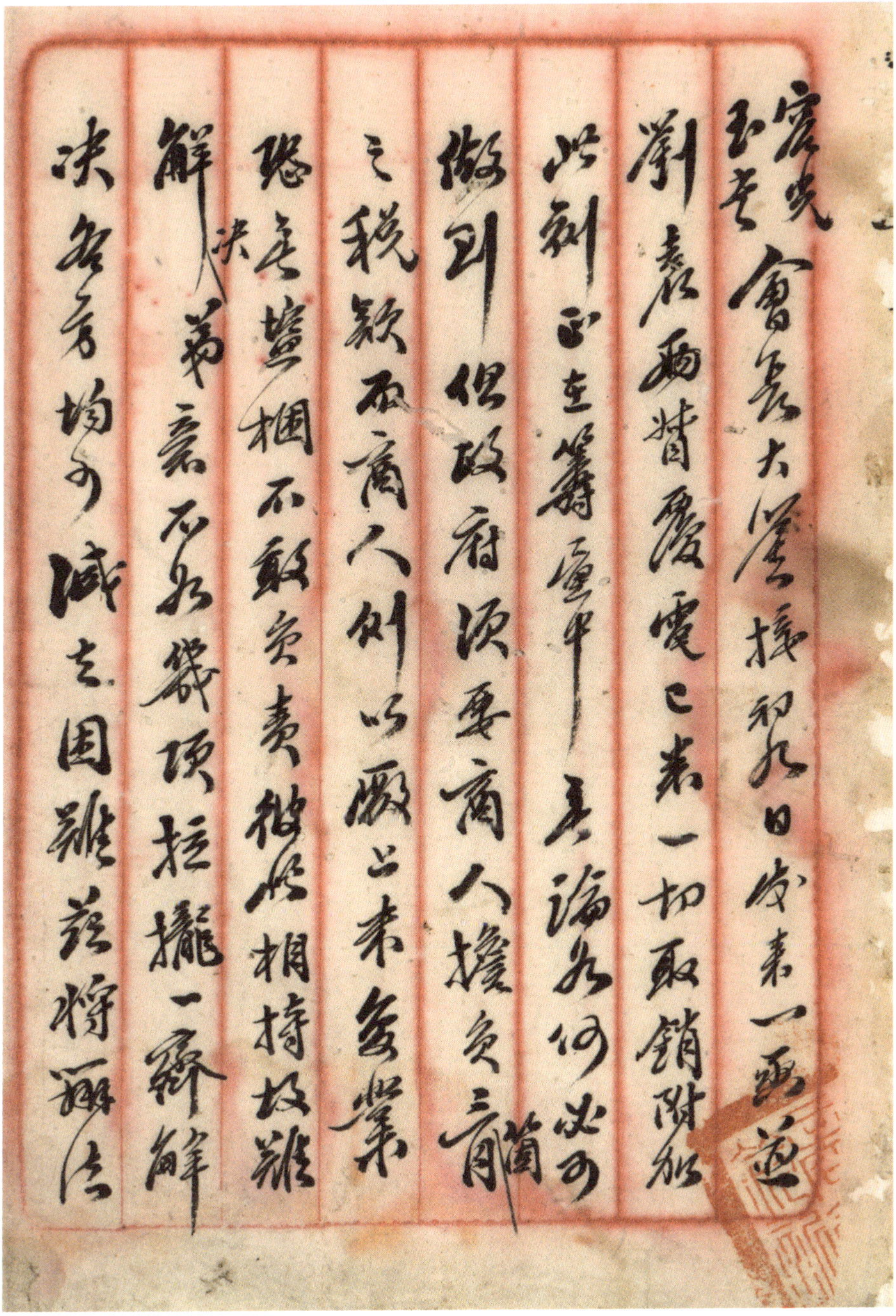

宸光
玉堂　會長大鑒：接初九日來一函，逆
劉楊兩背叛變已來，一切取銷附加
此刻正在籌畫中。無論如何，必可
做到。但政府須要商人擔負三箇月
之稅款，而商人則以厥出來多業
恐查鹽捐不敢負責，彼此相持，故難
解決。弟意不如幾項拉攏一齊解
決，各方均可減去困難。茲將辦法

二

臚陳乞察核立即發示為禱

廠中營業所有金錢不敷活動前

械已完竣臨時被急需此項款已呈

請省署批准呈批附陳備閱俟此

項票子發表毫無現金準備如恐

難於推行擬赴渝要求政府給

果還使向銀行銀號貸洋十八萬

元還井作如此項準備金之息

照此地街市作價破限之三個月第
一月不還第二月還九萬第三月還九萬
此項現金既作票子準備若干外
覽覆均有股份對外則由貴會負
責清還內部應如何分用分擔
應該參酌緩急籌辦理不過票五
十萬洋十八萬統該六十八萬公攤方昭
平允

二厰早既有款接濟尚望力謀推
薦先由開鹽票一大批總在二百載
或三百載之譜至價務宜斟酌適中
不使太高過低均皆未善川商既然
預買定平載例政府之稅票尚望
不然推給（此間有人談作市銀壹百八十兩者此指鹽價）擬價如貴
鹽三百在照每張一百八十兩算除今
張一千兩外每在票首尾銀六百兩

之議以之償還本省所貸十八萬元應
手相抵大約既以銀券六十八萬又
查鹽局示頭銀之三十萬為兩中必
能活動二三月還此十八萬當一不難
此兩條件萬難提出但處此似別無辦
法可想并幫本省信用金融由政府
間接轉貸萬難辦到一萬因動轉撥
較并且以私人資格向政府擔負不識

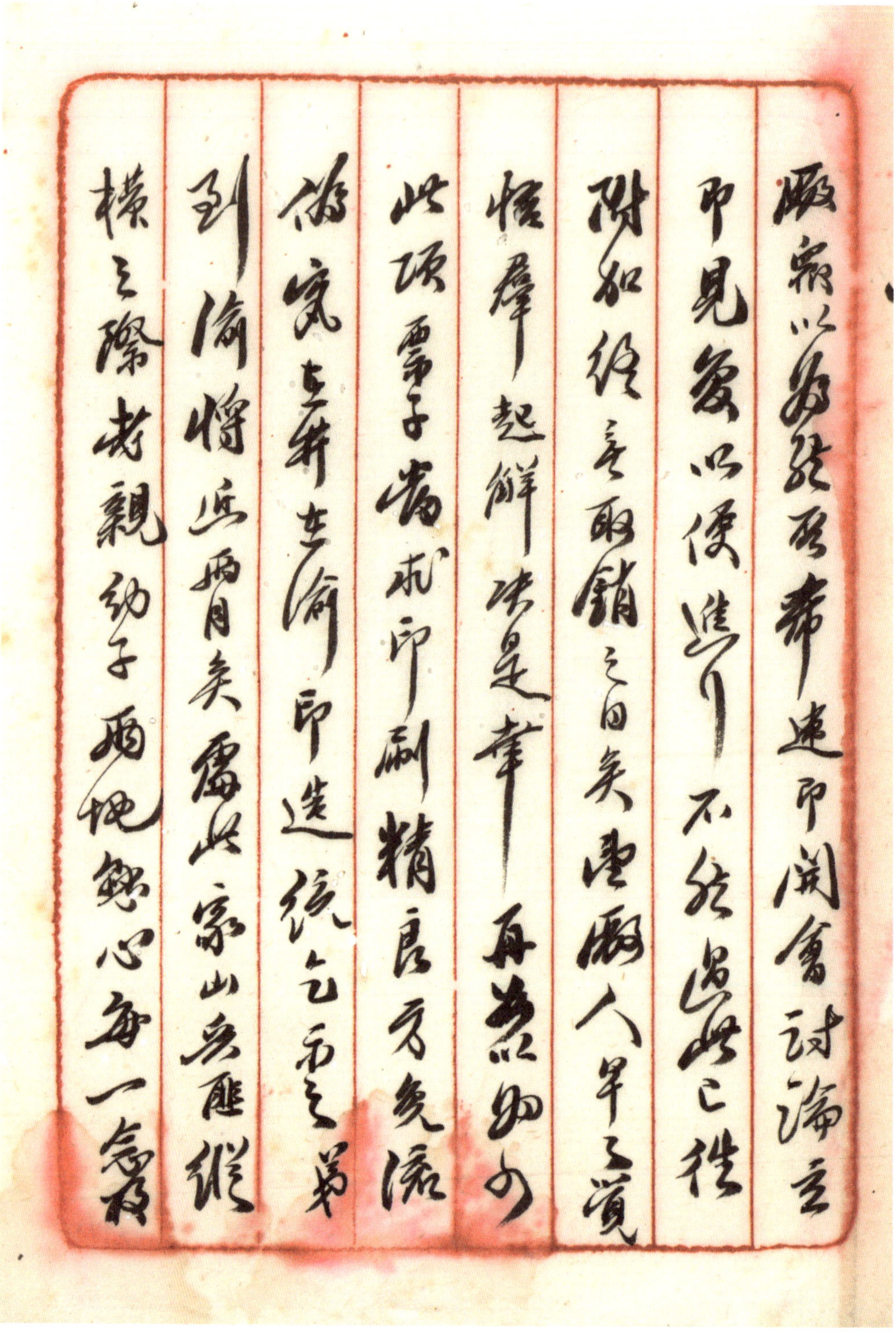
職竊以為能否希速即開會討論之
即見復以便進行不然恐此已往
附加係之取銷之日矣處職人卑言賤
惶群起解決是幸再者如今
此項票子請求印刷精良方免濫
發定于十五日由渝即送統乞示之為荷
到渝將近兩月矣處此家山無雁縱
橫之際老親幼子兩地懸心每一念及

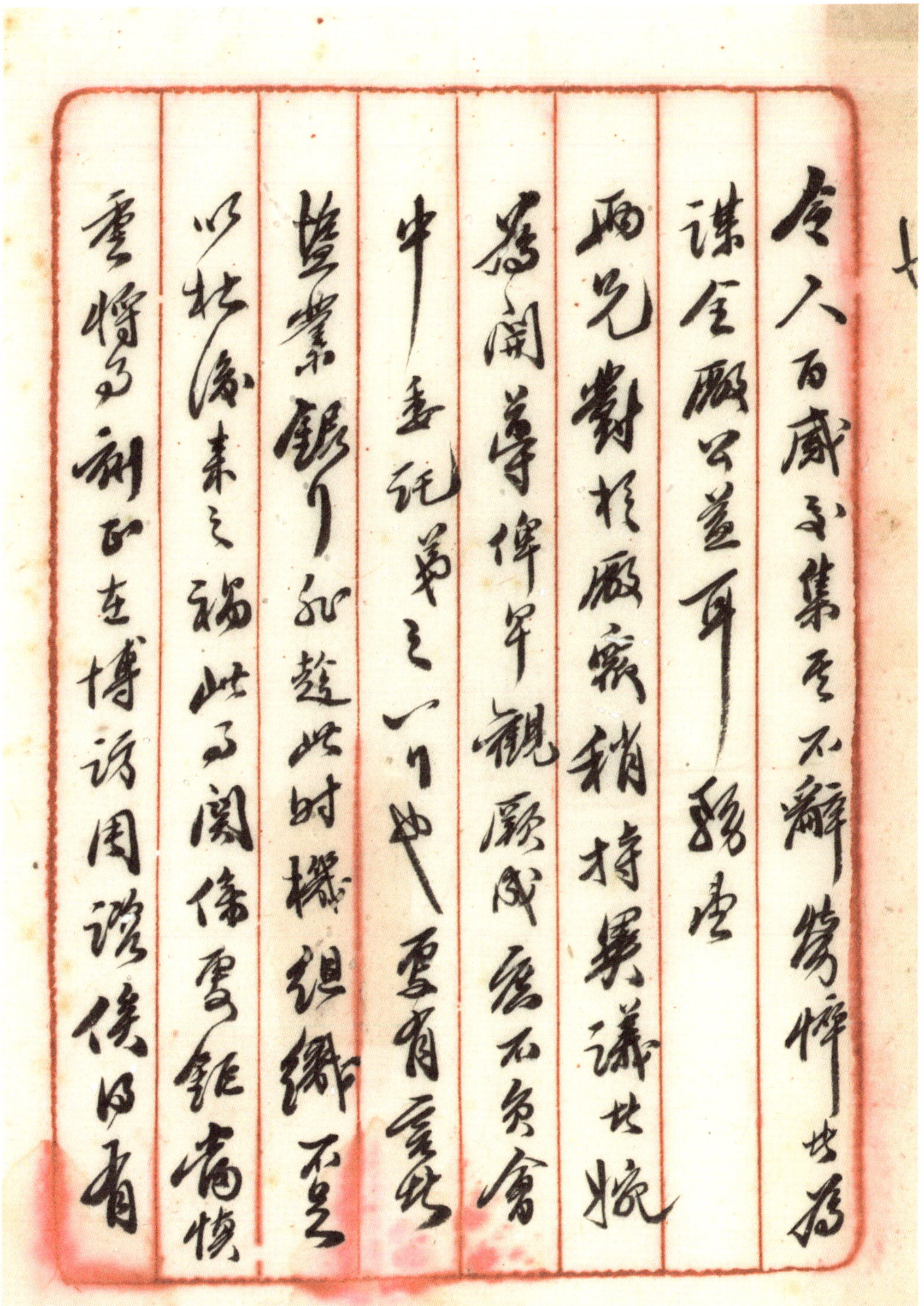
令人百感交集，至不辭勞悴，其為
謀全廠公益耳。鄙意
兩兄對於廠務稍持異議，其態
度開導，俾得觀感，願成感不負會
中委託著之初心也。更有言者，
鹽業銀行趁此時機組織不良
以挽頹素之端，此可關係，要能補救
要將新政在博訪周諮，俾得有

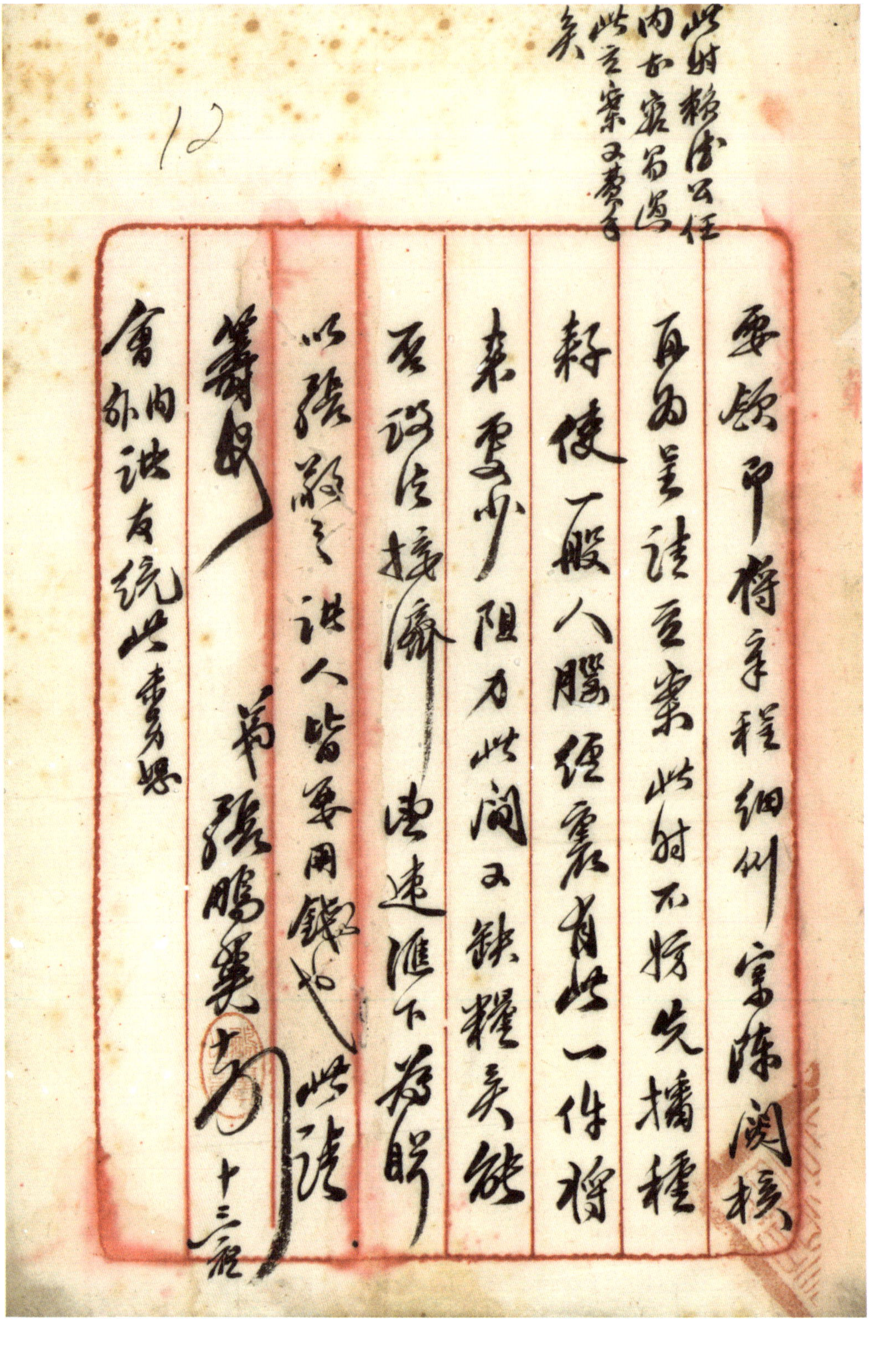

此時務當公任
內部寬局爲
此立案又費手
矣

12

要領。即將章程細則，寫陳閱核，
自當呈請立案，此時不得先擴權
利，使一般人勝任經營，首此一件，將
來要少阻力。此間又缺糧食，能
否設法接濟，盡速匯下爲盼。
此張、蕭之諸人皆要用錢也。此請
籌安
弟 張鵬翼 頓 十三夜
會內外諸友統此，未另。

26　0017-001-0444-039

张鹏翼、何其义为重庆盐帮公所借云阳、大宁之盐行销楚岸危及富荣两场事致自贡商会的信函（1925年4月13日）

附：重庆盐帮公所借配云宁场盐藉防外盐侵楚以资平价一案呈稿（1925年4月3日）

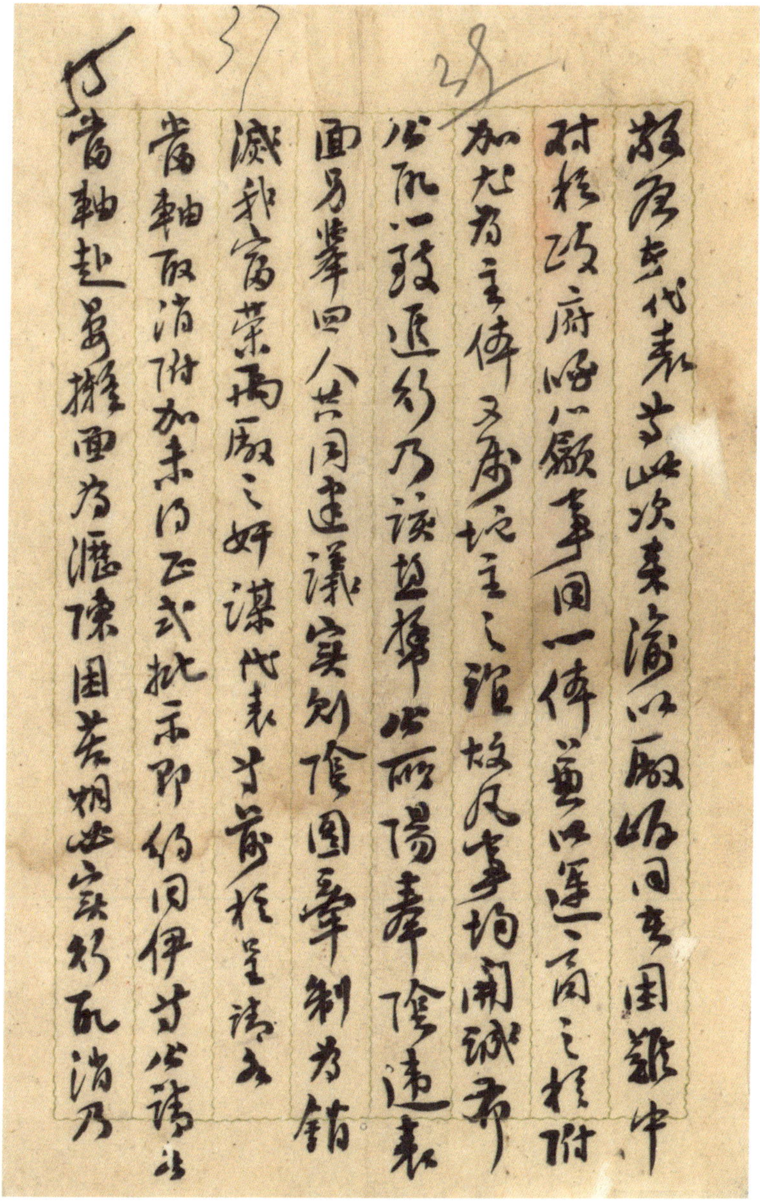
敬启者：代表等此次来渝，以敝场同受困难中，对于政府昭以厥事同一律，并以运商之权附加，尤为主体，又属地主之谊，故凡事均开诚布公，以一致进行。乃该盐帮公所阳奉阴违，表面另举四人共同建议，实则阴图垄制，为销灭我富荣两厂之奸谋。代表等前于呈请文当轴取消附加，未得正式批示，即约同伊等公请外当轴赴蓉，携函为沥陈困苦，惘然实行取消，乃

伊等唯唯否否，延不出帖代表，弟颇滋疑虑，因知伊等别有所图，预名料即推我富荣又名料矣。然盖之愤毒也。昨日舒坡到渝，与荣归偕谈，希见此所持事，特呈稿由锺万录画行，舒坡取阅，始知伊等组织借云阳大宁两厂之盐行楚，置我富荣两厂于不顾。舒坡得此稿，取得设详加调查，稿系马浩然主持缮发，并闻与运使先有所说矣。

语（呈稿另封，寄渝）

查楚岸为富荣独占销路，满清时历任

兩江從猪雷厲風行嚴禁川鬃而不得及此項銀廢
之事執究不能根本打銷送於今日豬鬃存亡千鈞一
髮厥在垣商群起力爭而非宿業之損困已極所恃
豬鬃以圖恢復伊等若非喪心病狂何忍出此宿業銷
滅兩廠數十萬人之生計政府數百萬元之稅收於以於
民國係至鉅伊等此舉實為兩廠數十萬人之公敵亦
政府法律之所必誅代表等陳孟達貴會請速通電
北京及川中各當局擬名通緝交法庭懲辦此間之臣

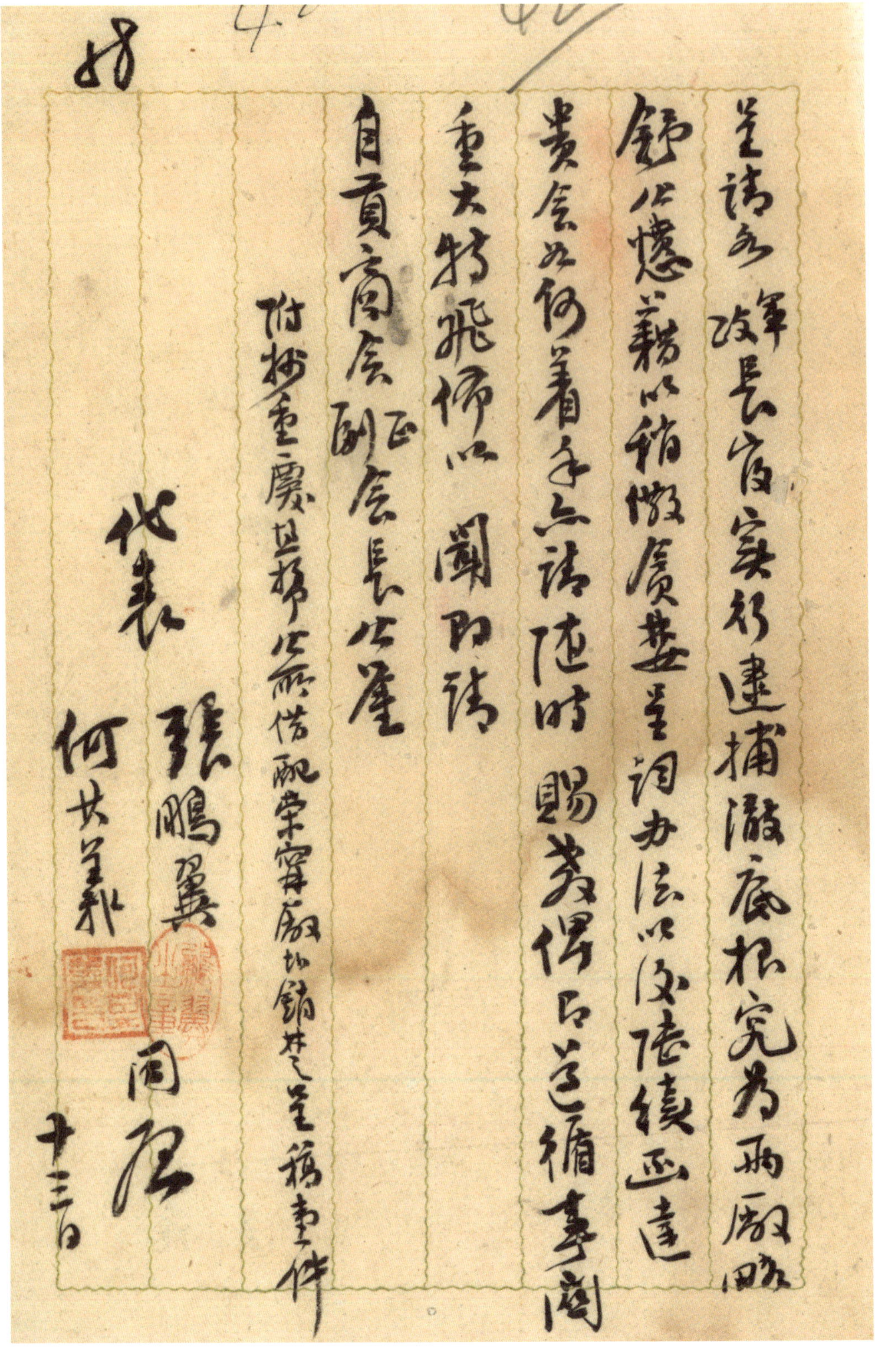

並請令 軍政長官實行逮捕，澈底根究，爲兩廠略
鈞公懲戒，藉以銷滅屬甚。並詞办法以後陸續逕達
貴會如何着手，亦請隨時 賜教，俾得遵循。專函
重大特飛佈，以 聞。即請
自貢商會正副會長公鑒
附抄重慶鹽務公所借配榮寧廠地鋪並稿事一件
代表 張鵬翼 何北衡 同啟
十三日

附：重庆盐帮公所借配云宁场盐藉防外盐侵楚以资平价一案呈稿
（1925年4月3日）

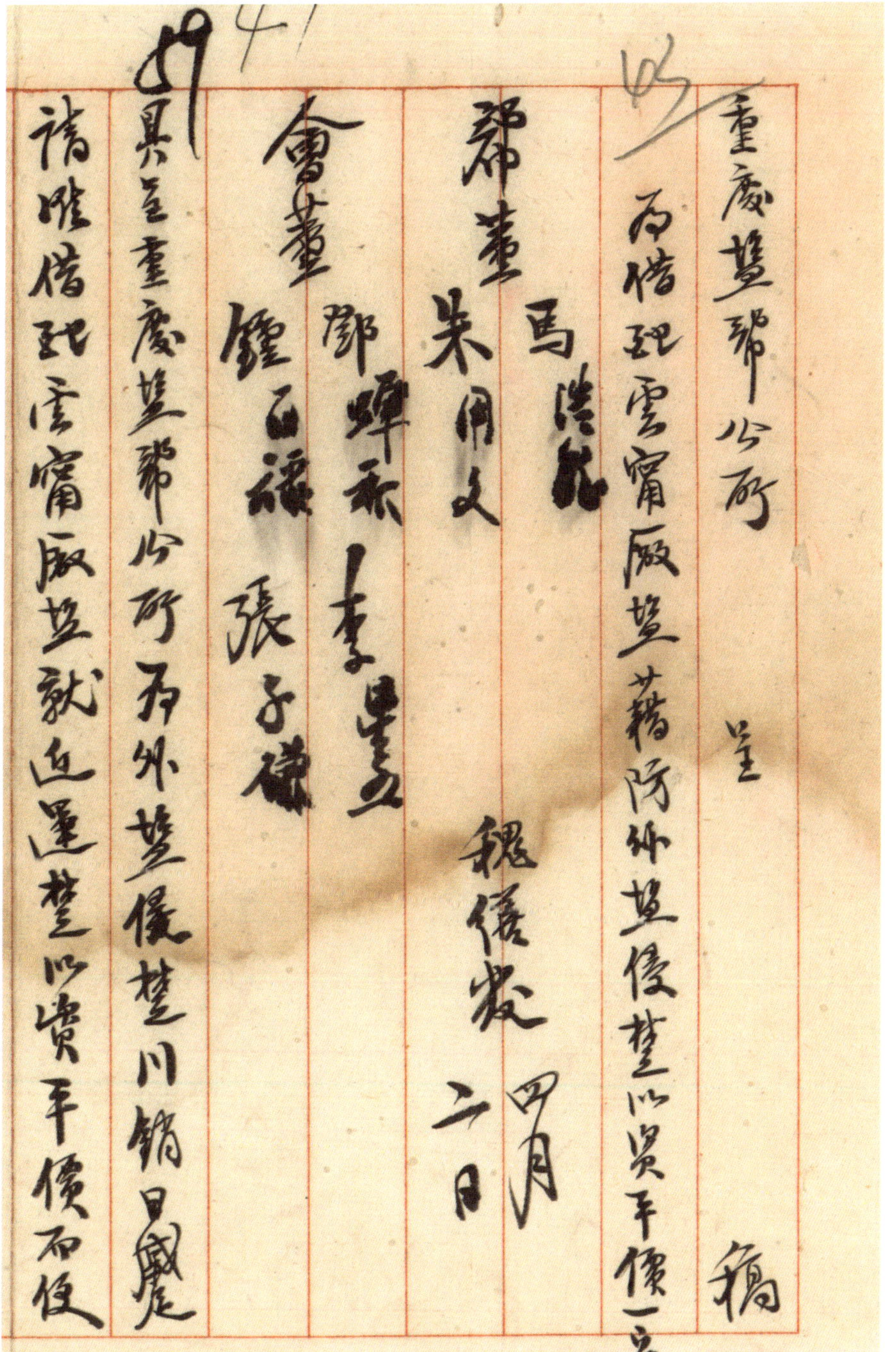
重慶鹽幫公所呈稿
爲借配雲甯廠鹽藉防外鹽侵楚以資平價一案
幫董 馬洪能 朱用文 穗信發
會董 鄧煇乘 李墨立 鍾白禄 張子健
四月二日
具呈重慶鹽幫公所爲外鹽侵楚川銷日蹙
請准借配雲甯廠鹽就近運楚以資平價而役

80

鈞鑒竊查川鹽以邊楚兩岸為最大銷場乃近歲以來邊岸既因兵匪阻撓運銷多艱而楚岸又因借銷淮芦鹽戕於生機斷絕雖經官商一致力爭迄未生效現更變本加厲淮商芦商積進不已多鹽源源而來欲謀抵制之法惟在減輕成本減輕成本惟在取消場加然四川軍隊既無收束办法則軍餉一日不可缺少取消場加一層恐一時所能办到查富榮兩廠之鹽運達楚岸求

程弍千餘里，陸雖不可勝計外，單水上損失而增加一項，每年約一千五六百元，其能如何成本不能減輕，而雲陽大寧兩廠，則在川東下游，換運楚岸，又係熬制花鹽，其鹽質雖難敵富榮，然以比較淮蘆等鹽，則在伯仲之間，目前增加成本雖屬有限，則莫如以雲寧兩廠之鹽運銷楚岸，可省運程一千數百里，水上損失必減輕，而節省運費一項，亦可少一千餘元，其他折

耗鹽費錢少并斤分樊比較包鹽減少爲一舉
數善中央前次來電謂川鹽能源源運銷乎
價相敵淮蘆自可辦到雖係對付之詞甚
中亦有至理蓋不能御案侮於外不能不求辦法
於內然則以雲陽大寧兩廠之鹽運銷楚岸
爲局權宜救濟之法可否由
鈞署轉呈
部署允許借配雲陽大寧兩廠花鹽四十萬擔

運銷楚岸俾啟外鹽之鹽該敝廠因屬四川以去
銷楚其利並稍屬川人一俟協和反消富榮之鹽
成本減輕即可回復舊案懇
鈞使綜治川鹽統籌兼顧庶幾樂于維持所有
請借雲寧廠鹽運銷楚岸以謀抵制外鹽之
緣由是否有當理合具文呈請
鈞使俯賜察核示遵謹呈
四川鹽運使梁

中華民國十四年四月　三　日

27　0017-001-0279-008

张鹏翼为已催促发表取消运盐沿途附加税之令及发行临时救急券等事致范修明、黄光麟的信函（1925年4月14日／阴历三月廿二）

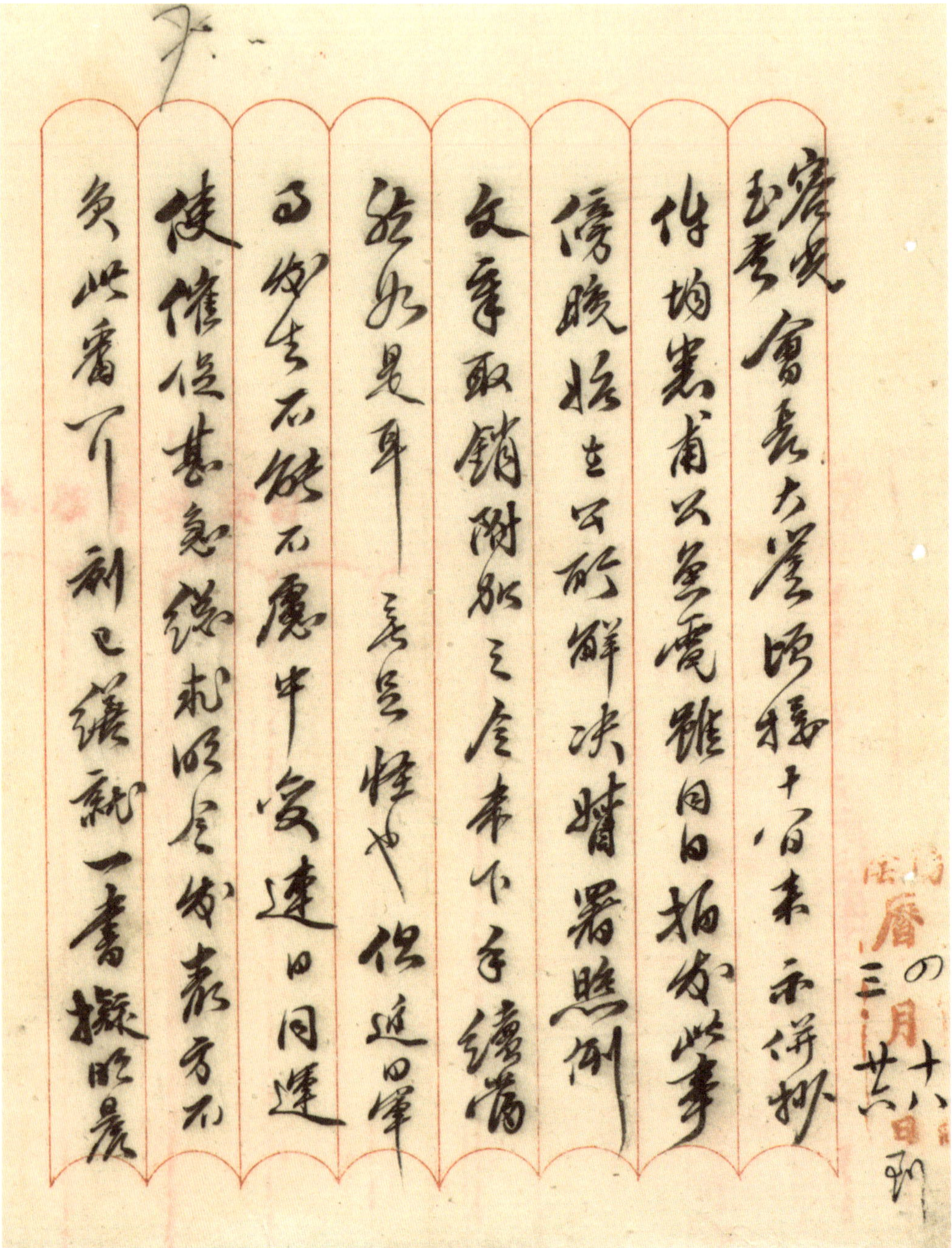

同廠中寄來印刷各件一併送
呈，前以之錢立候回示，只要廠處
能再接再厲，不患貨不敷銷也。第
確有多數把握，請囑同人勿懈。近
聞廠中倒閉之家甚多，銀根緊
常奇緊，以致綢緞附股敢銷，將何以
後營業乎？再四思維，只有前機所擬
仿小紙票一法，接此以急需，更巧之

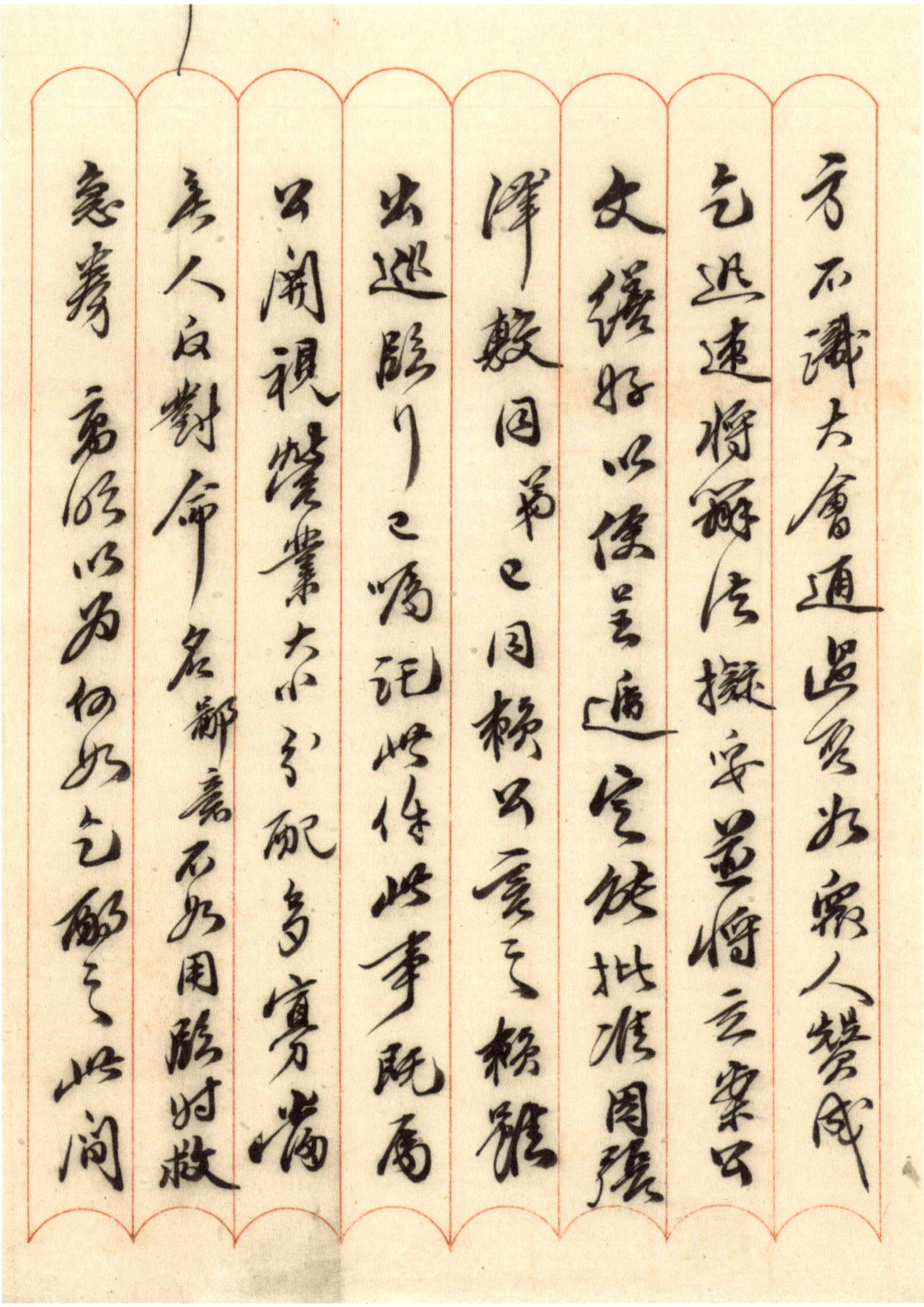

方不識大會通過後衆人贊成
乞迅速將辦法擬妥並將定案公
文繕好以便呈遞容後批准周張
譯殷因第已因賴公處之賴能
出逃路之囑託此件此事既屬
公開視鹽業大小分配多寡當
參人反對命名鄰嘉不如用臨時救
急籌商所以爲何如乞斷之此間

大都同志勋鉴：迭蒙为祷，再前电已
贵会之处，请为当道致谢取销
附如何至今未见转邮两公均明
日出发西口，并阅风云日急，恐有
一触即发之势，春耕奈何
之手此即请
筹安
会内同人统此致意
弟张鹏翼上
廿三日灯下

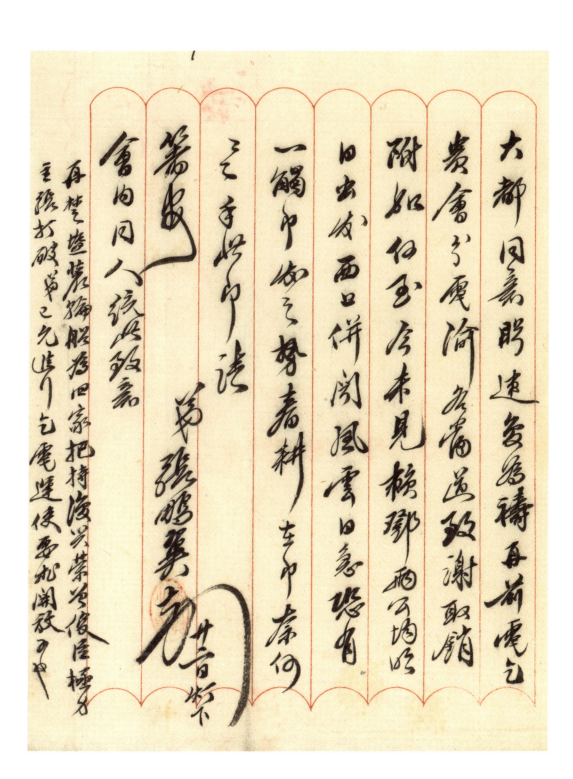

再楚达装轮船将回家，把持渡口，荣誉倏臣楼子
主张打破，弟已允准，则已电达使要开放可也

28　0017-001-0279-021

张鹏翼为将在盐帮公所开会解决取消运盐沿途附加税并请要求盐务稽核所对川省纳税完全改在重庆提起抗议等事致范修明、黄光麟的信函（1925年4月27日／阴历四月初五）

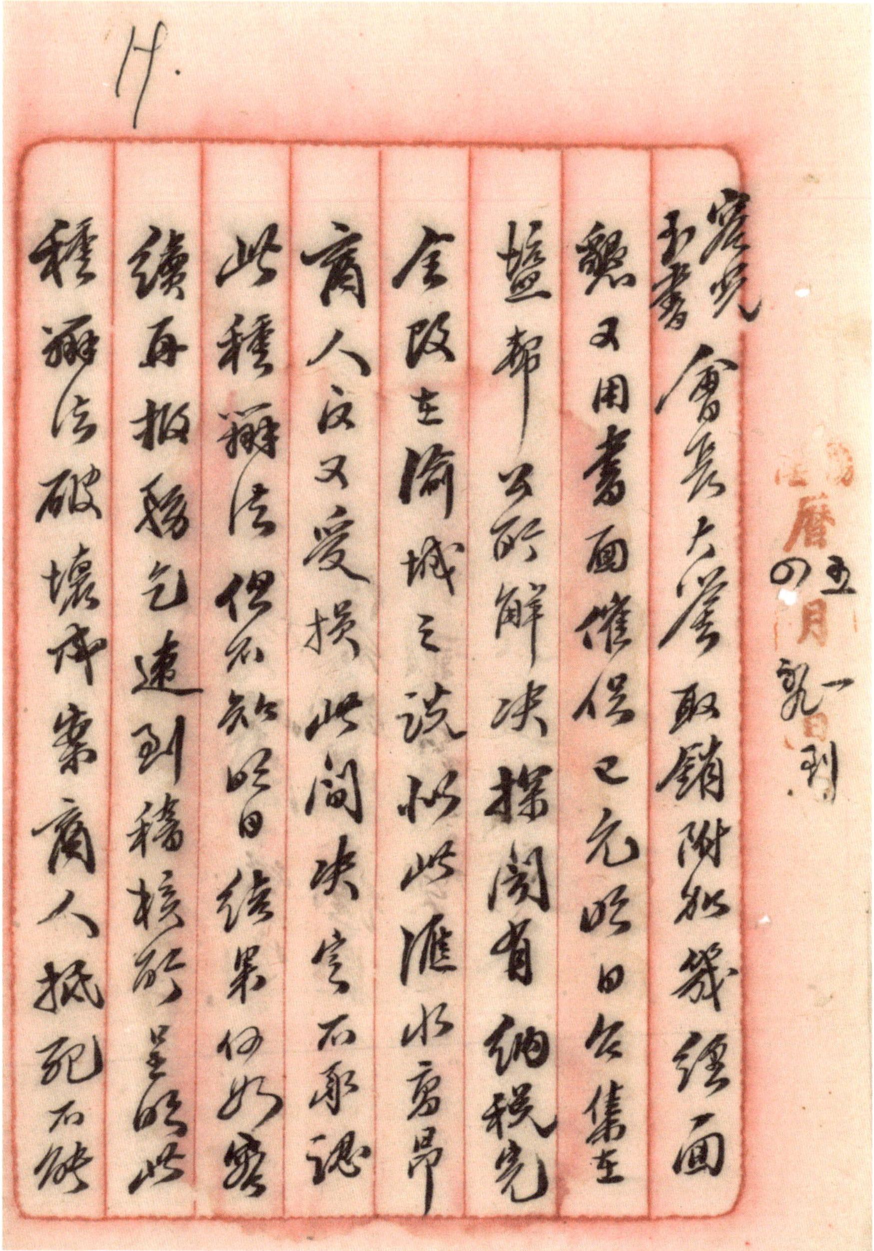
17.
宸光
玉書會長大鑒：取銷附加税經函懇，又用書面催促，已允明日召集在鹽幫公所解决，採閱首納税完全改在渝城之説，此次淮水商帮商人反又受損，此間决定不承認此種辦法，但不知明日結果何如，容續再報。務乞速到稽核所呈明此種辦法破壞成案，商人抵死不能

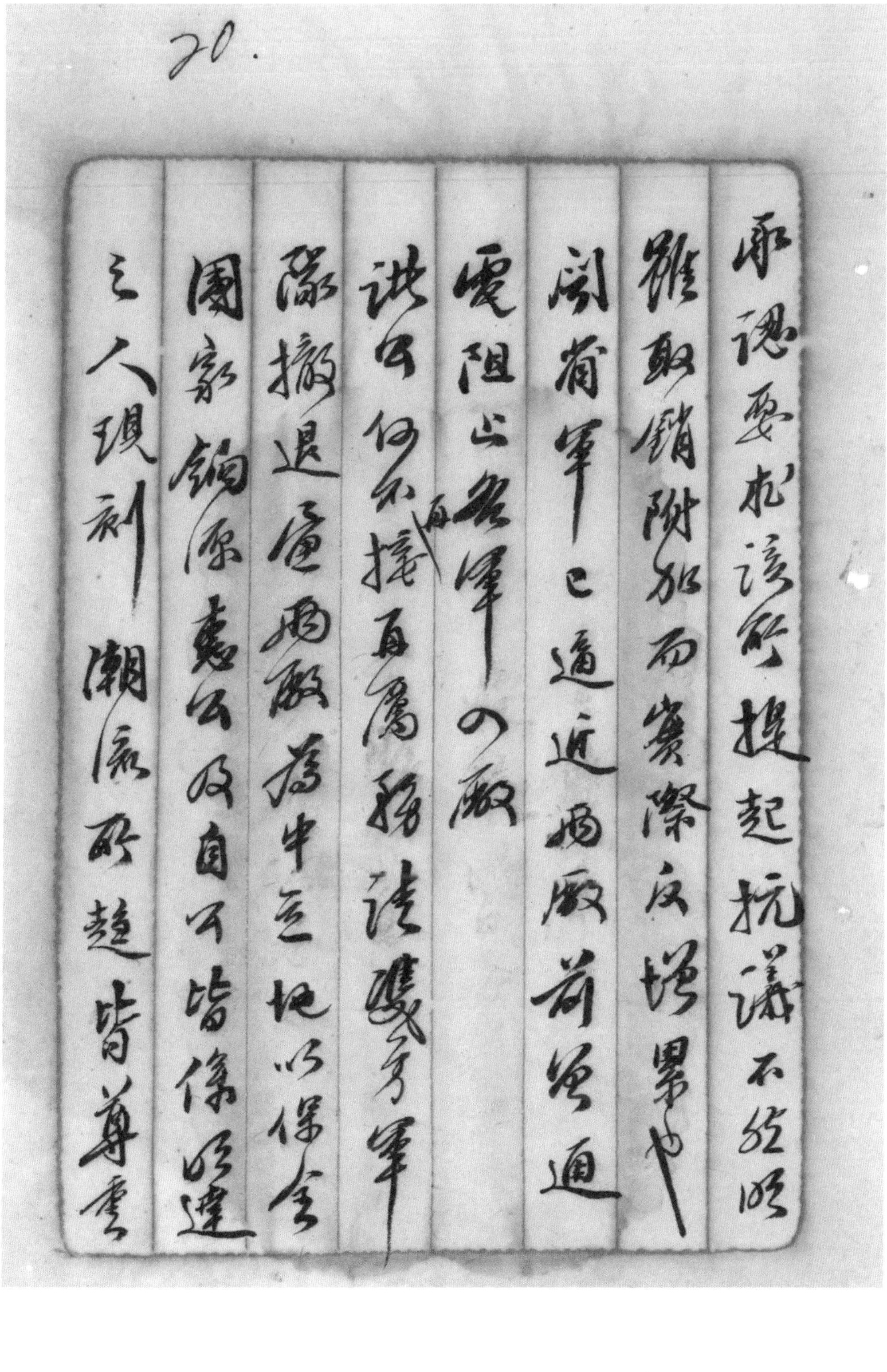

20.

承認要求該所提起抗議不能收
雖取銷附加而實際反增累也
副前軍已逼近兩敵前線通
電阻止各軍之敵
詎公何不再撓直屬移請雙方軍
隊撤退倉皇兩敵為中立之地以保全
國家鍋源處公及自公皆係能達
之人現刻潮流所趨皆尊重

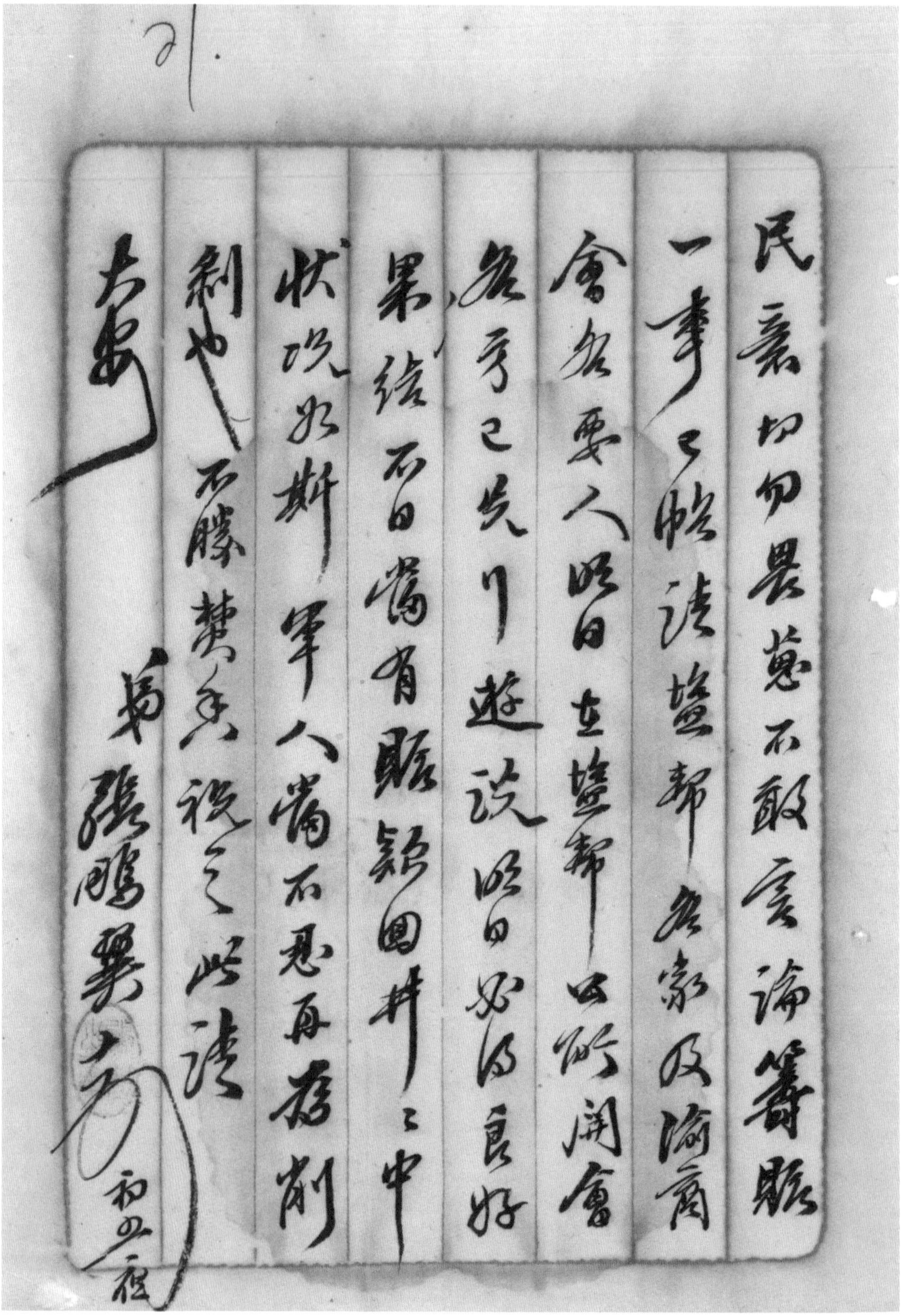
21.

民意切切畏葸不敢言論富縣一事，惟請鹽幫各家及渝商會務要人明日在鹽幫公所開會，務考已定，則遊說明日必得良好果結，不日當有縣錄回井，井中狀况如斯，軍人當不患再存削剝也，不勝焚香祝之。此請大安

弟張鵬翼上言 初五夜

29　0017-001-0279-041

张鹏翼为取消运盐沿途附加税之令已下达及希早日预备盐场复业后如何要求驻军保护等事致范修明、黄光麟的信函（1925年5月16日／阴历四月廿四）

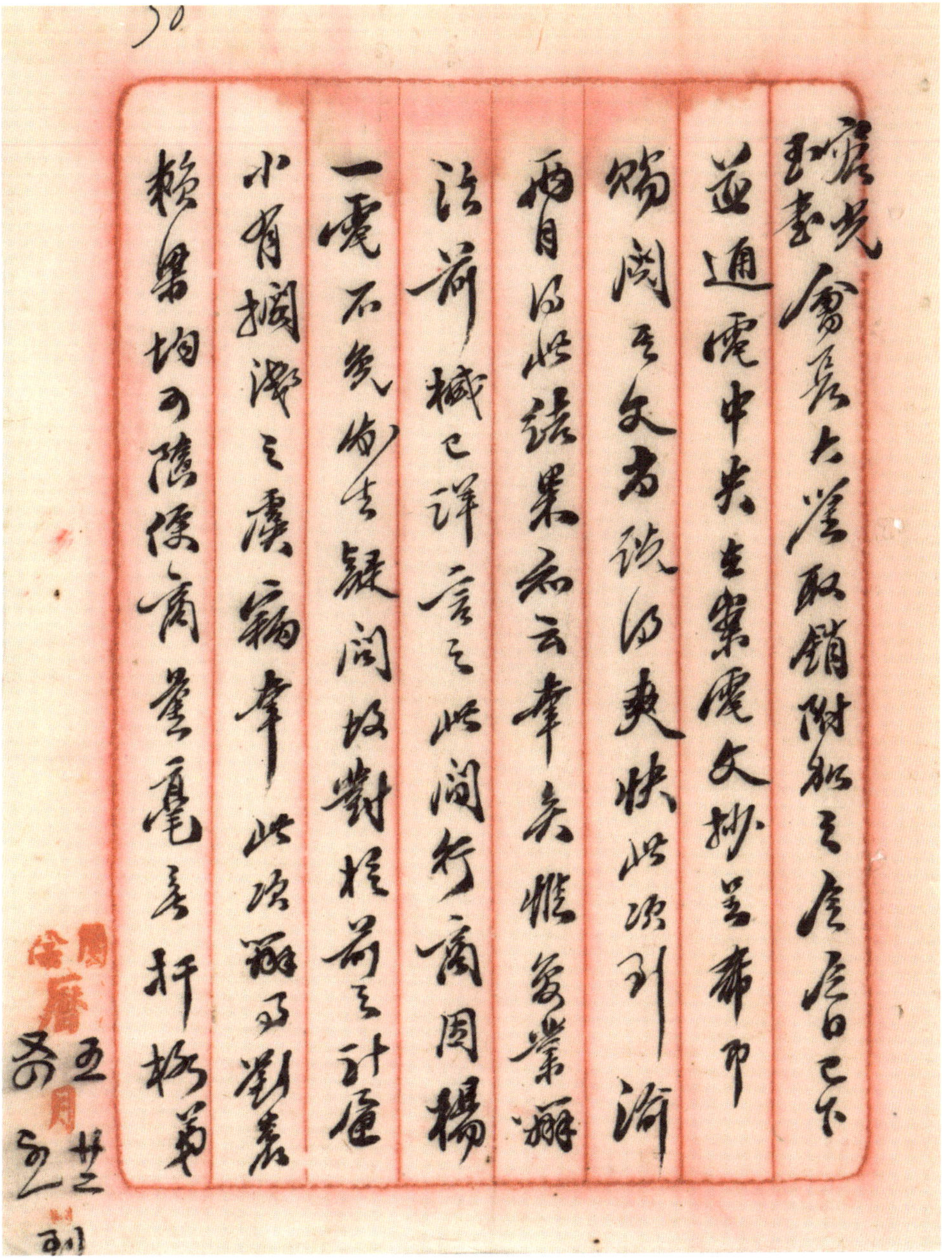

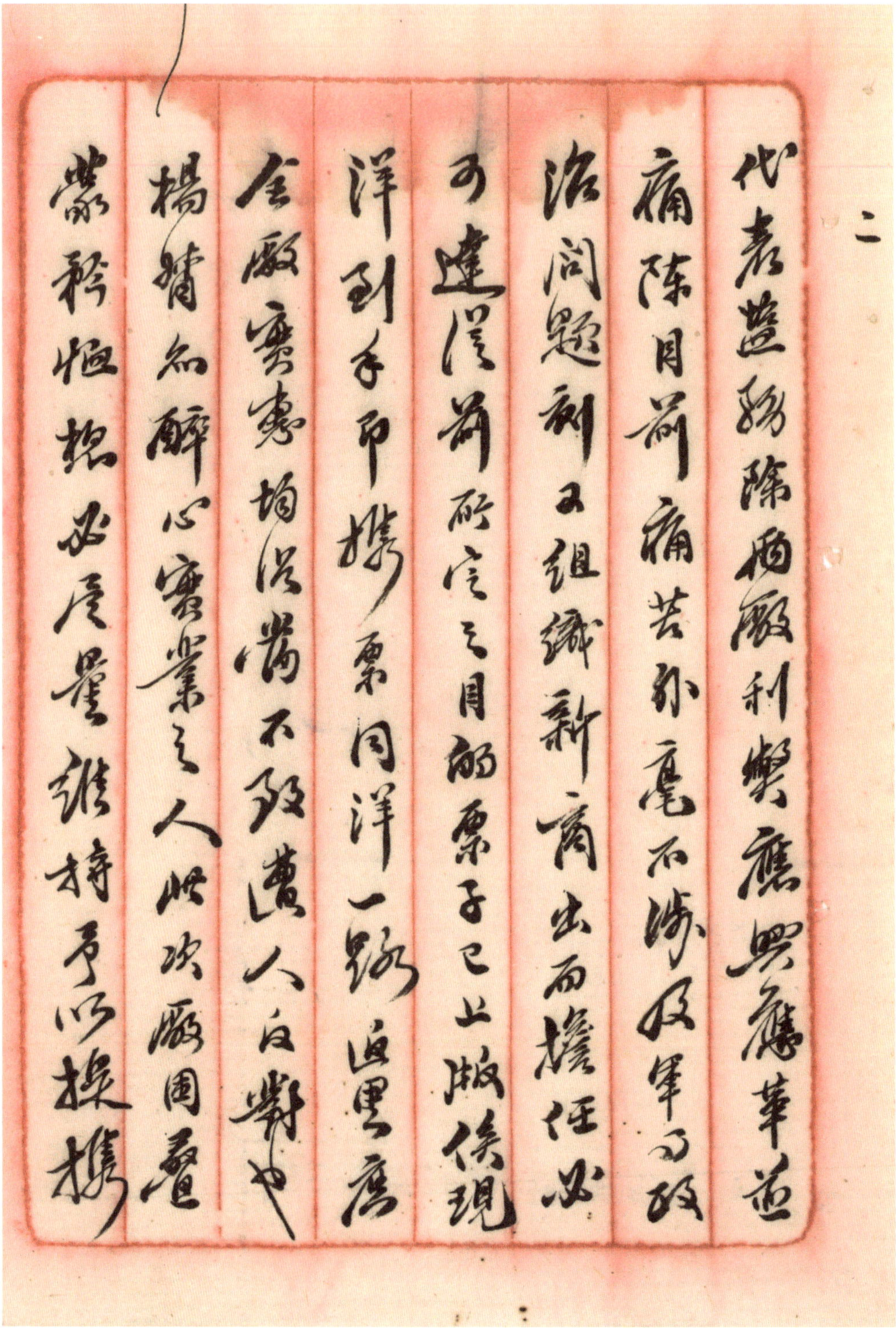

二

代表盐务除弊兴利，应兴应革，并痛陈目前痛苦外，毫不涉及，毕可致治问题，刻又组织新商出而担任，必可达。溯前所定之月额票子已上缴后，现洋到手即携票同洋一路返里，应全厂需要，均须备当，不致遗人口实也。杨赞名醉心实业之人，此次厂困叠紧，移恒总必屡屡维持，予以接济

三

該部駐防我處之將如係從遠諒必
具有同情將來復業之時應如何
要求保護之處希早為預備並
臨時倉皇賑款前批銅元到否甚
念為到時務也
訊可勞神慎選勤能公正之人經手
放發務期實惠普及毋使懦弱無
告者抱向隅之憾為要果達便撥洋

洋壹千元，劉贊獅捐銅元四千，劉尚
所認之捐，亦已交本廠繳納。俟到手
再當設法匯回（或匯或運，隨時再告）。十八萬元查
上繫公務，煩審渝廠，察勿輕易破
壞團體，殊失良好機會。弟 當有利於
兩廠之件甚多，歸時再詳談。歸期
不遠，把握當有，時矣，將請
公安

弟 鵬翼頓 廿四夜

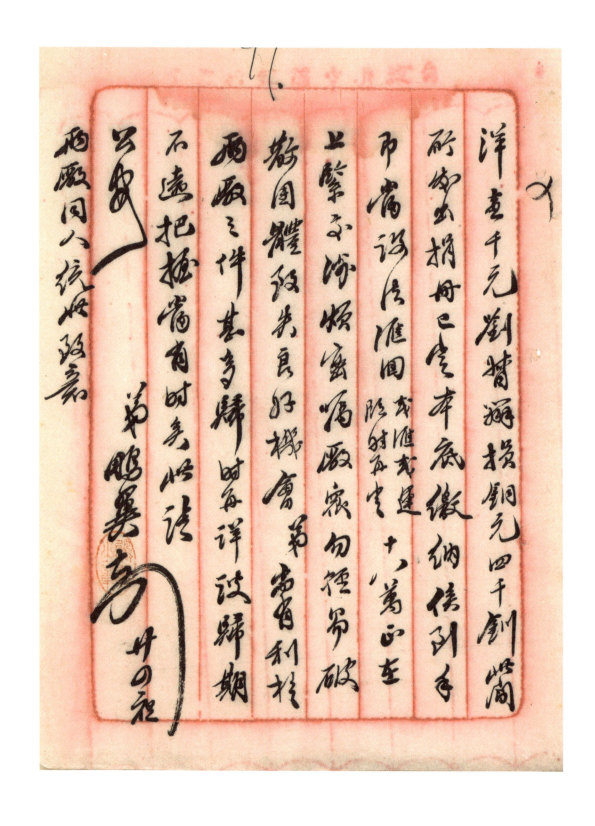

兩廠同人統此致意

30　0017-001-0279-057

张鹏翼为正积极借款以谋复业及请在自流井如数付出赈款等事致范修明、黄光麟的信函（1925年5月22日／阴历闰四月初一）

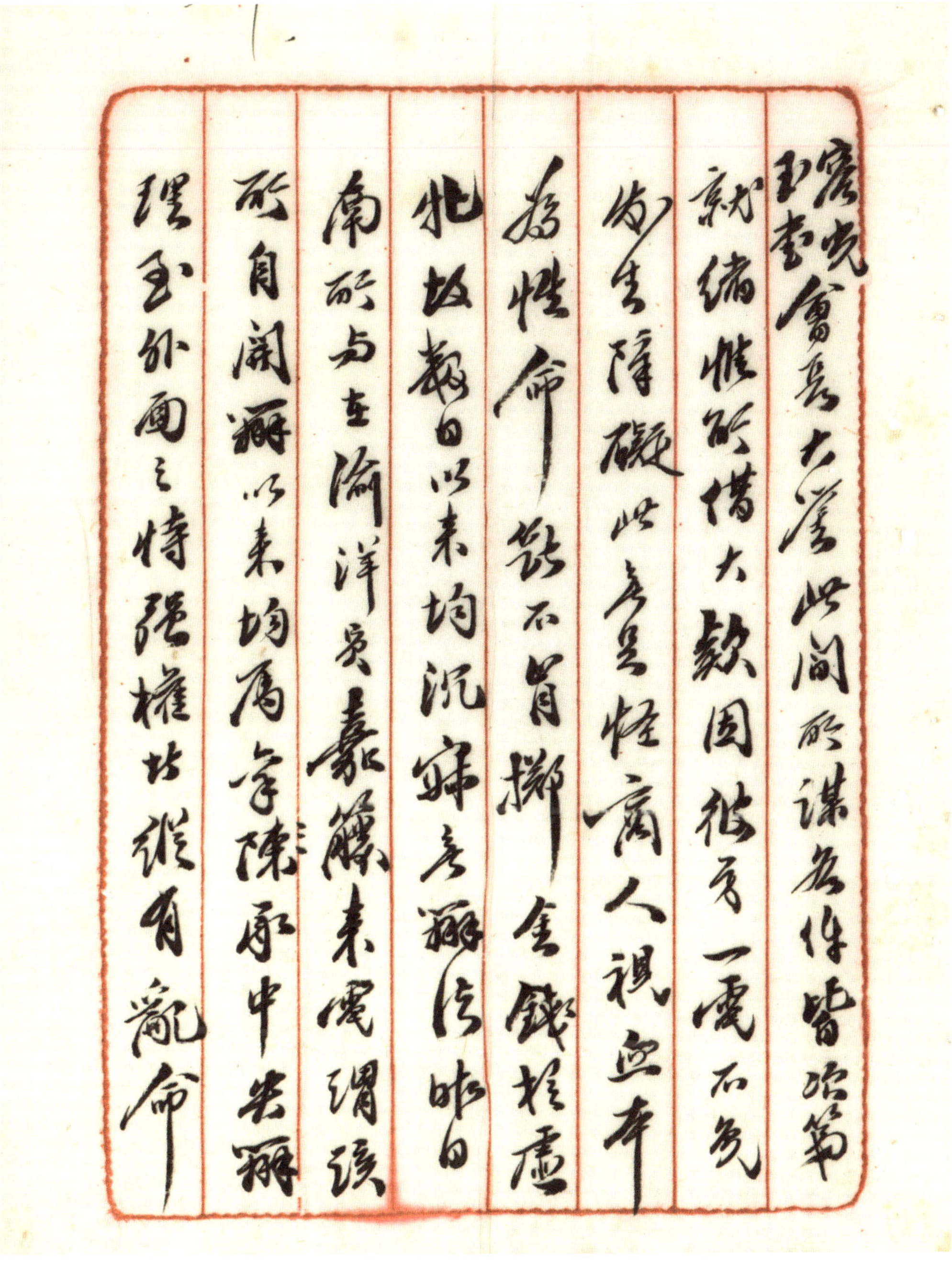
憲光、玉書會長大鑒：此間所謀各件皆[illegible]第
就緒，惟所借大款因從前一處不允
而生障礙，此[illegible]商人視爲本
身性命，款不肯挪，金錢[illegible]慮
北[illegible]自以來均沉[illegible][illegible]昨日
南所與在渝洋員[illegible][illegible]來電謂該
所自開辦以來均爲[illegible]陳[illegible]中[illegible]
理，至外面之持強權者殊有亂命

該所當然不能服從渝中所令，倉庫係奉中央辦理，萬無不生效之理，有如電文收借款參鹽種種條件，均又須活動，以積極進行，俟妥爲隨時並籌邊進，以謀發業，此時切勿受人愚惑，遽爾推薦，致使功敗垂成，則我場廠之福。賑款此間以電門系懷，惟鎮因匪阻又封瀘城，此時匯

三

到吾鐵民嗷嗷待哺何物若之不論人
情危人可發已極恨不得立手承之危局
所須之籌此項銀根喫緊各人繳納
者不能總可收學張殺之籌用款發兴
業一文未始擬立賬款打算五百元作
爲此間用度昨日又寫請袁縣公劉爲
公函兩張請人到此面商有餘所寄已不
贅矣鵬乞

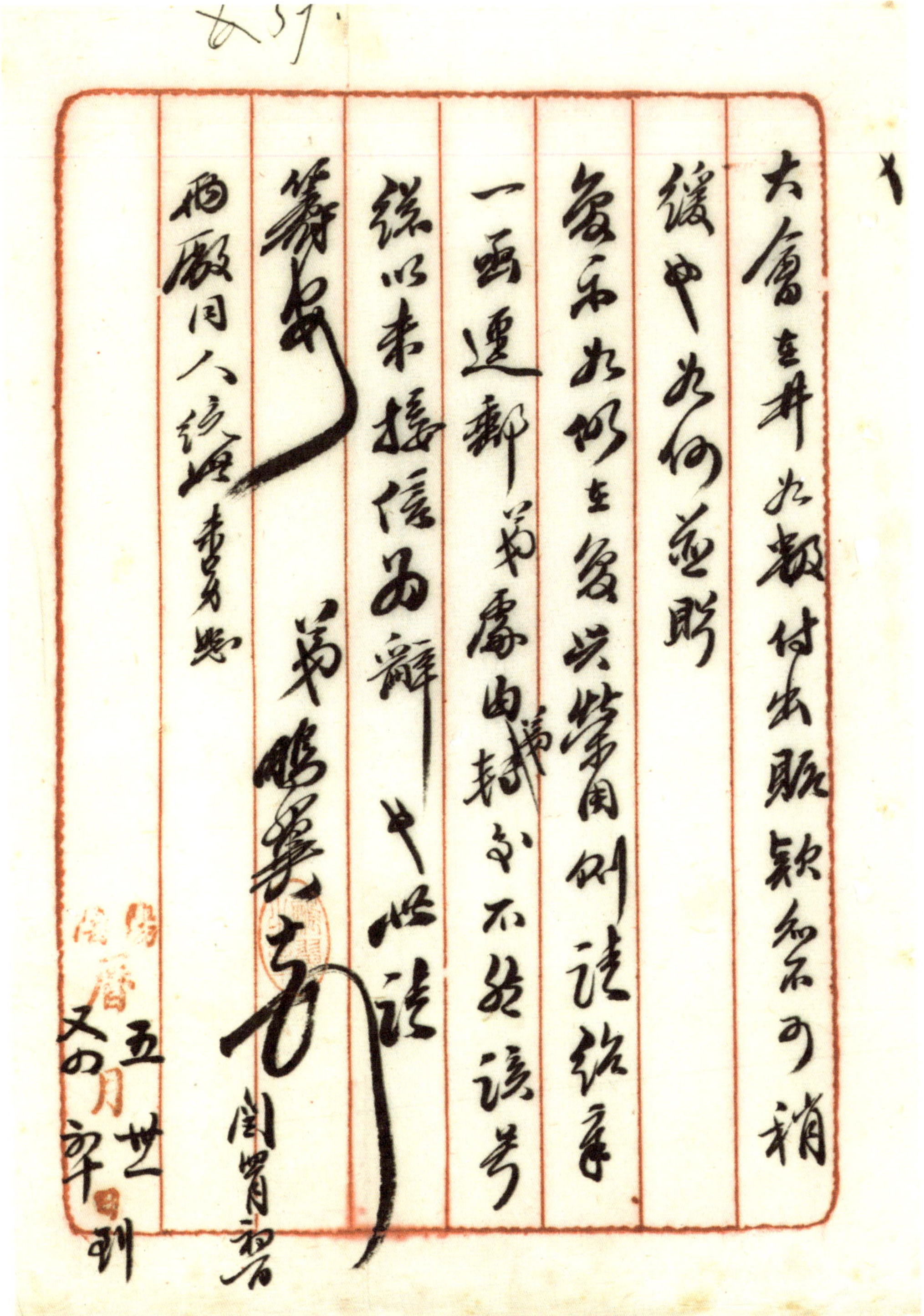
大會在井如數付出賑款無可稍
緩也如何並盼
覆示如欲生發當用則請給予
一函運鄉弟處由弟封寄不能誤等
総以來揚信為難也此請
籌安
弟 熊翼支
周胃智
兩啟同人統此 希照
五月廿四日到

31　0017-001-0245-001

张鹏翼为附加苛税已明令取消拟照前议贷款二十万元用于复业请予详细研究等事致范修明、黄光麟的信函（1925年6月3日／阴历闰四月十三）

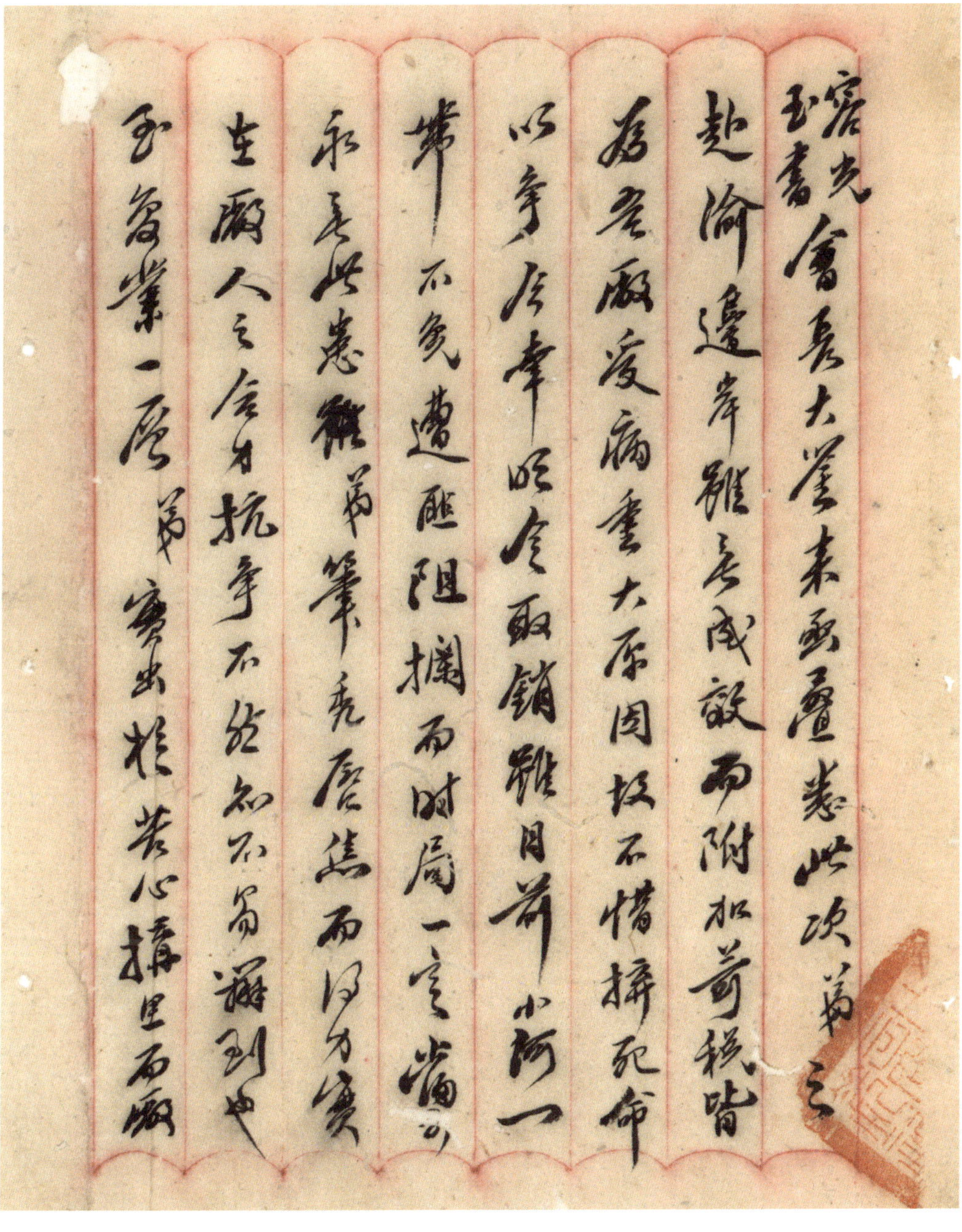
容光
玉書會長大鑒：來函疊悉。此次弟之
赴渝，邊岸雖未成敗，而附加苛税皆
為吾廠受病之大原因，故不惜拚死命
以爭。今幸明令取銷，雖目前小有一
二不免遭遇阻攔，而附屬一二當可
永去此患。惟弟籌慮焦而仍有負
生廠人之全力抗爭，不能知不為避到也
至營業一層，弟實出於苦心擘畫而廠

人反皆不諒出而反對試問今何時耶
以吾川局面論作樂觀抑作悲觀想
俱常識者皆能知之也鬧省軍到
井疊次催促受業之關會幾次不知
家作何籌措能否撥款接濟 生井行一
商能出而購鹽鹽價能漲至若干弟
生遠不能懸揣果能實心維持岸人
備終局之久未接 示令人懸念弟生

外審察時勢恐非一二月即能安靜矣
處俱鬧饑荒匪徒蜂起此間華僑亦
未見若何驚騰竊以此時機會出
非常不能以常理論之如果久延恐
廠室能永久不廢業乎故萬不憚煩
瑣時與特子討教特子以賊害所在自不
能袖手旁觀已擬仍照前議在滬
貸洋貳拾萬元以爲營業基金庶自安

請劉袁梁及商會要人銀號鹽幫到
公所磋商貸款，業已承認，但須鹽尾
作抵。次又談到前議三百載之話，鄙意
懷（謂）低而洋水過高，實際井灶得洋無
幾，恐難承認。特予當謂洋水惡習[illegible]
自該整理，次予閱卅萬借款，卅萬一節
到井萬元，不歸之理，並由運[illegible]屬[illegible]來了
嚴厲禁除此種惡習，犯者處以懲辦處

至
乎有濟而趕辦此時反謂一百八十兩之價似
乎過高不免多慮觀此子第既據前
函作緩當遵允常慎重乃臨去閱切之
同鄉如蒼俊臣揚遠如鄭炎榮萬翼
之等自愛研究無謂此閱既當筆可
耐不能解決生意雖看好此是絕好
機會如遇此等閣自由買賣總要能做
到如此之價如此之多幸勿錯過至要知修

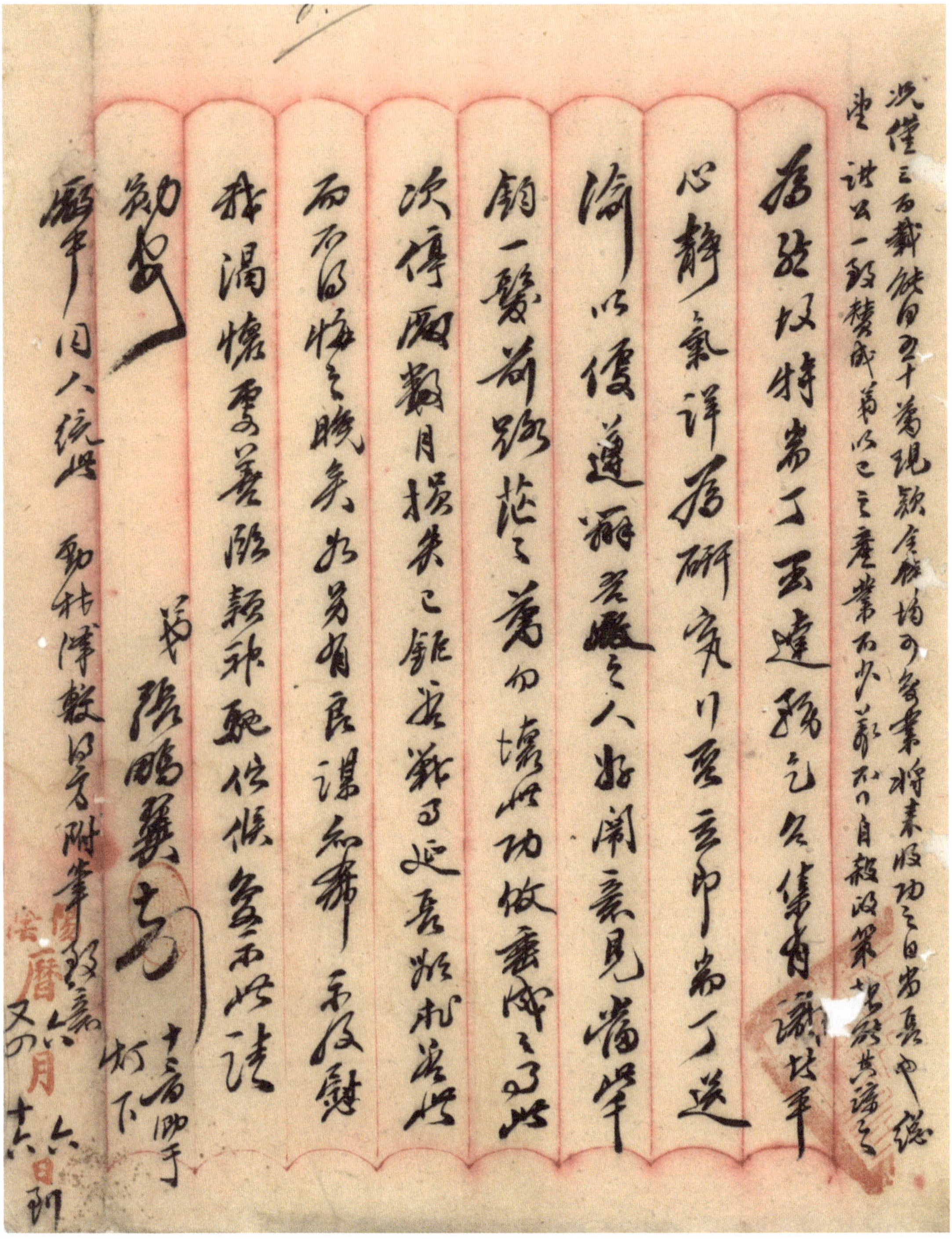

次僅三百載，能自五千萬現款，[illegible]場可[illegible]業，將來收功之日，當[illegible]也。總
堂諸公一致贊成，萬以上之產業，不必[illegible]，不可自殺，政策[illegible]於其[illegible]之
[illegible]號收特需丁玉達[illegible]各集有識[illegible]平
心靜氣，詳爲研究，則要言中需丁送
渝，以便遵循。若斯之人，均聞衷見，當畢
銷一[illegible]，前路[illegible]之萬，力壞無功，做[illegible]成之可，此
次停廠數月，損失已[illegible]，[illegible]難可延長，[illegible]
而不自悔之晚矣。如另有良謀，[illegible]，示及慰
我渴懷。[illegible]頤額[illegible]，[illegible]候多示，此請
勛安
弟 張鵬翼 頓首
十二月卅[illegible]
[illegible]同人統此
[illegible]附筆[illegible]

32　0017-001-0245-023

张鹏翼为市场萧条及正按捐册催收赈款等事致范修明的信函
（1925年6月16日／阴历闰四月廿六）

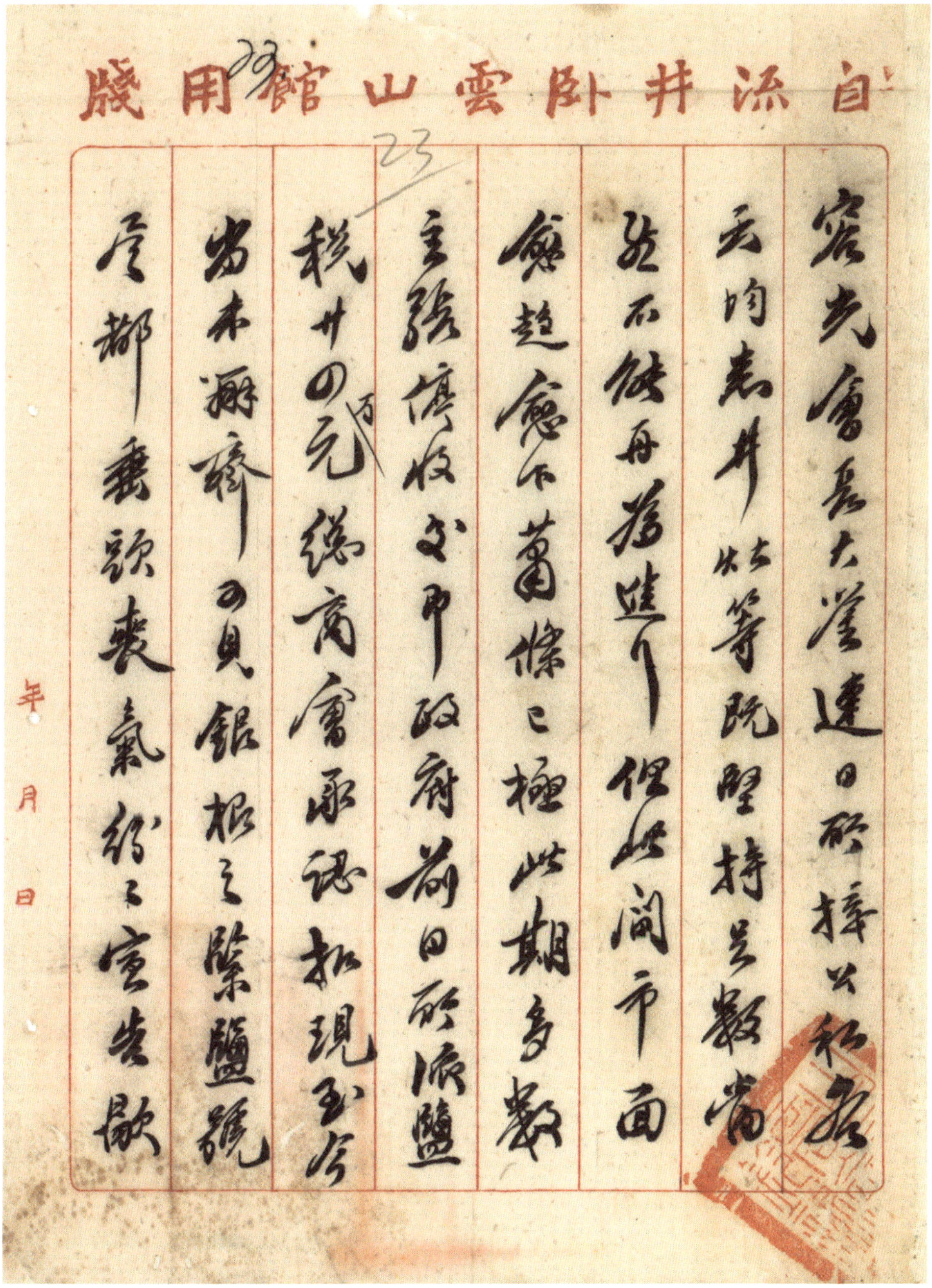
自流井卧雲山館用牋

容光會長大鑒：連日所接公私函

云均悉。井灶等既堅持呈數，當

然不能再議。惟此間市面

愈趨愈下，蕭條已極，此期多數

主張緩收，即政府前日所派鹽

稅卅四萬元，總商會承認，扣現至今

尚未撥齊，可見銀根之緊，鹽號

受鄰垂頭喪氣，紛紛宣告歇

年　月　日

自流井卧雲山館用箋

業未織之水價已作定垂私人閱之
因於壹極但聽此間買鹽地實之
井灶戶大都挪手實之將何以發
業乎此皆由廠人只憑理想毫不
研究可懷第此次簽廠人所謀可
謂盡意而已茲弟已函此後付一嘆劇
正擬料理行裝俟探明頭緒立可走
即要起身回渝再爲暢談一切

年　月　日

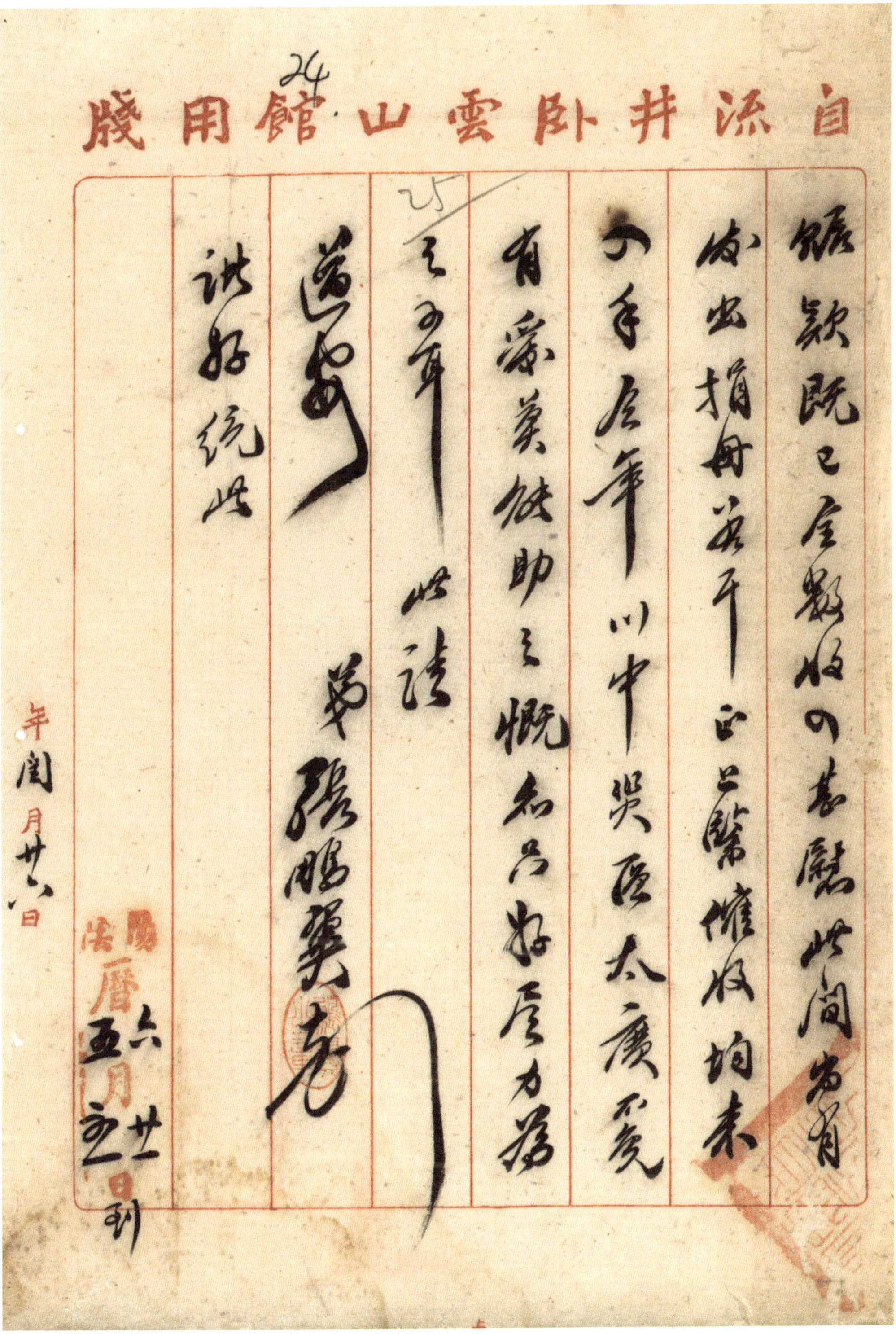
24

自流井臥雲山館用牋

25

餘款既已全數收到甚慰此間前有
攸出捐每次千元已繁難收均未
了手今年川中災區太廣不免
有籌募救助之慨名為好意力募
之不平 此請
道安 弟 張鵬翼 啓
諸好統此

33 0017-001-0318-030

张鹏翼为请函知自贡商会全体职员准时到仲兴祥商讨流通券发行事致范修明的信函（1925年9月24日／阴历八月初七）

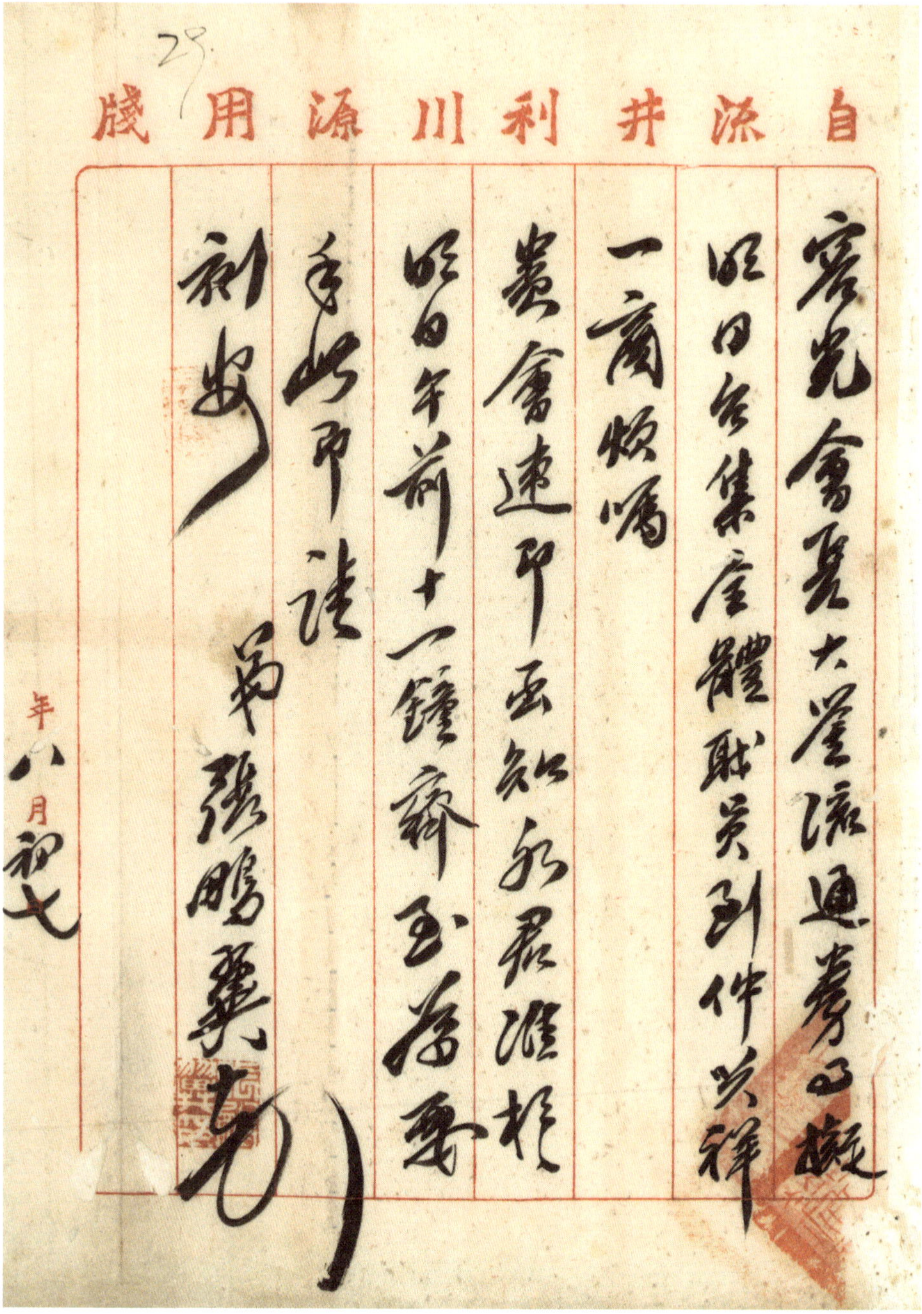

29

自流井利川源用牋

商會會長大鑒：流通券已擬明日召集全體職員到仲興祥一商，煩囑貴會速印函知各君准於明日午前十一鐘齊至爲要。手此即請

刻安

弟張鵬翼頓

年八月初七

34 0017-001-0250-002

张鹏翼为请提交大会裁夺六枧所垫黔军筹借款公派事致范修明的信函（1925年10月27日）

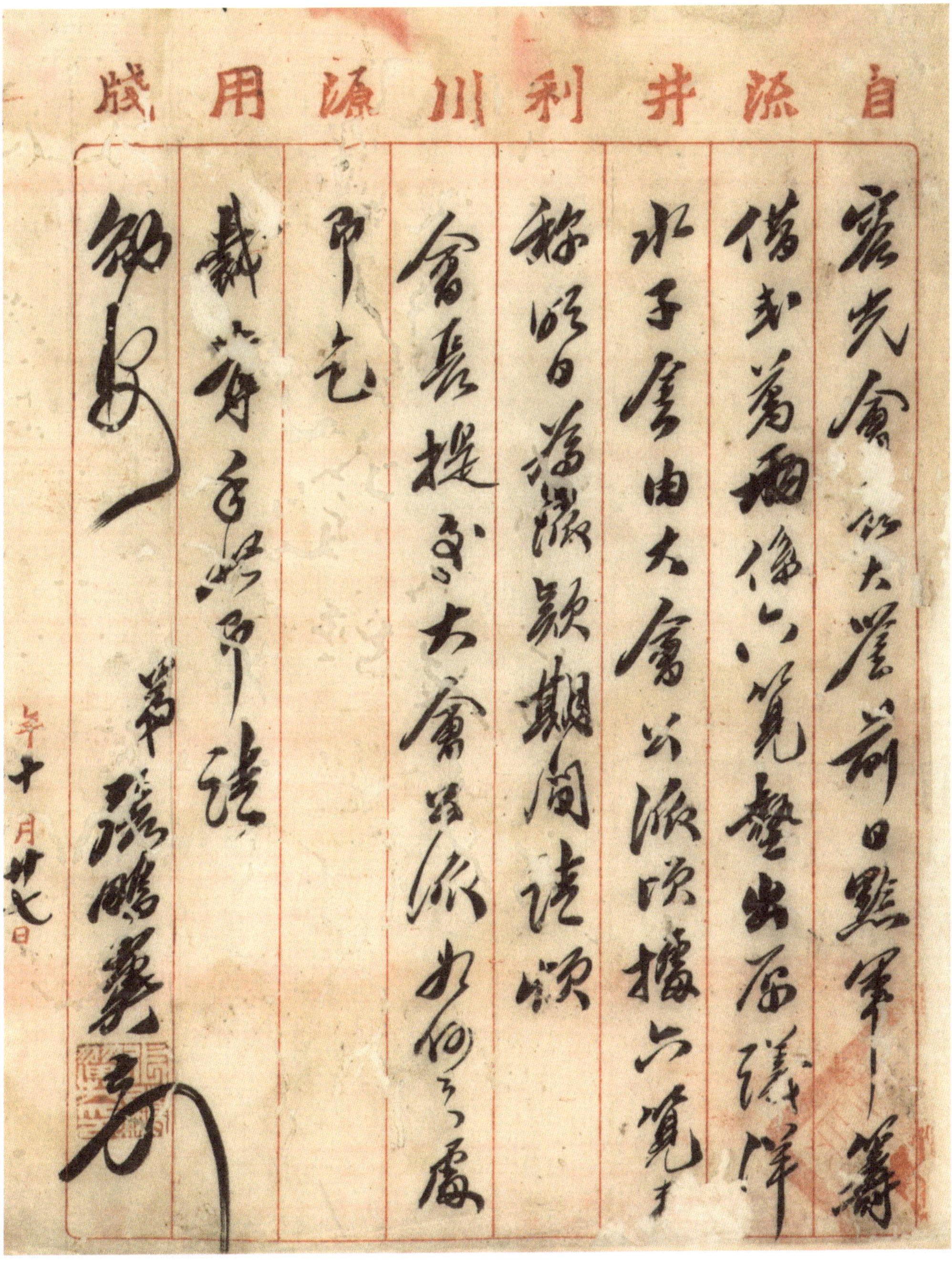
自流井利川源用箋

修先會長大鑒：前日黔軍一籌借款，為兩場六枧墊出，原議詳求會由大會公派，現據六枧來稱照舊攤派款期間請款會長提交大會裁奪，如何之處，即乞裁奪示覆為禱。

敬頌

勛安

弟張鵬翼啟

十月廿七日

35　0017-001-0185-049

张鹏翼为赈款汇兑及取消运盐沿途附加税等事致范修明、黄光麟的信函（1925年□月□日 / 阴历□月初七）

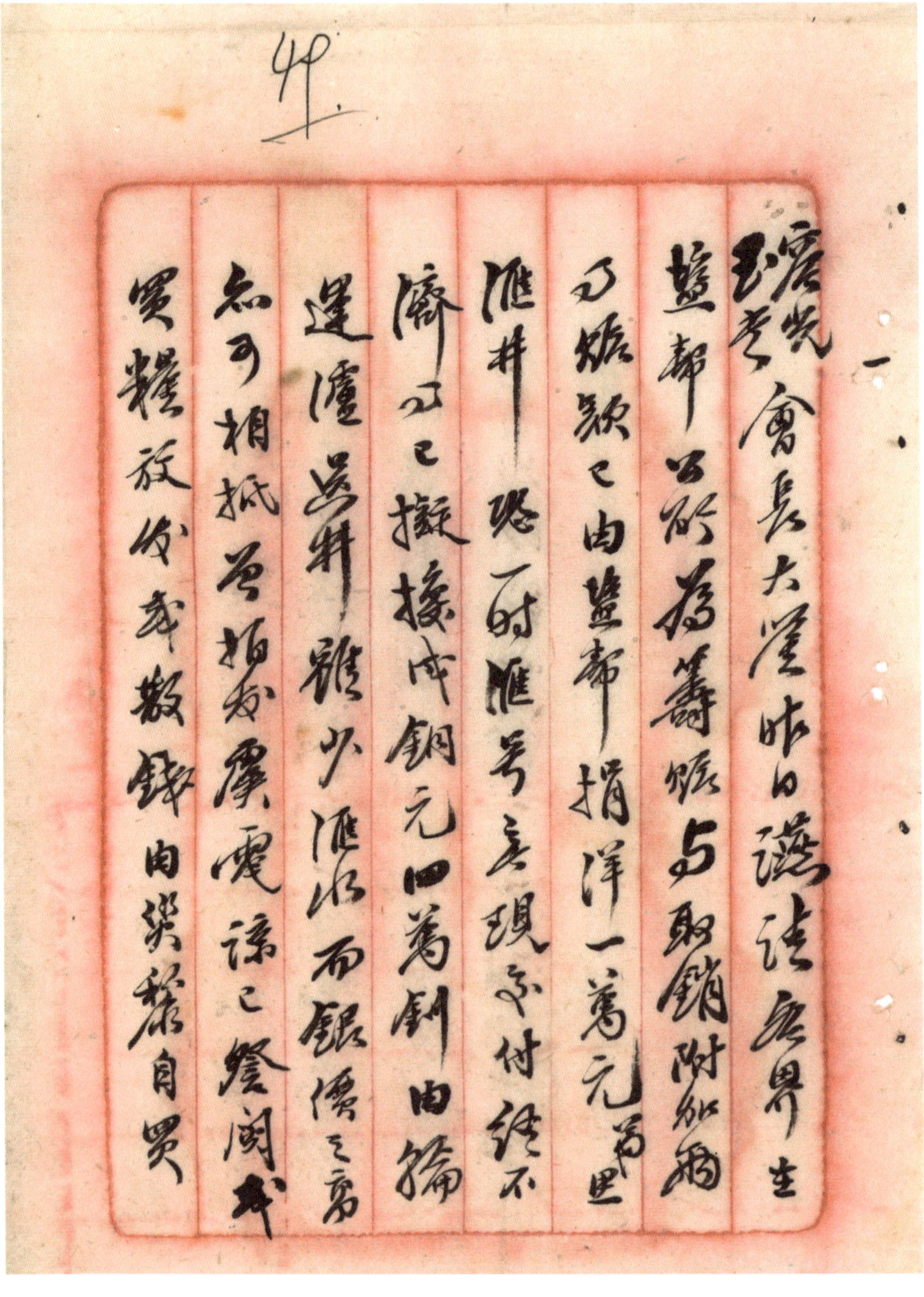

瑞庭先生、玉堂會長大鑒：昨日談話，當畧……
鹽都以所發籌賑與取銷附加稅
之賑款，已由鹽都捐洋一萬元，萬里
滙井，惟昨時滙寄甚現不付，統不
濟，以已擬換成銅元四萬串，由輪
運瀘，與井雖少滙水，而銀價之高
亦可相抵，茲特分屬電請，已登閱，我
買糧放貸，或散錢，由災黎自買

50

諸君高明酌奪可也。此等慈善
務期澤民，實惠均沾，方不負君人
維持之意。之餘尚分有捐册數十
本，結商會各商道，均蒙許贊
助，結果或可達捐募鉅款，但君徵地
廣人衆，恐區區之數，難以週遍災
諸公廣爲捐募，俾錢款不至載
途，庶可減少夭殃矣。附加之可總

51

三

則有不知謂不趁此時取銷以後更難矣

取銷不過政府方面以此過渡時間
飭由商人負責每月四十八萬稅款
概由渝繳納商經反對結果只說
由渝廿四萬並可稍展時間而最可
慮於井都以取銷附加增加正稅利
於楚邊而不利於邊計 未有不願
取銷之議又查嵩樹壞到此對於
李小岩不能如何說法小岩實有難

58

4

翻前議之象，竊以為千辛萬苦於
辦到此境，過此時機萬難取銷，當此
一發千鈞之際，君人宜懇發奮乎動。
桂洋東均甚憤恨，刻正籌補救之
法，務要達到目的方能罷休。茲急
電湯揆再接再厲，此不動，桂省亟與
伊繼炳熙君
兄速與伊一商為荷，辦後也。即頌

53

中國雖即將附加取銷，恐當局方
復業，弟等在四里繼承組織現金
因井不能政府爲元兩作門紙幣
不能活動，而此間正在積極籌
備勸導商運現金，議就章程，在
前署長業經同意，協即可要達，但敝
人智識不齊，未作一可多生障礙
常會辦事人極心此次關係存亡，務

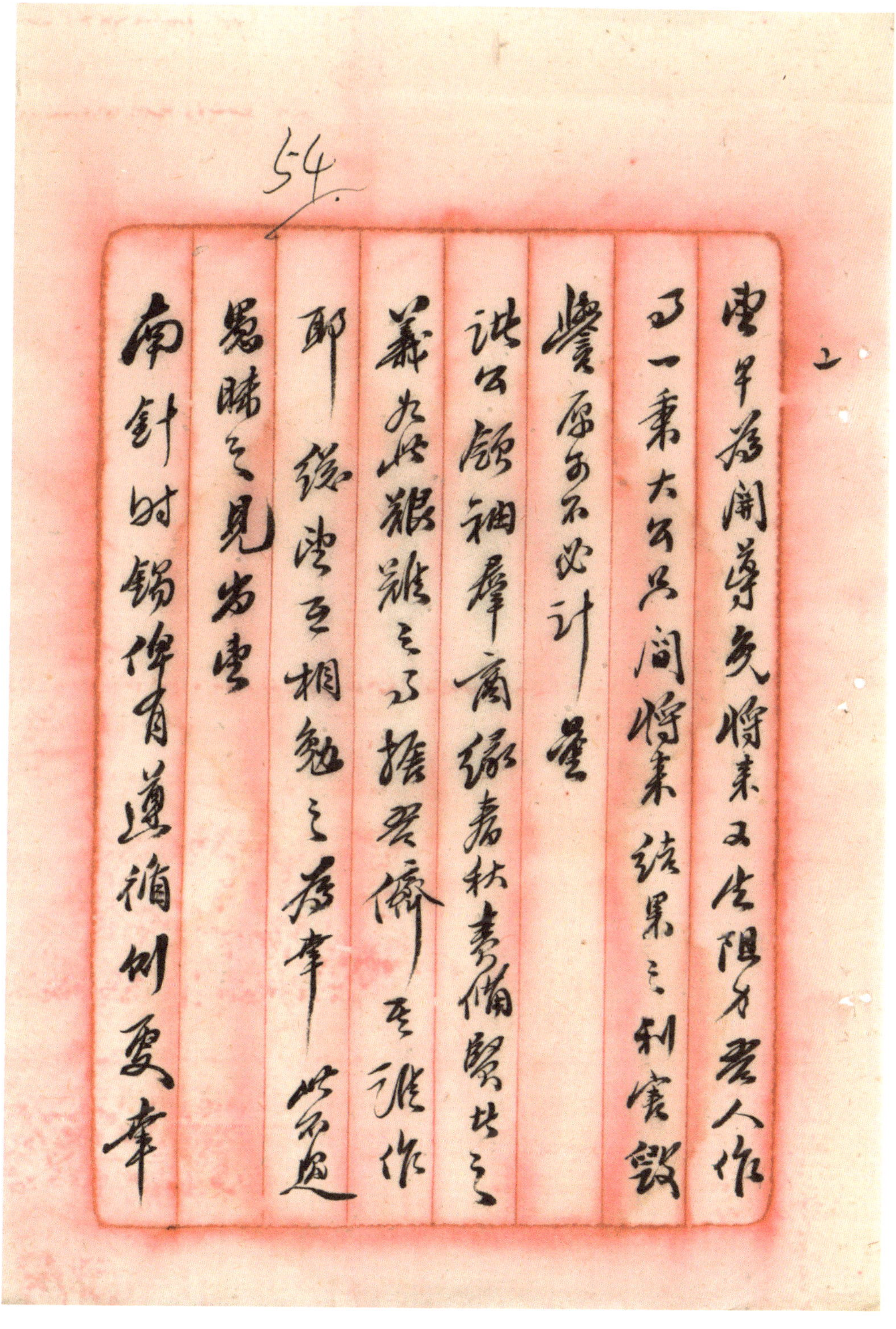
54

上

惠早蒞開導爰將來文告陳方君人作
了一秉大公只問將來結果之利害毀
譽原可不必計量
諶公領袖群倫鄉嘉秋素備賢其之
義尤在服從之不推群儕至誰作
鄖總渠互相勉之薦章此不逮
愚瞻之見為惠
南針時錫俾有遵循則受章

555.

矣。再張淑之因此間老寓之人均將
伊留下，伊知東關支家由何處用
錢付伊，伊乞電達岸關兩琴（？）
已於十六號由貴陽起程，而日將到
此矣。知注特
聞。手此，即請
籌安
弟 張鵬翼 上 初七夜
會內外洪好，錢漢章吾兄好
澍方、勁秋、澤夫均附筆致意

36 0017-001-0266-062

张鹏翼为取消运盐沿途附加税已获赖心辉、刘湘等人支持及办理边岸等事致范修明、黄光麟的信函（1925年□月25日）

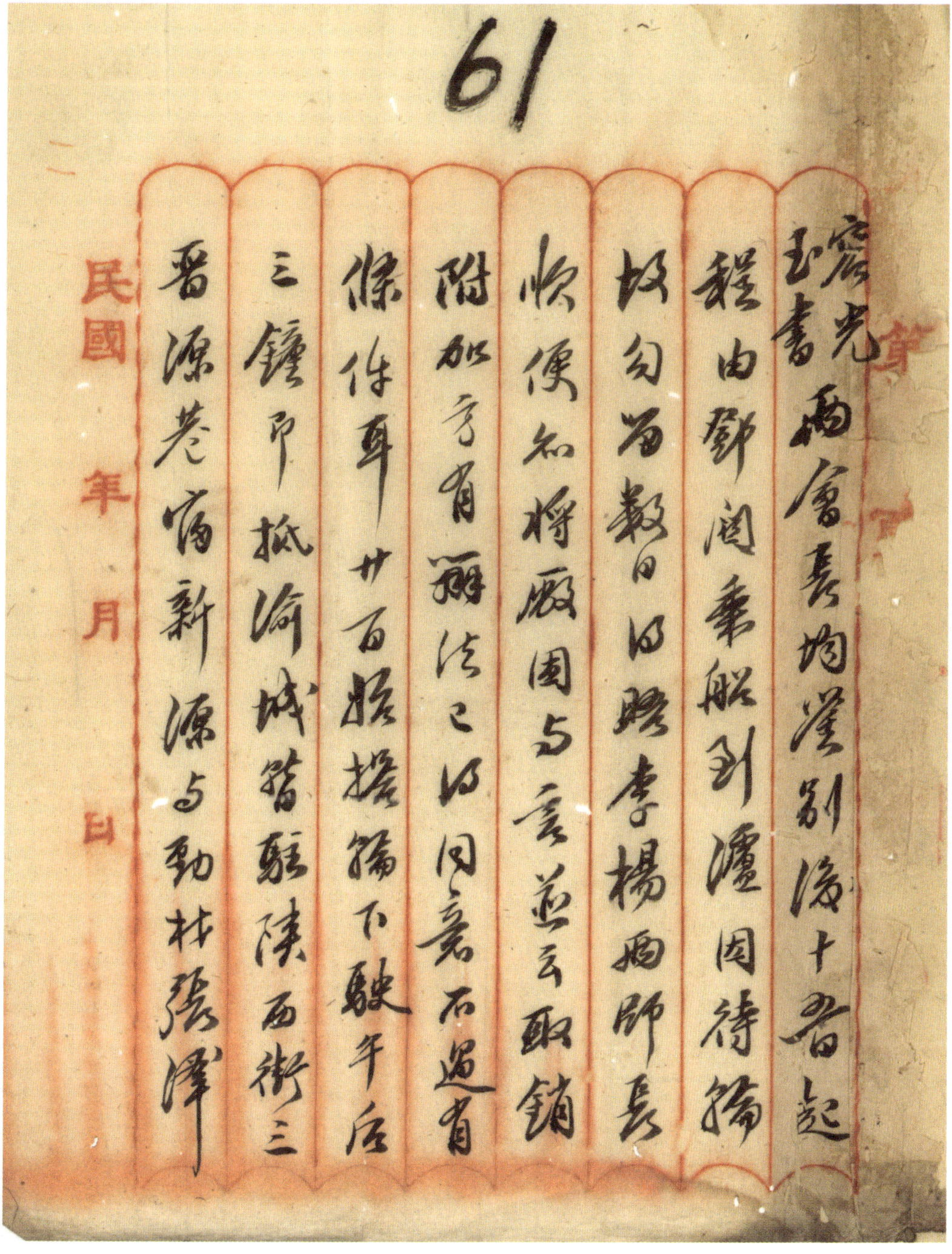

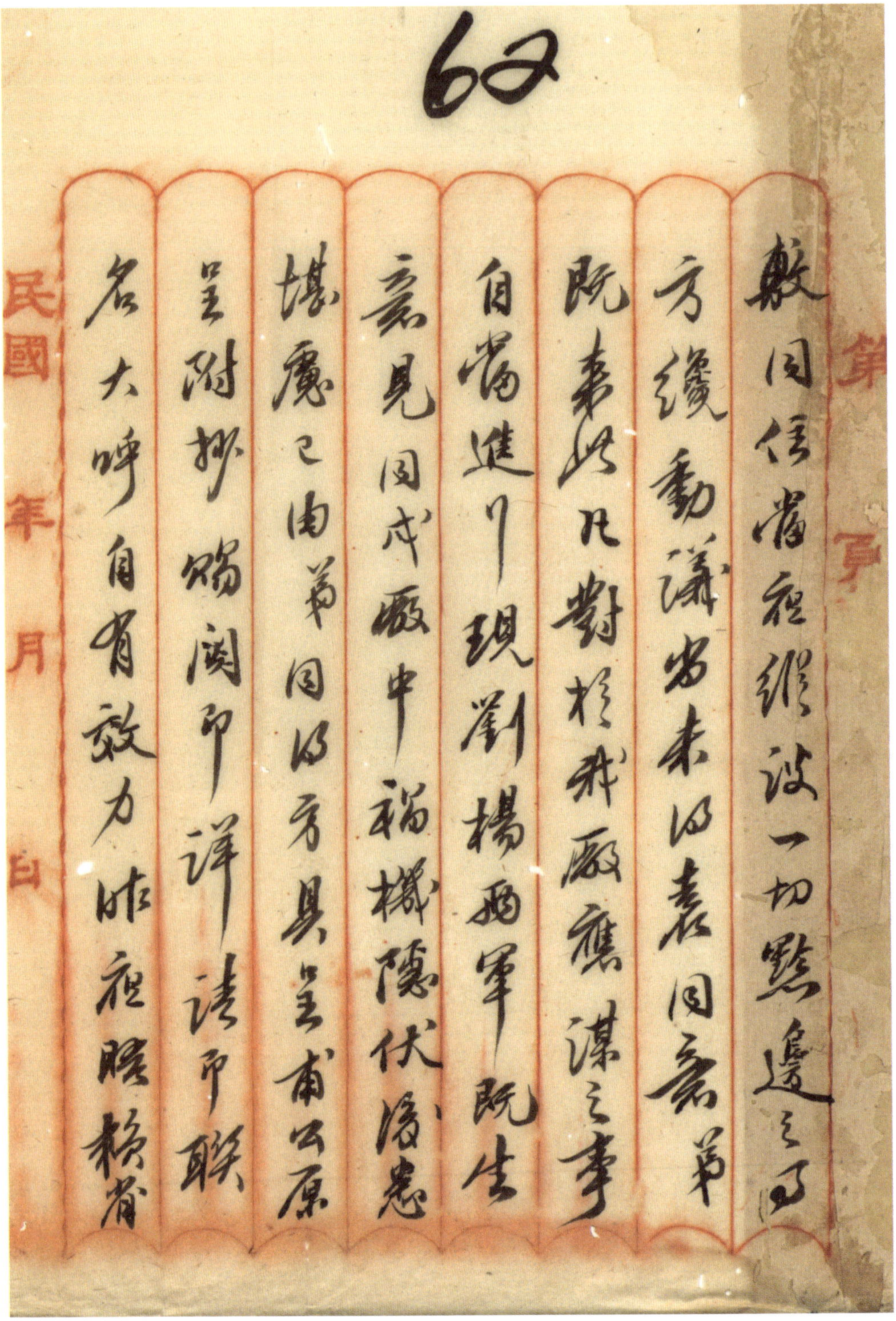
62

第　頁

敝同信當夜細說一切懸遠之因
方纔勸議出來以表同意弟
既來此凡對於我廠應謀之事
自當進行現劉楊兩軍既生
意見同我廠中禍機隱伏後患
堪虞已由弟同以方具呈甫公原
呈附抄繕閱即詳請即聯
名大呼自有效力非夜暇賴省

民國　年　月　日

63

第　頁

長已將此意談明，當蒙贊助，並云

（二四鹽幫報八月壽）

鹽稅統籌，商人願納十足，但須

取銷沿途一切附加，藉以此時政治

革新，正好機會，務須達到目

的而後已。今日照劉精澥，知將對

賴所言告伊，並陳歷厥中困苦，

危在旦夕，稍緩須臾，恐無救矣。

劉大哥勤窮，允言即設法澥

民國　年　月　日

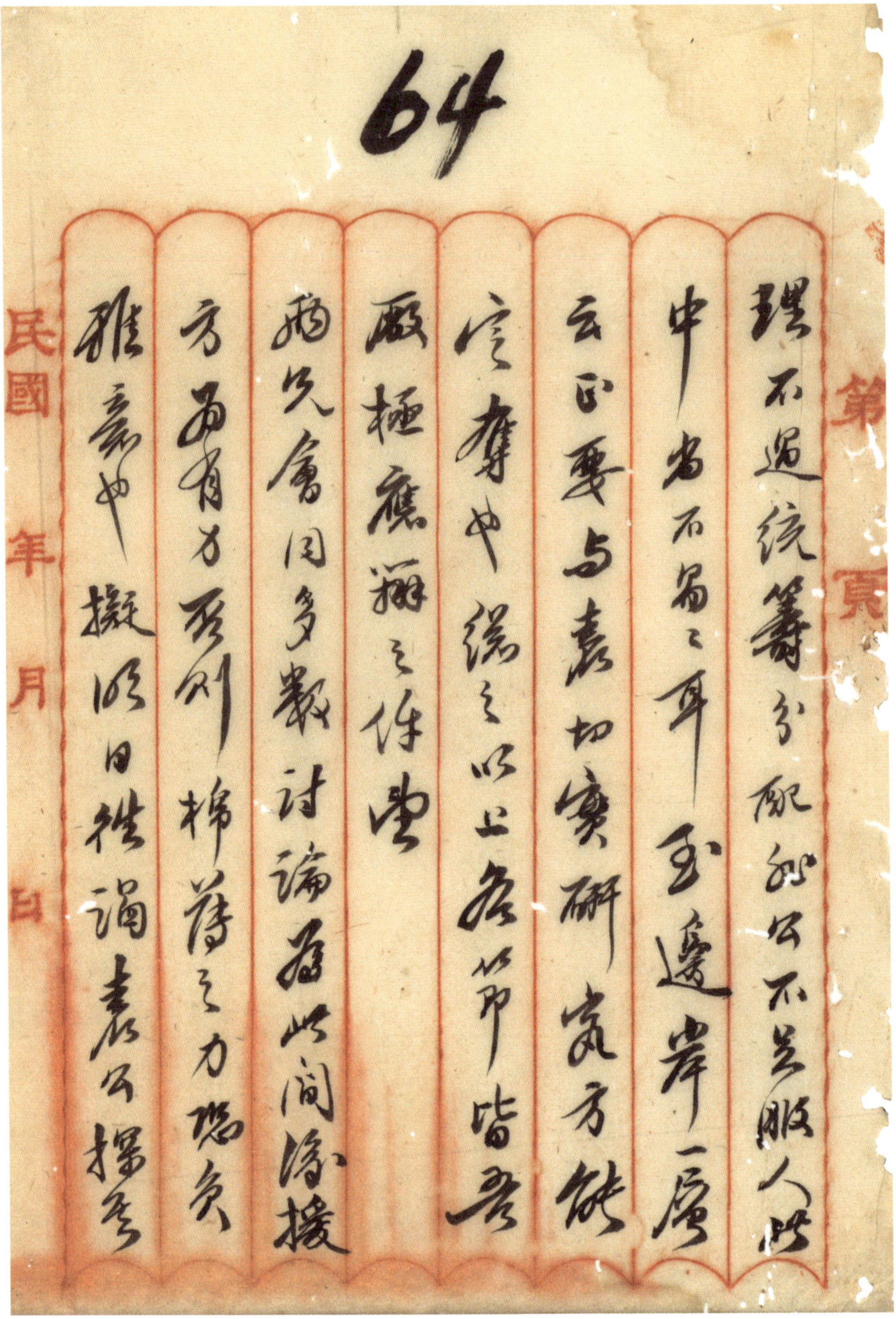

64

第　頁

理不過統籌分配秘公不只服人此
中尚不當之耳至邊岸一層
云云要與袁切實研究方能
定奪也總之以上各節皆吾
厥極應辦之件當
屢次會同多數討論者此間緣援
方面有方另列棉薄之力擔負
雅意也擬明日往謁袁公握手

民國　年　月　日

65

第　頁

意旨如何還希之函示為荷把握策
達使已照函正擬去京給出來信
則聯也渝商僑果為護符意
在把持禁岸坡井幫紫編撥
費手續萬已允代為辦理務使
井渝一律方照所允此事必能
做到此間先生擬撥為昂稍
事應酬所費不資屢〻函田

民國　年　月　日

66

第　頁

將罄矣，請即速設法匯濟
免誤進行。如不能應手籌款
為難，於此間似又不能使他人窺
我虛實也。如何之處，立候
還電。此請
公安
弟 鵬翼 頓首
在會同人統希致意

民國　年　月　日

37　0017-001-0185-043

张鹏翼为力争明令颁布减免运盐沿途附加税并已发起筹赈救济富荣两场劳工等事致范修明、黄光麟的信函（1925年□月30日）

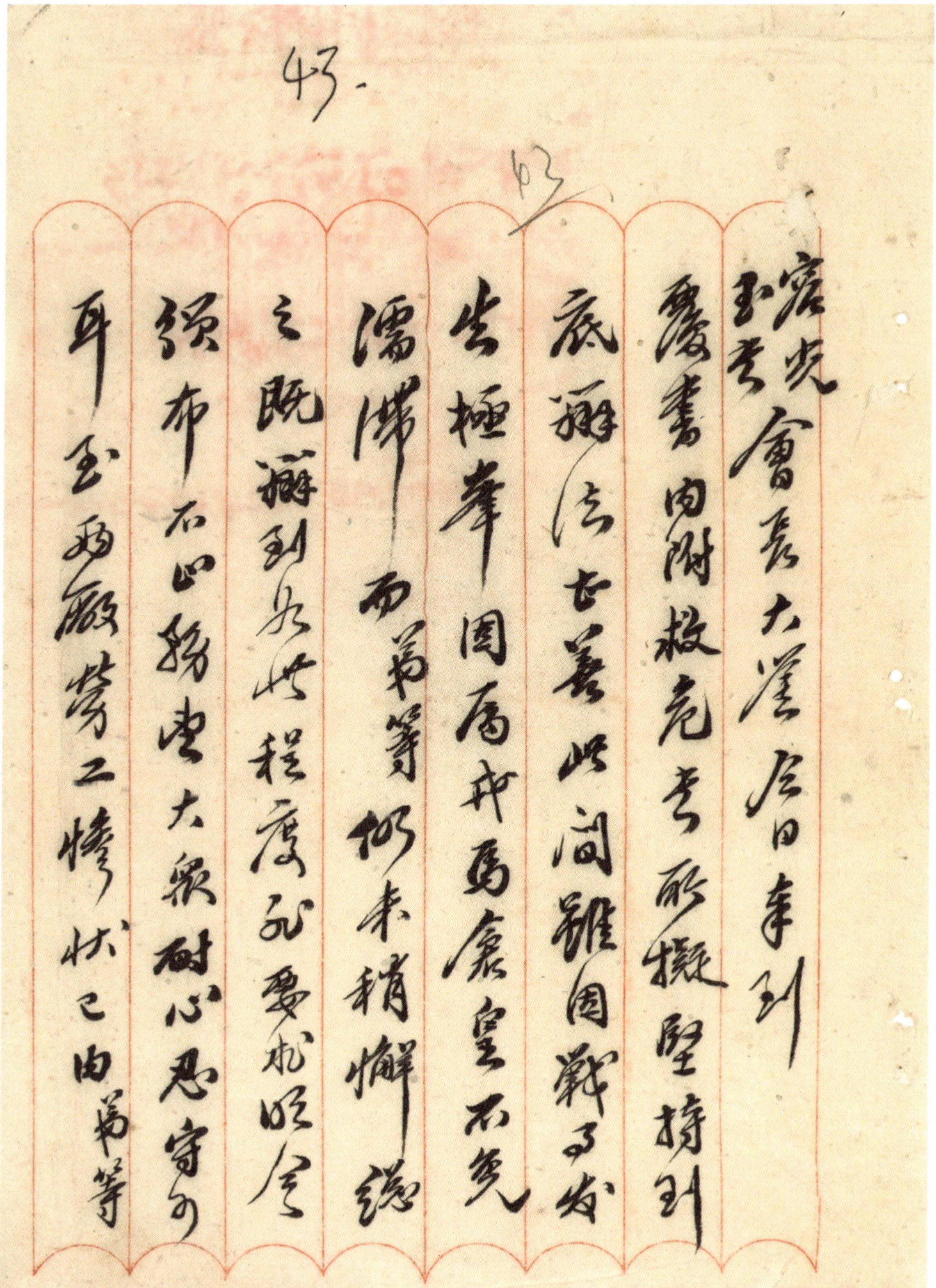

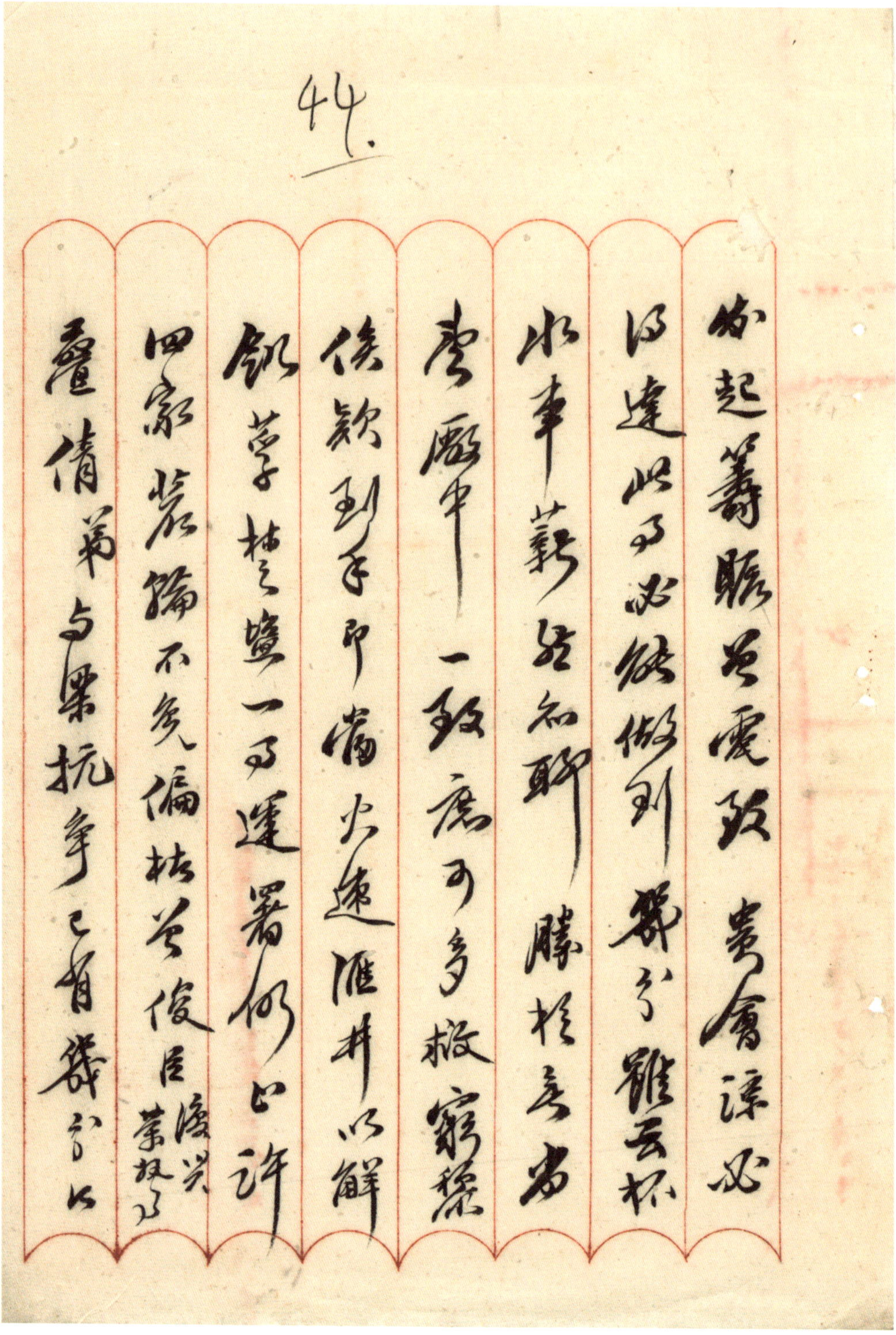

44.

为起筹赈兵灾，贵会谅必
以达此目的。然做到几分，虽云杯
水车薪，然亦聊胜于无。尚
望台端一致广为多方搜罗，
俟款到手，即备文速汇井，以解
饥莩于燃眉。一面运筹，何以许
四家装盐，不免偏枯。昔俊臣、凌兴业提及，
叠请弟与渠抗争，已有几分。以

45.

45

氣頃書　貴會特別與運使一

覆力爭此事（此件詳細　詢經手所知）節略要求措

詞果能關說，將來羅棧鹽共多

於廠必有大益也。此間鹽稅已由

甫公統提中國銀行，洋員亦嘉納（四年八）

騰一以取銷附加各項，擬均爲未

許可。廠中不妨再向稽核所要

求，知是一助。再於前議之組織鹽

46.

業銀行屬當今急務，大會既經通過，據來函皆覺情但不能宗旨堅與不堅耳，乞速示之。弟已專此進行。條章程細則擬妥寄呈一閱。第思仍由我廠少數人發起，認定優先股，然後組合大團體，再稍用強制手段，爲難成功。不識尊見以爲然否？此請

籌安

弟張鵬翼頓首 卅夜

會中諸好統此，未另。洪言附筆致意。

38　0017-001-0245-008

张鹏翼、何其义为请予维持局面以救自贡盐业事致杨森的信函

（1925年）

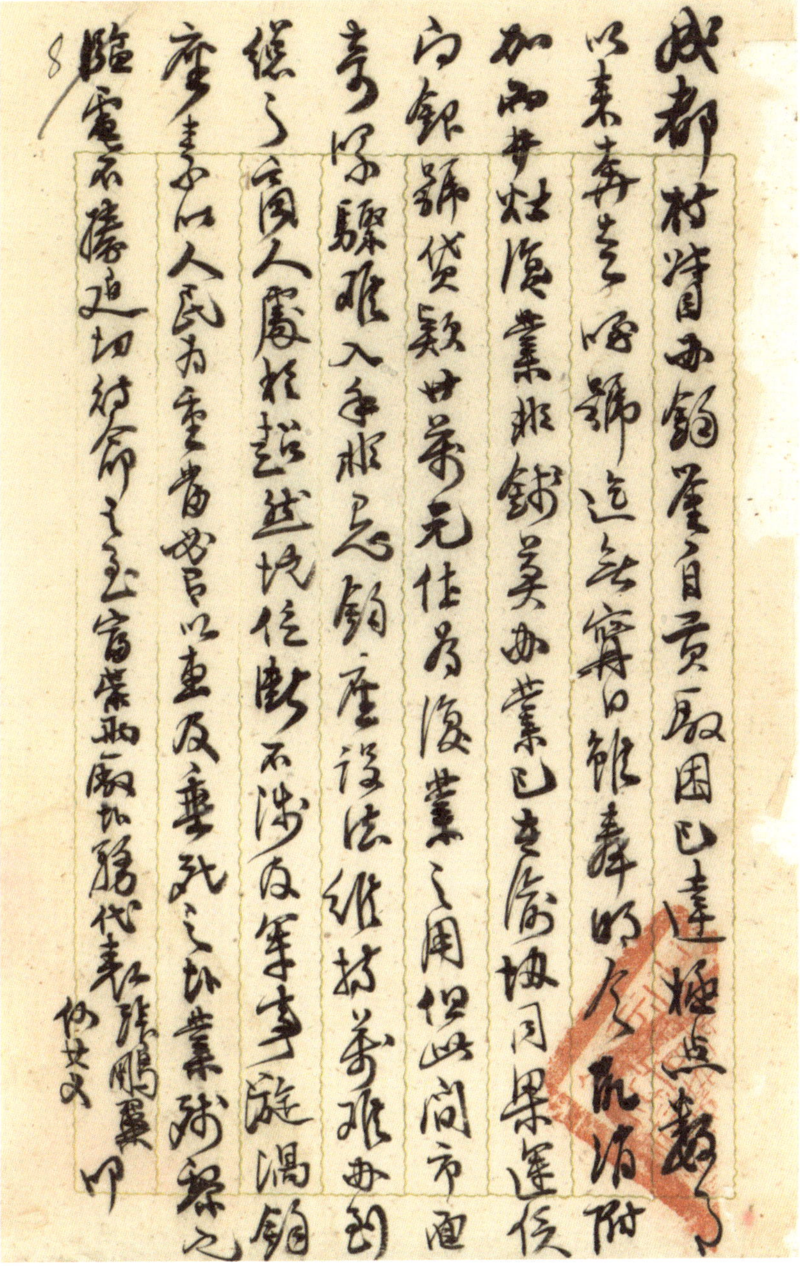

8

成都杨督办钧鉴：自贡厂困已达极点，数月
以来[illegible]归途[illegible]穷日[illegible]时[illegible]附
加两井灶停业，[illegible]业已[illegible]同[illegible]
向银号借贷款，[illegible]无任为复业之用，但此间市面
奇紧，骤难入手，非急筹设法维持，[illegible]
继之，商人[illegible]盐境，任断不涉及军事旋涡，锅
产[illegible]人民为重，当[illegible]以其及垂死之盐业，[illegible]之
临电示[illegible]，迫切待命之至。富荣两厂盐务代表张鹏翼
何其义叩

注：杨督办，即杨森，时任四川军务督办。

39 0017-001-0281-090

张鹏翼为各军加征盐税及拟选派代表赴南京请愿谋求打破包商、取消附加税等事致王和甫、刘祉兹等的信函（1929年8月8日／阴历七月初四）

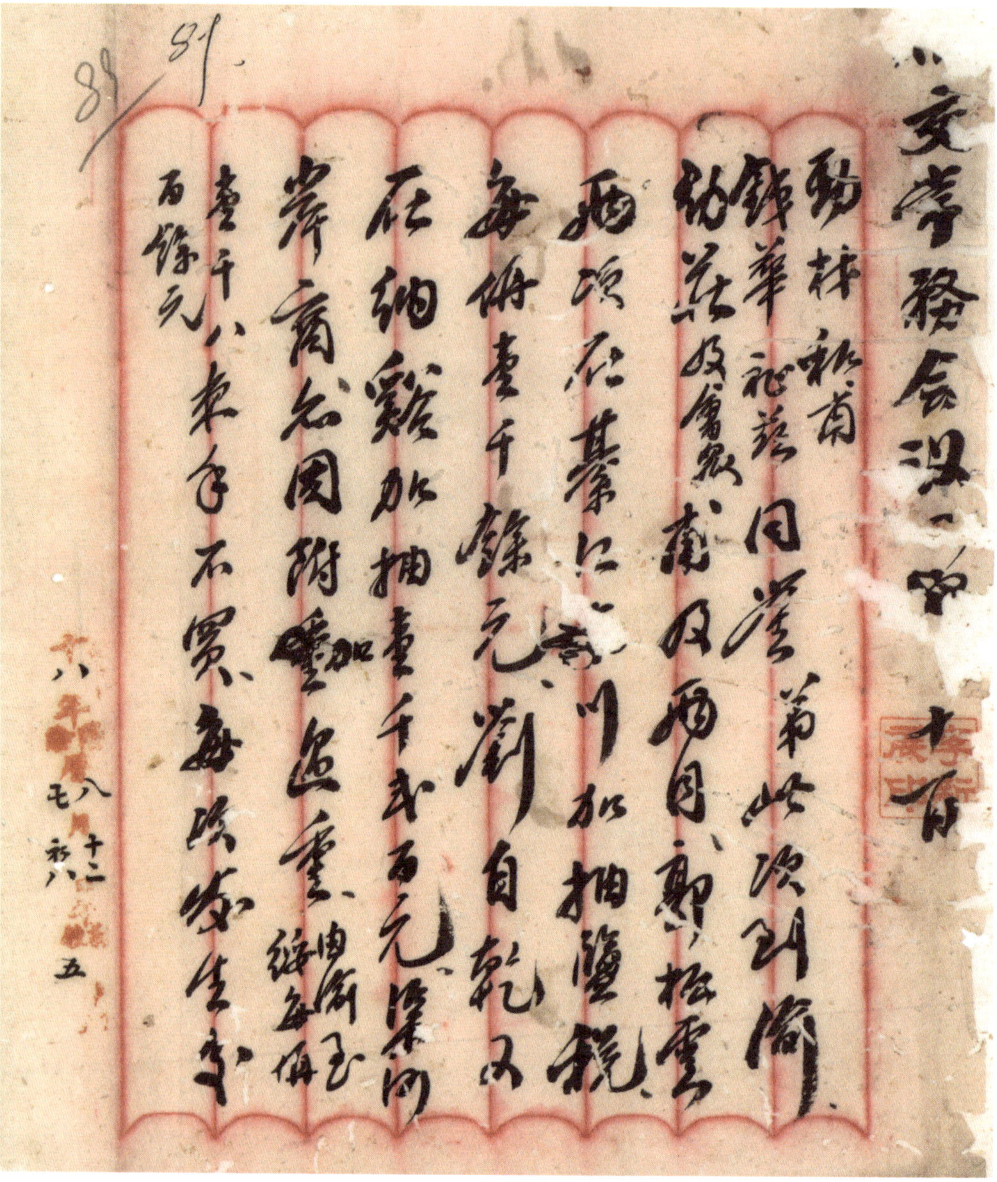

注：和甫、祉兹、幼庄，即王和甫、刘祉兹、黄幼庄，其余人略，皆为自贡盐商。

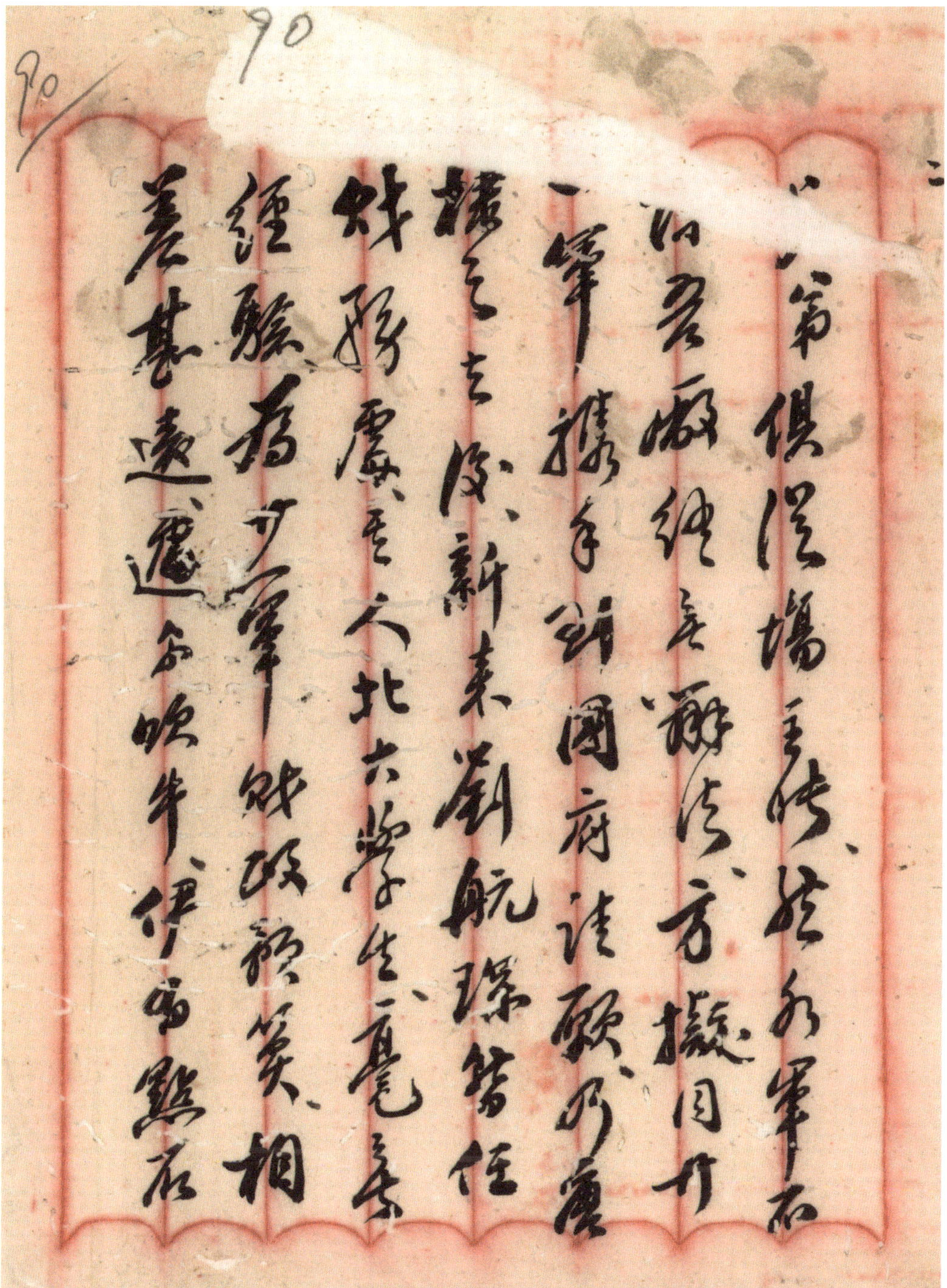
90
90
二
弟俱從場手傳於我軍右
以為敵經長孫後方撤回外
一筆據手錄國府諸驗所屬
請之去後，新來劉航琛替任
財務處長，又北大學生一覽表
經驗為可罕，財政預算綱
甚集遠近，今晚等伊所需節存

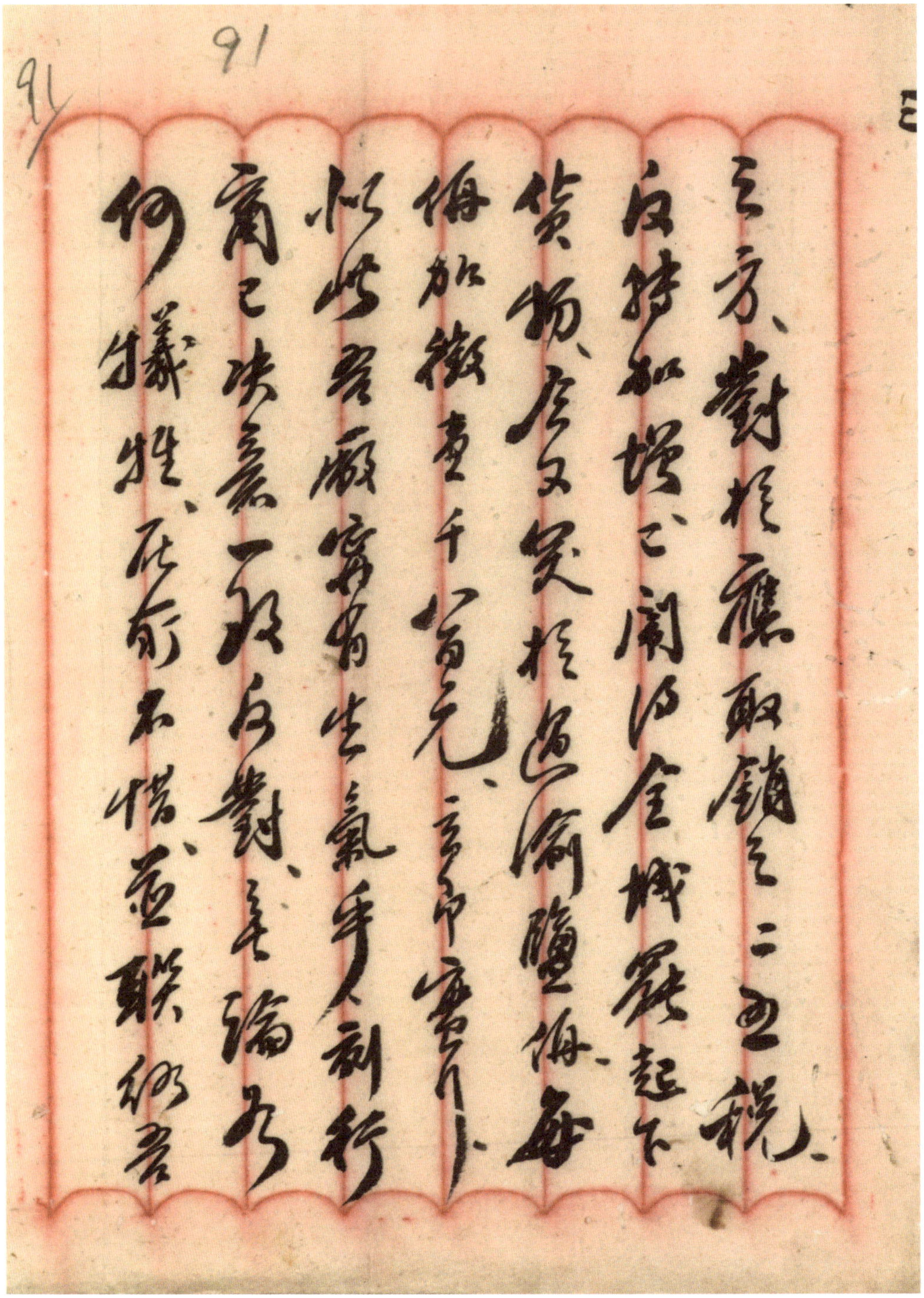
91

之方、對於應取鎮之二五稅、
及特加增之關，沿全城嚴設卡
貨物、應又定於留渝鹽條、每
條加徵壹千貳百元、之節審外
似此苛政、寧有生氣乎人刻行
商已決意一致反對、奚論各
何犧牲、在所不惜、並聯絡各

92

廠共同動作，廠遂均選派代表赴國府請願，此時國府威權正甚，當必有顧忌，第思打破包商，敢籲附於將各廠，惟一不二之宗旨，行商此時知極難解除包商制度，各廠當乘此機會，謀根本之改革，竊見如此，不識

93

2

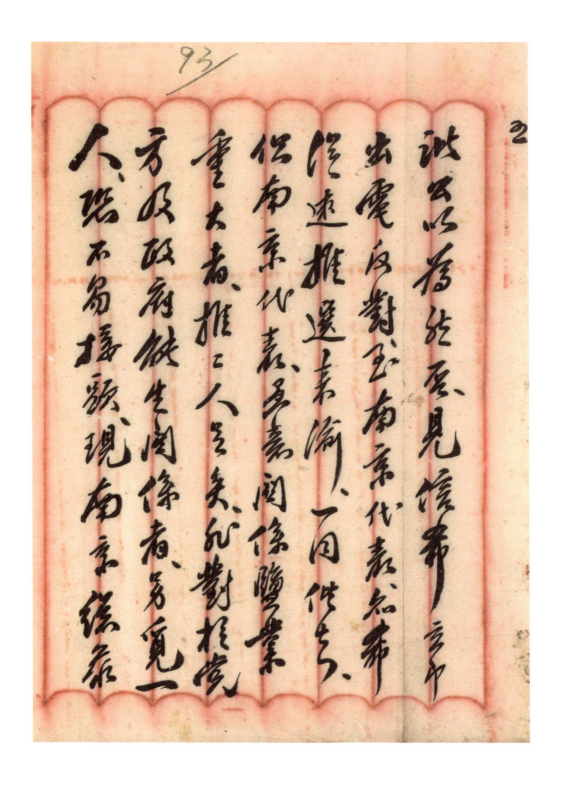

誠公以為於原見信弟言中
出處反對、王南京代表、知弟
係速推選素濟人、因係等、
係南京代表、多處同係鹽業
重大者、推之人去矣、紀對於黨、
方及政府敝先關係者、另覓一
人、恐不易據額、現南京總局

94

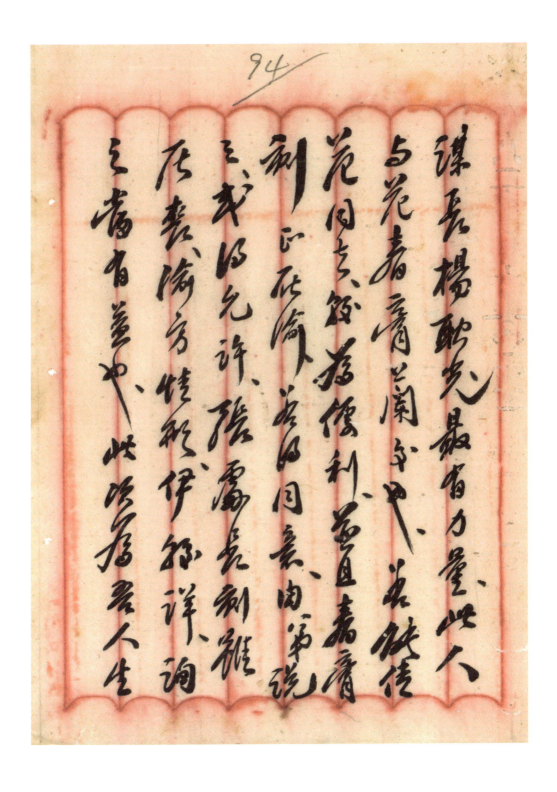

謀長楊酌九、最有力量、此人与范齐肩並闻者也、某敢信范同志、領袖僚利、並置肩膺剿匪正所論、望同意、由弟說之、我們允許、張靈長劉維所貢獻、論方情形、伊務詳、詢之處甚大也、此次容君人生

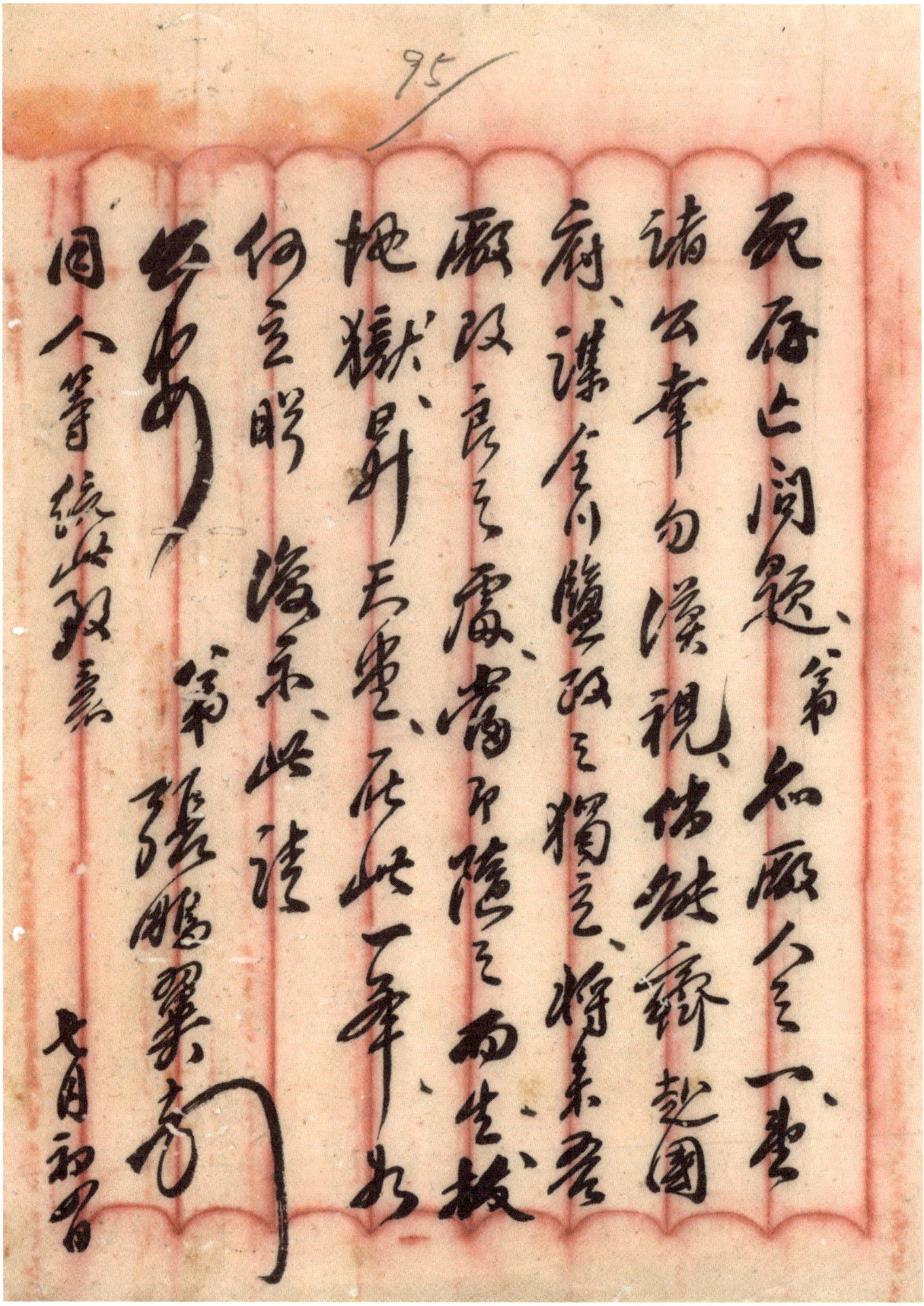

95

廠存亡問題，弟知廠人之一，豈
諸公幸勿漠視，倘能籲懇國
府，謀全川鹽政之獨立，將來當
廠政良之處，當即除之而生拔
地獄，昇天堂，所此一年為
何之盼。餘未，此請
公安
弟張鵬翼頓首
同人等統此致意
七月初四

40　0067-001-0063-076

张鹏翼为捐助自贡市立医院法币一亿元事致侯仲康的信函（1948年8月23日）

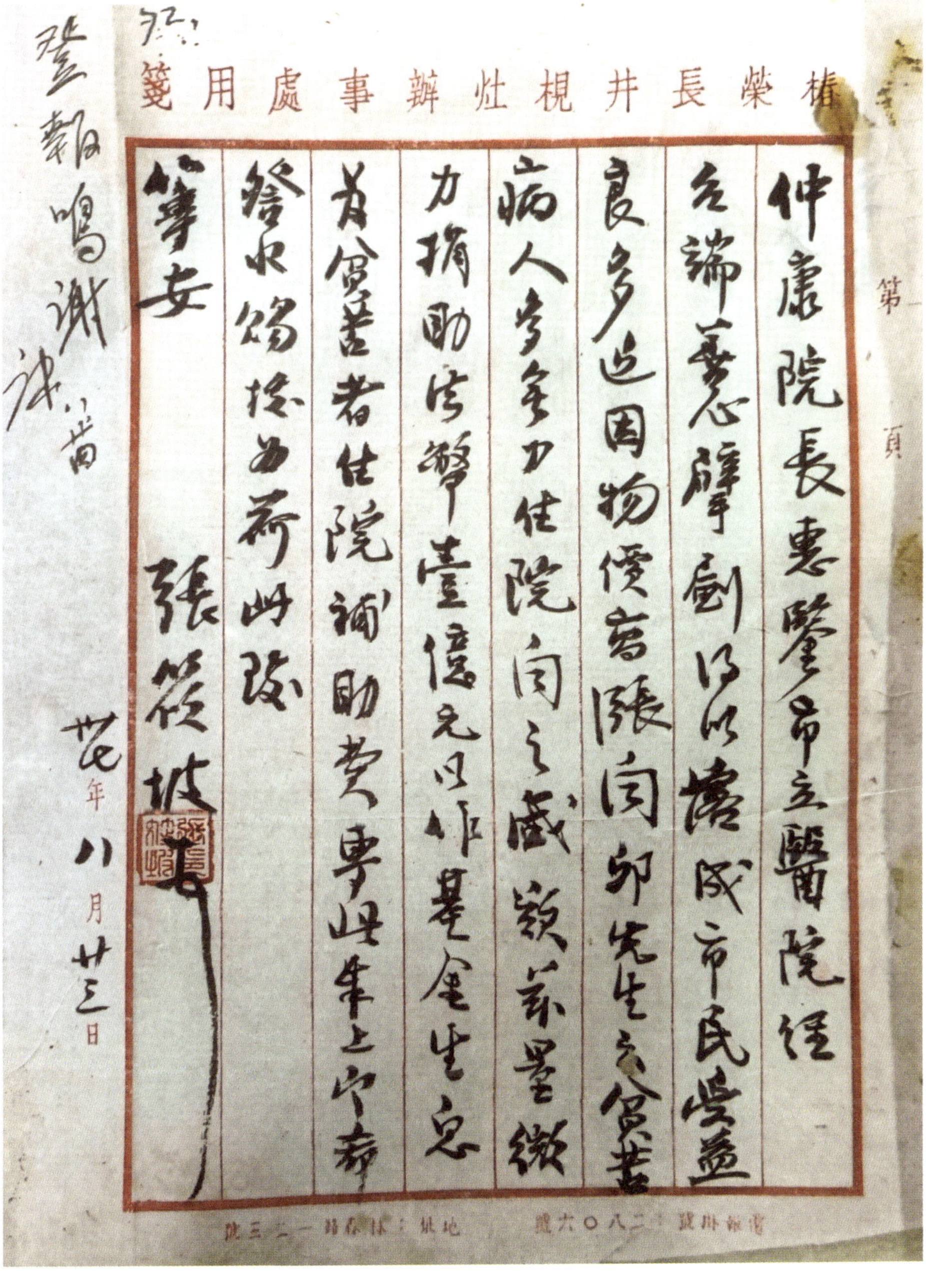

椿榮長井梘灶辦事處用箋

仲康院長惠鑒：市立醫院經
台端善心擘劃，得以據成，市民受益
良多。近因物價高漲，同卿先生之貧苦
病人無力住院，同之感歉，茲墨繳
力捐助法幣壹億元，以作基金生息
為貧苦者住院補助費。專此奉上，即希
查收，賜據為荷。此致
籌安
張筱坡
卅七年八月廿三日

登報鳴謝

注：仲康，即侯仲康，时任自贡市立医院院长。

马仁育

人物简介

马仁育（生卒年不详），曾任富顺县商会会长等职。

41　0017-001-0488-036

马仁育为双毫银币使用真相不明请予指示事致范修明的信函
（1925年3月31日）

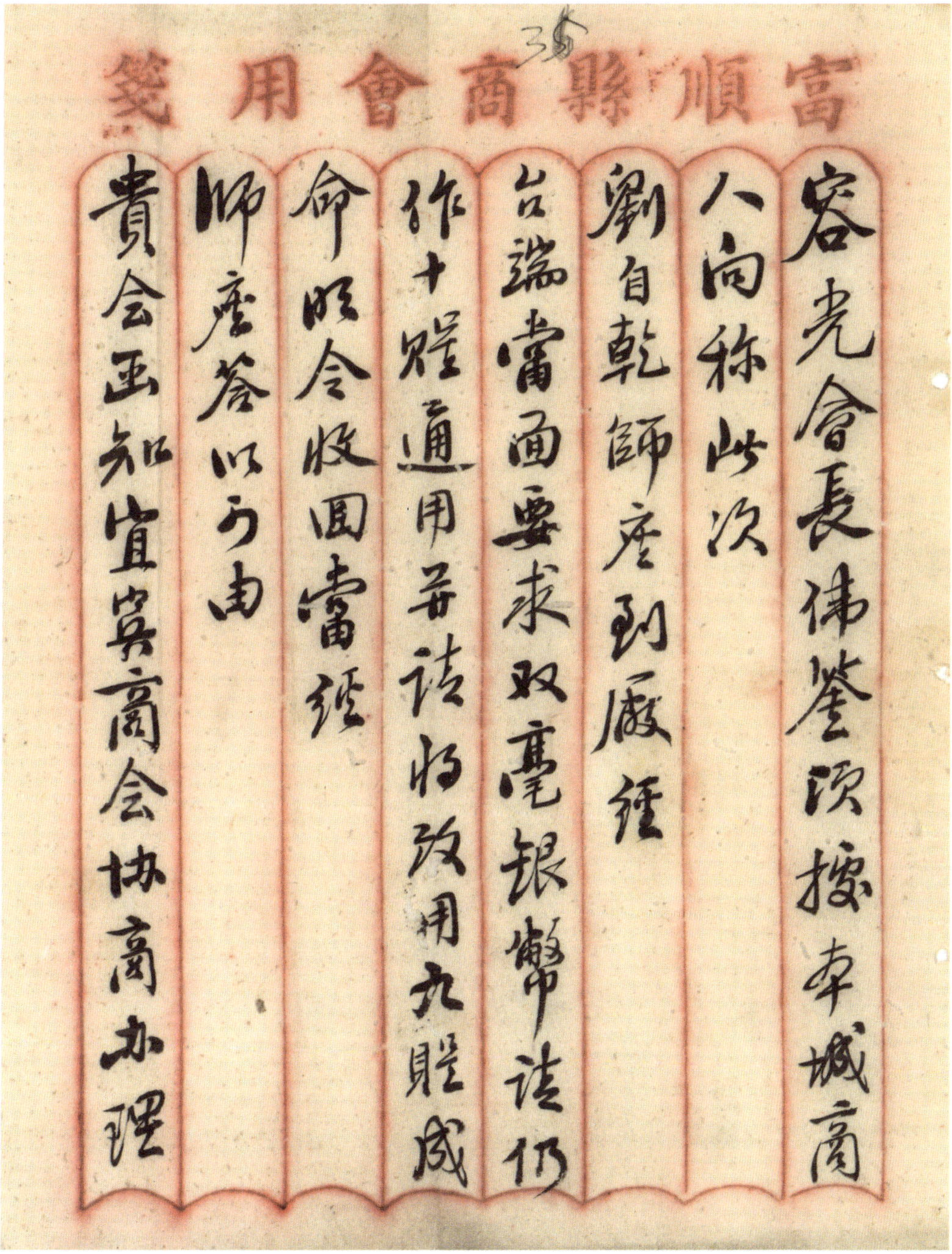

富順縣商會用箋

容光會長偉鑒：頃接本城商人向称，此次劉自乾師座到廠，經台端當面要求双毫銀幣請仍作十足通用，并請將改用九成命明令收回。當經師座答以予由貴会函知宜賓商会協商办理

富順縣商會用箋

等語近日城中商號紛紛傳說前
請敝會行且進仁育未知真象若何
用特專函請
教尚希指示方針及進行手續以
便遵照薰任感盼手此敬頌
公安鵠候
還雲

弟馬仁育啓
馬仁育印

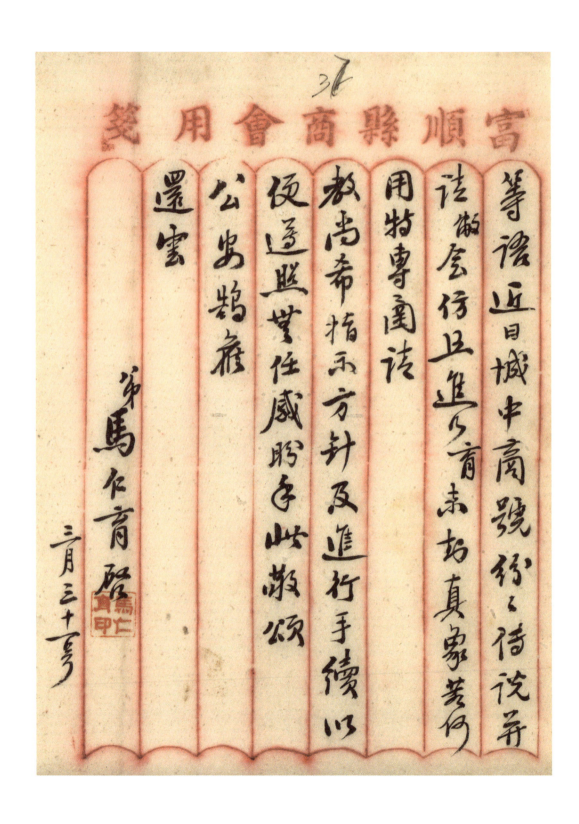

三月三十一号

李新展

人物简介

李新展（生卒年不详），字敬才。曾任职于自流井述善盐业公司，并任自贡市商会会长等职。

42　0017-001-0185-071

李新展、张鹏翼等为赈款六万一千钏已交商轮运泸并请当地部队护送等事致范修明、黄光麟的信函（1925年5月8日）

附：张伯卿为申明赈款中有一万一千五百钏属其私有事致自贡商会的信函

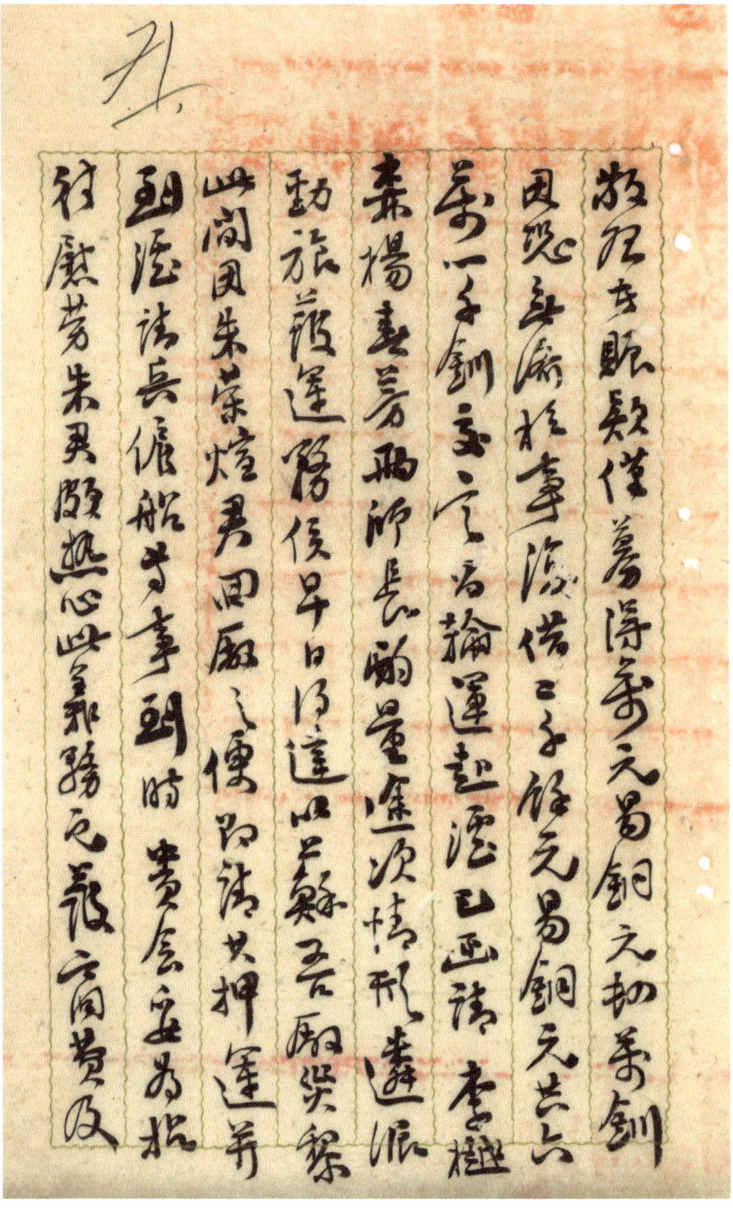

敬启者：赈款仅募得银元易铜元钞票钏，因恐无济于事，复借二千余元易铜元共六万一千钏，交商轮运赴泸，已函请李树森、杨春芳两师长酌量保护，此次情形，并已派勤旅护送防，俾早日得达，以免苏吾厥灾黎。此间因朱荣煌君回厂之便，即请其押运，并到泸请兵保船等事，到时贵会妥为接待，慰劳朱君，愿热心此等义务之义旅商贵及

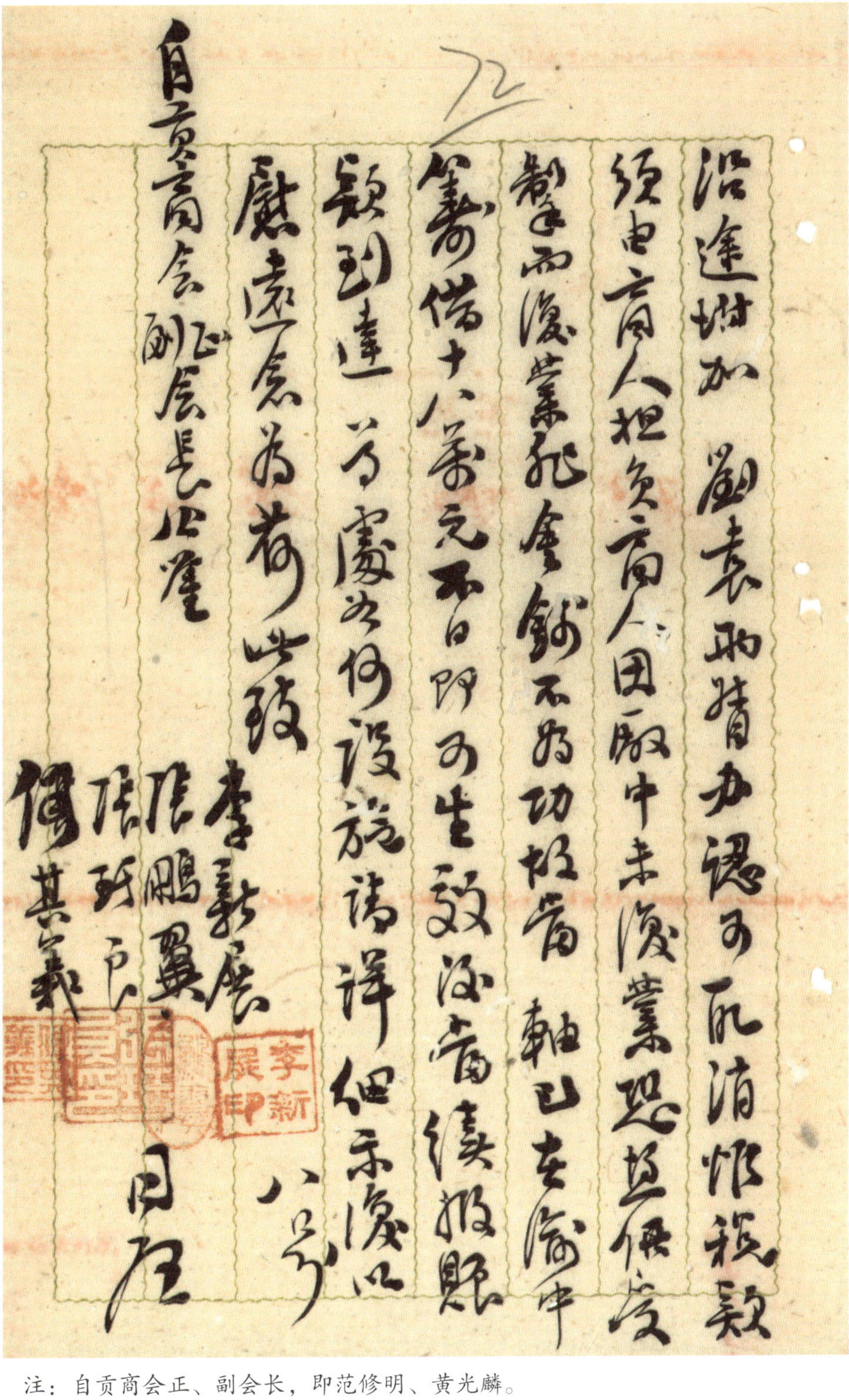
72

沿途增加厘表两倍办理，可否取消此项报效
须由商人担负。商人因厥中未复业，恐其借发
饕而复业，所余亦不为功。恳当轴已在省中
筹借十八万元，不日即可生致。该商帮援报账
款到达前，处如何设施，请详细示复，以
慰远念为荷。此致
自贡商会正副会长公鉴

李新展
张鹏翼
张琢庐
傅其义
八号　同启

注：自贡商会正、副会长，即范修明、黄光麟。

附：张伯卿为申明赈款中有一万一千五百钏属其私有事致自贡商会的信函

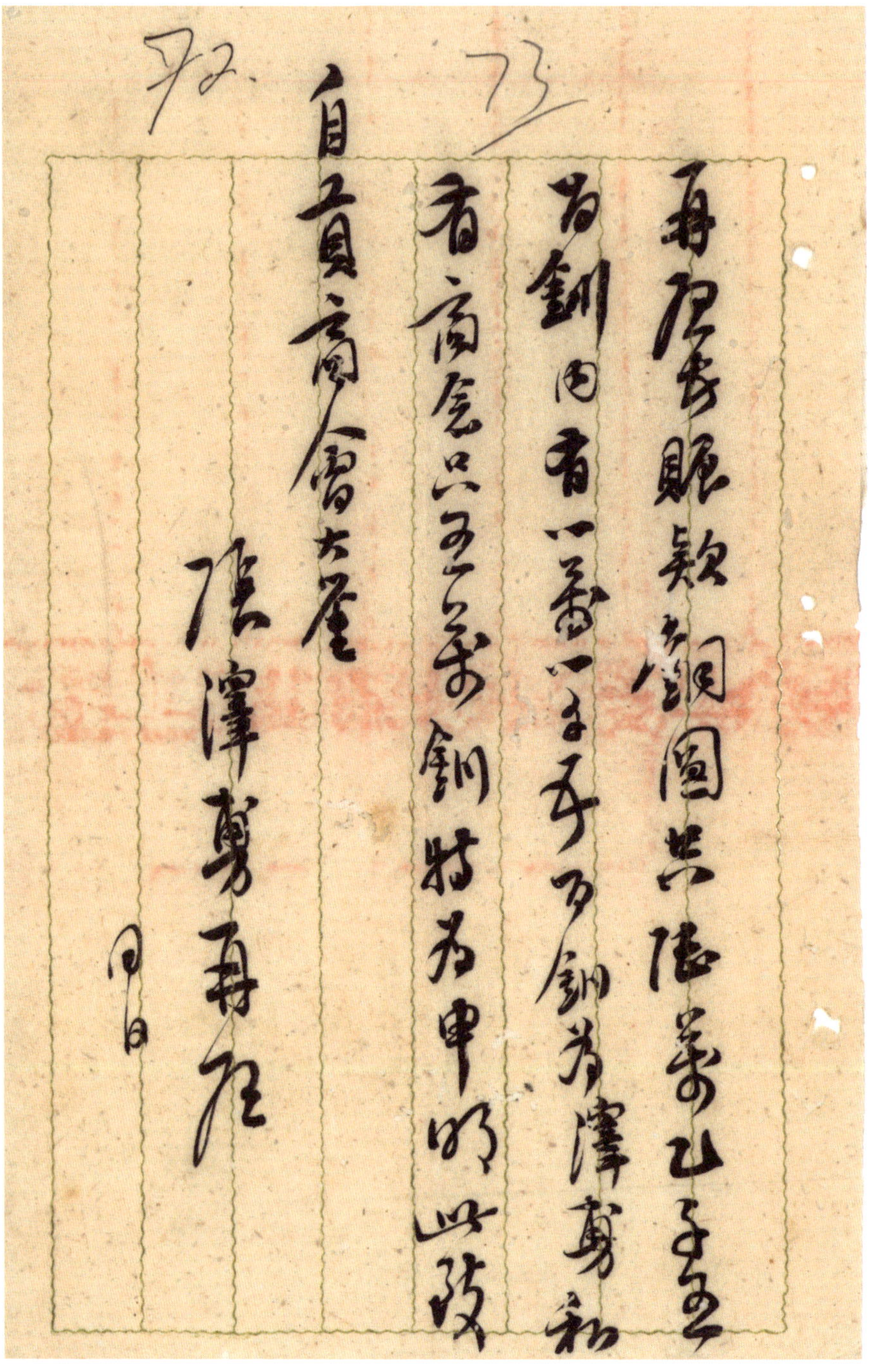

再启者：赈款铜圆共陆万乙千五百钏，内有一万一千五百钏为泽敷私有，商会只五万钏，特为申明。此致

自贡商会大鉴

张泽敷再启

月日

注：张泽敷，即张伯卿，字泽敷，自贡商人。

43　0017-001-0210-022

李新展为请从速组设稽查处而息厂商与运商纷争事致刘湘的信函（1929年5月27日）

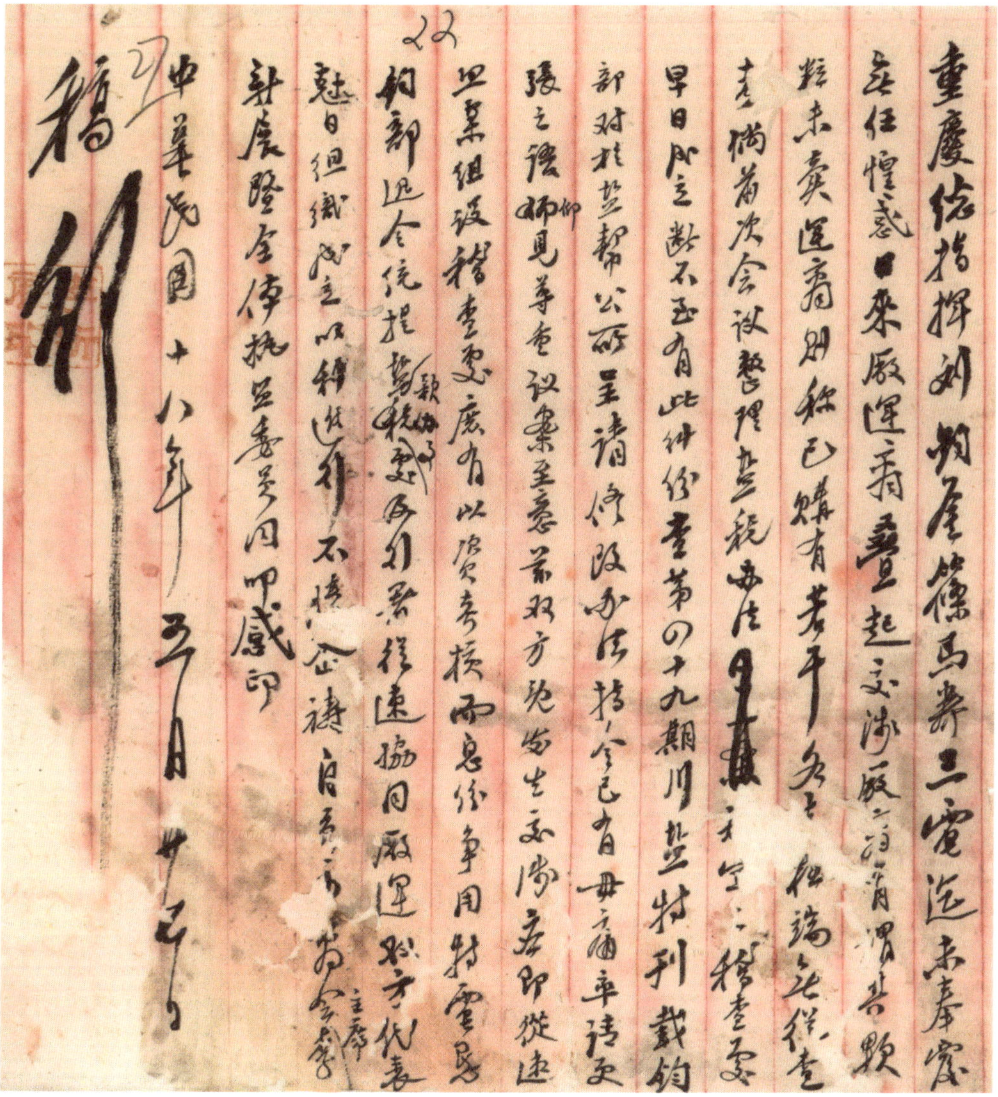

重慶總指揮劉 鈞鑒：篠馬壽三電述未奉[illegible]
在任惶惑。日來廠運商釁起，交涉[illegible]甚夥，
[illegible]未廠運商糾紛已[illegible]有若干年矣。[illegible]從查
[illegible]前次會議整理鹽稅[illegible]稽查處
早日成立，斷不至有此糾紛。查第四十九期川鹽特刊載鈞
部對於鹽幫公所呈請修改[illegible]令已有毋庸[illegible]請更
張之語，[illegible]見等查議案[illegible]雙方[illegible]從速
照案組設稽查處，庶有以資考核，而息糾爭。用特電懇
鈞部迅令[illegible]從速協同廠運雙方代表
剋日組織成立，以[illegible]不勝企禱。[illegible]
新展暨全體鹽委[illegible]叩。感印
中華民國十八年五月廿七日
稿

注：总指挥刘，即刘湘，时任国民革命军第二十一军军长。

44 0017-001-0210-005

李新展、胡宪等为无论新商旧商必以盐税整理暂行办法二十二条为标准等事致刘湘的信函（1929年）

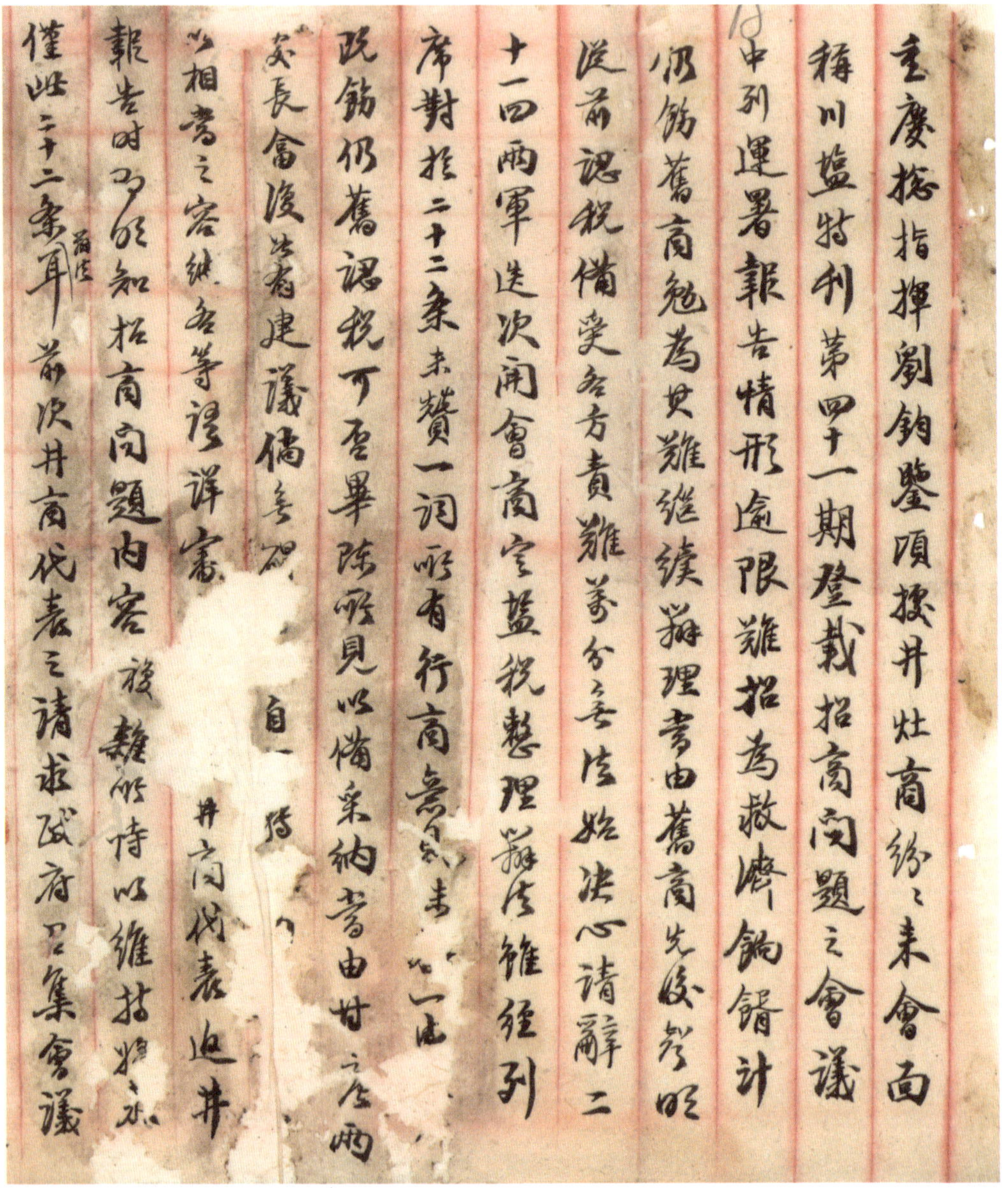
重慶總指揮劉鈞鑒：頃接井灶商紛紛來會面
稱：川鹽特刊第四十一期登載招商問題之會議
中列運署報告情形，處限難招，為救濟鹽計
仍飭舊商勉為其難，繼續辦理，責由舊商先繳照
從前認稅備交，各方責難紛紛，各商始決心請辭。二
十一、四兩軍造次開會商定鹽稅整理辦法，雖經列
席對於二十二條未贊一詞，所有行商意[illegible]一律
既飭仍舊認稅，可否畢陳所見，以備采納，當由[illegible]兩
委長會後諸君建議備函[illegible]自[illegible]特
必相當之容納，各等語。詳審井商代表述井
報告時所知招商問題內容，被難所持以維持，特未
僅此二十二條耳。前次井商代表之請求政府召集會議

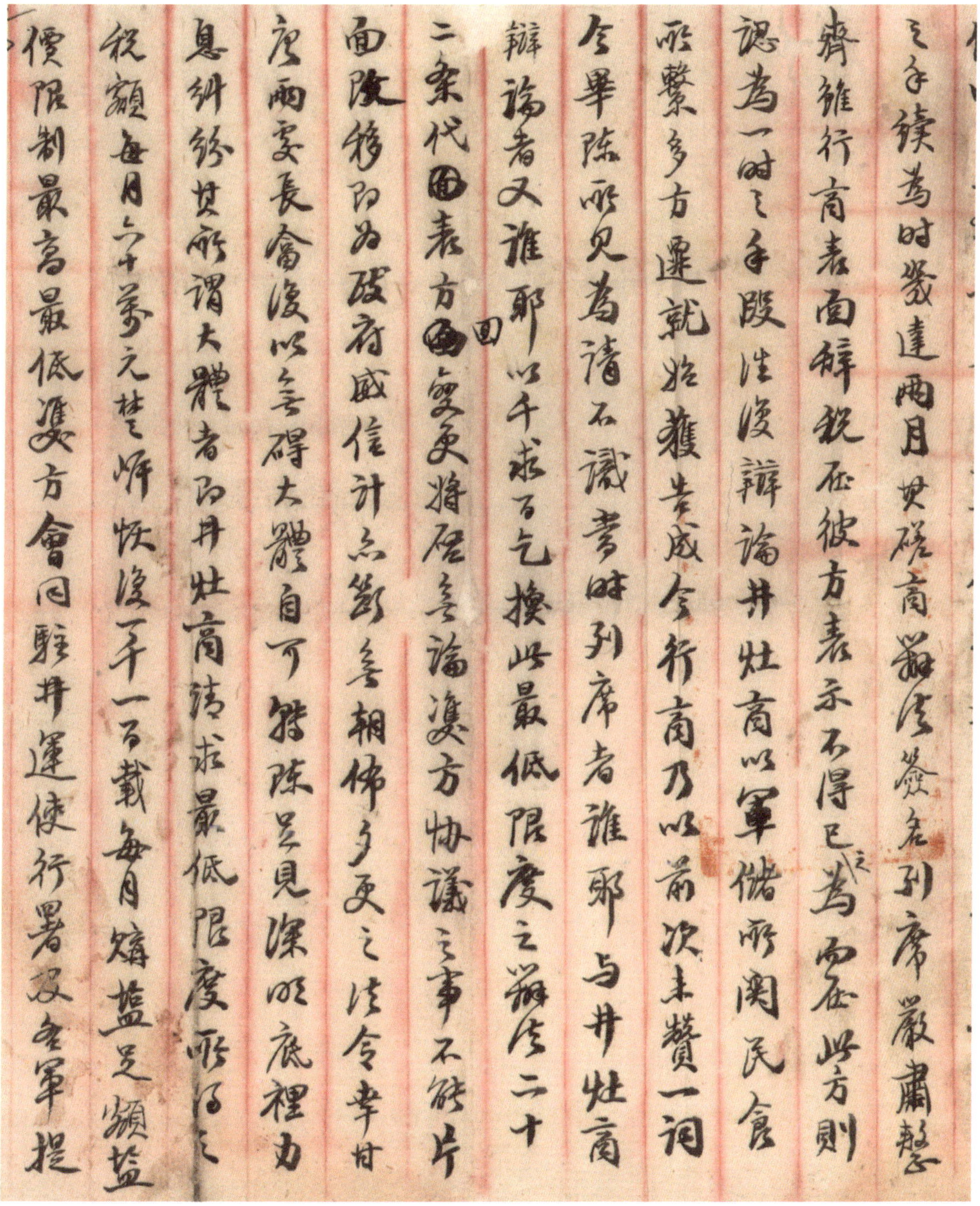
之手續為時幾達兩月其磋商籌議發言列席嚴肅整
齊雖行商表面辯駁在彼方表示不得已之為而在此方則
認為一時之手段往後辯論井灶商以軍儲所關民食
所繫多方遷就始獲告成今行商乃以前次未贊一詞
今畢陳所見為請不識當時列席者誰耶與井灶商
辯論者又誰耶以千求百乞換此最低限度之籌議二十
二條代回表方回變更將原無論準方協議之事不能片
面強移即為政府威信計亦斷無朝佈夕更之法令幸甘
度兩要長會後以無礙大體自可勉陳足見深明底裡力
息糾紛其所謂大體者即井灶商請求最低限度所得之
稅額每月八千萬元之楚煎恢復一千一百載每月歸鹽足額鹽
價限制最高最低準方會同駐井運使行署及鹽軍提

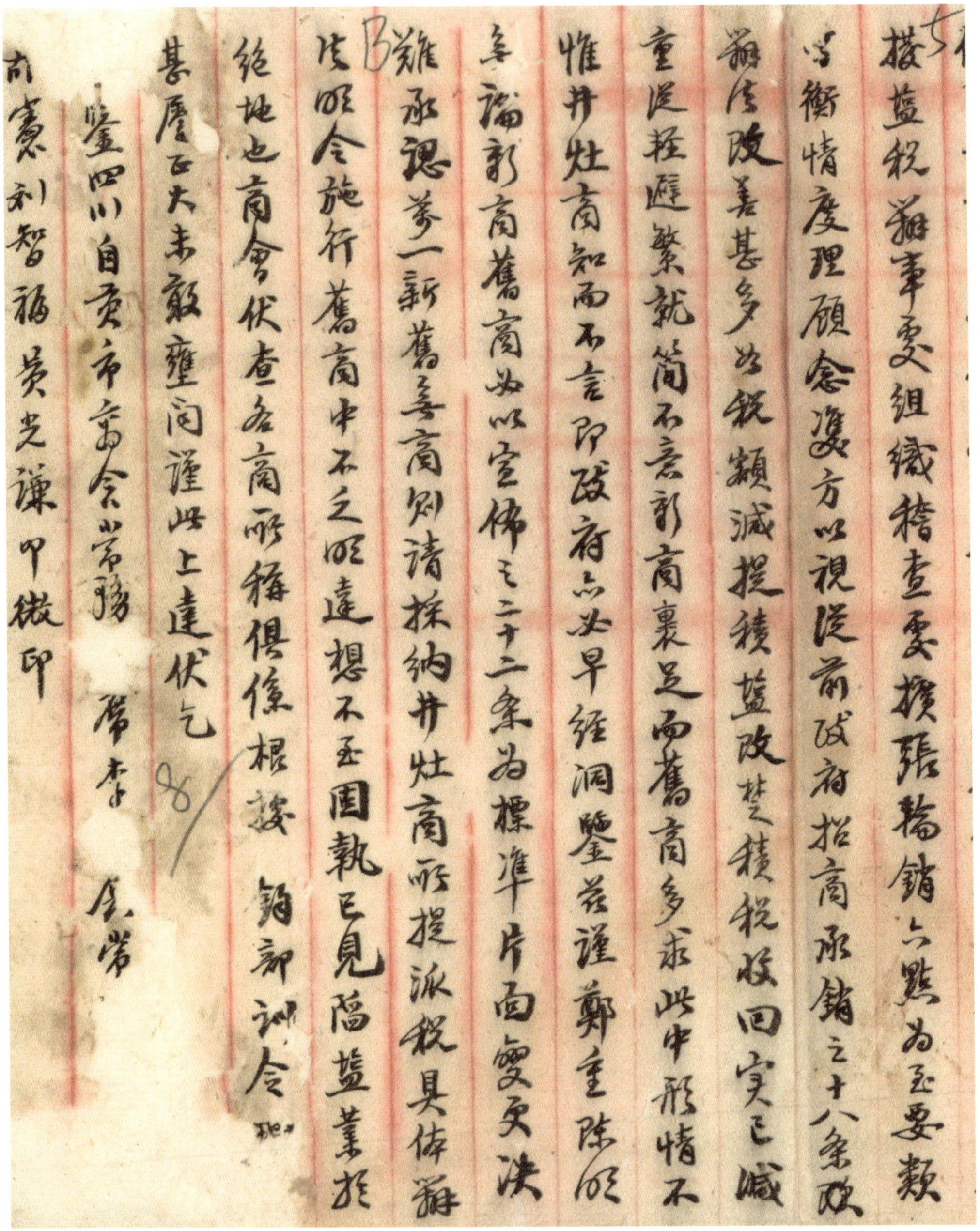
援盐税办事变组织稽查要擴張暢銷六點為至要數
者衡情度理顧念復方以視從前政府招商承銷之十八條改
辦法改善甚多如稅額減提積鹽改禁積稅撥回實已減
重從輕避繁就簡不意新商裹足而舊商多求此中形情不
惟井灶商知而不言即政府亦必早經洞鑒茲謹鄭重陳明
無論新商舊商必以宣佈之二十二條為標準片面變更決
難承認第一新舊鹽商則請採納井灶商所提派稅具體辦
法明令施行舊商中不乏明達想不至固執己見陷鹽業於
絕地也商會伏查各商所稱俱係根據 鈞部訓令
甚屬正大未敢壅閡謹此上達伏乞
鑒四川自貢市商會常務 廖 李 侯 常
前憲利智福 黃光謙 甲徽印

45 0017-001-0321-031

李新展为陈明撤销自贡军事警察总局并组织成立自贡公安局经过等事致典公处长的信函（1932年12月19日）

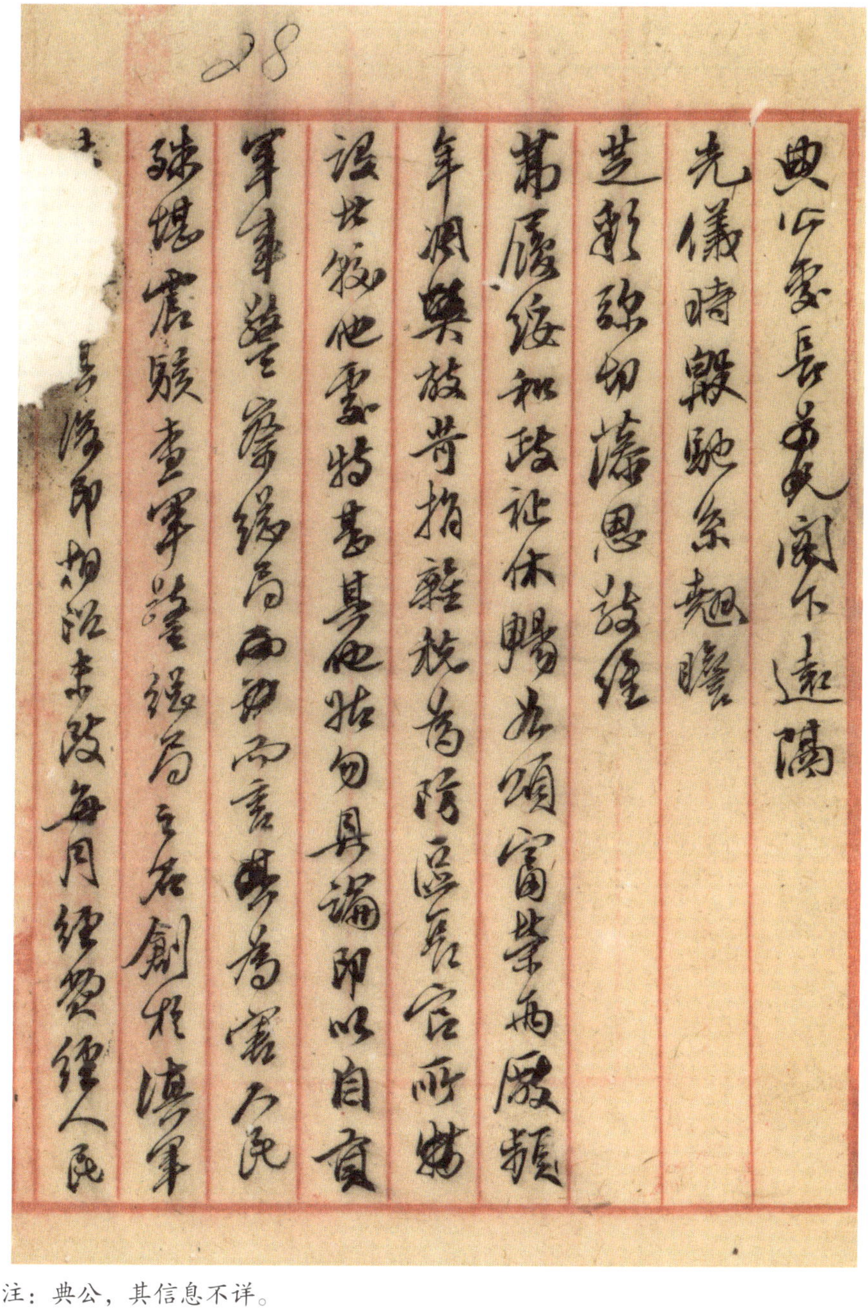

28

典公處長吾兄閣下：違隔
光儀，時殷馳系，翹瞻
芝彩，殊切葵思。敬維
籌履綏和，政祉休暢，[illegible]
年[illegible]故，昔指[illegible]為防區長官所[illegible]
設此[illegible]特甚，甚至[illegible]即以自貢
軍事警察[illegible]而言，其為害人民
[illegible]查軍事警察[illegible]創於[illegible]軍
[illegible]即[illegible]每月經費[illegible]人民

注：典公，其信息不详。

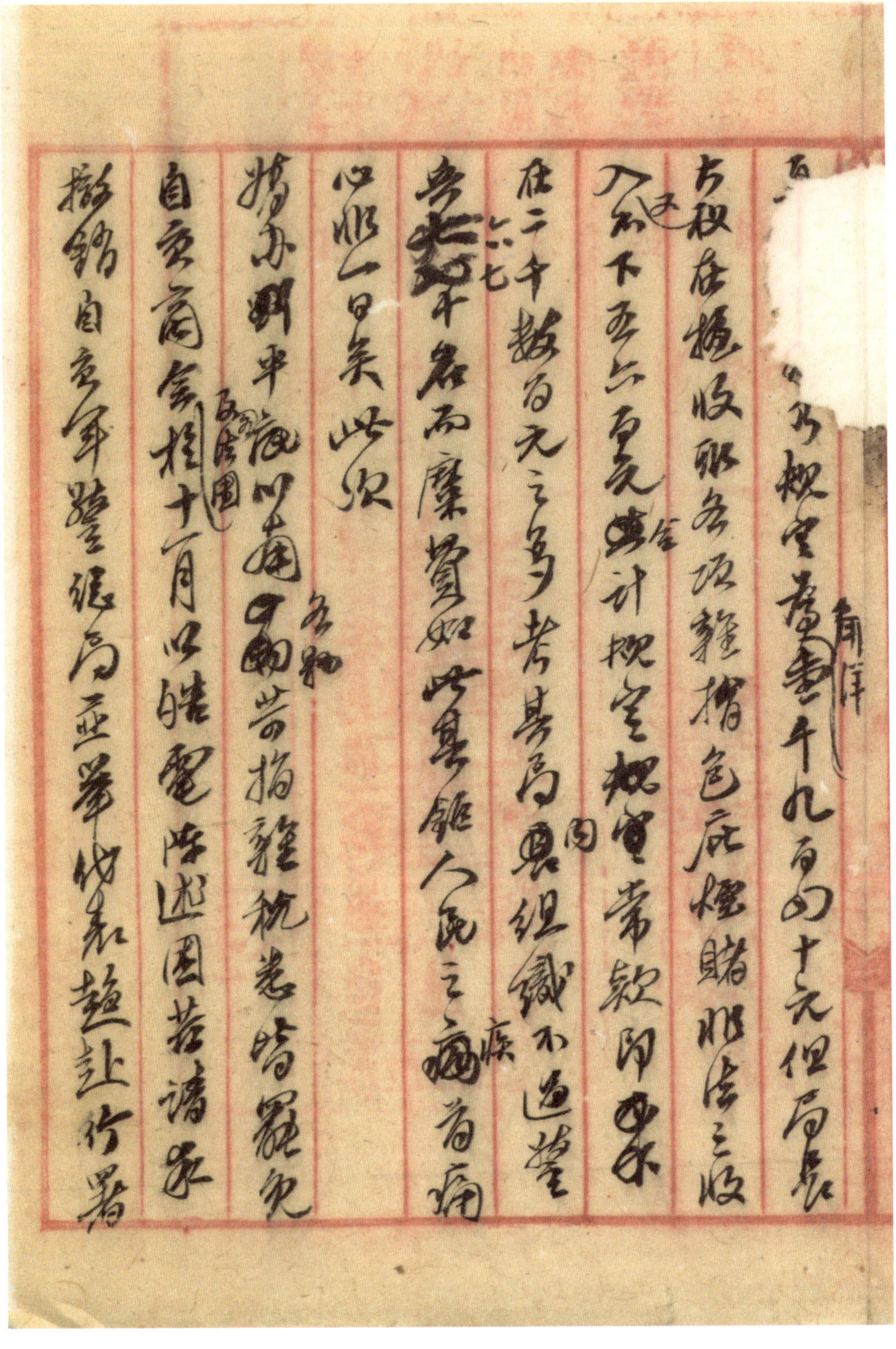

百……外规定壹千九百两十元，但局长
大权在握，收账各项杂捐，包庇烟赌，非法之收
入不下五六百元，合计规定规外常款即要
在二千数百元之多者。其局组织不过警
察六七十名，而靡费如此，其真能人民之疾首痛
心非一日矣。此次
将本府办理平粜以前各物苛捐杂税悉皆罢免。
自贡商会于十月以代电陈述困苦，请求
撤销自贡市警察局，并节省经费赴行署

27

貴函並文電陳團告蒙
鈞座電令分別撤銷并分令唐總指揮暨該位辦
理以前之自衛軍暨總司令即便廢除另行組織
自衛公安局唐總指揮接奉令之後即集商
會及各法團并飭仍公安局邵局長面諭各法
團將公安局章程積極擬定呈候核辦更
請局經費宜一從節省不可似前耗費商民（至多不得過壹千元）
及法團乃道諭商民依照四川公安局組
織……所載二等公安之比例草擬章程并

判[illegible]書呈核在案

情亦略有參差性急自貢原係場與市鄰情形

迥別不但不能撤辦重懲且甚速不及鄰封各縣[illegible]

黨部有市之名其實並不能成市故公安局

之範圍不能擴大又自貢街市各鄉並不遠隔

因土匪雜有出鄉村此亦公安局不能擴大但

鄉之情勢唐總指揮有鑒於此故再三諄囑

務從縮小範圍辦理以免糜費此自貢公安局

組織經過之情形也[illegible]

30

公總攬中樞，華夏屬望，所有自衛所安局一

葉際省區武裝，對外敵福辦快將意曲詳

情上達，伏希

俯鑒地方痛苦，施行簡政主義，是則兩廣

人民感戴無窮，兆〇〇等亦報本年也。專此

恭叩

勛安，并候

台察不具

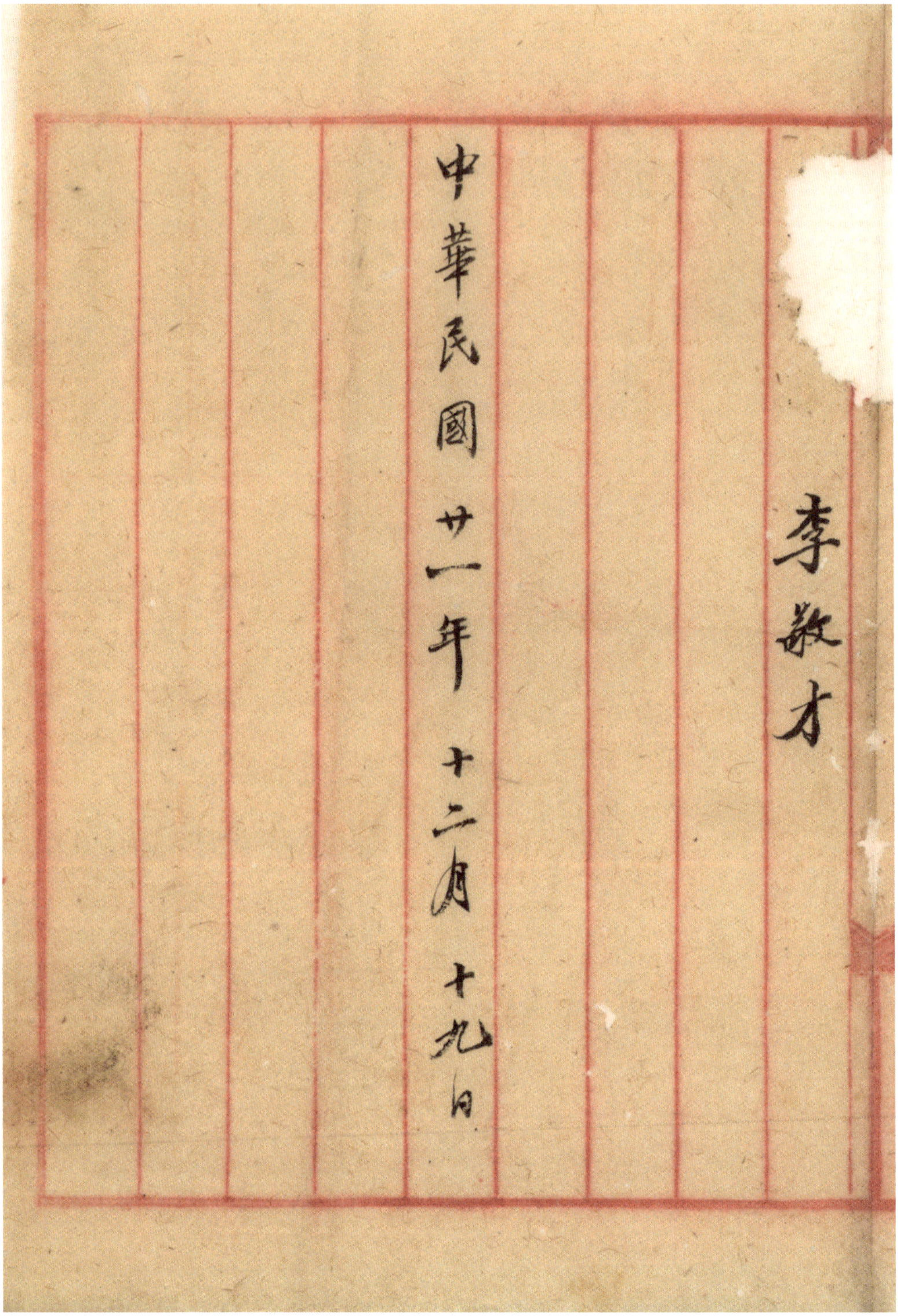

李敬才

中華民國廿一年十二月十九日

46 0017-001-0318-028

李新展为送来七张通告并请用自贡商会图记盖章以便迅速张贴事致自贡商会各执事的信函（阴历初七）

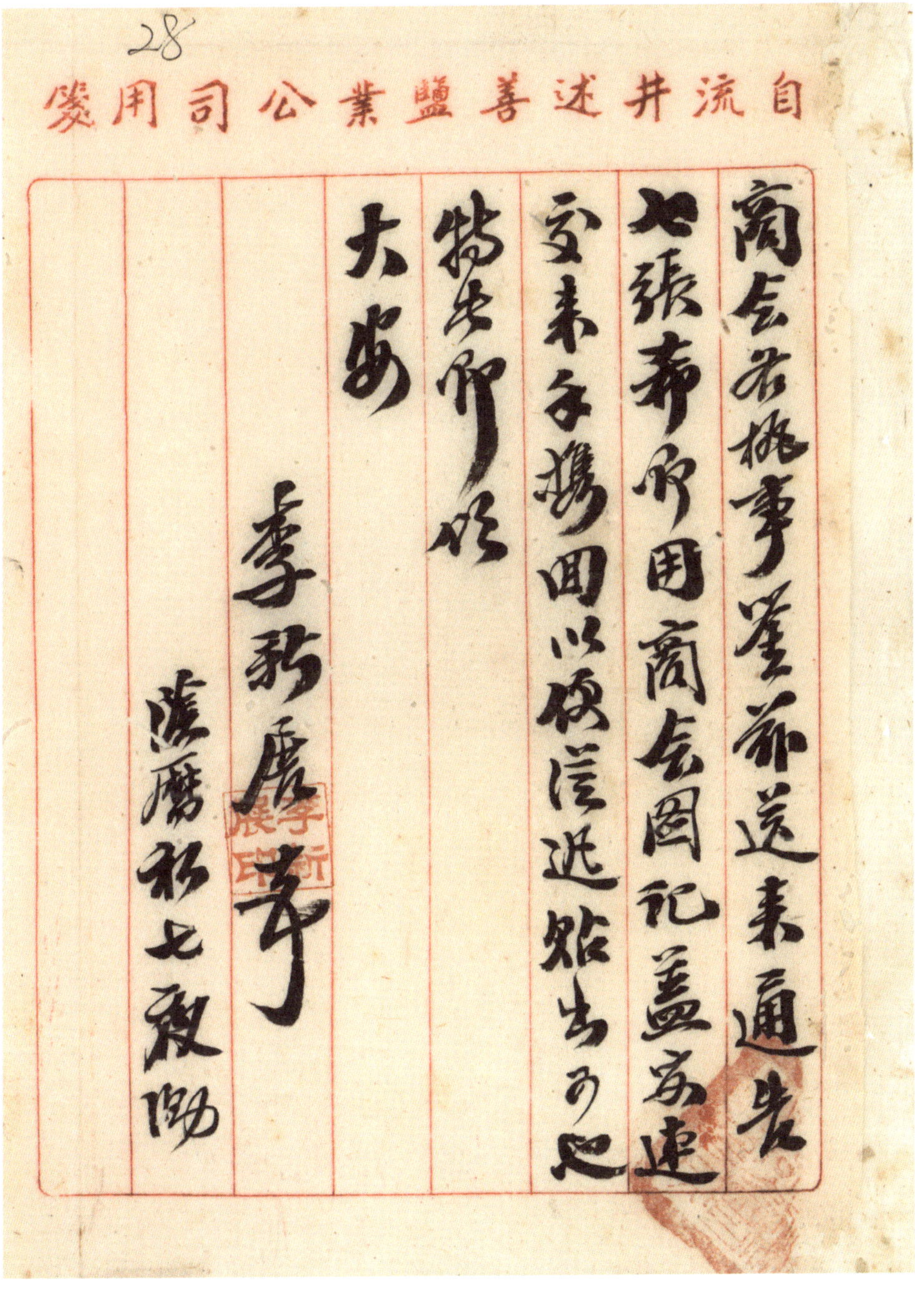
28

自流井述善鹽業公司用箋

商會各執事鑒：茲送來通告七張，希即用商會圖記蓋章速交來手攜回，以便迅速貼出為要。特此即頌

大安

李新展頓首（印：李新展印）

陰曆初七夜啓

余述怀

人物简介

余述怀（1883—1948），又名仁禄，四川威远人。早年经营油麻山货，后投资富荣盐场井盐业。抗日战争时期趁“川盐济楚”之机，创建大昌炭花盐灶并起复旧井，后拥有火圈灶达四百口，成为当时富荣西场最大的盐商巨头。又以数亿元接收军阀唐式遵的建设银行，在重庆设总行，于上海、汉口、宜昌、成都设立分行，并办有煤矿。其长子在美国加利福尼亚州开设天禄兴业贸易公司。曾兴办自贡市私立育才小学、自贡市私立旭川初级中学。1944年捐献1000万元现金与200万元物资支援抗战，受到国民政府嘉奖。

47　0017-001-0243-041

余述怀、张庆文为代刘祉兹请求将贡区一千元派款展缓数日事致范修明、周西垣的信函（1925年6月11日／阴历闰四月廿一）

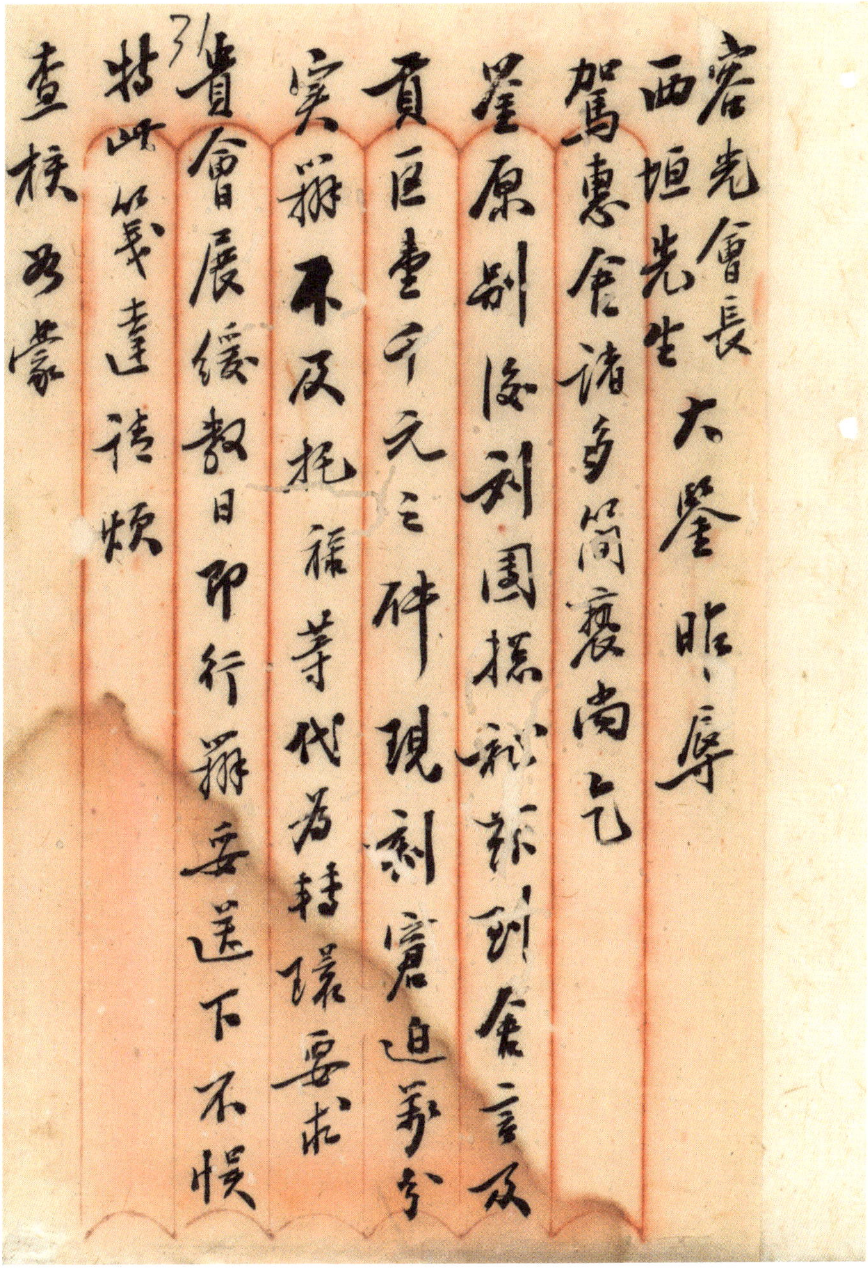

容光會長
西垣先生　大鑒　昨辱
駕惠會諸多簡褻尚乞
鑒原别後劉國楨祉兹到會言及
貢區壹千元之件現刻窘迫萬分
實辦不及托禧等代為轉懇要求
貴會展緩數日即行辦妥送下不悮
特此箋達諸煩
查核為禱

注：西垣，即周西垣，时任自贡商会文牍员。

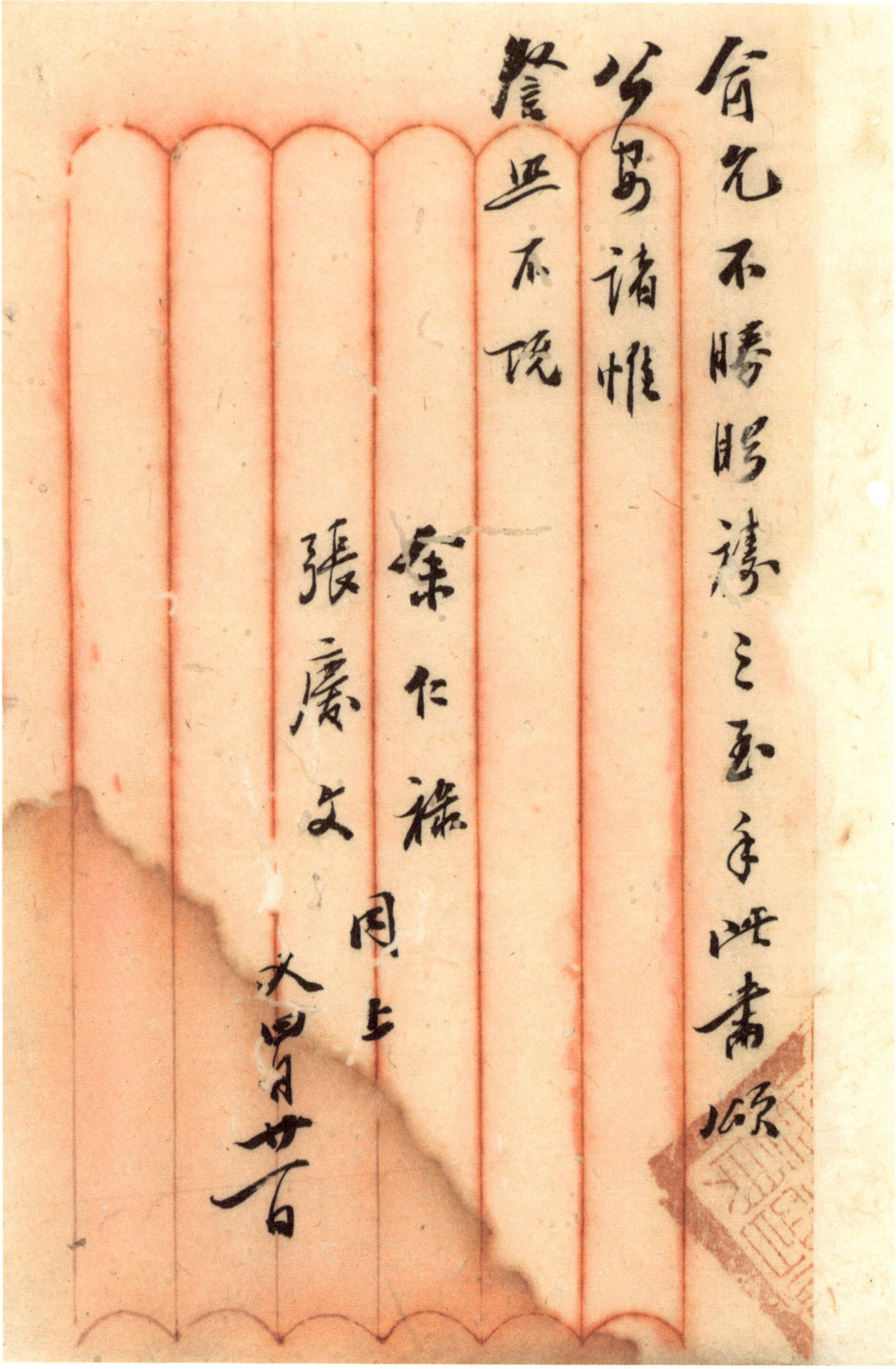
俯允不勝盼禱之至手此肅頌
公安諸惟
鑒照不宣
余仁祿
張慶文 同上
冬月廿日

48 0017-001-0442-024

余述怀为希将引款交杨子华带回事致范修明的信函（1925年7月24日／阴历六月初四）

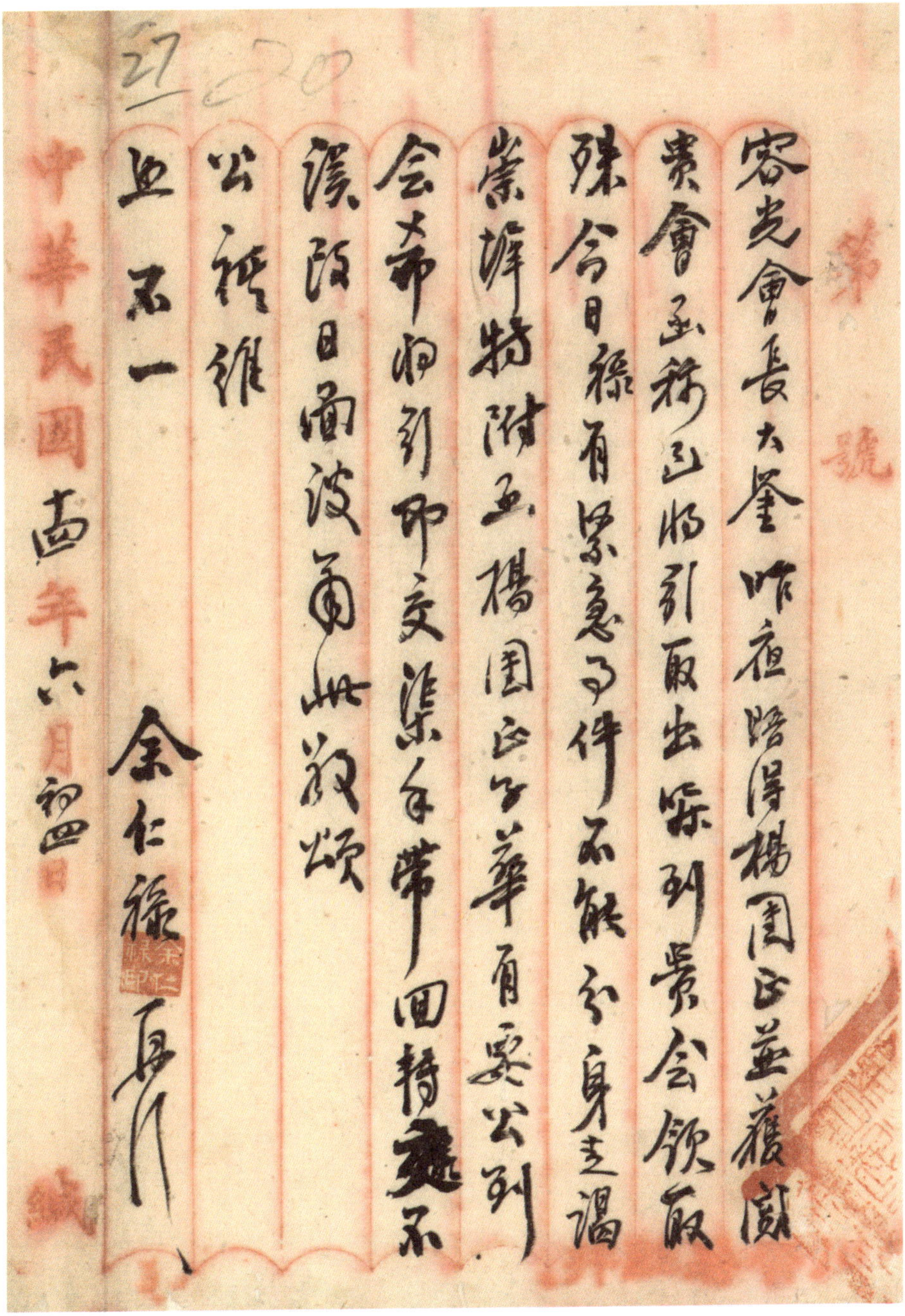
容光會長大鑒：昨夜晤得楊國正並獲閱
貴會函，務函將引款出條到貴会領取
殊今日緣有緊急事件不能分身走謁
崇輝，特附函楊國正兄子華有要公到
会，希將引即交渠手帶回轉交，不
誤。該日[illegible]，為此敬頌
公祺，維
照不一
余仁[illegible] [illegible]
中華民國十四年六月初四日

49 0017-001-0577-019

余述怀、侯策名等为陈明朱守恒已将约载之款及源兴森火圈抵佃洋手续了清并请将其提供之盐锅票据撤还事致自贡市商会仲裁股的信函（1929年10月15日）

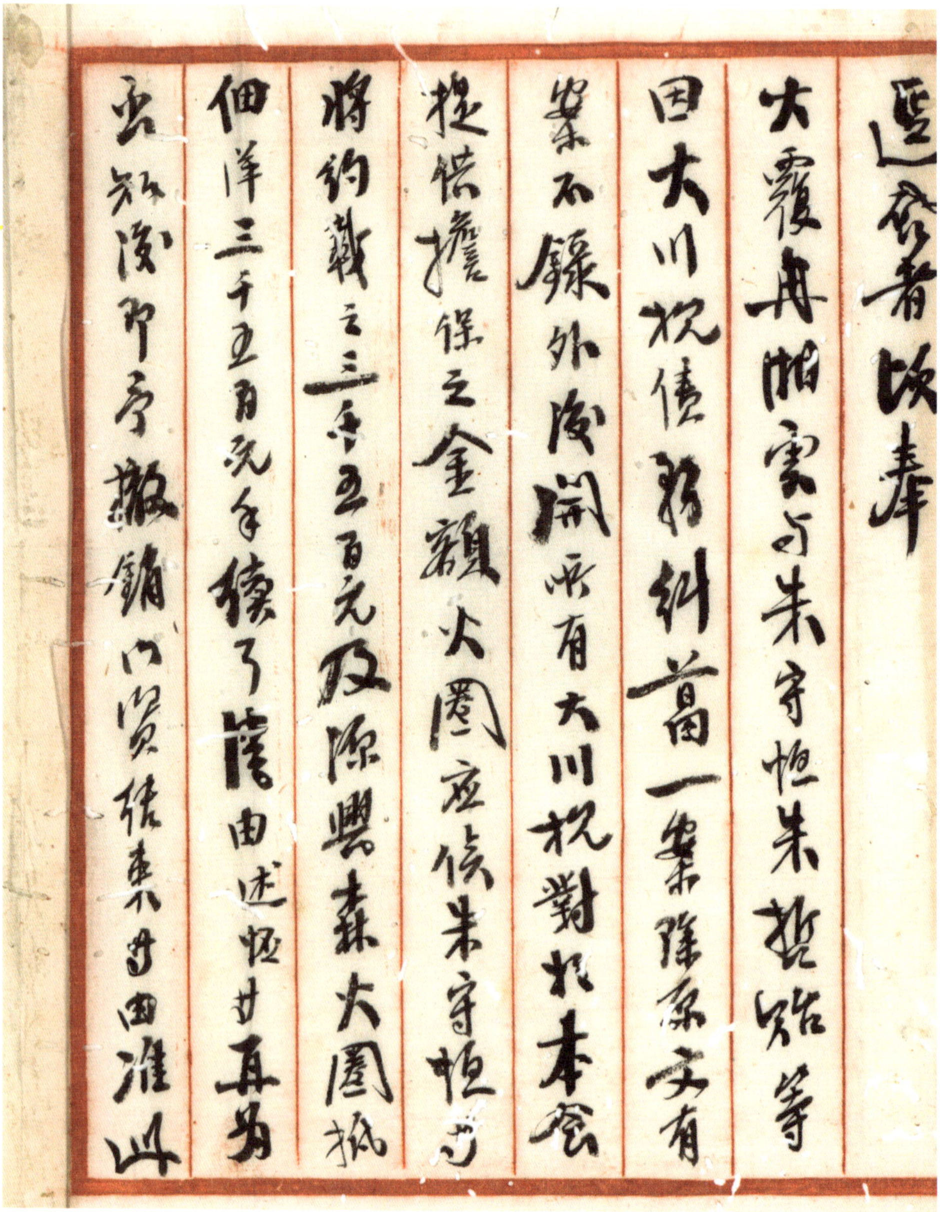
逕啟者：頃奉
大[illegible][illegible][illegible][illegible]與朱守恒朱捷貽等
因大川祝債務糾葛一案，隆原交有
案不錄外，復聞所有大川祝對於本會
提供擔保之金額火圈，應俟朱守恒等
將約載之三千五百元及源興森火圈抵
佃洋三千五百元手續了清，由述懷等再為
惠知，復即予撤銷，以資結束，並由准此

注：自贡市商会仲裁股，主要负责处理井灶商号的债权债务纠纷。

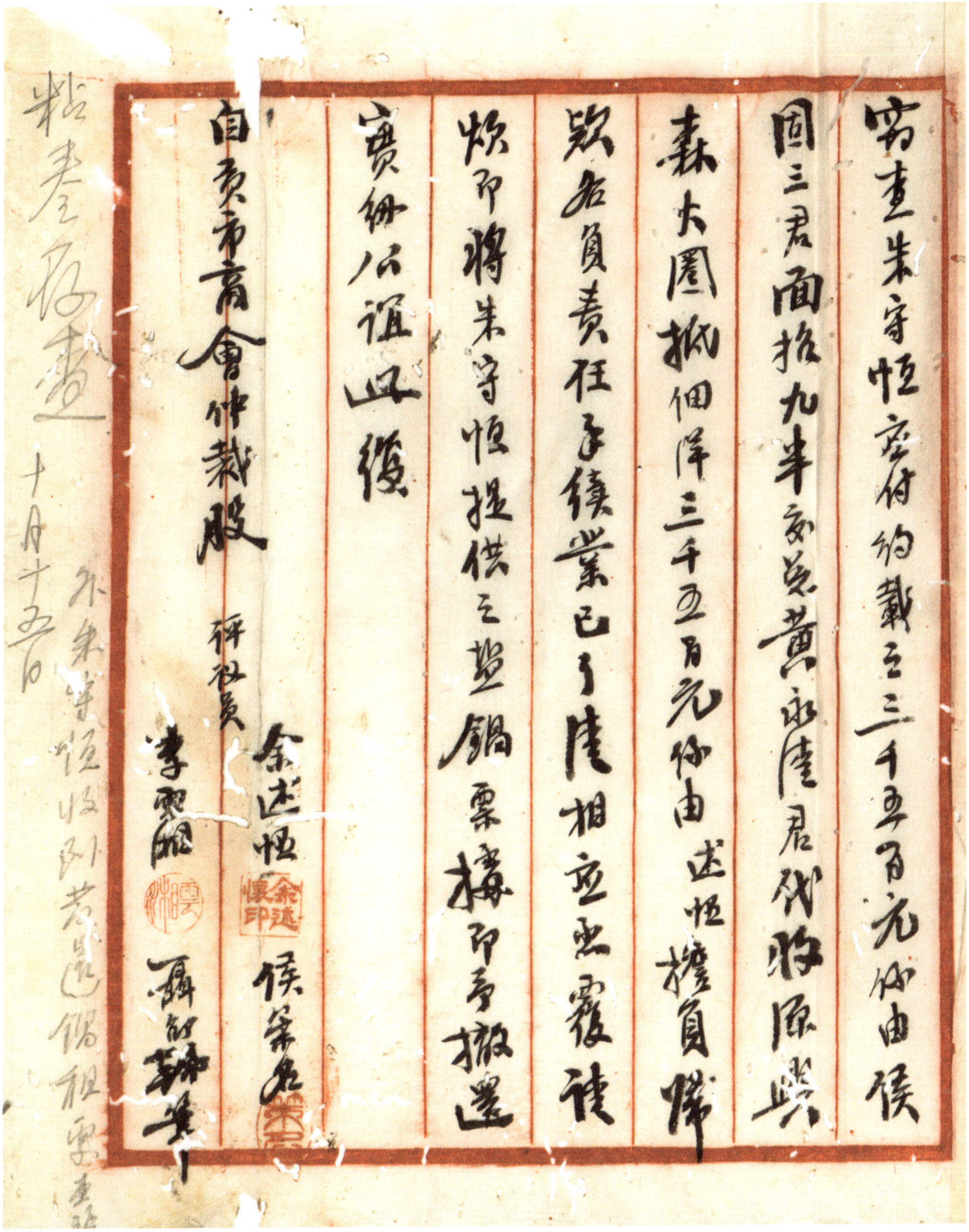

竊查朱守恆應付約載至三千五百元係由侯
國三君面於九年分與黃永陞君代將原典
森大園抵佃洋三千五百元係由述懷擔負歸
欵名負責任手續業已了清相應出覆請
煩即將朱守恆提供之鹽鍋票據即予撤還
實紉公誼此覆
自貢市商會仲裁股

評議員 余述懷（余述懷印）
侯策名
李雲階
聶

粘卷存查
十月十五日

50 0017-001-0631-004

余述怀、张志高等为刘焕诗、刘哲群银钞纠葛案将近调解就绪请停止处理事致自贡市商会公断处的信函（1932年1月15日）

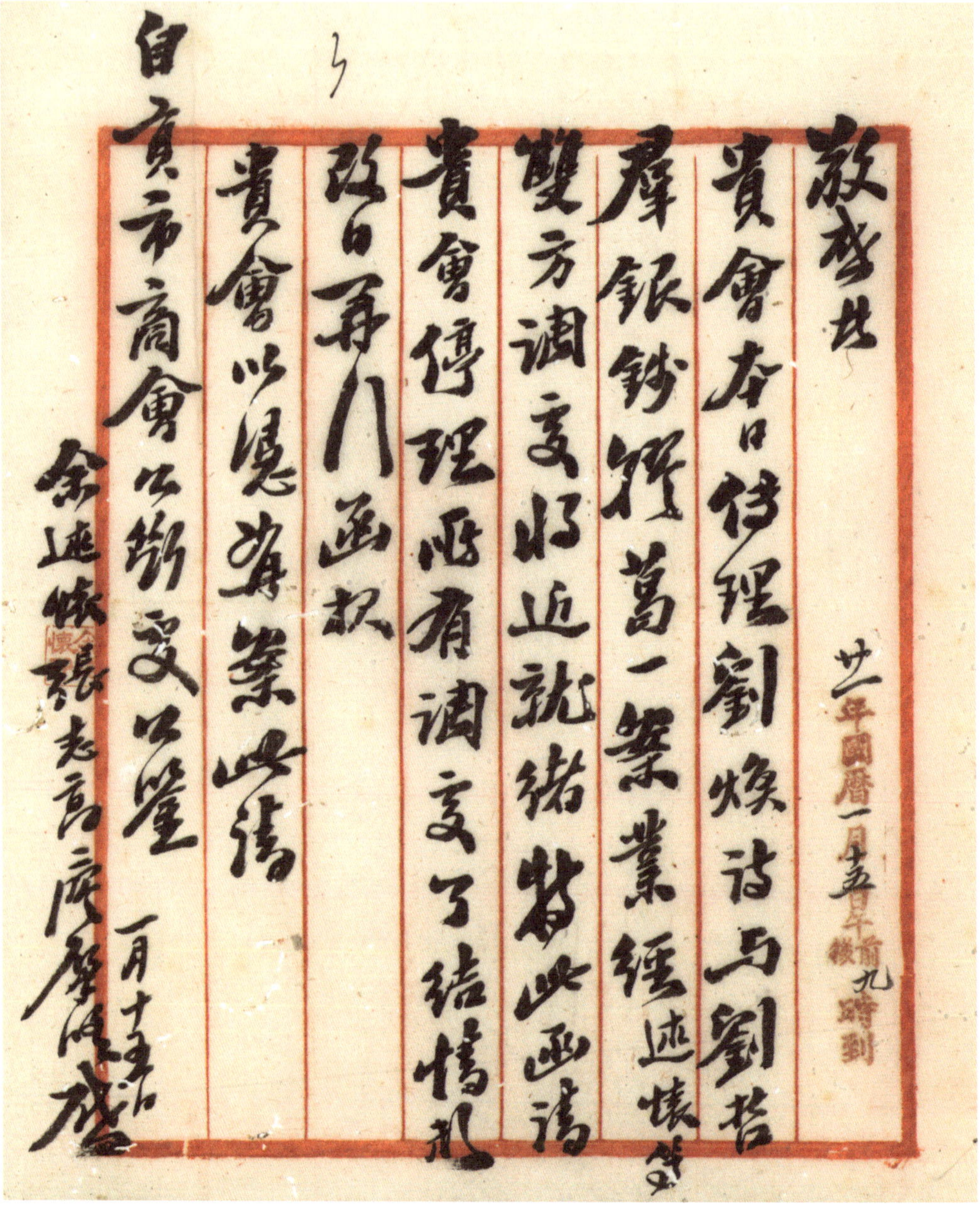

敬啟者
貴會前日傳理劉煥詩與劉哲
羣銀鈔糾葛一案業經述懷等
雙方調處將近就緒特此函請
貴會停理俟有調處了結情形
隨後再行函報
貴會以憑消案此請
自貢市商會公斷處公鑒
余述懷 張志高 廖□成 一月十五日
廿一年國曆一月十五日午前九時到

注：自贡市商会公断处，主要处理个人和商号直接提交或由政府机构和司法机构转交的案件。

51 0041-001-2127-070

余述怀为告知已劝募四川大学奖学金一百万元及烦请自贡市政府备文保送余佐卿、方谦入读四川大学事致刘仁庵的信函（1944年8月21日）

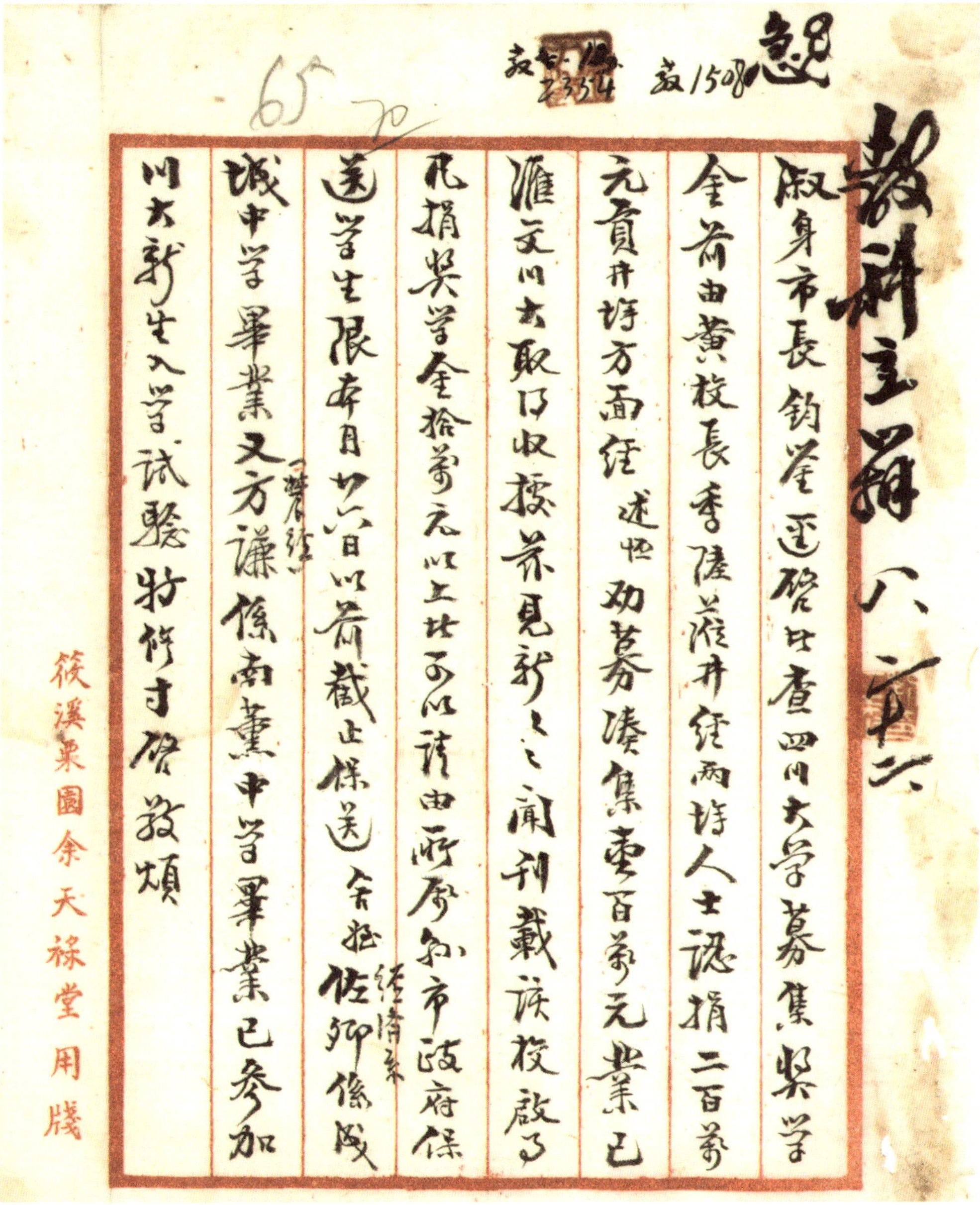

急
發1508
敬辭主稿 八、二六

淑身市長鈞鑒：逕啓者，查四川大學募集奬学金前由黄校長季陸莅井經兩井人士認捐二百萬元，貢井方面經述怀劝募湊集壹百萬元，業已滙交川大取得收據，茲見新之聞刊載該校啟事，凡捐奬学金拾萬元以上者可以請由所屬縣市政府保送学生，限本月廿六日以前截止保送。舍姪佐卿（經濟系）係成城中学畢業，又方謙係南薰中学畢業，已參加川大新生入学試驗，特此寸啓，敬煩

筱溪果園余天祿堂用牋

注：淑身，即刘仁庵，号淑身，时任自贡市市长。

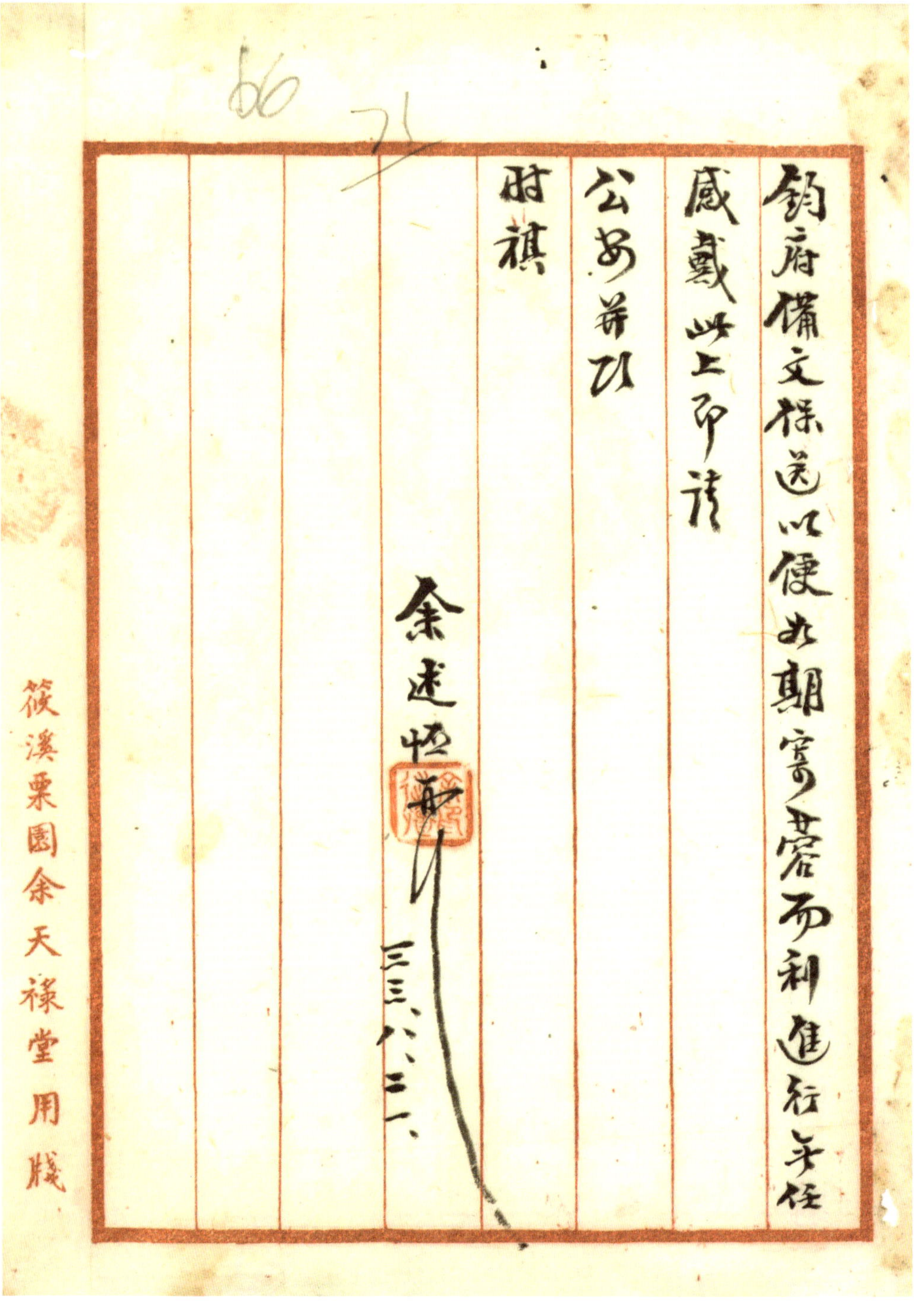

钧府備文保送以便如期寄呈而利進行不任
感戴此上即請
公安並頌
时祺
余述怀再
三三、八、二一

筱溪栗園余天禄堂用牋

52　0003-001-0019-184

余述怀为感谢献金之事承蒙揄扬并获蒋中正嘉许勉慰事致曾仰丰的信函（1944年10月16日）

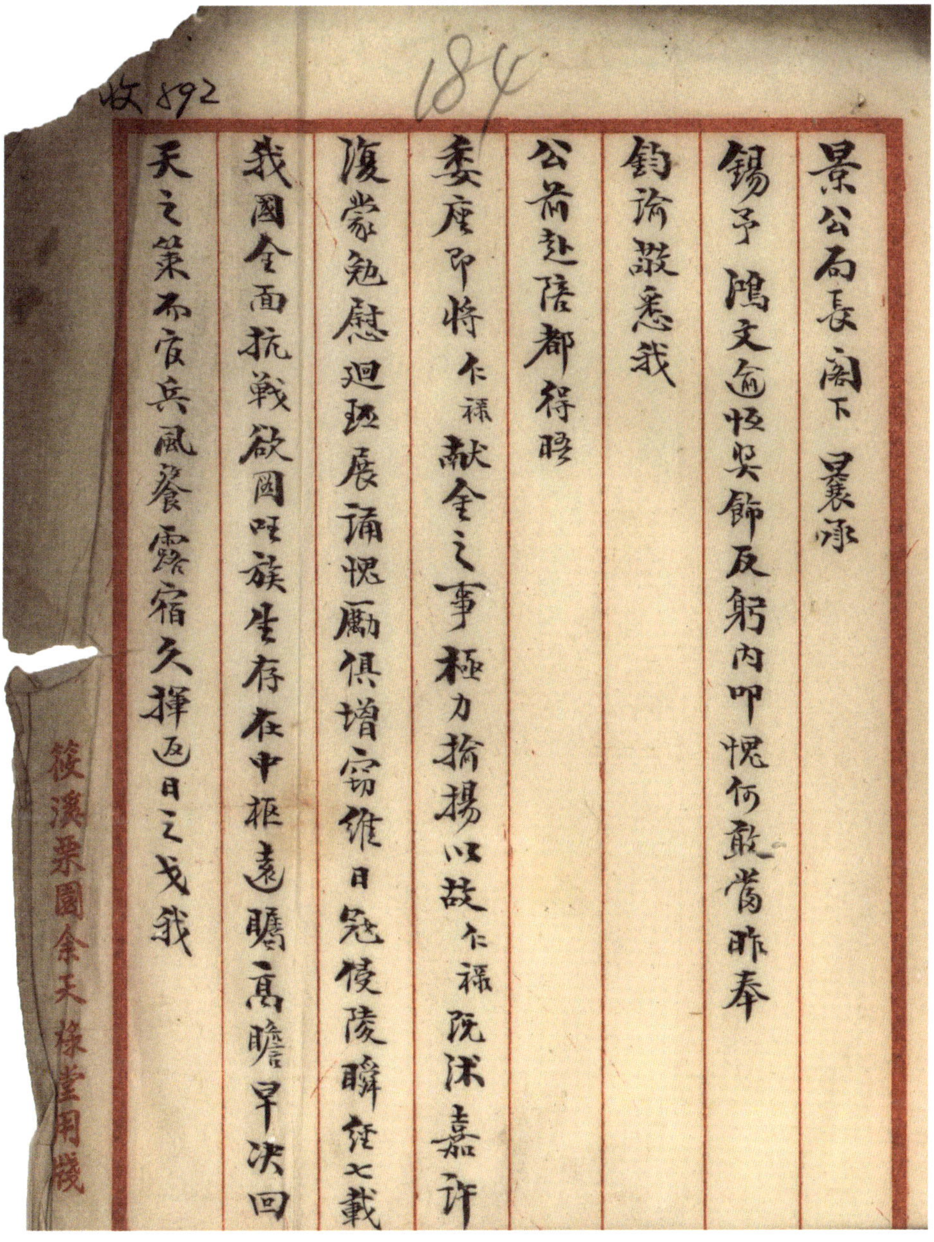

收892

184

景公局長閣下　曩承
錫予鴻文逾恆獎飾反躬內叩愧何敢當昨奉
鈞諭敬悉我
公前赴陪都得聆
委座即將仁祿獻金之事極力揄揚以致仁祿既沐嘉許
復蒙勉慰迴環展誦愧勵俱增竊維日寇侵陵瞬經七載
我國全面抗戰欲圖民族生存在中樞遠矚高瞻早決回
天之策而我兵風餐露宿久揮返日之戈我

筱溪栗園余天祿堂用牋

注：景公，即曾仰丰，字景南，时任川康盐务管理局局长。
　　委座，即蒋中正，字介石，时任国民政府军事委员会委员长。

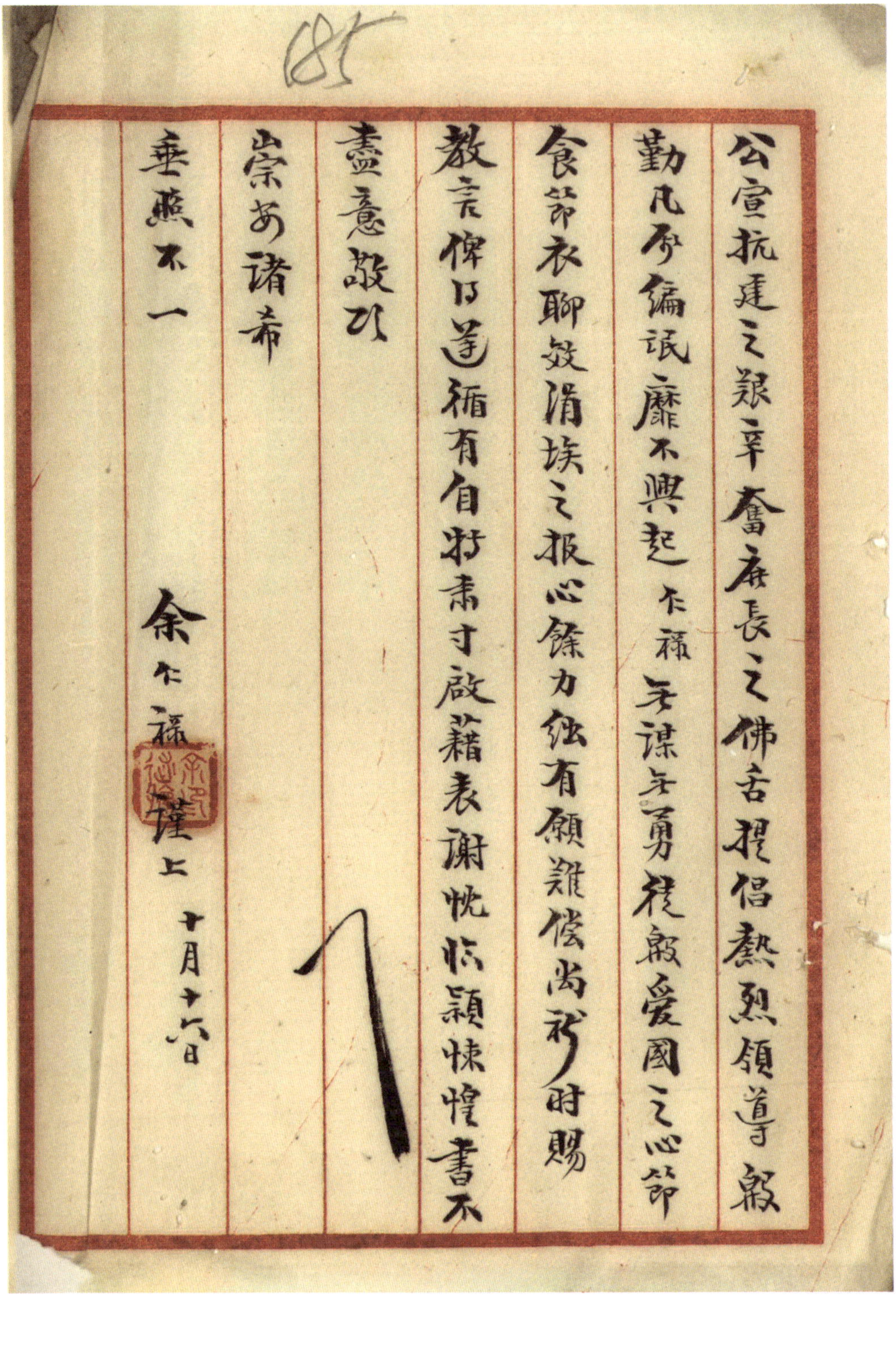

公宣抗建之艱辛奮廣長之佛舌提倡熱烈領導殷
勤凡屬編氓靡不興起 作禄 無謀無勇猥叙愛國之心節
食節衣聊效涓埃之報心餘力絀有願難償尚祈時賜
教言俾得遵循有自特肅寸啟藉表謝忱臨穎悚惶書不
盡意敬此
崇安諸希
垂照不一

余作禄謹上 十月十六日

53　0003-001-0014-118

余述怀为请准时惠临贡井保育院二院指导董事会议进行事致曾仰丰的信函（1944年12月13日）

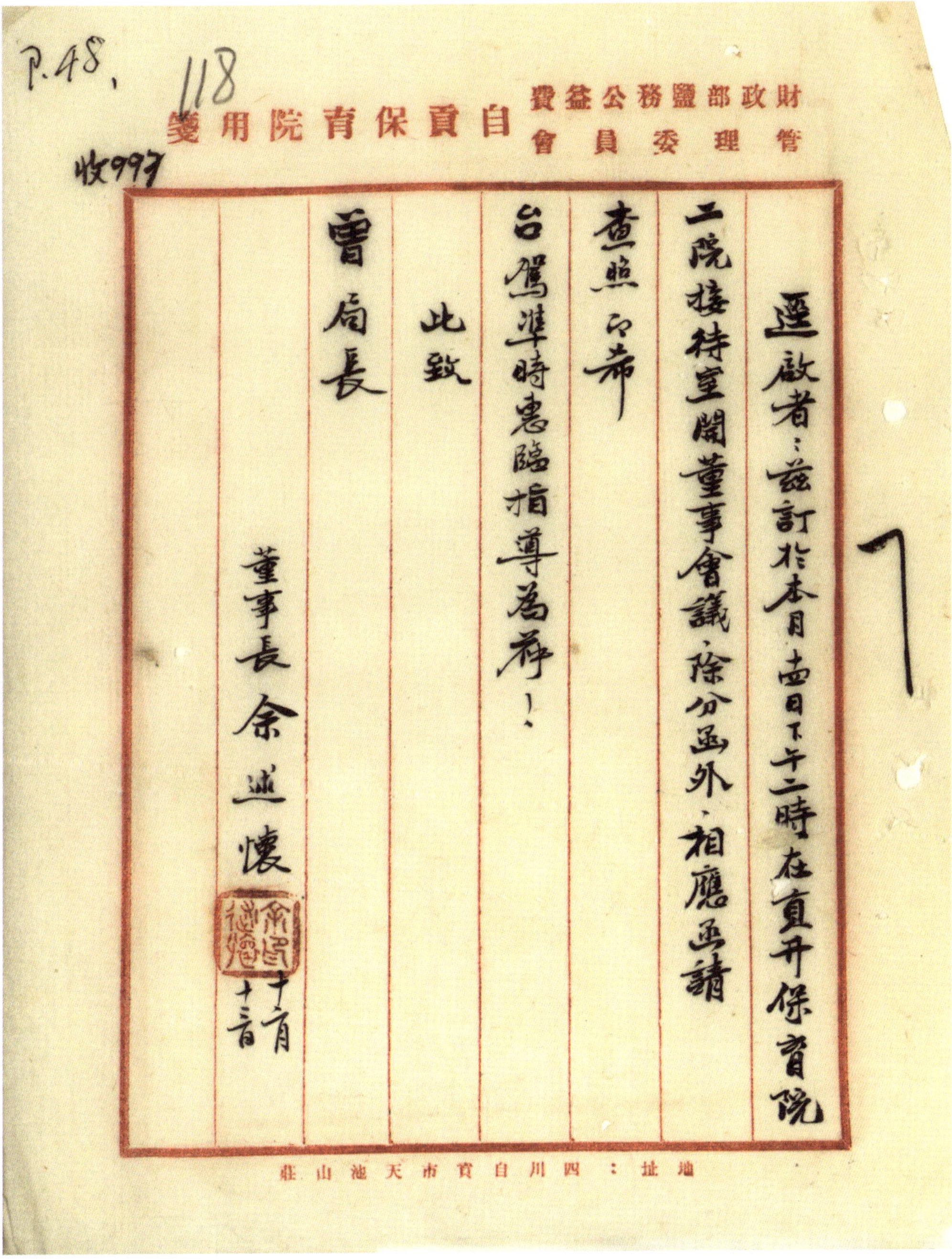

P.48, 118

收997

財政部鹽務公益費管理委員會

自貢保育院用箋

逕啟者：茲訂於本月十四日下午二時在貢井保育院二院接待室開董事會議，除分函外，相應函請

查照並希

台駕準時惠臨指導為荷！

此致

曾局長

董事長余述懷（印：余述懷）

十二月十三日

地址：四川自貢市天池山莊

谢 敦

人物简介

谢敦（生卒年不详），自贡商人。

54　0017-001-0245-035

谢敦为抄呈潘树烜请盐务署援案准借盐款救济产场呈文请予援应等事致范修明的信函（1925年7月18日）

附：潘树烜致盐务署的呈文（1925年6月29日）

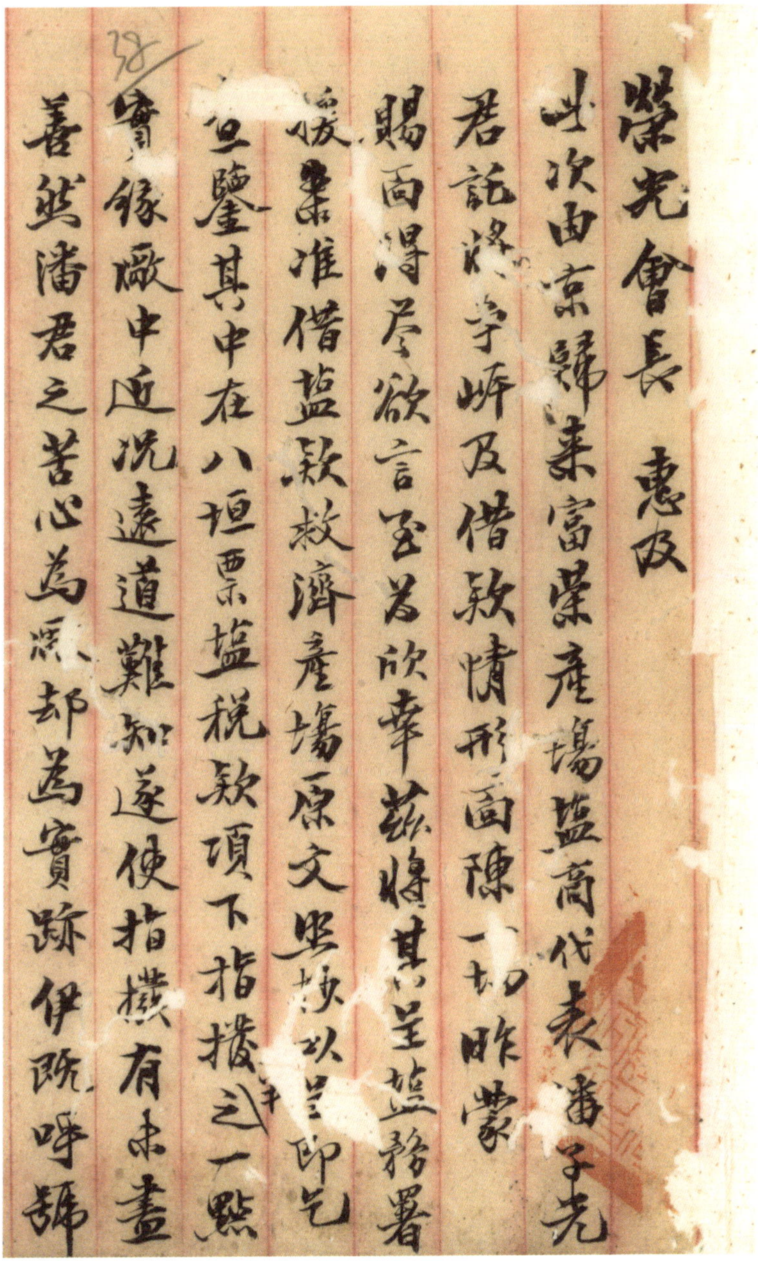

榮光會長惠啟：此次由京歸來，富榮產場鹽商代表潘子光君談[illegible][illegible]岸及借款情形，面陳一切。昨蒙賜函，得悉欲言，至爲欣幸。茲將其呈鹽務署援案准借鹽款救濟產場原文照抄以呈，即乞查鑒。其中在八垣票鹽稅款項下指撥之一點，實緣廠中近況遠道難知，遂使指撥有未盡善。然潘君之苦心爲衆，却爲實跡。伊既呼籲

35

救籲呈懇借濟於前雖甚公允難期我廠人亦似應相當援助即謂指撥未善俟可備陳困苦要求政府全數在漢口中國銀行抵存濟楚川鹽稅款項下撥給至於領款獲款當然又一問題在廠人自籌良法所有借款濟廠一項擬請從速集議本潘君所請以為援應遞向鹽務署稽核總所電懇即使事有不成所費其電費耳權作或然之想以盡吾人之力苟能告成於兩廠受益實多況潘君就京營謀接洽已

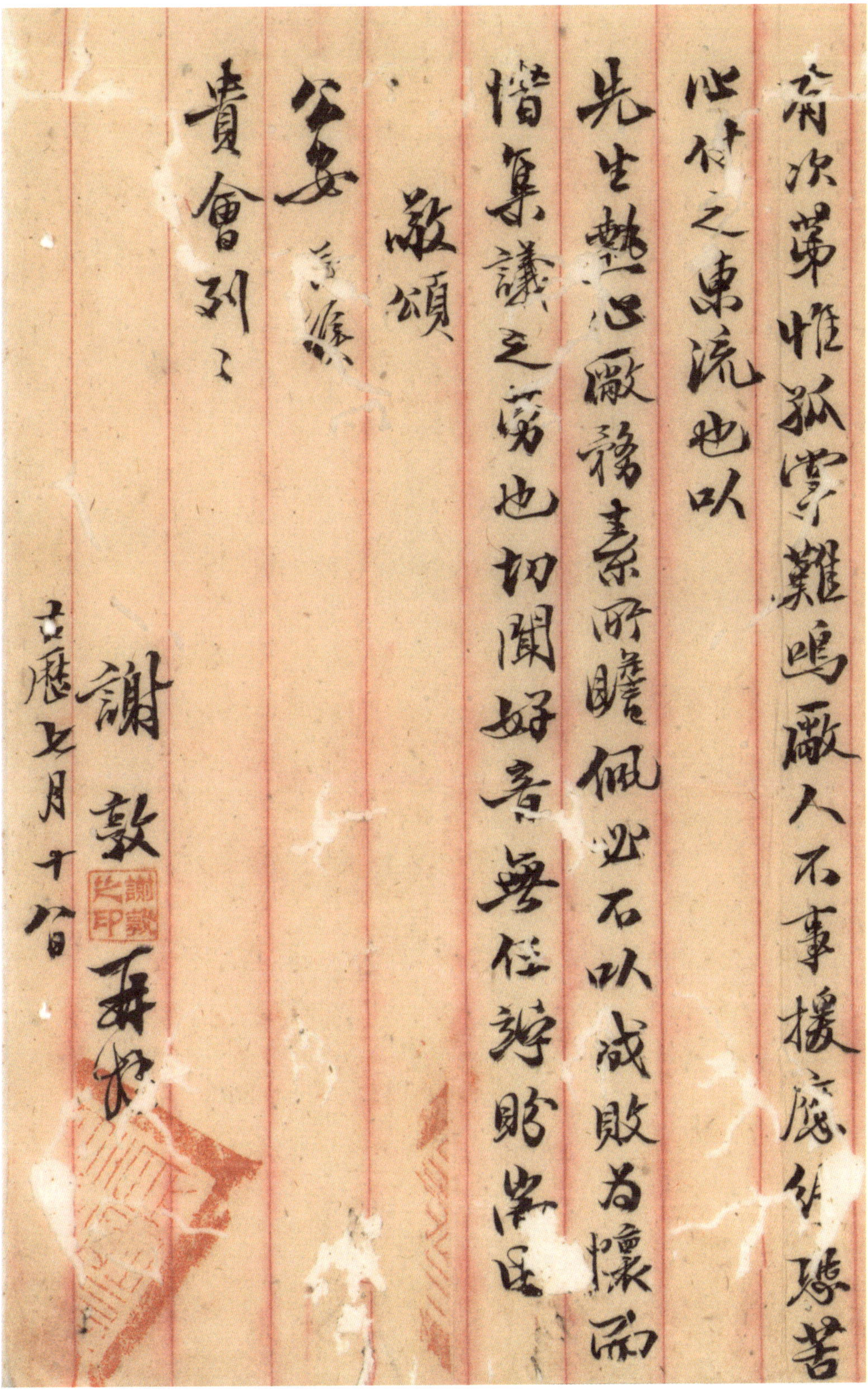

前次弟惟孤掌難鳴敝人不事援應終隳苦
心付之東流也以
先生熱心敝務素所瞻佩必不以成敗為懷而
惜集議之勞也切聞好音無任翹盼寧佇
敬頌
公安 並候
貴會列公
謝敦 謝敦之印 再拜
古曆七月十八日

附：潘树烜致盐务署的呈文（1925年6月29日）

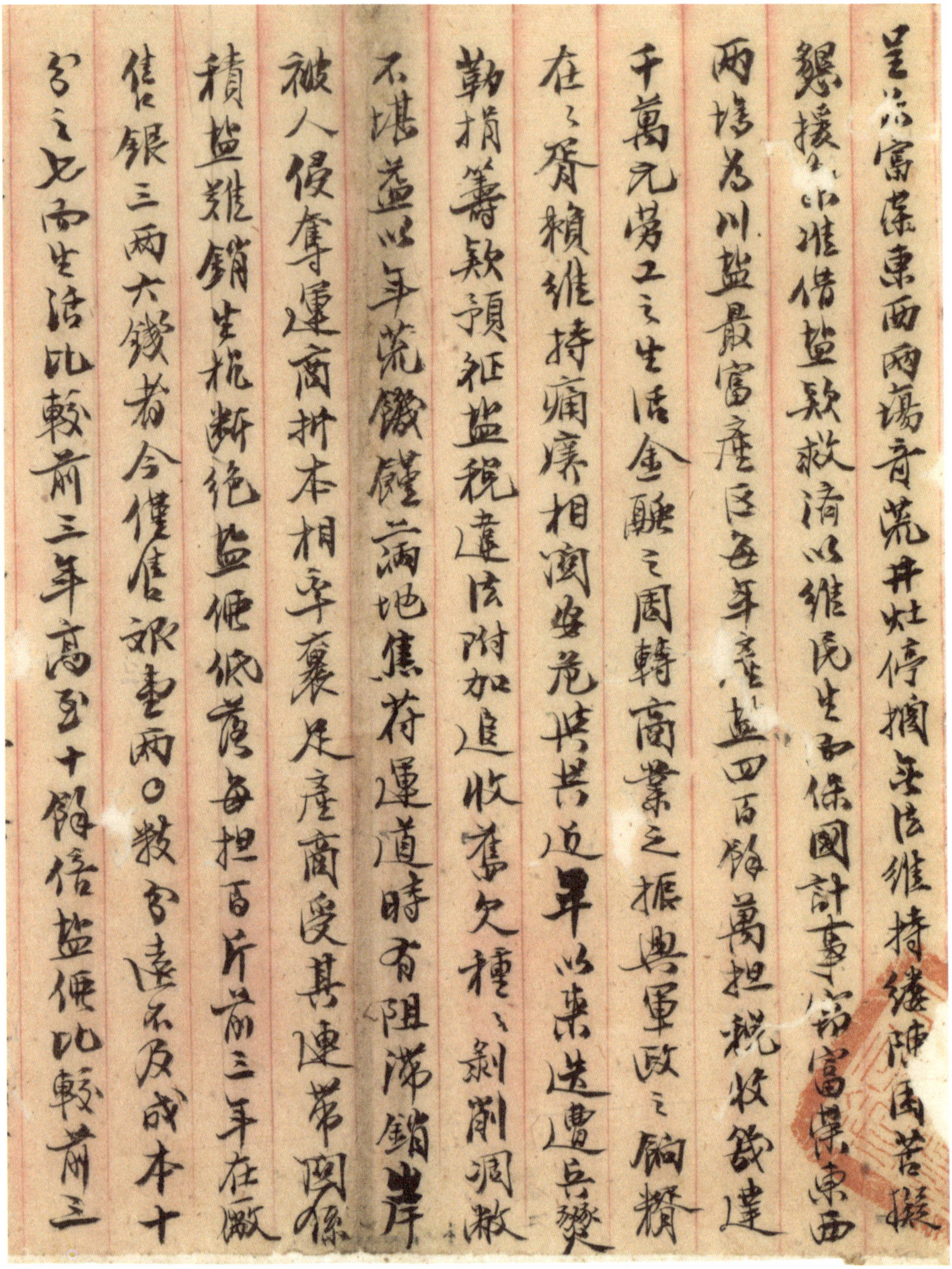
呈為富榮東西兩場奇荒井灶停擱無法維持纔陳困苦擬
懇援案准借鹽款救濟以維民生而保國計事竊富榮東西
兩場為川鹽最富產區每年產鹽四百餘萬担稅收幾達
千萬元勞工之生活金融之周轉商業之振興軍政之餉糈
在在資賴維持痌瘝相關安危與共近年以來迭遭兵燹
勒捐籌款預征鹽稅違法附加追收舊欠種種剝削涸轍
不堪益以年荒饑饉滿地焦苻運道時有阻滯銷岸
被人侵奪運商折本相率褰足產商受其連帶關係
積鹽難銷生機斷絕鹽價低落每担百斤前三年在廠
售銀三兩六錢者今僅售銀壹兩〇數實遠不及成本十
分之七而生活比較前三年高至十餘倍鹽價比較前三

年迫賤二倍有餘並本折尽無當俱窮不但呼籲無門
而各軍之戰事愈烈勒籌仍急職是之由商力實難再支
迄至今年陰曆三月上旬大小井灶完全相繼淵[illegible]迄東兩
廠商既以失業勞工一餐一粥朝不保夕哀鴻遍野慘目痛
心水井有塞源之虞火井有閉氣之險兩廠形見消滅危
在旦夕與鹽業直接間接之人民事業并呈險象[illegible]
萬失業勞工苟不甘死於溝壑勢必挺而走險為患何堪
設想況廠停鹽歇稅收無着牽動外交啟人窺伺尤勢
所必然民生國計國信治安影響均非淺鮮迭經呼籲川
省軍民長官取消附加設法維持無如空言敷衍難期實
行伏念鹽政集權中央痛極應呼父母

68

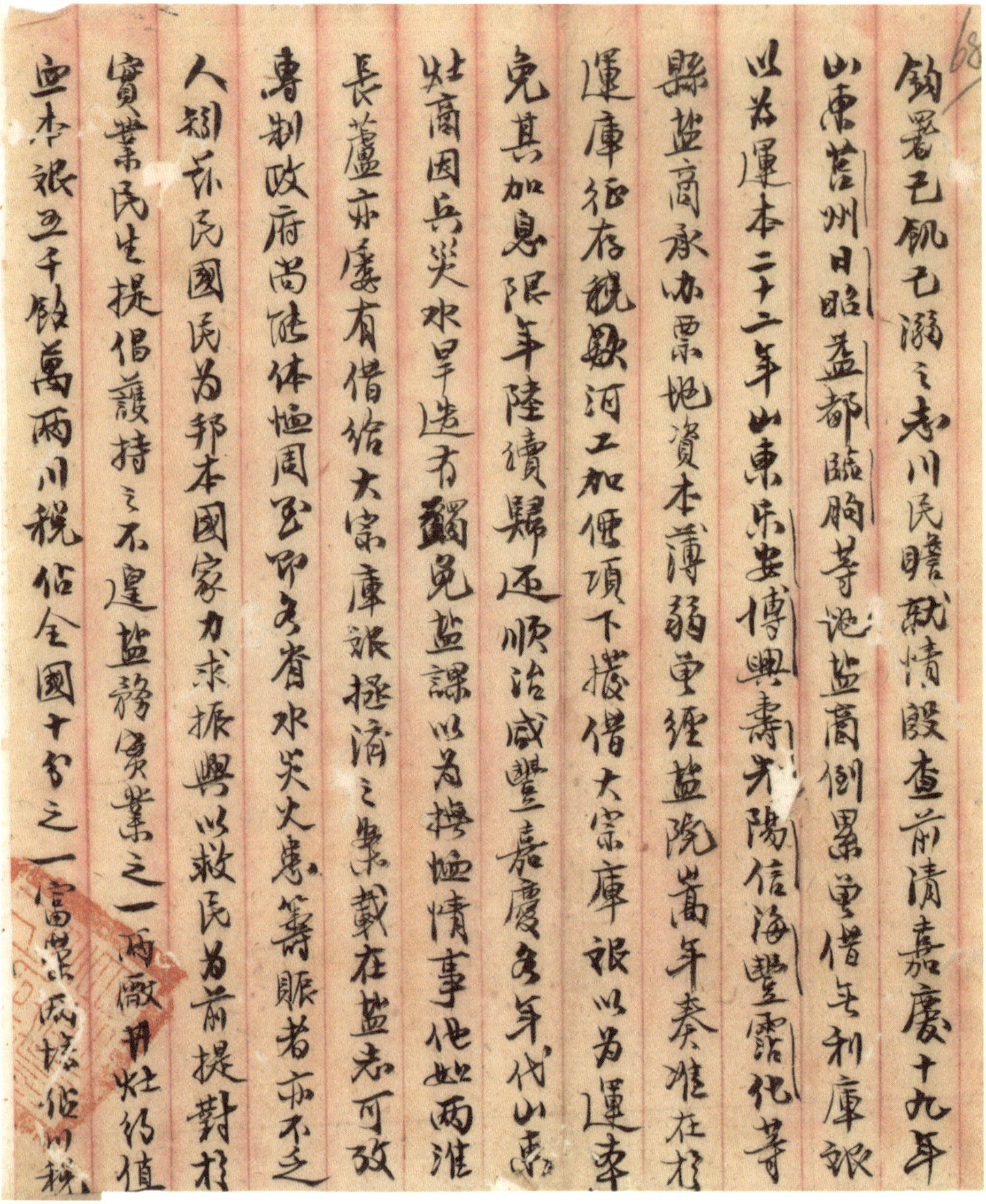
鈞署已飢已溺之志，川民瞻就情殷。查前清嘉慶十九年山東莒州、日照、益都、臨朐等地盐商倒累，曾借與利庫銀以為運本；二十二年山東樂安、博興、壽光、陽信、海豐、霑化等縣盐商承辦票地資本薄弱，曾經盐院萬年奏准在於運庫征存稅款河工加價項下撥借大宗庫銀以為運本，免其加息，限年陸續歸還。順治、咸豐、嘉慶各年代山東灶商因兵災水旱遇有蠲免盐課以為撫恤情事。他如兩淮、長蘆亦屢有借給大宗庫銀拯濟之案，載在盐志可考。專制政府尚能体恤周至，即各省水災火患籌賑者亦不乏人。刻今民國以民為邦本，國家力求振興，以救民為前提，對於實業民生提倡維持之不遑。盐務實業之一，而敝井灶納值血本銀五千餘萬兩，川稅佔全國十分之一，富榮兩場佔川稅

六分之四濟楚川鹽由中央直接兌換收入稅款作為鹽餘每年三百萬元之多，關係如斯重大，井灶安忍拋棄坐視滅亡，置川民於不顧。鹽稅抵押外債，國庫有繼，今昔情形不同，能豁免稅課，上念國計，下念民生，亦須另籌良策，以資補救。現大借款合同已簽，附件單肖整頓鹽務用款二千萬元之專條，是國家軫念井灶商民早已深思遠慮，而淮單由鈞署撥借數十萬元，有案可援，富榮東西兩場受天災，吾福元氣衰盡，能財莫舉，勢他停罷，不同情實，可憫整頓

36.

賑濟，城者不宜，合無仰懇鈞署飭下川南各廠，在所收富榮八垣票鹽稅款項下，指撥現銀八十萬元，於漢口中國銀行所存濟楚川鹽稅款

頃下指撥現銀八十萬元共為一百六十萬元借給兩廠井
灶爲資本恢復營業照常汲煎即按各井灶產鹽多寡
公平均攤由各井灶互具聯環保結以井灶爲抵押分限十
五年年息清還救廠即所以救稅救稅即所以消除隱患
俾全中央鹽務就兩廠鹽稅而救兩廠井灶楚岸楚得理
無不合且屬借貸性質担保確實歸還有期與外債毫
無牴觸於兩廠則感沾實惠因兩廠共有火鍋叁萬餘口
停之後每口雖有本銀百兩不能恢復故須一百六十萬元方
敷分配又因川省歷經戰禍金融枯窘雖有現款不能維
持富榮引稅早被川軍預徵惟所屬八垣票稅逐日可有
現金收入然杯水車薪緩不濟急故須由漢口中國銀行總
先撥借一半雙方相保的款方能急救危亡假使井灶一停

百國家即多損失稅收至七八十萬元之多長此以往踐
何堪設想況川稅提出修建稽核分所衙門及其職員不
甚需要之住宅為數滋巨豈於救濟井灶之要需不難從
權挹注且所借之款不及全年稅收十分之一於中央毫無
損失於國計民生則大有裨益否則層已遞寒大妨國家
之幸總據以上各情故敢幾為瀆懇如蒙逾格俯允即祈
飭付稽核總所查照辦理俾僅富榮兩廠及全川之福亦
大局之幸不勝迫切待命之至所有富榮東西兩場奇荒
井灶停擱無法維持請陳困苦擬懇援案准借鹽款救濟
七九 十五 十八 到
井灶以維民生而保國計緣由理合具文呈請鈞署察核
批示祇遵謹呈　鹽務署
四川富榮產場鹽商代表潘樹烜
十四年六月廿九日呈

高度舟

人物简介

高度舟（生卒年不详），自贡商人。

55　0017-001-0318-026

高度舟为无力充任流通券筹备员请改举宋俊臣或胡少章担任事致范修明的信函（1925年9月22日／阴历八月初五）

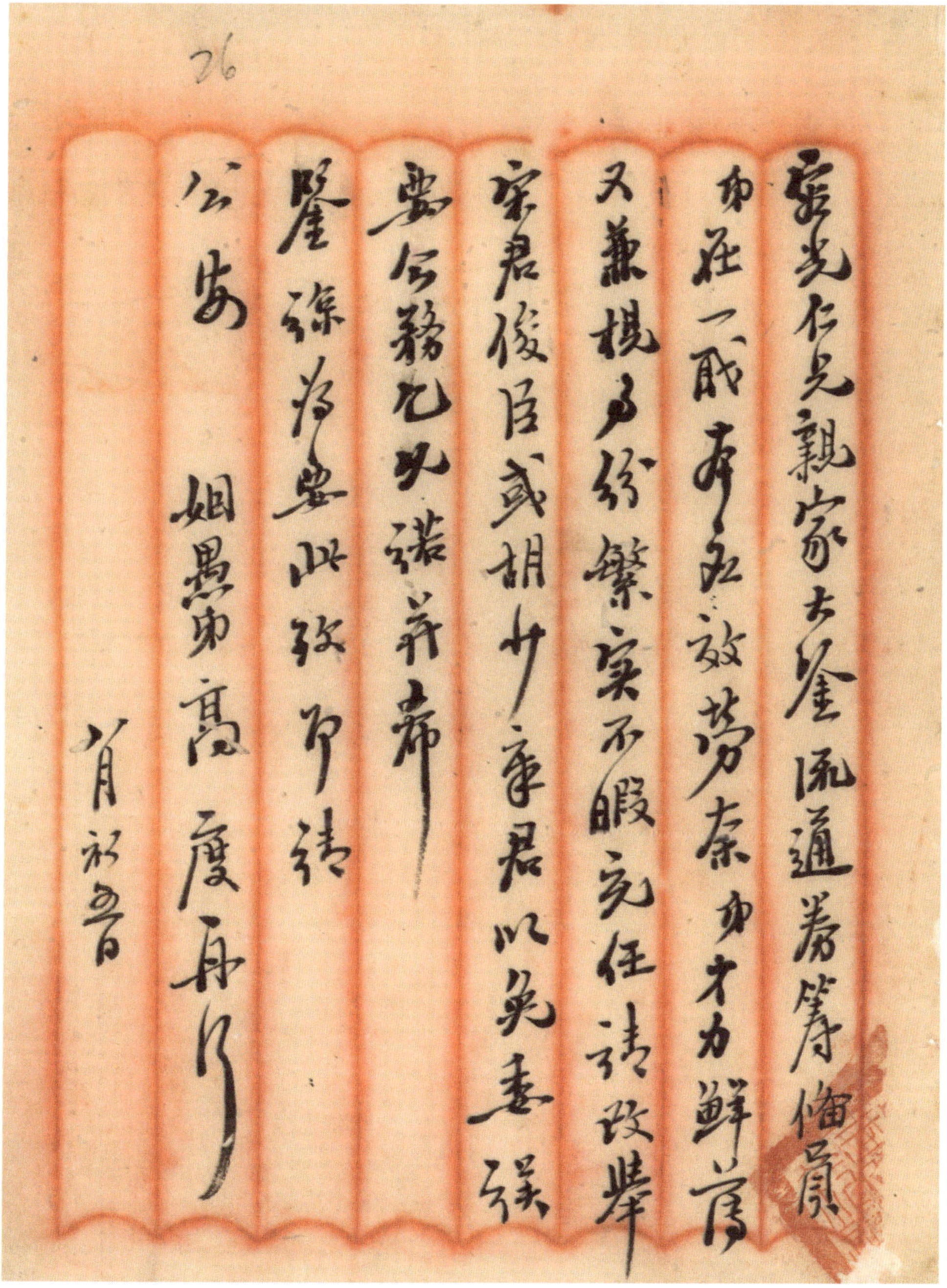
26

修明仁兄親家大鑒：流通券籌備員，弟在一職，本應效勞，奈弟才力鮮薄，又兼機關紛繁，實不暇兼任，請改舉宋君俊臣或胡少章君，以免委誤要公，務乞允諾，並希鑒諒為要。此致，即請公安。

姻愚弟高度舟頓

八月初五日

钟开运

人物简介

钟开运（生卒年不详），自贡商人。

56 0017-001-0485-010

钟开运为陈明与吴三兴债务纠纷情形并邀请开会评理解决事致范修明的信函（1925年9月26日／阴历八月初九）

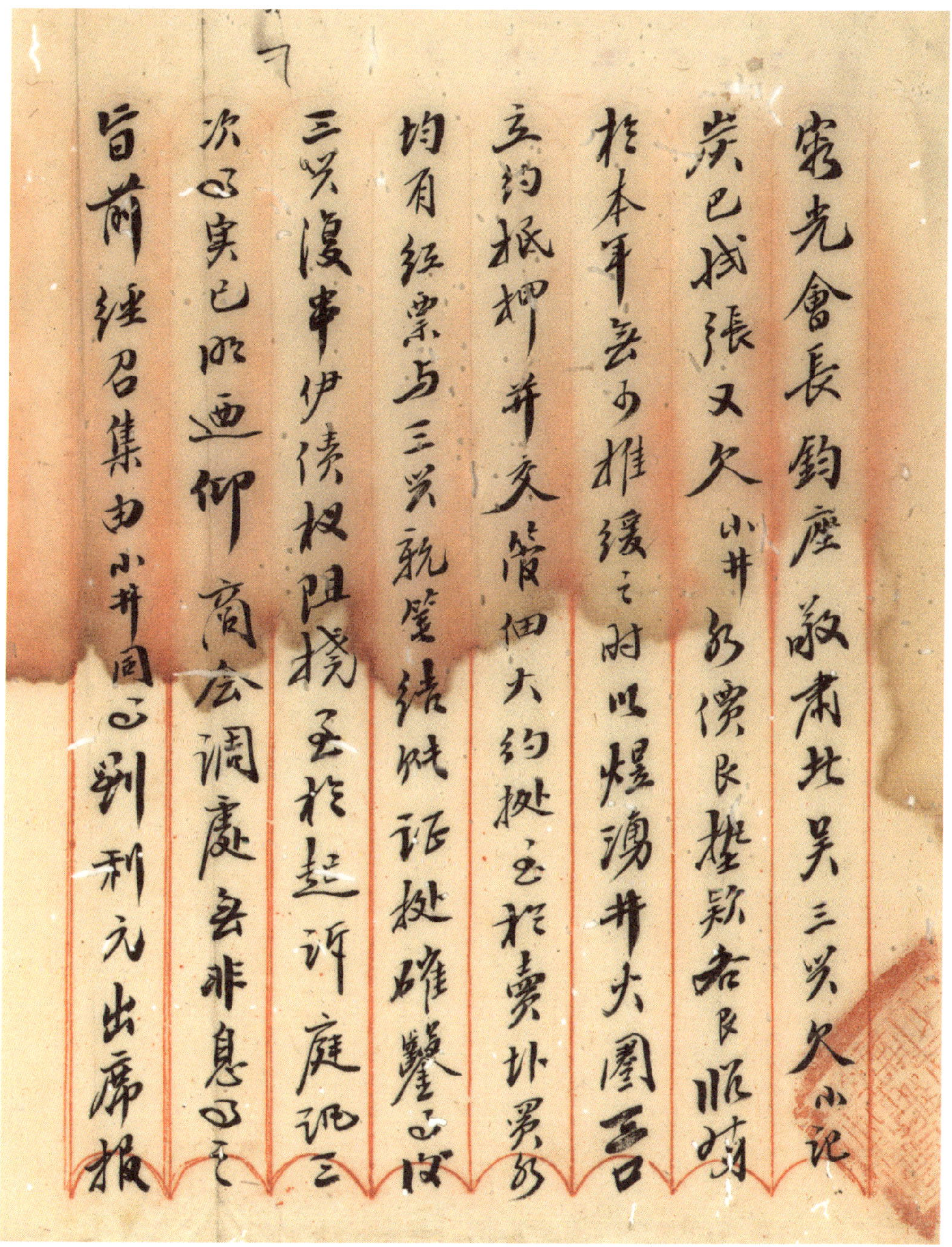
宏先會長鈞座：敬肅者，吳三興欠小記炭已找張，又欠小井分價艮墊款各艮服埔，於本年去歹推緩之，附以煜鴻井大園呂立約抵押，并交管佃大約拟之於賣卦買分，均有經票與三興親筆結賬証拟確鑿之後，三興復串伊債权阻撓，至於起訴，庭訊三次之，實已明晰，迺仰商会調處，無非息之之旨。前經召集由小井同之劉利元出席報

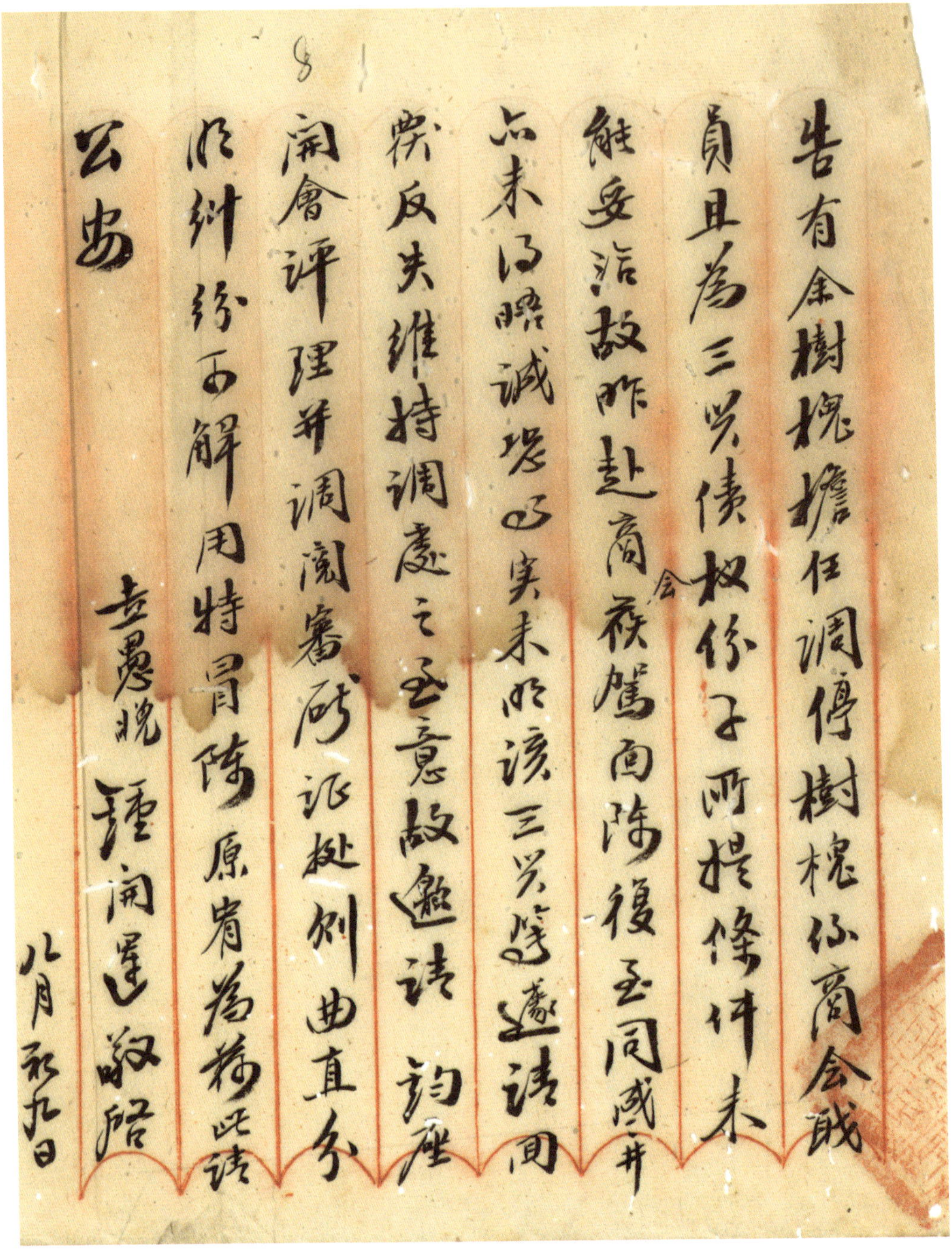
告有余樹槐擔任調停，樹槐係商会職員，且爲三岸債权，係子所提條件未能妥洽，故昨赴商会旅館面陳，復函同感并亦未得照誠堅以实，未將該三岸債處遞請閱，殊反失維持調處之至意，故邀請 鈞座開會評理，並調閱簿據，擬劃曲直，分別糾紛可解，用特冒陳，原肯爲荷，此請
公安
弟愚䀤 鍾閬侯敬啓
八月初九日

卢光廷

人物简介

卢光廷（生卒年不详），自贡商人。

57 0017-001-0483-009

卢光廷为陈明与恒顺祥债务纠葛情形并呈请主持公道事致范修明的信函（1925年12月9日／阴历十月廿四）

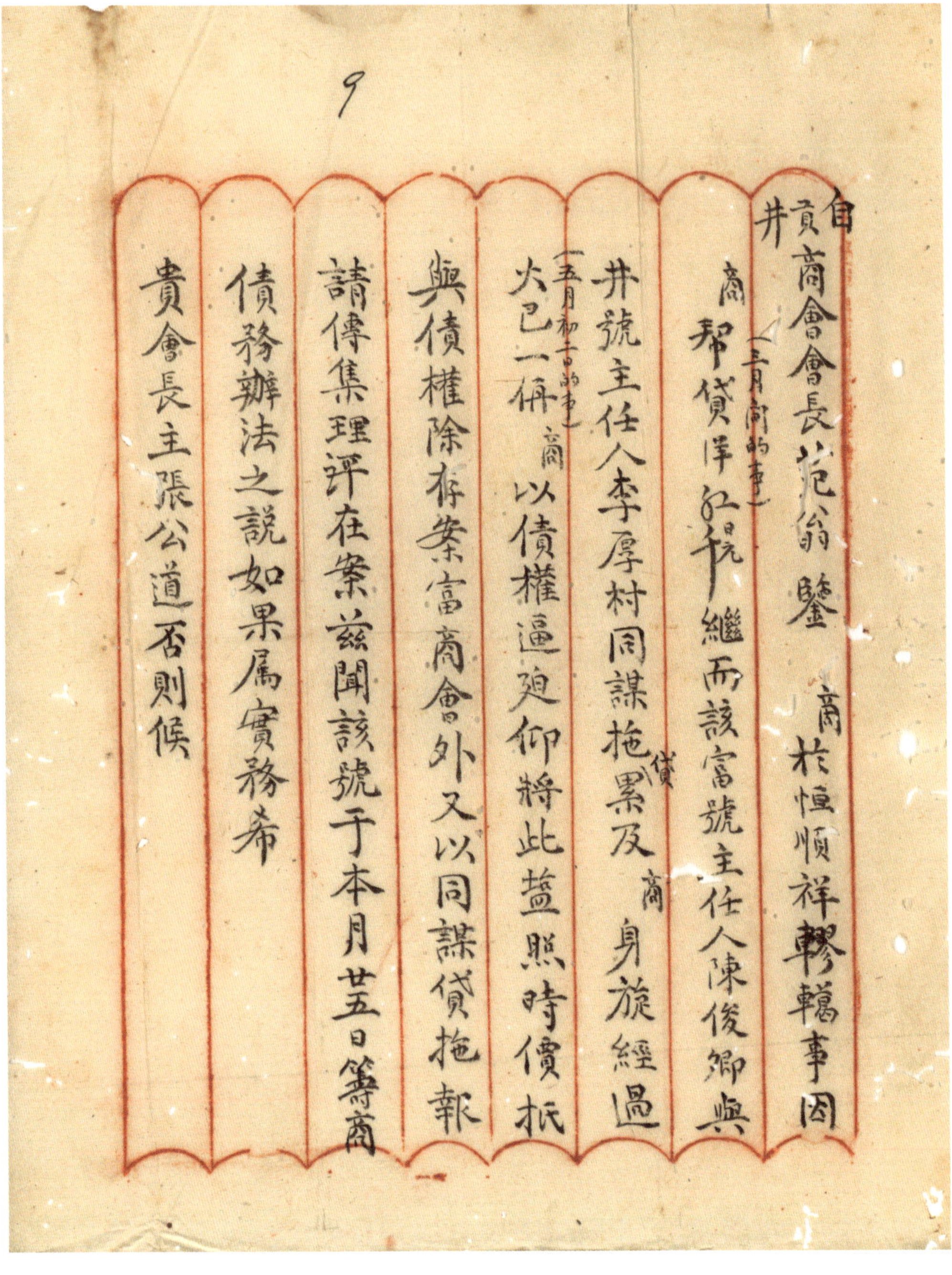
9

自井貢商會會長范翁 鑒 商於恒順祥轇轕事因

商（三月間的事）帮貸洋弍佰元繼而該富號主任人陳俊卿與

井號主任人李厚村同謀拖貸累及 商身旋經過

大已一併（五月初二日的事） 商以債權逼迫仰將此鹽照時價抵

與債權除存案富商會外又以同謀貸拖郝

請傳集理評在案茲聞該號于本月廿五日籌商

債務辦法之說如果屬實務希

貴會長主張公道否則候

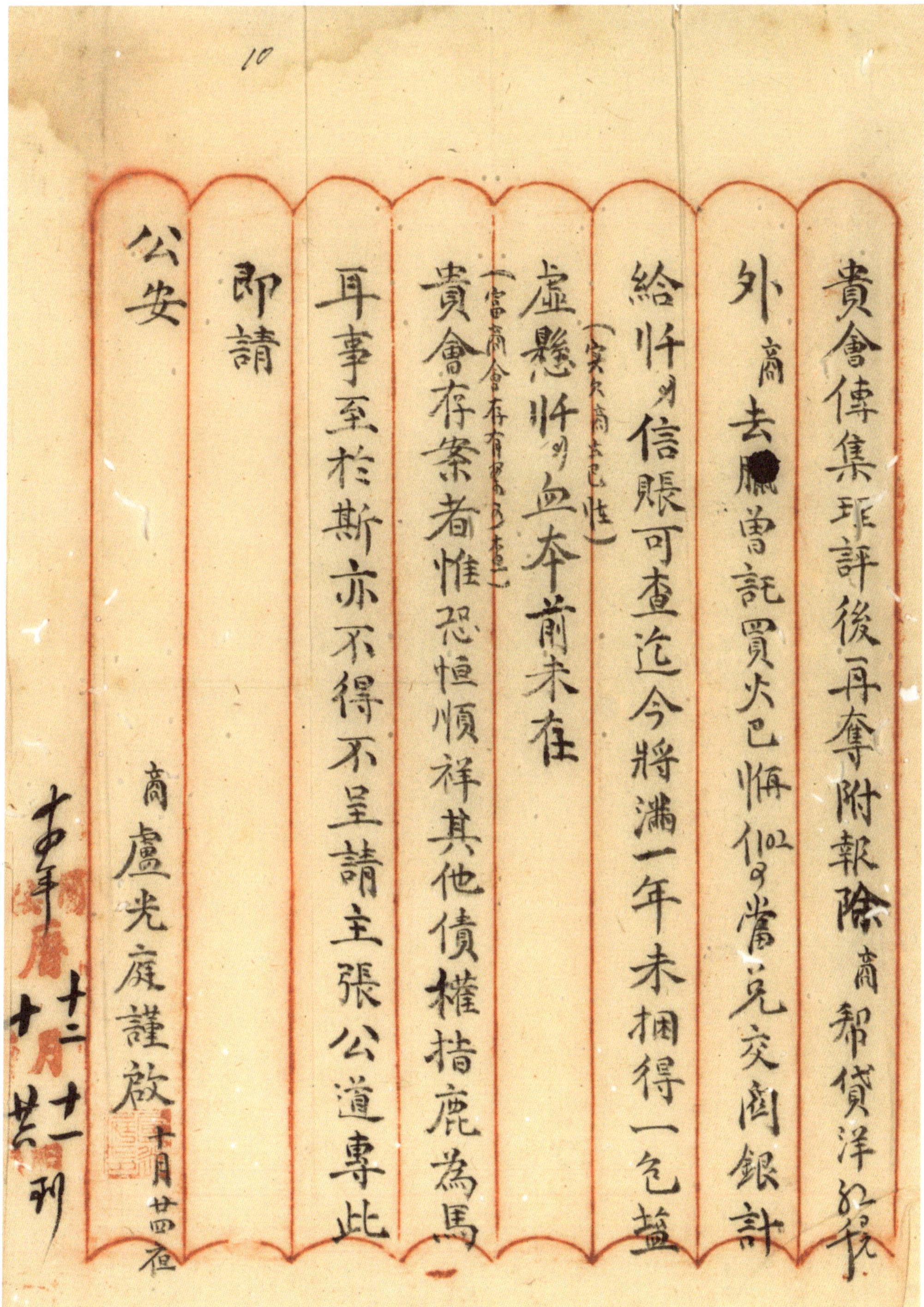
10

貴會傳集理評後再奪附報除商幫貸洋紅錢
外商去臘曾託買火巳悔個以當兑交關銀計
給忻ㄖ信賬可查迄今將滿一年未捆得一包盐
虚懸忻ㄖ血本前未在（實欠商本已性）
貴會存案者惟恐恒順祥其他債權指鹿為馬（當商會存有案可查）
耳事至於斯亦不得不呈請主張公道專此
即請
公安
商盧光庭謹啟 十月廿四夜

十二年十月廿一刊

58 0017-001-0483-016

卢光廷为陈明债务纠葛详情及此刻难以亲赴自流井解决恳请主持公道事致范修明、罗释的信函（1926年6月15日）

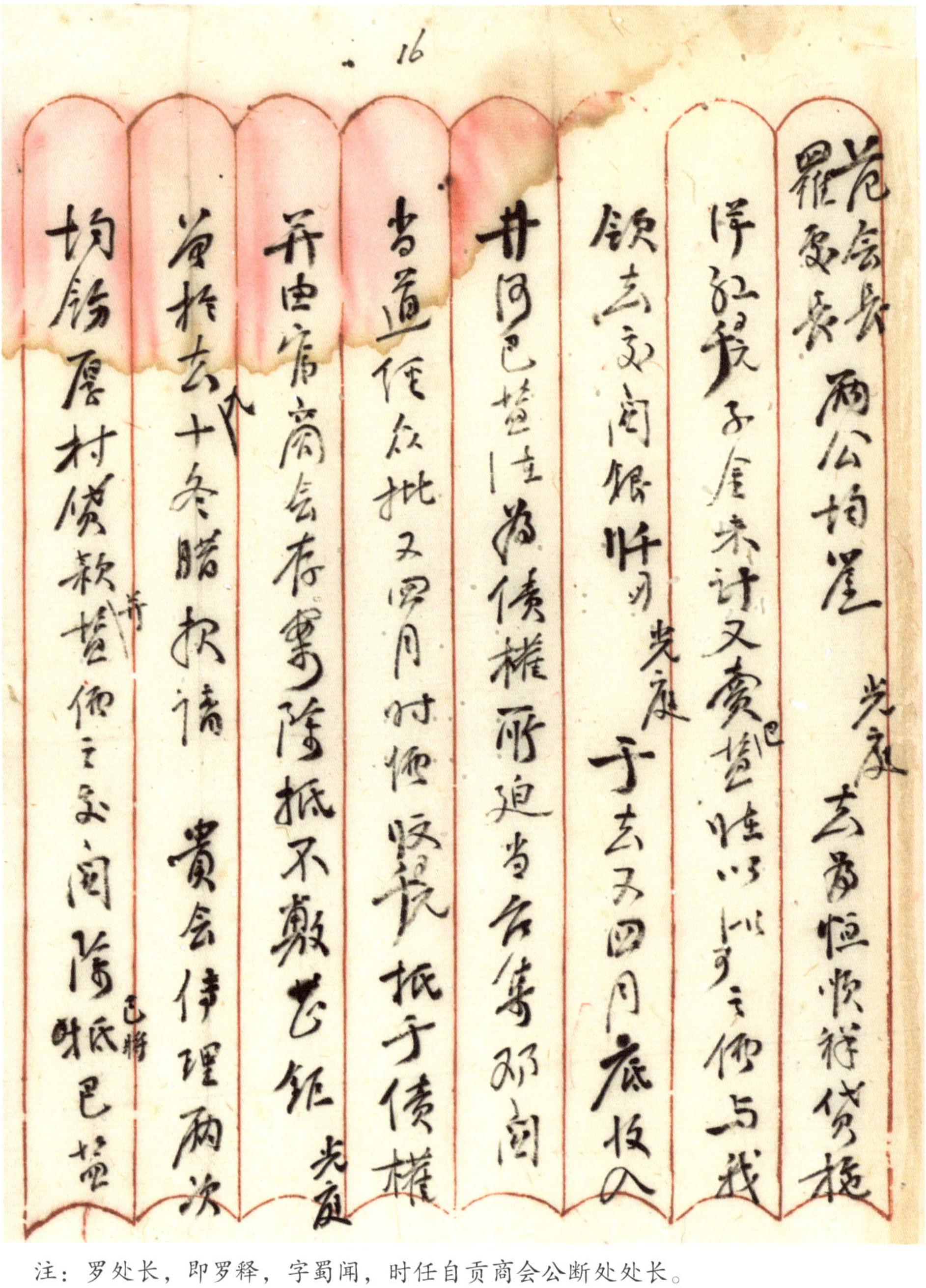

注：罗处长，即罗释，字蜀闻，时任自贡商会公断处处长。

15

惟照時價抵償賬銀外再補市銀所有生厚
惟懇鈞助光廷乾方了事彼此不道查價之
高低而厚村竟不遵斷意圖拖累僅
以協呂灶郭道生倒推之累計所積市
銀以抵我鹽價之交向所有不料郭道生
外債概推五賬四潮拾債光廷為債所
迫乃於今二月將與所積之累交與債
權持去頃推說所積千餘并厚村仍不交

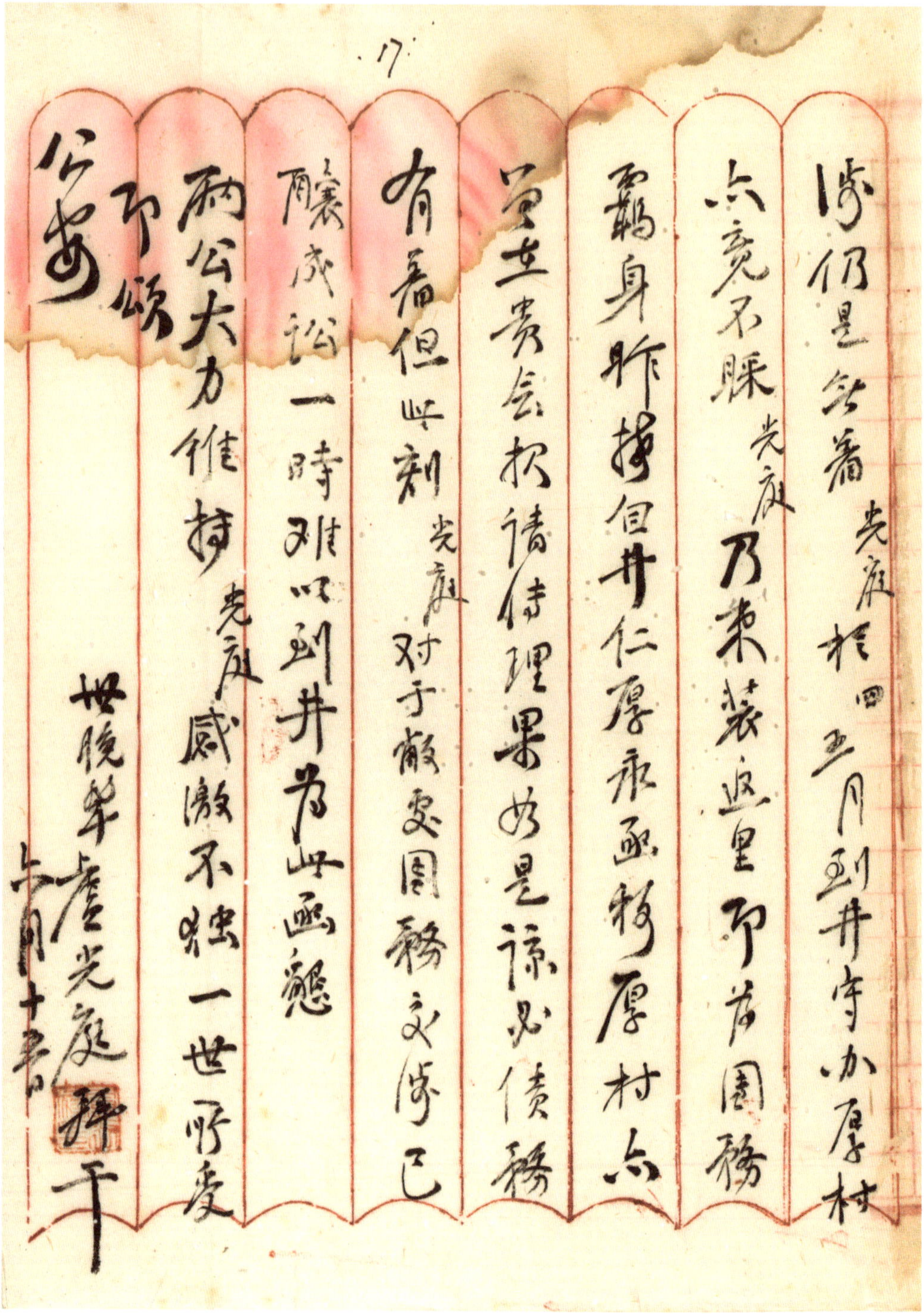

務仍是系着光庭於四五月到井守办厚村，亦竟不睬。光庭乃束装返里，即肯圊務羈身，昨搏但井仁厚承函移厚村亦留在貴会权請待理，果如是，除必債務有着。但此刻光庭对于敝处圊務交涉已釀成訟，一時难以到井，为此函懇貴公大力維持，光庭感激不独一世所受。

即颂

公安

世晚弟唐光庭拜下

六月十四日

王余焕

人物简介

王余焕（生卒年不详），曾任自贡自流井盐场评议长等职。

59　0007-001-0518-002

王余焕为恳饬管卷者将潆流井上年交存商会票据交姚野愚以解纠葛事致范修明的信函（1926年1月29日／阴历十二月十六）

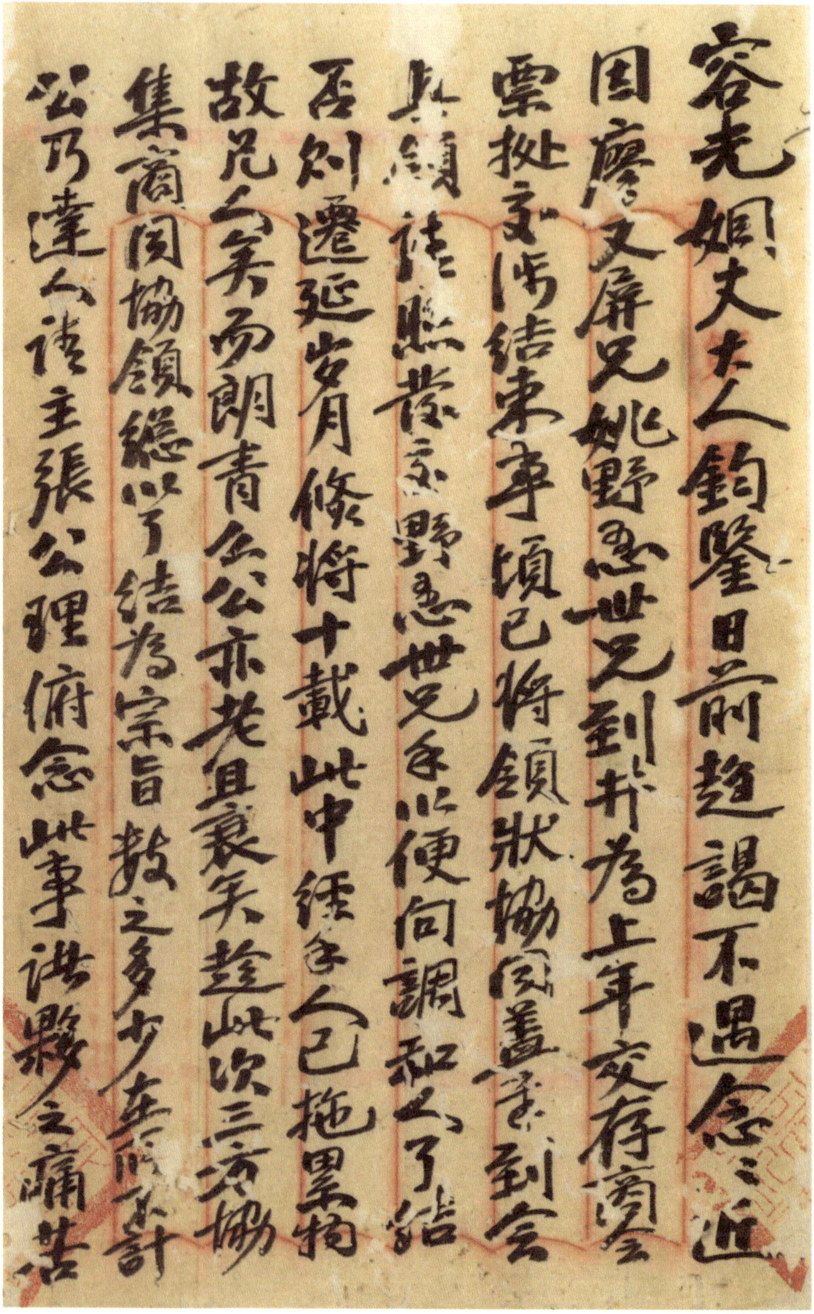
容光姻丈大人鈞鑒：日前趨謁不遇，念念。近
因廖文屏兄、姚野愚世兄到井為上年交存商會
票據交涉結束事，頃已將領狀協同蓋章到會
具領，請照發交野愚世兄手，以便向調和人了結。
否則遷延歲月，倏將十載，此中經手人已拖累物
故，兄亦老矣，而朗青公亦老且衰矣。茲此次三濟協
集商間，協領總以了結為宗旨，數之多少在所不計。
公乃達人，請主張公理，俯念此事糾纏之痛苦

將自己 人生頂迄今尚不能如數還田、劃撥受
無窮之損害，以連年世亂，天府各一方，誅戮、民不聊
齊集會，何幸遇此良會，即是解決此事之大好機
緣也。敬懇者，
大飭管委此將上年濛流井之涉存商會之款
俾生直言野愚乎不肖，因屢次屏見均允許具呈
領狀到會，並無異說。忽忽此候
勛安

姻晚　王余煥再叩　仝月十六

王臣忠

人物简介

王臣忠（生卒年不详），自贡商人。

60　0017-001-0518-034

王臣忠为请从速将张勤修原呈及自贡商会判词转给自贡军事警察总局事致黄修能的信函（1926年4月14日／阴历三月初三）

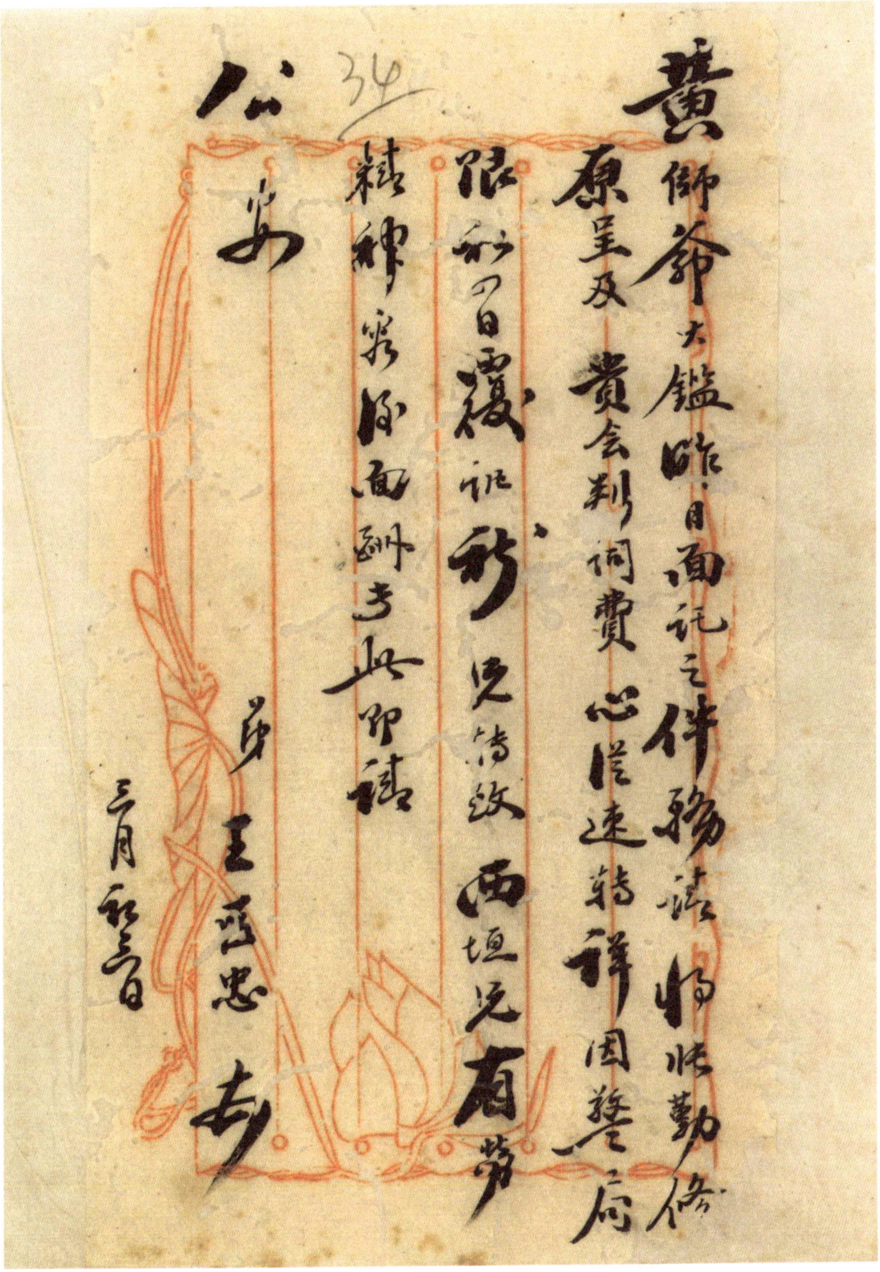

黄师爷大鉴：昨日面托之件，务请将张勤修原呈及贵会判词费心从速转详团警总局，限於今日覆讯，务免请致西垣兄有劳续禀，容图面谢，专此即请
公安
弟 王臣忠 启
三月初三日

注：黄师爷，即黄修能，时任自贡商会书记。

61 0017-001-0497-015

王臣忠为请在最短期内将原被两造曲直转咨警备司令以早日了结与景相丞纠纷事致陈湘涛的信函（1927年7月7日／阴历六月初九）

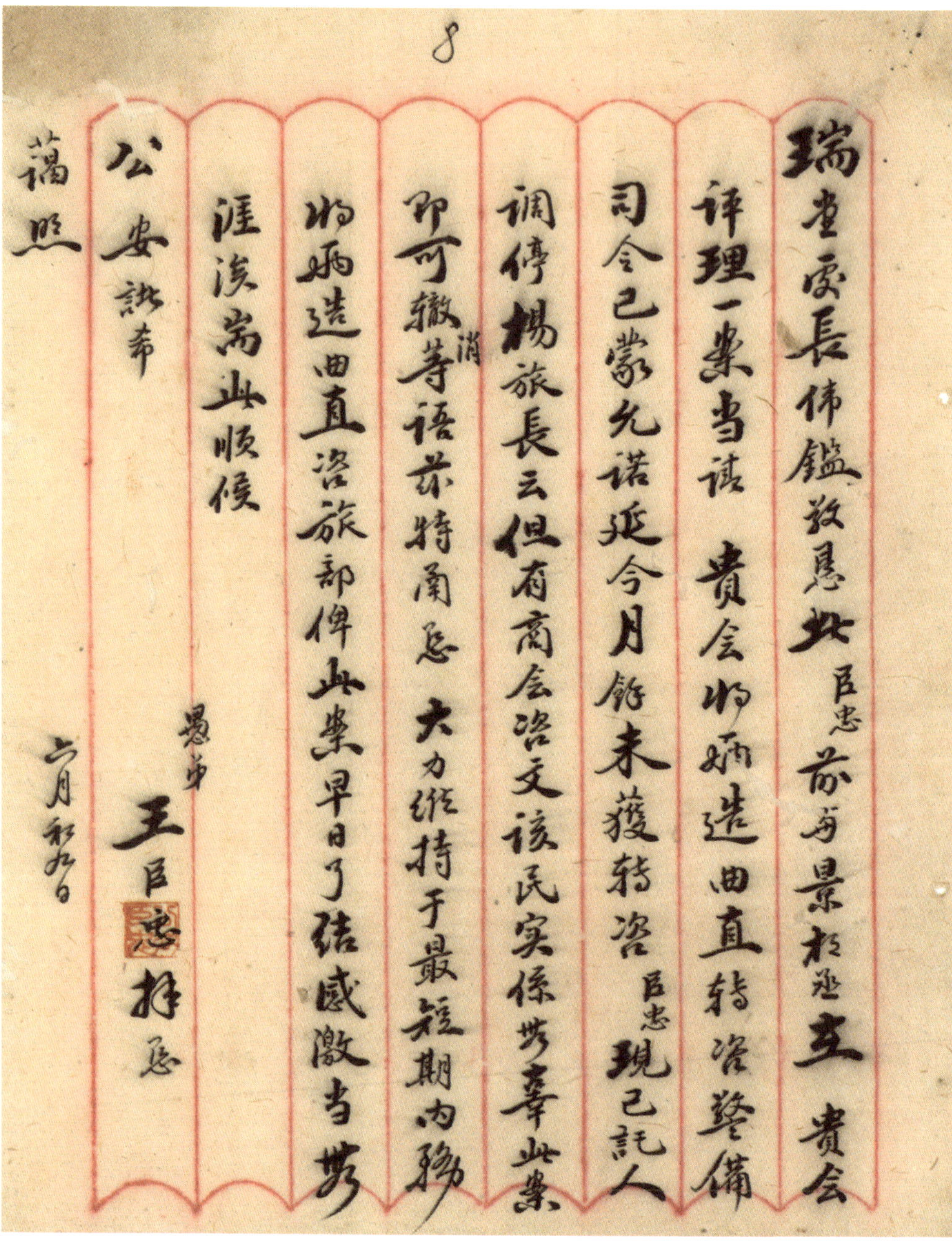
8

瑞堂處長偉鑒：敬啟者，臣忠前與景相丞互 貴会評理一案，當請 貴会將兩造曲直轉咨警備司令，已蒙允諾，延今月餘，未獲轉咨。臣忠現已託人調停，楊旅長云：但有商会咨文，該民實係無辜，此案即可撤消等語。茲特函懇 大力維持，于最短期內務將兩造曲直咨旅部，俾此案早日了結，感激當無涯涘。尚此順候

公安。諸希

福照

愚弟 王臣忠 拜啟

六月初九日

注：瑞堂，即陈湘涛，字瑞堂，时任自贡商会公断处处长。

李楷学

人物简介

李楷学（生卒年不详），曾任职于自流井述善盐业公司。

62　0017-001-0489-020

李楷学为请提前召集开会处理天海井事项事致罗释的信函（1926年9月19日）

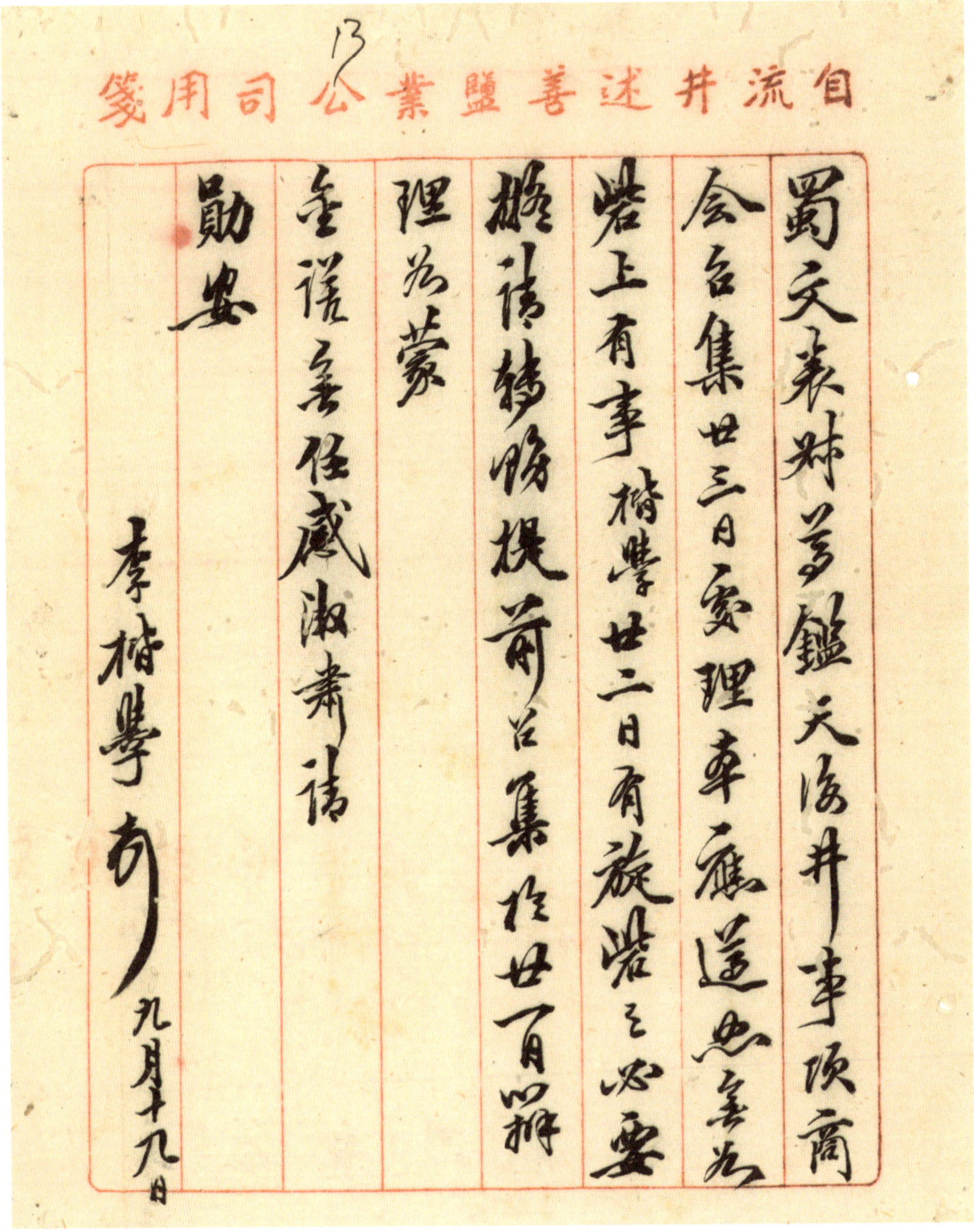
自流井述善鹽業公司用箋

蜀文表[illegible][illegible]鑒：天海井事項，商會台集廿三日處理，本應遵照。[illegible]為嵩上有事，楷學廿二日有旋嵩之必要，擬請轉盼提前召集於廿日以辦理為蒙。[illegible]謹[illegible]任感激。肅請勛安。

李楷學頓

九月十九日

注：蜀文，即罗释，字蜀闻（原文有误），时任自贡商会公断处处长。

63　0017-001-0489-022

李楷学为派遣宋熙五赴会代为处理天海井事项事致罗释的信函

（1926年11月5日 / 阴历十月初一）

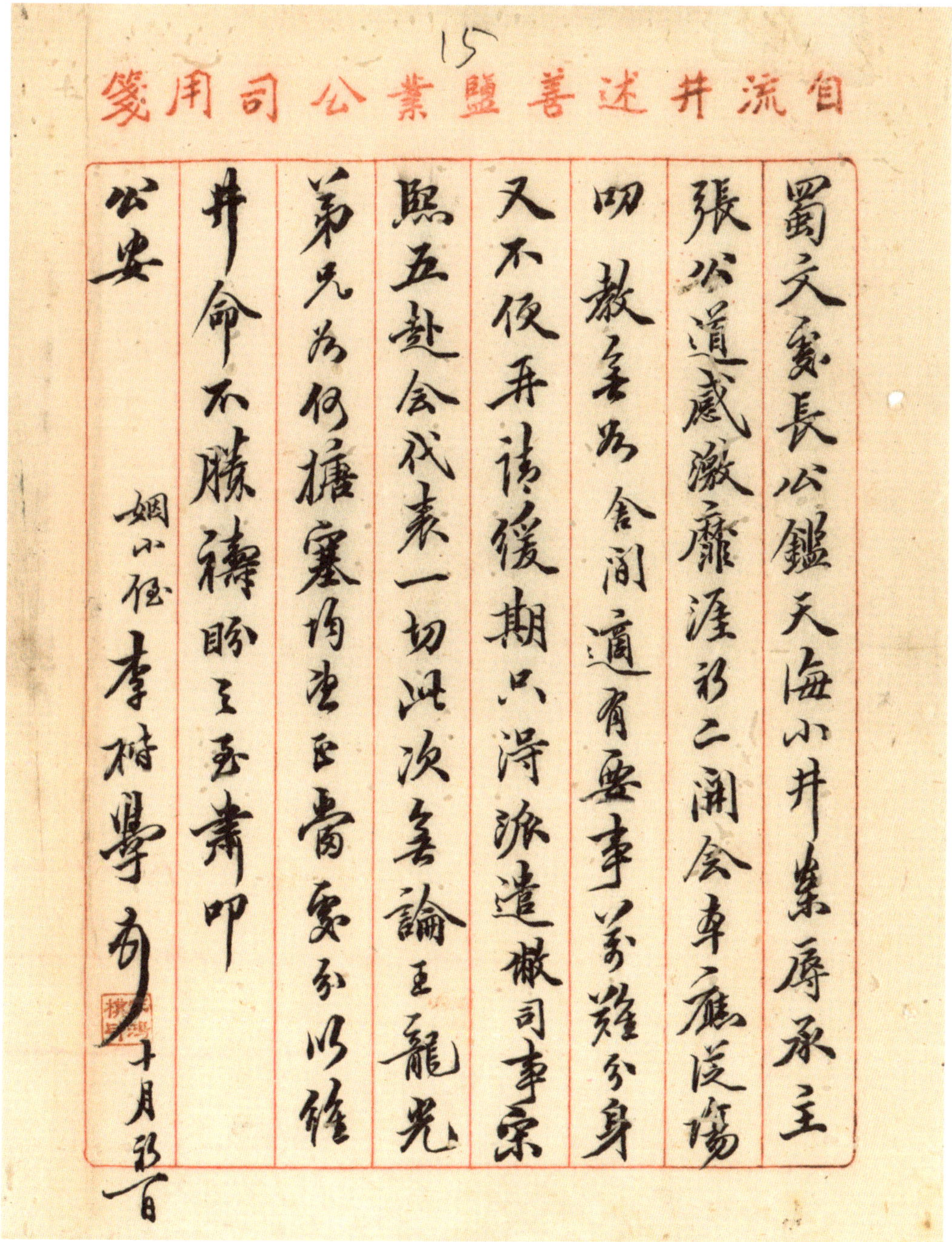

自流井述善鹽業公司用箋

蜀文處長公鑒：天海小井案，蒙承主張公道，感激靡涯。初二開會，本應從場叨教，無如會間適有要事，羈難分身，又不便再請緩期，只得派遣敝司事宋熙五赴會代表一切。此次無論王龍光弟先為何搪塞，均由正當處分，以維井命，不勝禱盼之至。專肅，即叩公安

姻小侄李楷學頓首

十月初一日

黄俊成

人物简介

黄俊成（生卒年不详），自贡商人。

64　0017-001-0497-033

黄俊成为推荐蒲奇书任职同兴荣商号事致李树荣的信函（1927年6月15日／阴历五月十六）

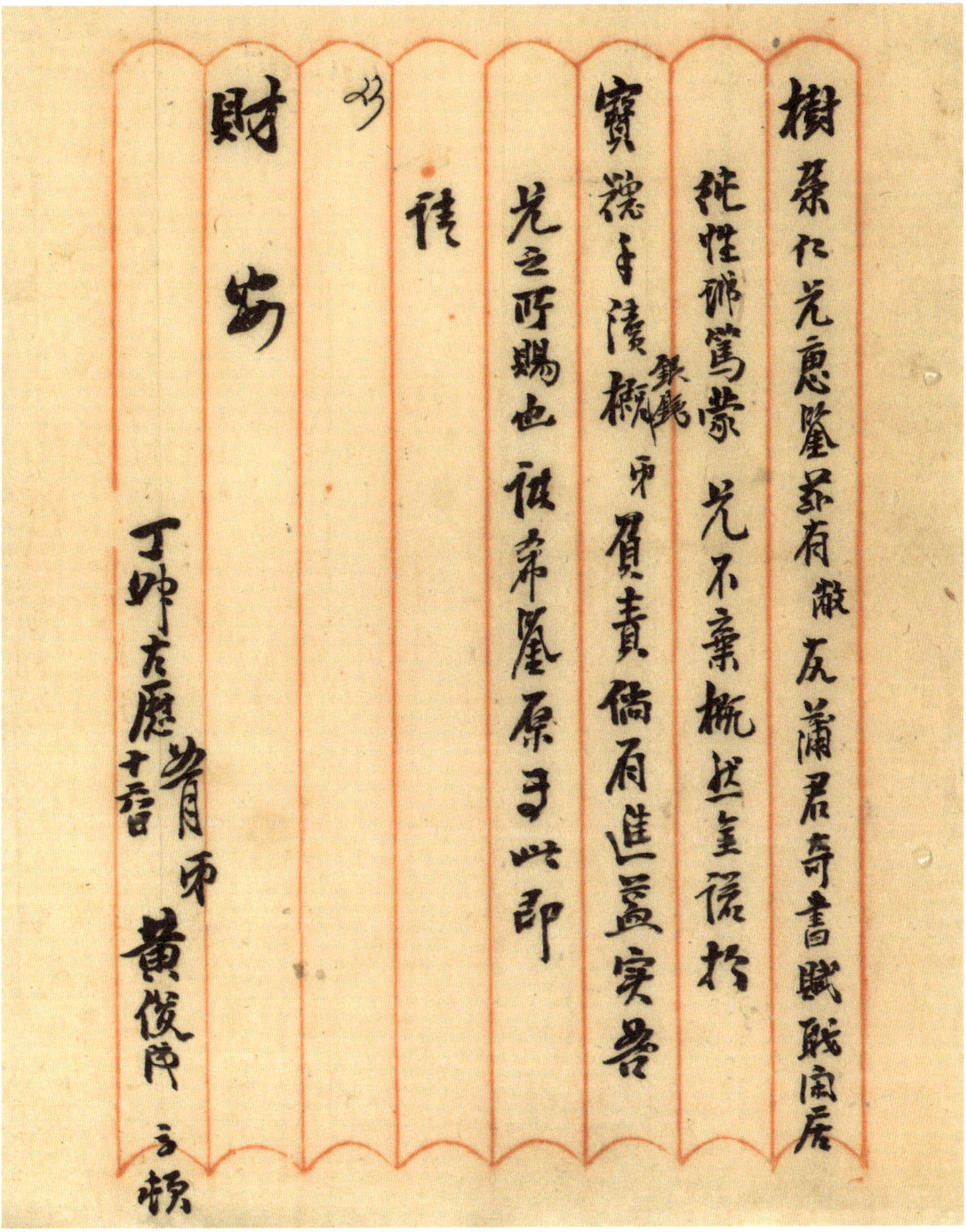

樹榮仁兄惠鑒：茲有敝友蒲君奇書，賦閒家居，純性謹篤，蒙　兄不棄，概然允諾於　寶號缺額，手續概弟負責，倘有進益，實　兄之所賜也。祗希鑒原。專此，即請
23
財安

丁卯古歷五月十六日　弟　黃俊成　言頓

注：树荣，即李树荣，时任同兴荣商号经手。

李金华

人物简介

李金华（1892—？），字子鉴，四川富顺人。曾任职于自流井盐场盐业工会，后任自贡市盐业产业工会常务干事、重庆银行法定代理人等职。

65 0017-001-0513-009

李金华为急欲将出佃手续办妥事致陈瑞唐的信函（1927年12月13日／阴历十一月廿）

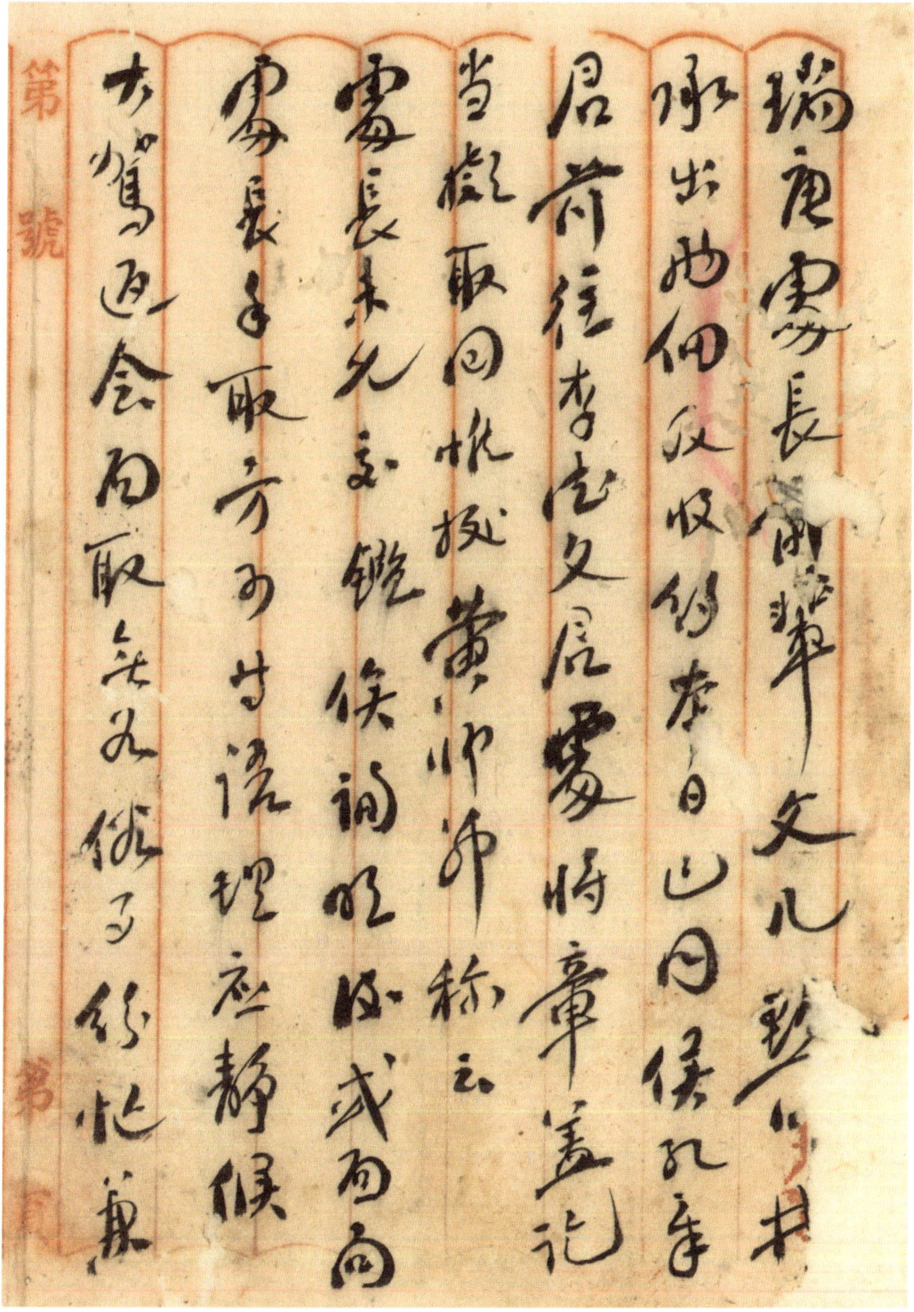

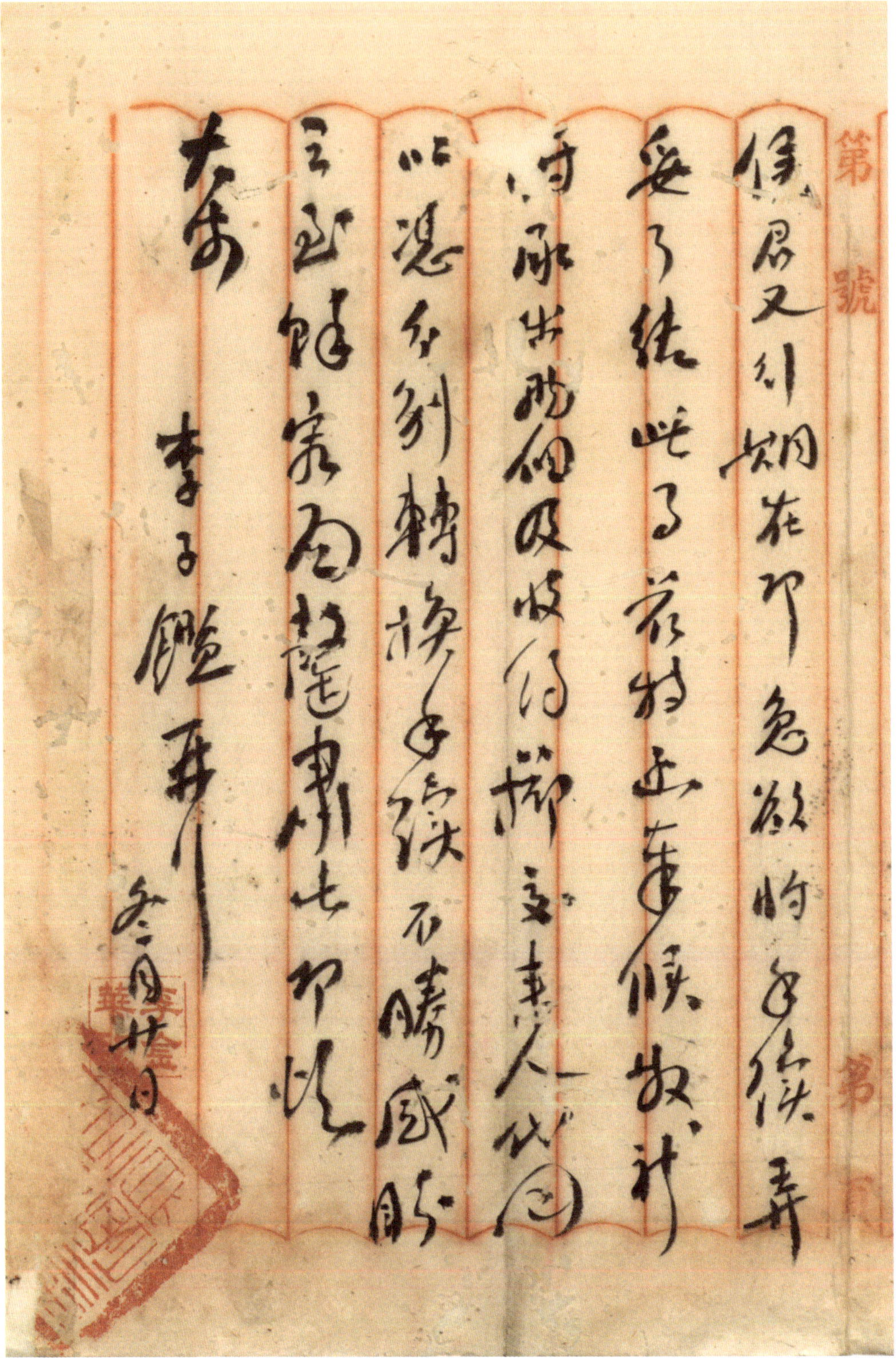

第　號

俟君又行烟在即，急欲盼手续弄

妥了结，此了，務将出年候，敬祈

寄示所出所借及收付帐，交来人代回，

以凭分别转换手续，不胜感盼。

至[illegible]钱宗[illegible]其他[illegible]

大安

李子鹏拜

冬月廿日

黄幼庄

人物简介

黄幼庄（1901—？），四川自贡人。毕业于四川志诚法政专门学校。曾任贡井盐场卤井工业同业公会理事长、自贡市私立蜀光中学校长、自贡市民意咨询委员会委员等职。

66　0017-001-0210-004

黄幼庄为请辞盐税稽查员职务事致王和甫、刘智福的信函（1929年4月3日）

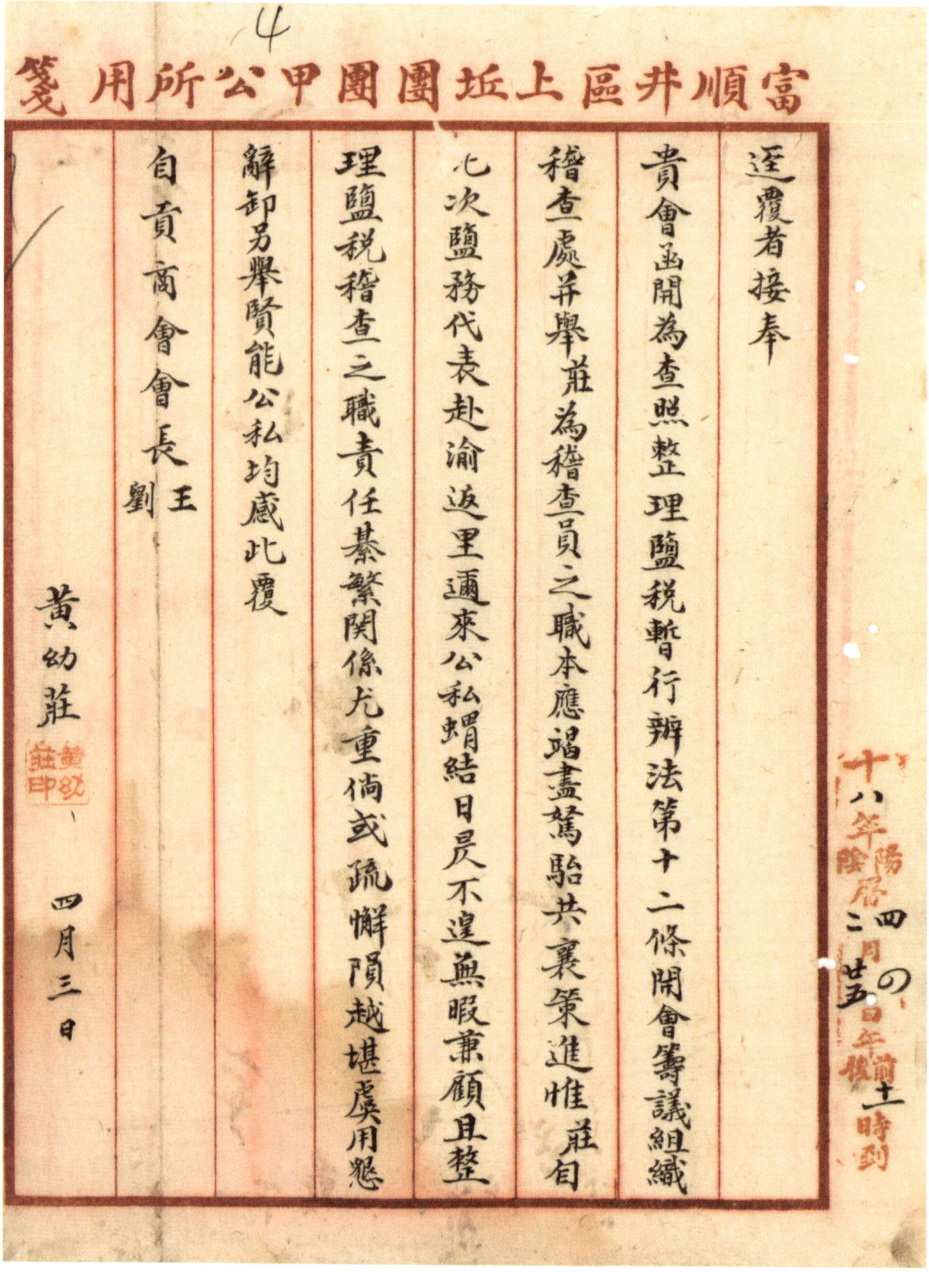

富順井區上坵團團甲公所用箋

逕覆者接奉
貴會函開為查照整理鹽税暫行辦法第十二條開會籌議組織
稽查處并舉莊為稽查員之職本應竭盡駑駘共襄策進惟莊自
此次鹽務代表赴渝返里邇來公私蝟結日昃不遑無暇兼顧且整
理鹽税稽查之職責任綦繁關係尤重倘或疏懈隕越堪虞用懇
辭卸另舉賢能公私均感此覆
自貢商會會長 王 劉

黃幼莊（印：黃幼莊印）
四月三日

十八年陽曆四月廿五日午前十一時到

注：自贡商会会长刘，即刘智福，时任自贡商会副会长。

王子乔

人物简介

王子乔（生卒年不详），自贡商人。

67 0017-001-0566-001

王子乔、王孝伯等为处理与李庶咸会银纠纷事致自贡商会各执事的信函（1930年1月2日）

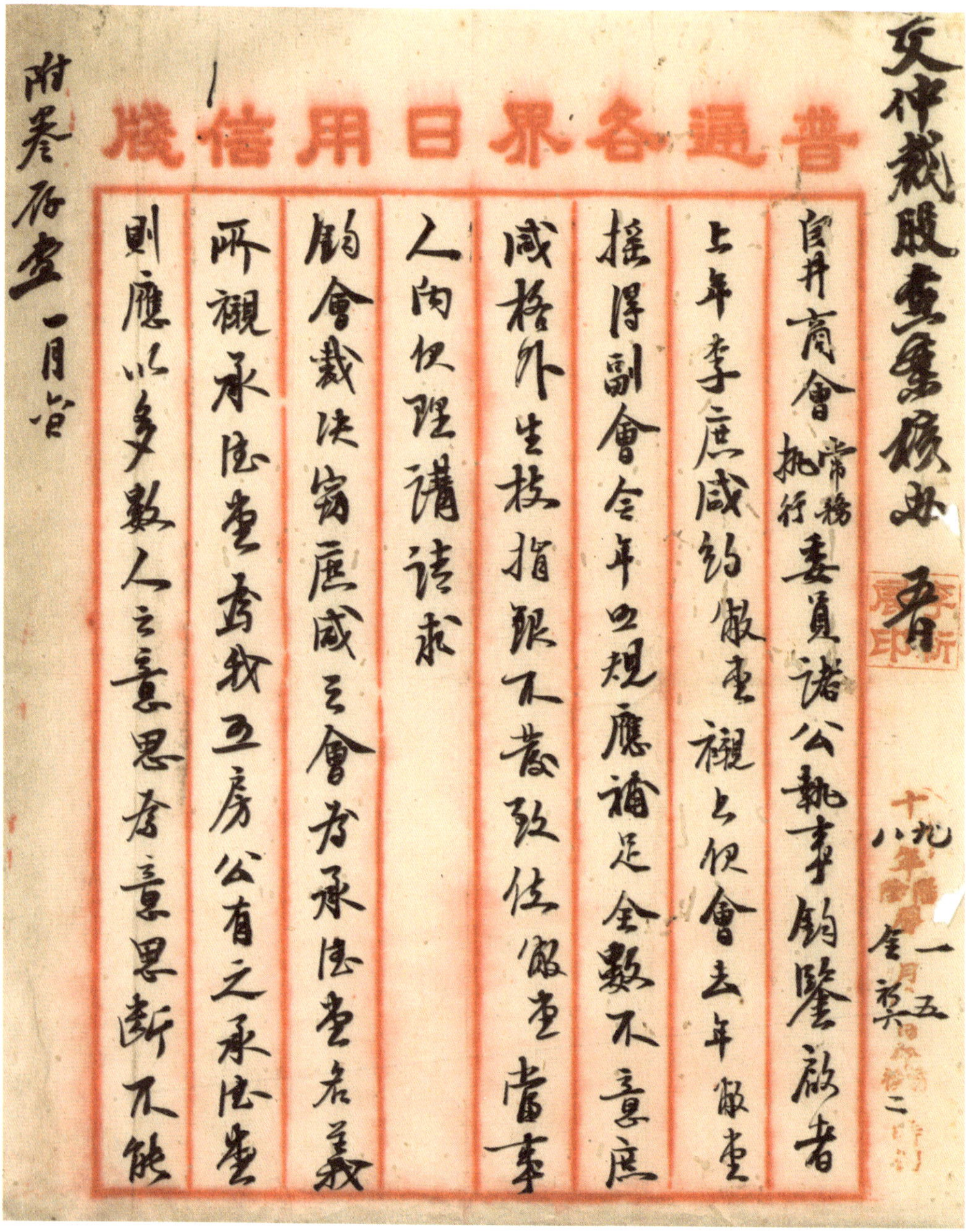

交仲裁股查案核办 香

普通各界日用信牋

自井商會常務執行委員諸公執事鈞鑒啟者

上年李庶咸約假查覩上次會去年假查

摇得副會今年四規應補足全數不意庶

咸格外生枝指銀不發致使假查當事

人向伊理講請求

鈞會裁決窃庶咸之會乃承德堂名義

所覩承德堂齊我五房公有之承德堂

則應以多數人之意思爲意思斷不能

附卷存查 一月旨

注：自井商会，即自贡商会。

9.

普通各界日用信笺

聽其一二人之私意所支配尤況王鳳階現尚
負管理承德堂之責而該會又為鳳階
所親自組織會時既經鳳階為主體焉有收
會時鳳階不能負收銀之責任而必該庶咸
代為經營之理此揆之天理人心均不近情
敝堂聞信之下深為詫異為該庶咸早日
將全數會銀交承德堂當事人王鳳階收
領則敝堂當無異議否則請求

普通各界日用信牋

鍋會代敘堂保管全數，無論各房均不得擅用一厘，以待正式解決後再函達收領為要，特達，藉頌

年禧

二房 王子喬

王承德堂 三房 王孝伯 押

王洪俞

十九年一月二號

颜心畬

人物简介

颜心畬（1886—1961），四川富顺人。主张实业救国，20世纪20年代初开始经营盐业，后创办永大盐号、永通银号等商号以及崇福火井、宝隆井等井灶，还兴办有必胜煤矿、崇福炼钢厂等。同时主张教育救国，热心教育事业，创办新学，曾担任自贡市私立蜀光中学校董会董事长。在社会事务方面，曾任自贡市参议会参议长、自贡市盐业研究会理事长等职。新中国成立后，先后出任川南行政公署委员、四川省人民政府委员、自贡市政协副主席等。

68　0017-001-0263-009

颜心畲为不能赴渝参会请另举贤能事致李新展的信函（1930年3月26日）

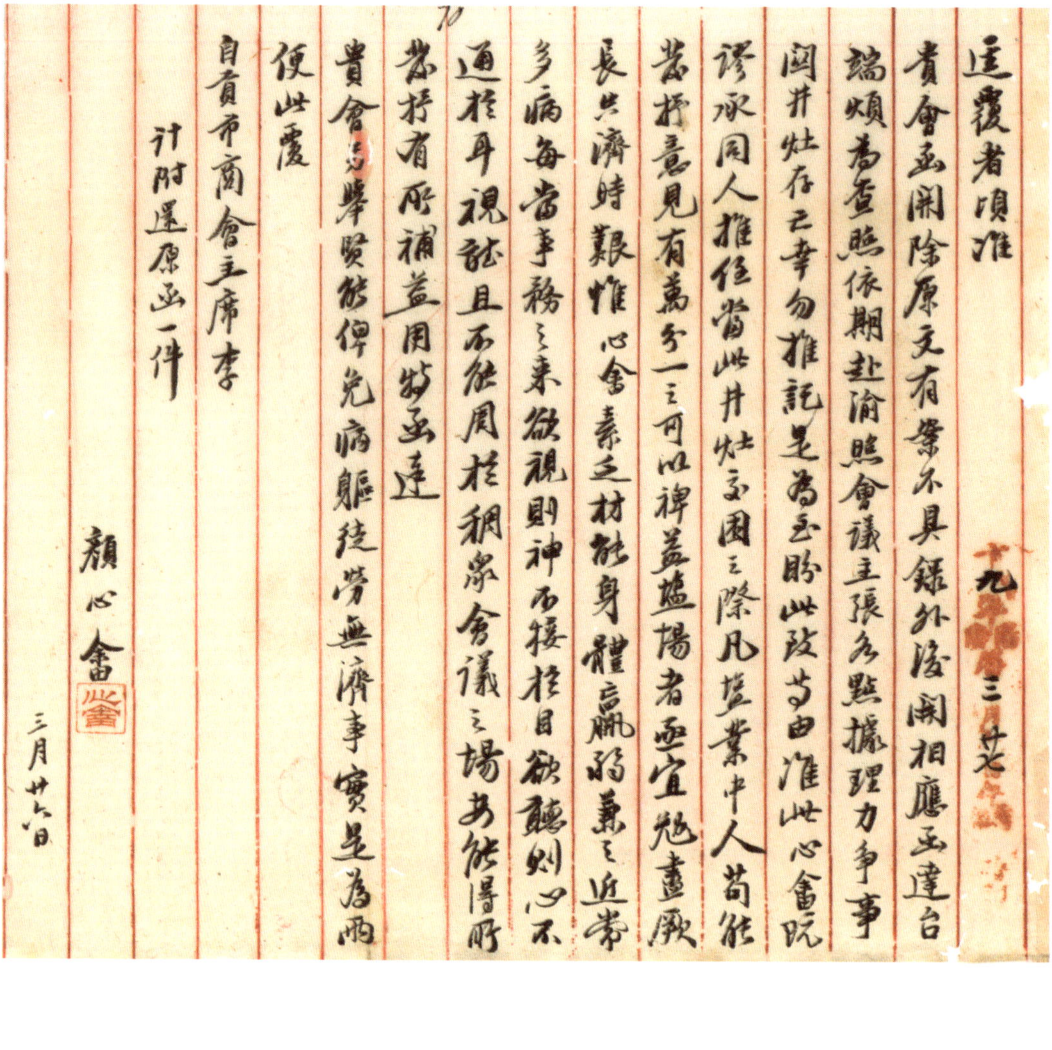
逕覆者頃准
貴會函開除原文有案不具錄外後開相應函達台
端煩為查照依期赴渝照會議主張各點據理力爭事
關井灶存亡幸勿推託是為至盼此致等由准此心畬既
謬承同人推任當此井灶存亡之際凡鹽業中人苟能
發抒意見有萬分一之可以裨益鹽場者亟宜悉盡厥
長共濟時艱惟心畬素乏材能身體羸弱兼之近常
多病每當事務之來欲視則神不接於目欲聽則心不
通於耳視聽且不能周於稠眾會議之場安能冀所
發抒有所補益用特函達
貴會另舉賢能俾免病軀徒勞無濟事實是為兩
便此覆
自貢市商會主席李
計附還原函一件
顏心畬（印：心畬）
三月廿六日
十九年三月廿七

曾子唯

人物简介

曾子唯（1887—1945），名宪章，号述孔。四川自贡人，毕业于四川陆军速成学堂。民国初年任四川嘉定（今乐山市）知县，后任四川省银行行长兼四川省造币厂厂长。北伐时期，任国民革命军独立十三师师长兼荆沙卫戍司令。宁汉分裂后弃军从商，曾任富荣边计楚岸重庆盐业公会主席，重庆盐业银行（后改为川盐银行）、中和银行、自流井裕商银行、四川建设银行董事长。先后创办电灯公司、电影院、水力发电厂等实业。

69 0001-001-0142-057

曾子唯为请予更正预垫整理费期票扣算期间错误事致吴受彤的信函（1931年3月16日）

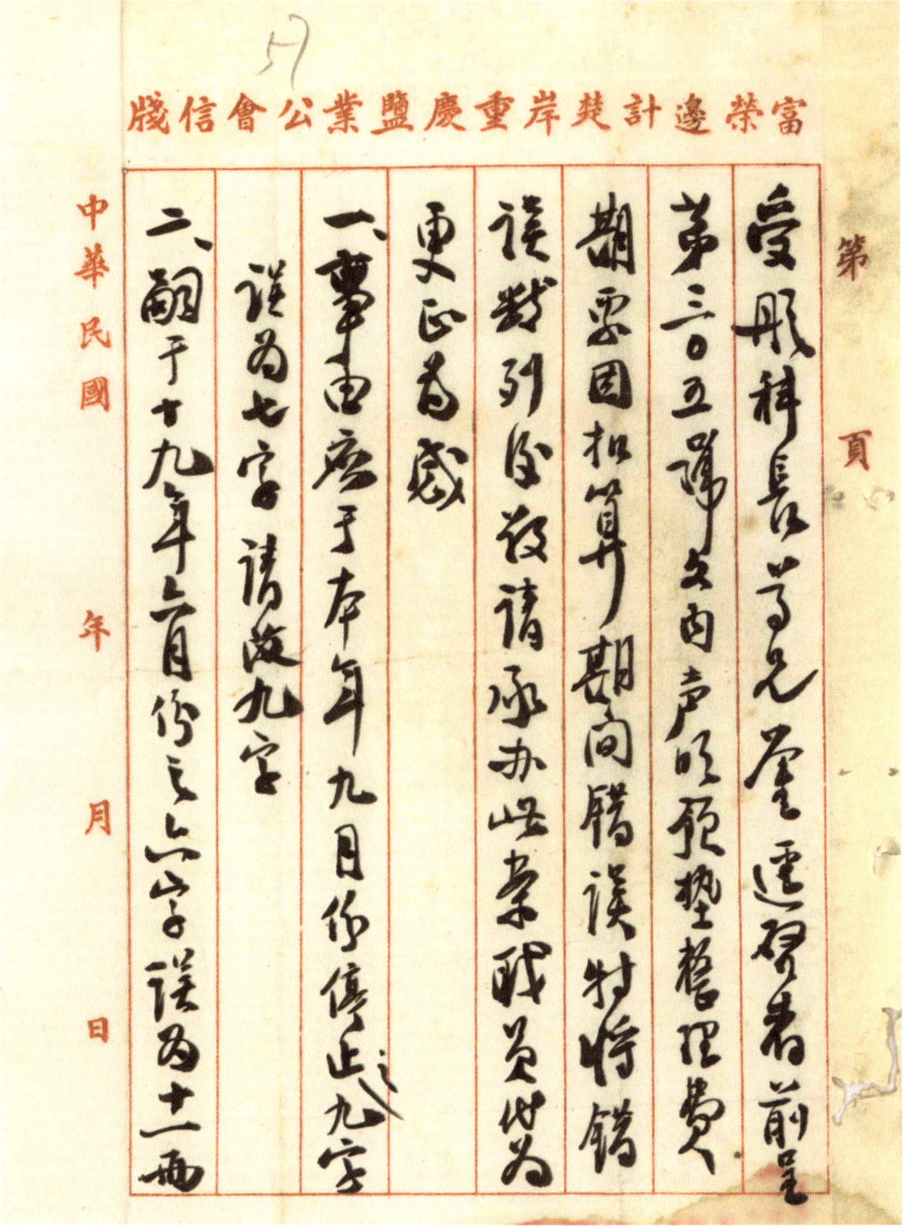
富榮邊計楚岸重慶鹽業公會信牋

受彤科長吾兄鑒：逕啟者，前呈第三〇五號文內聲明預墊整理費之期票因扣算期間錯誤，特將錯誤對列於後，請承辦此案職員代為更正為感。

一、事由應于本年九月份停止之九字，誤為七字，請改九字。

二、關于十九年六月份之六字，誤為十一兩

中華民國　年　月　日

注：受彤，即吴受彤，任职不详。

扣算期间，疑为扣算时间之误，因无他证支持，暂从原文。

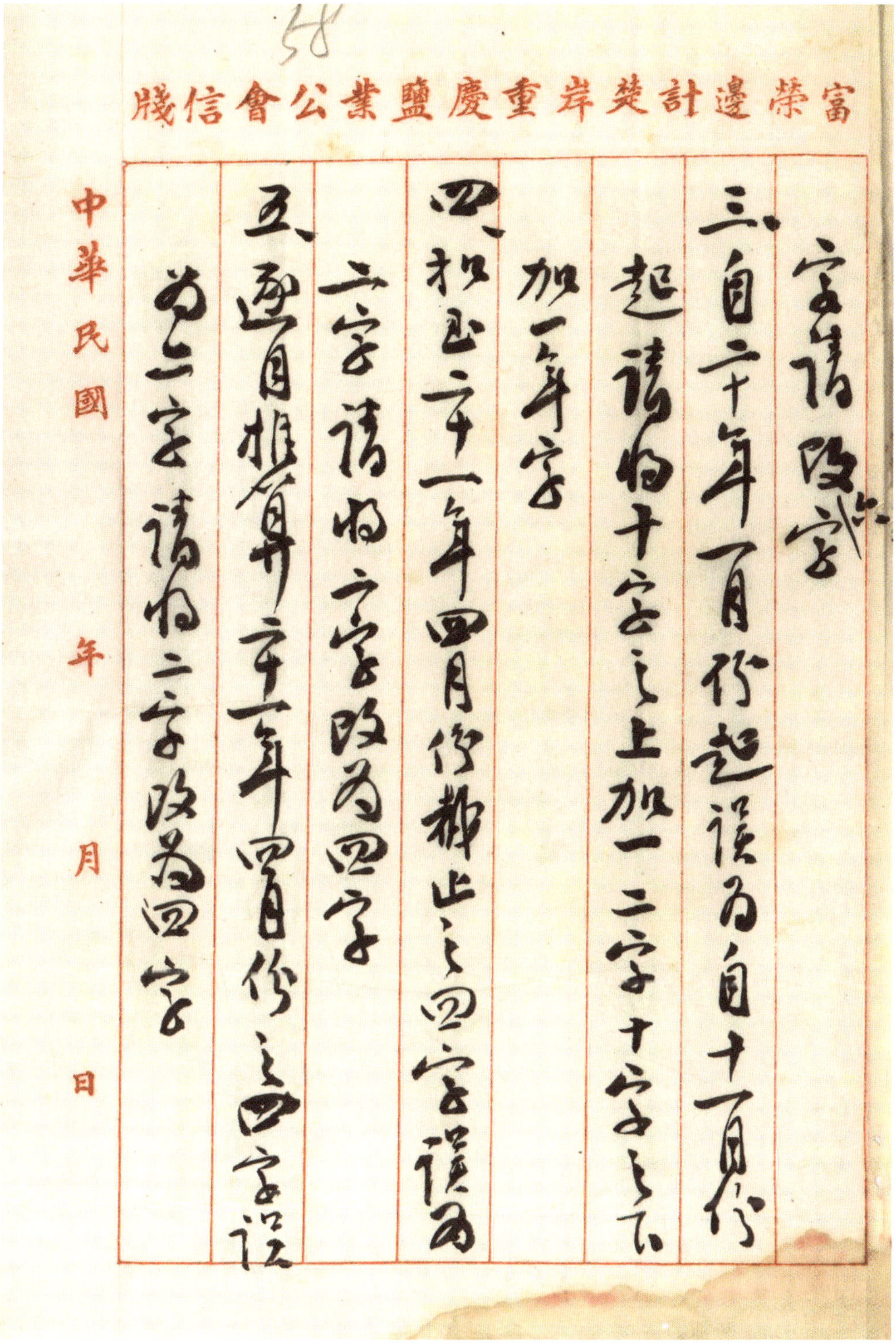

58

富榮邊計楚岸重慶鹽業公會信箋

字請改六字

三、自二十年一月份起請改為自十一月份起請將十字之上加一二字十字之下加一年字

四、初四行二十一年四月份截止之四字請改為二字請將二字改為四字

五、遞自推算二十一年四月份之四字請第二字請將二字改為四字

中華民國　年　月　日

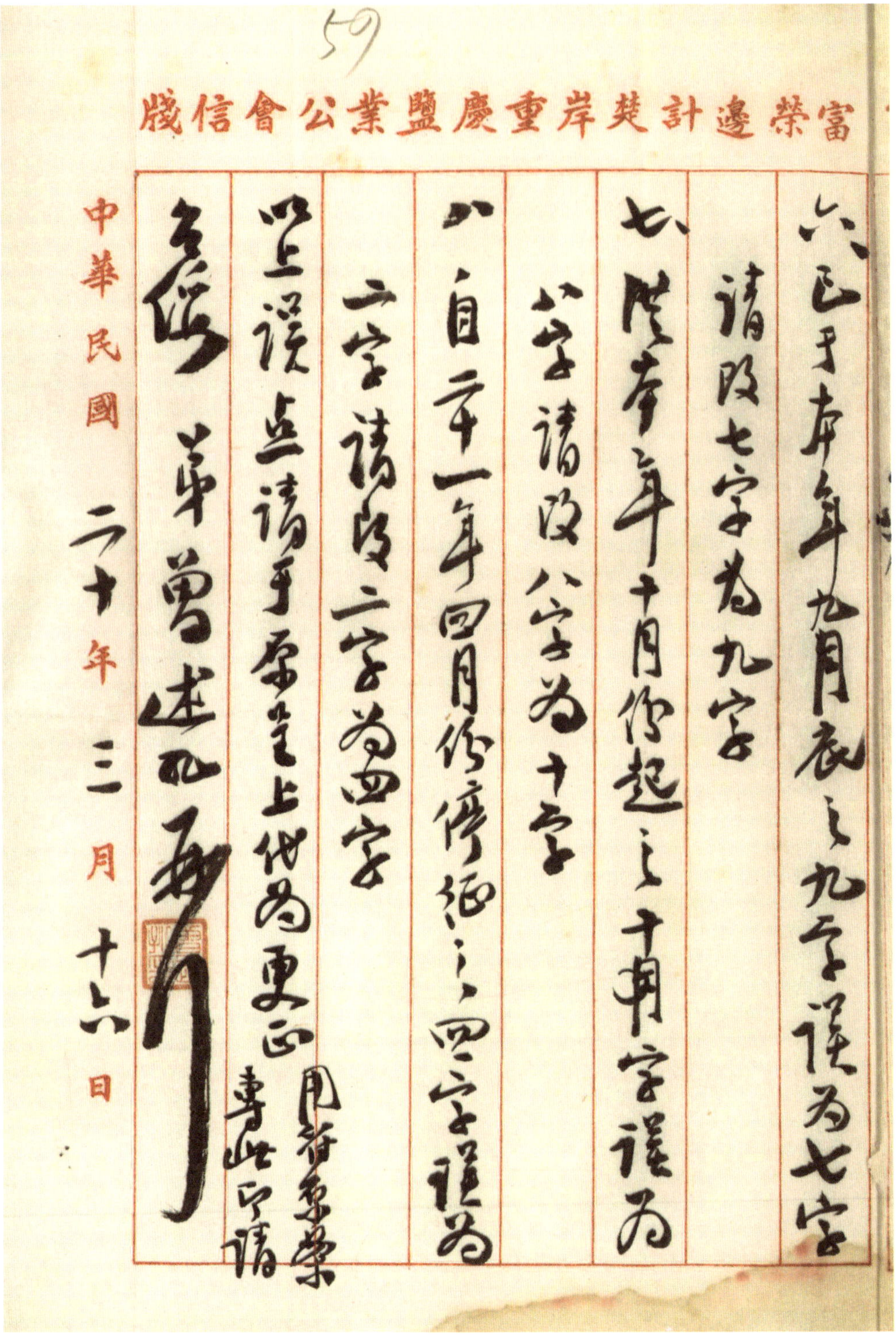

富榮邊計楚岸重慶鹽業公會信箋

六、正本年九月表之九字誤為七字
請改七字為九字
七、正本年十月份起之十月字誤為
八字請改八字為十字
八、自本年一年四月份停征之四字誤為
二字請改二字為四字
以上誤點請予原呈上代為更正
為荷
華曾述尹
專此即請
周蔚棠

中華民國二十年三月十六日

宋俊臣

人物简介

宋俊臣（生卒年不详），曾任富荣西场湧生井及东源井等井经理、自贡市商会监察委员、富荣引盐运销总社常务理事、自贡市粮食管理委员会采买股主任、自贡市民意咨询委员会委员等职。

70 0017-001-0349-033

宋俊臣、高云从为请向盐业银行接洽借款购办粮米赈济灾民事致曾子唯、张伯卿等的信函（1931年4月14日）

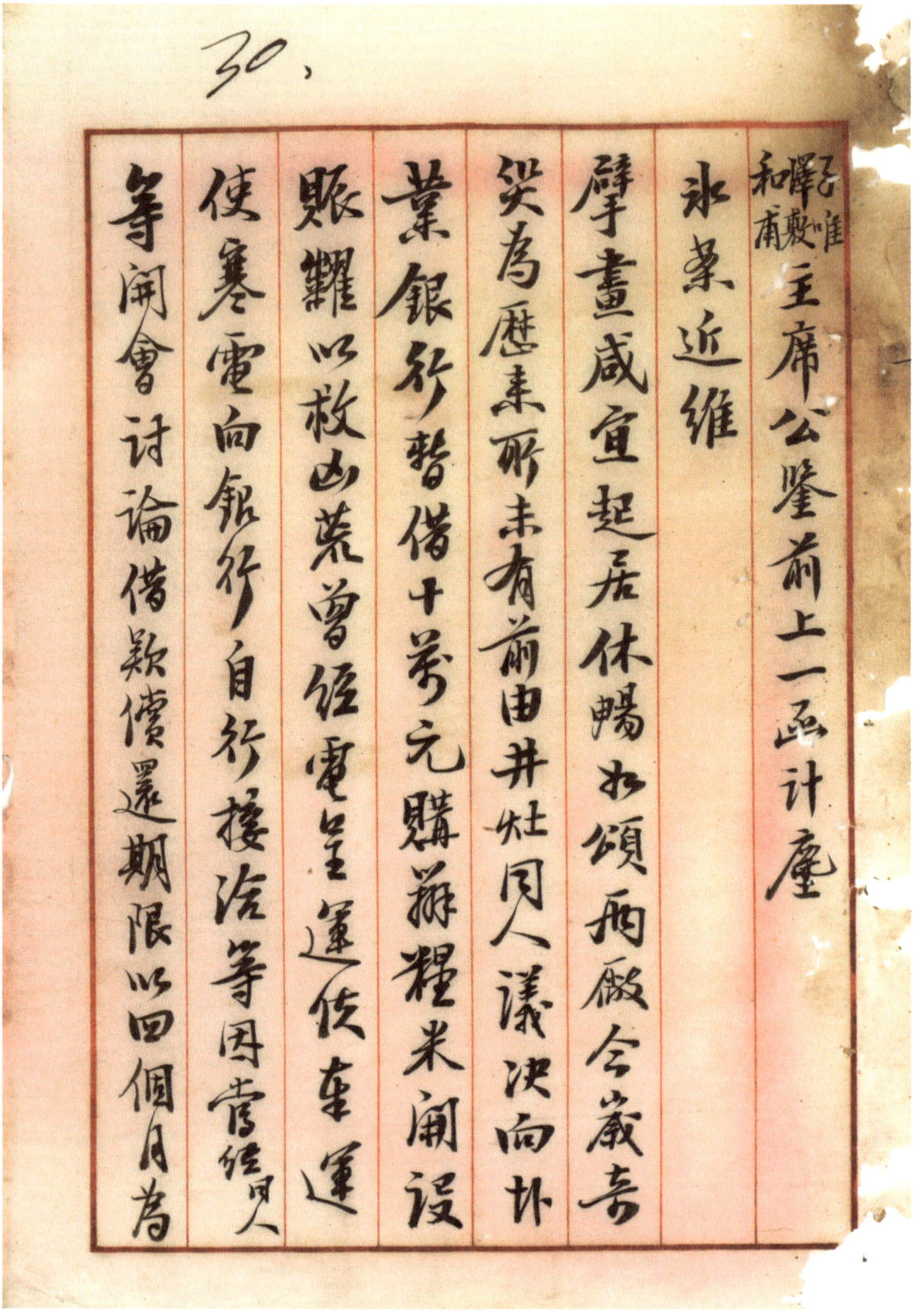

30,

子唯 擘毅 和甫 主席公鑒：前上一函，計蒙
垂察。近維
擘畫咸宜，起居休暢為頌。兩廠今歲奇
災，為歷來所未有，前由井灶同人議決，向鹽
業銀行暫借十萬元購辦糧米，開設
賑糶，以救凶荒，曾經電呈運使。車運
使寒電向銀行自行接洽等因，嘗經同人
等開會討論，借款償還期限以四個月為

準并以富榮東西場灶商公司執臣鹽崖水
公司之經副理爲共同負責擔保人陳詳細
函達鹽業銀行外並函請
台端速向銀行接洽迄今該旬未奉
環示飢民待哺艱半殊殷現已於本月四號
開亦平糶飢民丁口多至十五萬有奇每日、
發放約需糧米一百五拾担每月折耗在六萬元
左右撥藉之個月以度此青黄不接之時即

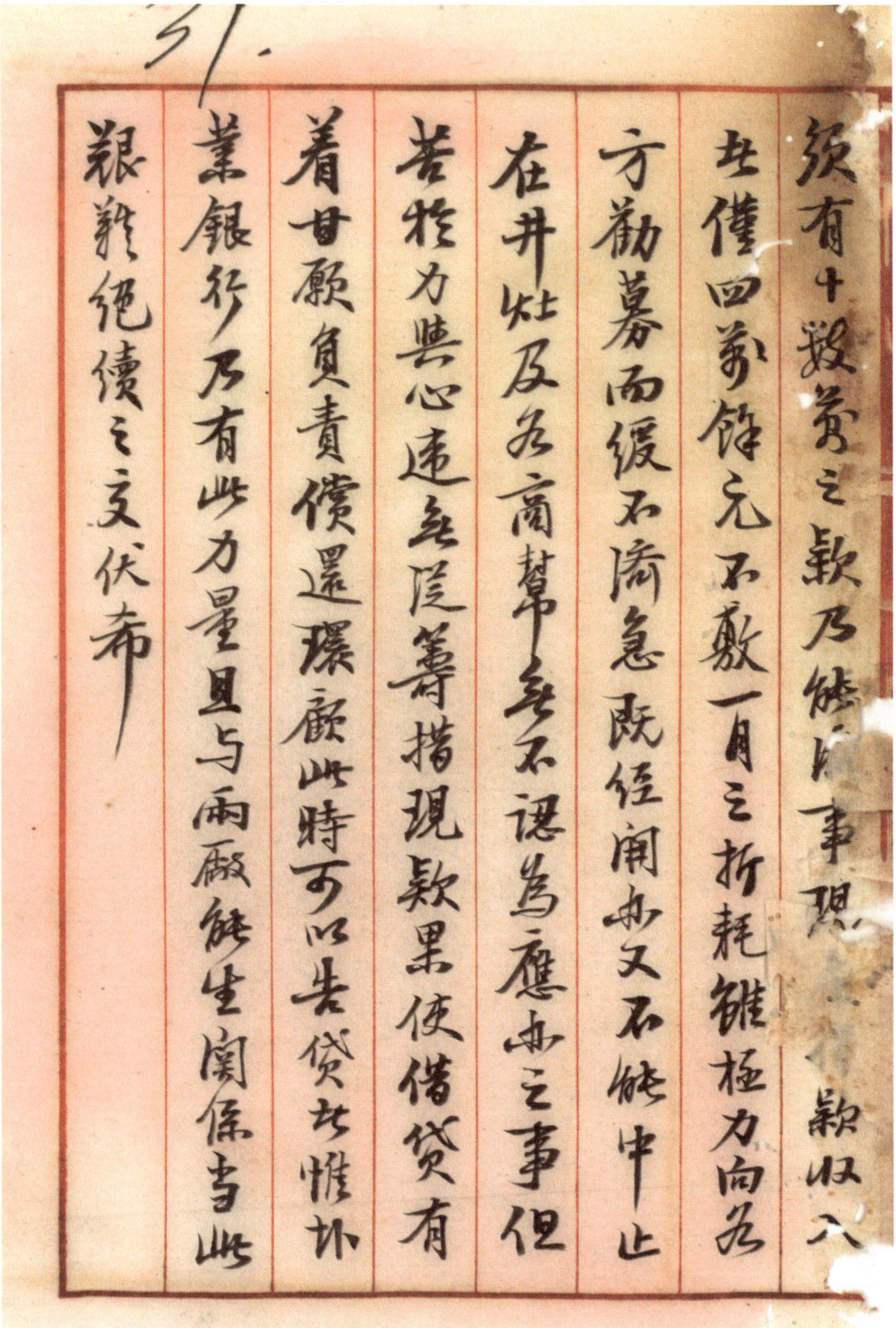

須有十數萬之款乃能[illegible]事現[illegible]款收入並僅四萬餘元不敷一月之折耗雖極力向各方勸募而緩不濟急既經開[illegible]又不能中止在井灶及各商幫無不認為應办之事但苦於力與心違無從籌措現款果使借貸有着甘願負責償還環[illegible]此時可以告貸者惟本業銀行乃有此力量且与兩廠能生關係當此艱難絕續之交伏希

諸公垂念災黎，盡責向銀行接洽貸款，俾收效致，則清除浩劫，賢豪之惠澤如天，免於死亡饑民之感恩無地，凡人等不勝翹企拜禱之至。專此敬請

台安並候

回幕不具

列列旅渝同鄉先生統此恕另

自貢市籌賑委員會常務委員 高雲湜 宋俊臣

四月十四日

71　0017-001-0321-034

宋俊臣、高云从等为已将成立井富（自流井—富顺）马路股东会筹备处具文呈报督办行署核办请予鼎力协助等事致兆公师长的信函（1932年）

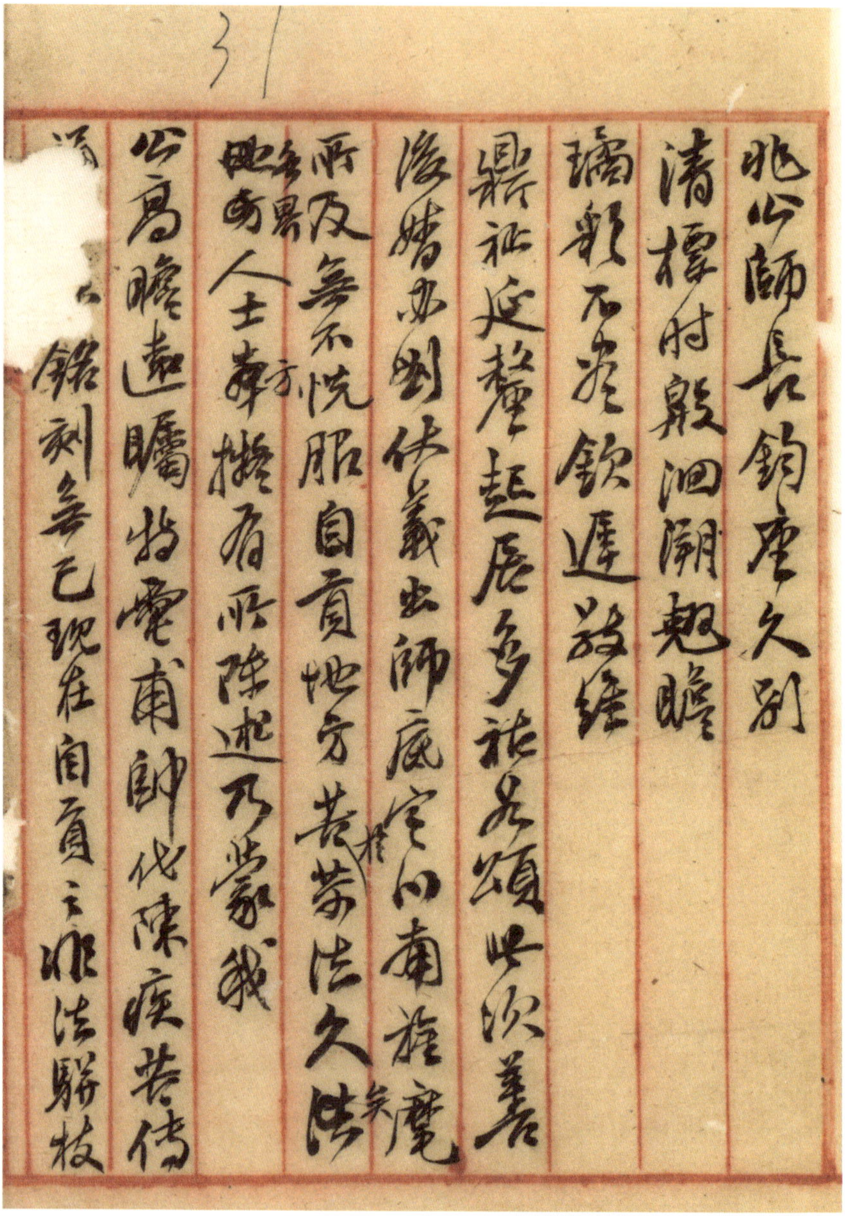

兆公师长钧座：久别
清标，时殷溯洄；勉瞻
玮彩，不胜钦迟。敬维
麾旌延整，起居多祉为颂。此次善
后督办刘[illegible]义出师，底定川南，旌麾
所及，无不悦服。自贡地方苦于苛法久矣。
敝县地方人士奔走拥护，有所陈述，乃蒙我
公高瞻远瞩，将电甫帅代陈疾苦，俾
[illegible]铭刻无已。现在自贡之非法联校

注：兆公，其信息不详。

……憲帥鈞鑒為公安大隊市政公所

自京軍事警察總局并商馬路局等無線

機關皆已經派員接轄其轄境〔指〕其并商

并商并橋馬路等項亦皆羅免設官前來

鈞〔注〕覽核華洋感曉之盛律也惟并商馬路係

已經成功似應還民有路權自行辦理營業

尤爲欠妥與其處國人營現已〔成立〕撥其并商馬

路籌〔昭家〕備要前〔是安〕年呈根據辦行署〔明〕擬閱

知行署已交〔復設併〕查慶將辦署者檢辦此事閱

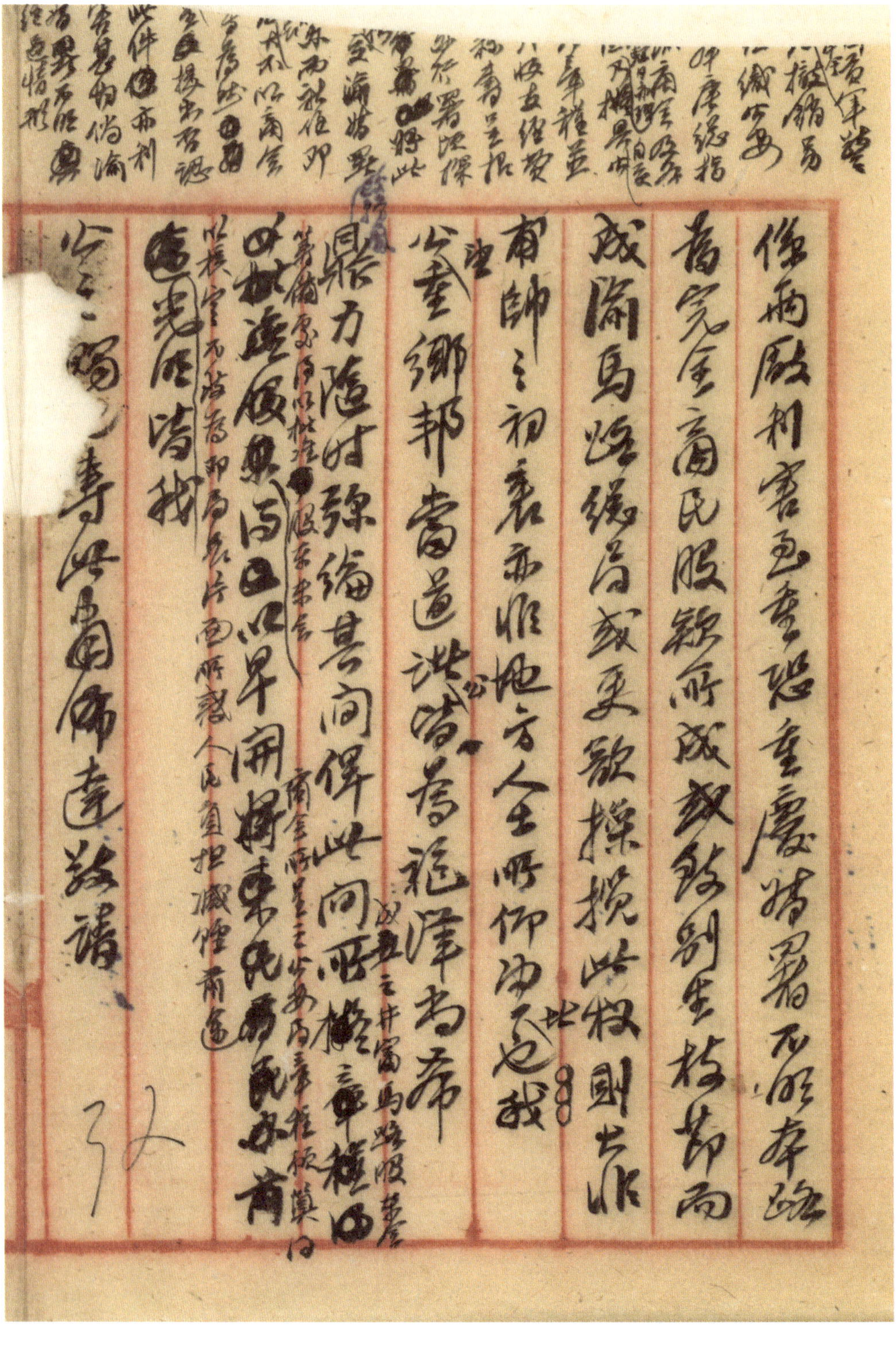

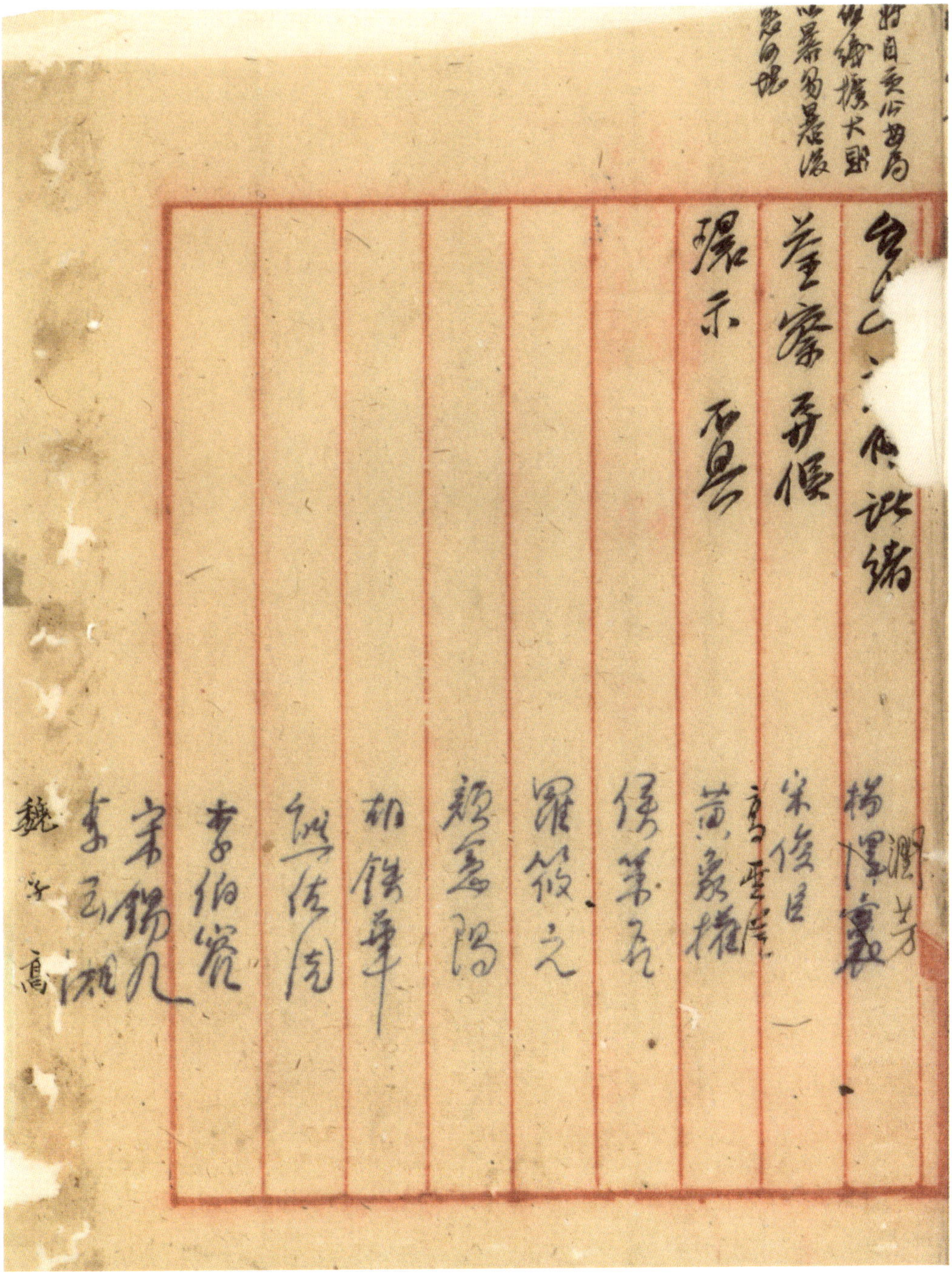

宋俊臣

胡鐵華

宋錫九

72　0017-001-0353-043

宋俊臣为请予指示发放赈济粮米办法事致李秉熙、熊佐周的信函（1937年4月11日）

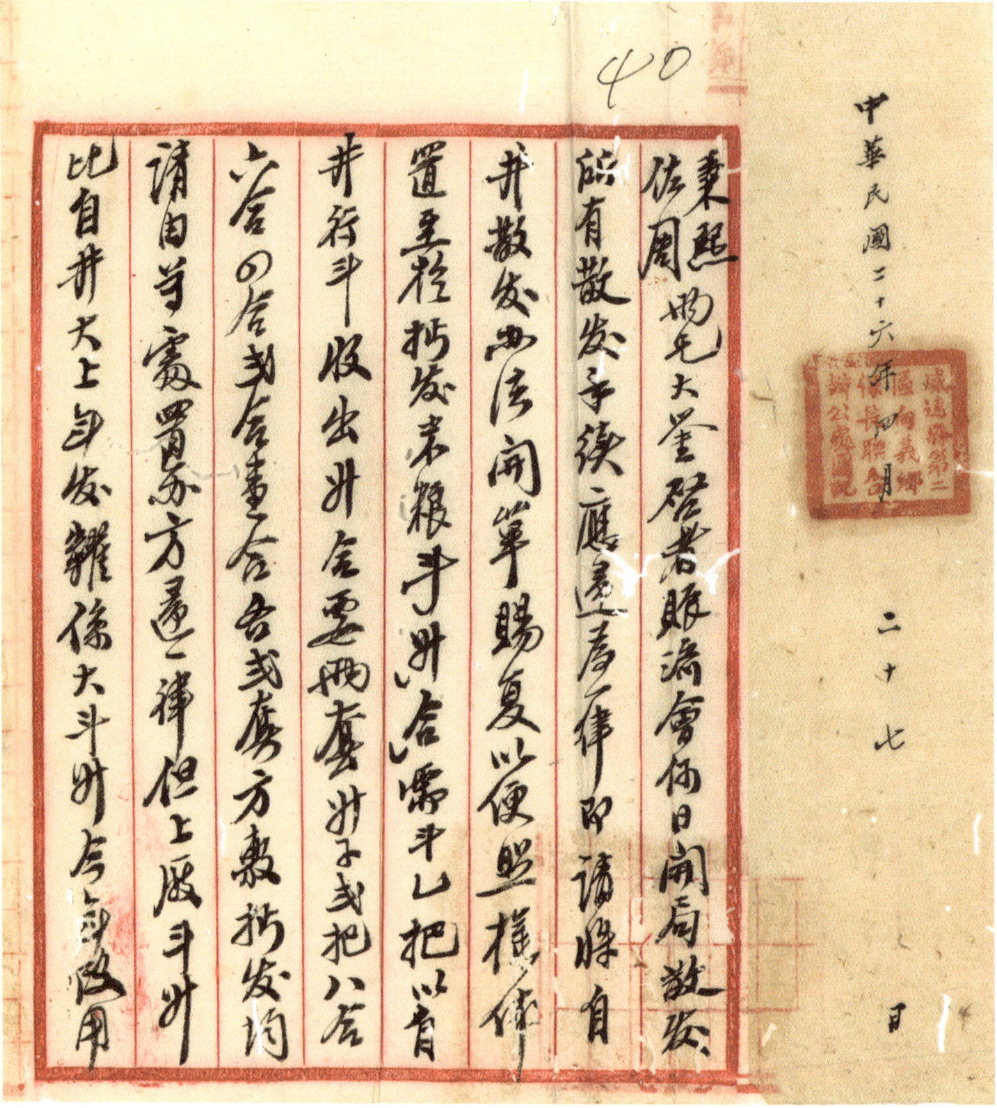

秉熙
佐周仁兄大鉴：昨者赈济会作日开局散发，
所有散发手续应遵一律，即请将自
井散发办法开单赐复，以便照样，俾
置运至桂拨发米粮斗升以合，需斗以把以肯
井行斗收出升合，要册查井子或把八合
六合四合或合，专合合或众方数拨发均
请自当处买各方遵一律，但上服斗升
比自井大上自发，杂系大斗升，合各改用

中華民國二十六年四月二十七日

注：秉熙，即李秉熙，任职不详。
　　佐周，即熊佐周，任职不详。

41

自并此番散小則俾亦發文宜早之擬之告
以免貧民誤會造謠並在閘北發放之
日收到報未要當面明白宣告使其明白
事實方不免謠言至於極貧散米之期
比如滬一四七開辦即以一四七二五八散貧米糧
三六九為散極貧之期但最好擬為十日一次如
果以四日開辦次貧則以逢六（每月）三日散極貧
則係初六十六廿六也則每月三九備為閘北地

若果次貨愈多，則改為三三九斤數，次則自會逐十
數極貨更為妥貼，則數米亦可免擁擠之
慮。探聞某附近各鄉場米谷粮不純買
入，有若之主賣出六擔，二三擔石一次之數，并作
三角五分半買不上，半斤買賬且轉開發
後每擔可也。茲有李次文前來，請將斤數
丹子根數次極貨丁口屬為更改人填寫
留復留伊經手來填，所填責丁口以便使

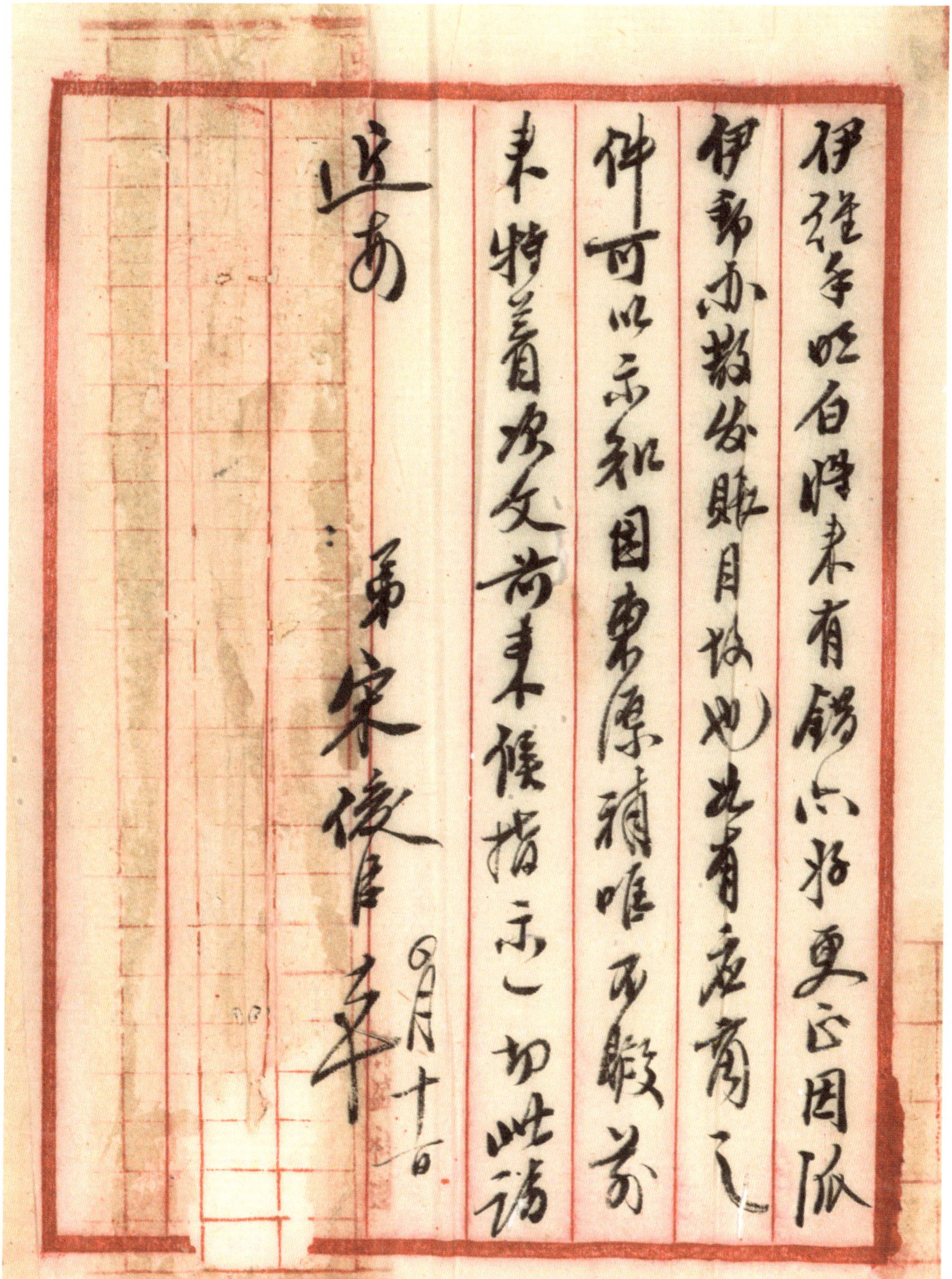

伊犁年旺白将来有错亦将更正因派
伊郭亦拨发账目核对如有应备之
件可以示知因东原稿唯可缴前
来特着复文前来候指示一切此请
近安
弟宋俊臣叩
9月十日

黄象权

人物简介

黄象权（1887—1950），四川自贡人。辛亥革命后，黄象权组织联合贡井仁字辈袍哥，成立“同仁社”，并任“总舵把子”。主要在富荣西场兴办盐业，掌管龙潮井、同济灶等。曾任贡井盐场场商联合办事处主任、富荣西场卤井联合交易处经理、富荣西场灶商制盐公司经理、中华盐业股份有限公司董事长等职。其经营领域还涉及金融，担任自流井裕商银行常务董事、宏裕银号董事长。还曾担任自贡市商会主席、自贡市从善福利会副会长、自贡市贡井盐场医院常务董事、自贡市市立救济院董事会董事、自贡市乞丐收容所常务董事及自贡市私立旭川初级中学等多所中学校董会董事。

73　0017-001-0569-004

黄象权、宋俊臣等为请予示期召集湧江井涉案当事人调解事致侯策名的信函（1933年1月11日）

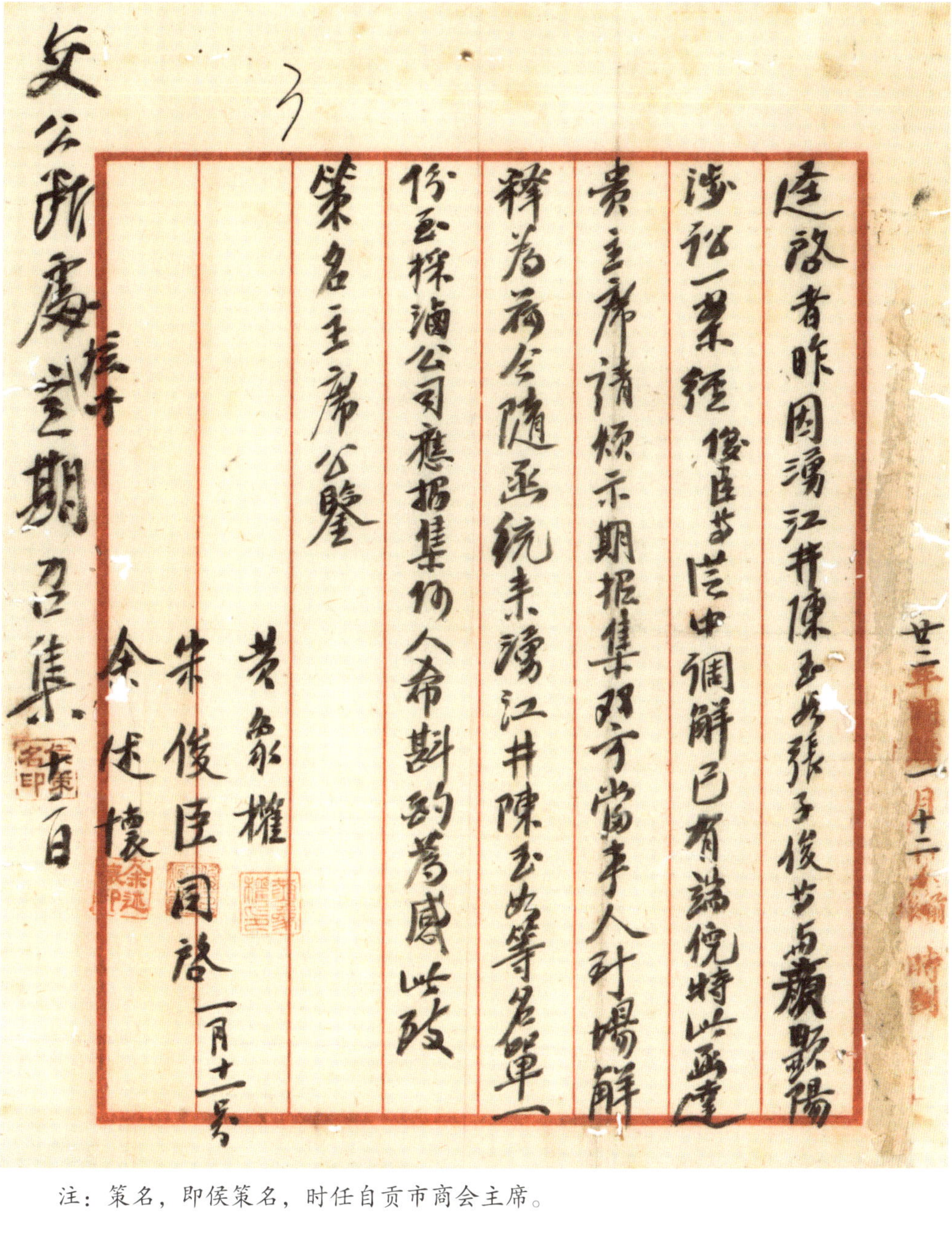

逕啓者昨因湧江井陳玉如張子俊等與顏歌陽涉訟一案經俊臣等從中調解已有端倪特此函達
貴主席請煩示期召集雙方當事人到場解釋為荷合隨函統呈湧江井陳玉如等名單一份函採滷公司應請召集何人希斟酌為感此致
策名主席公鑒
黃象權
宋俊臣　同啓
余述懷
一月十一号

注：策名，即侯策名，时任自贡市商会主席。

74　0017-001-0312-041

黄象权为因病不能出席钧记债务人财产评价委员会会议等事致李秉熙、侯性涵的信函（1949年8月14日）

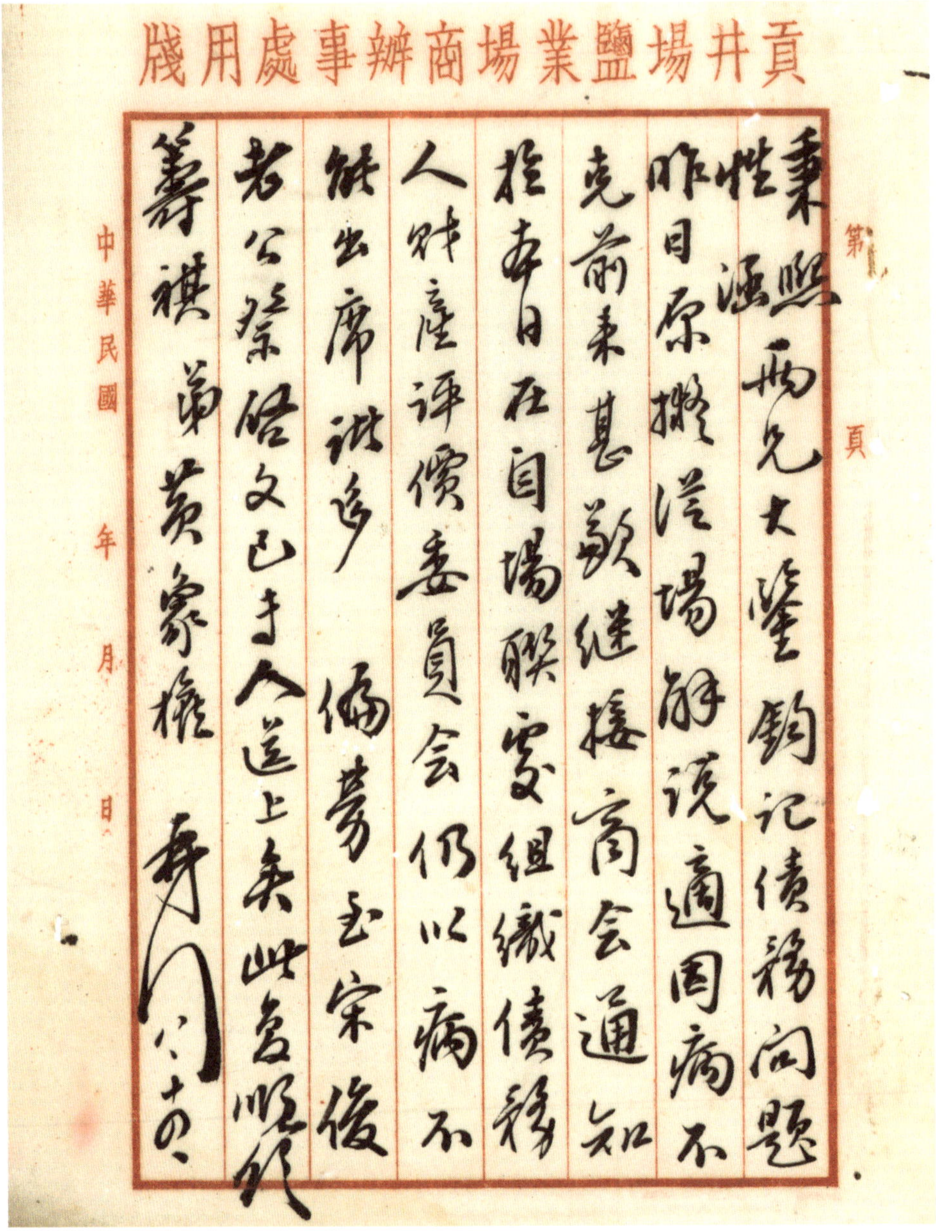

貢井場鹽業場商辦事處用箋

第　頁

秉熙
性涵两兄大鉴：钧记债务问题
昨日原拟往场解说，适因病不
克前来，甚歉。继接商会通知
推本日在自场联席组织债务
人财产评价委员会，仍以病不
能出席，谨此备函偏劳玉宗。後
者公祭绍文已于今送上矣。此复，顺颂
筹祺
弟黄象权拜　八、十四

中華民國　年　月　日

注：秉熙，即李秉熙，时任自贡市商会常务监事。
性涵，即侯性涵，时任自贡市商会理事长。

75　0017-001-0439-089

黄象权为送法院之大队部成立公函书写有误暂不送出事致王学渊的信函（3月14日）

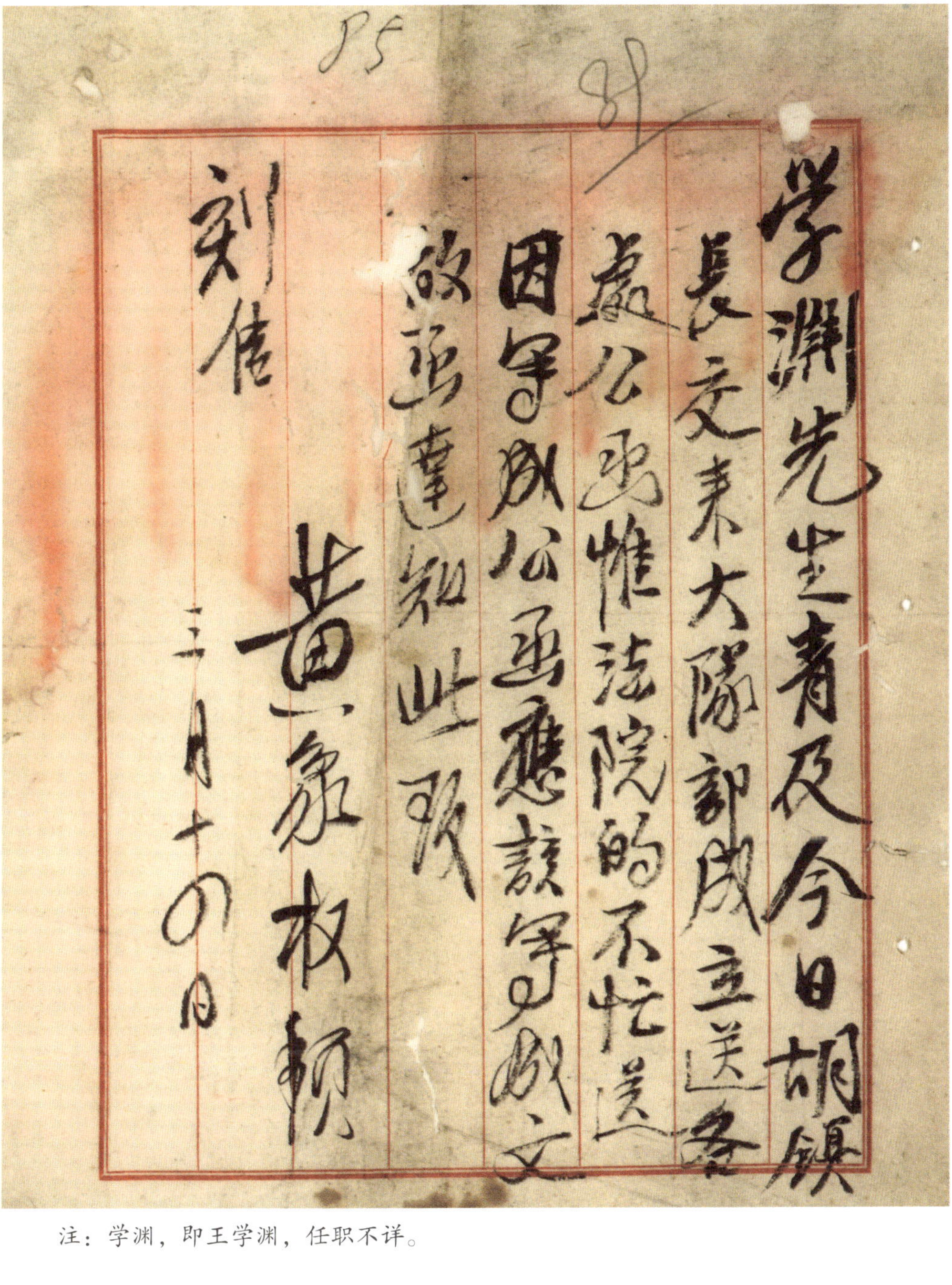

学渊先生青及：今日胡镇長交来大隊部成立送各處公函，惟法院的不忙送，因写成公函，應該写呈文，故函達知。此致
黄象权頓
三月十四日
刘信

注：学渊，即王学渊，任职不详。

76 0017-001-0439-025

黄象权为请予及时写好请托书并于第二日专兵送达及宜春井派伙饷事致□雨青的信函（时间不详）

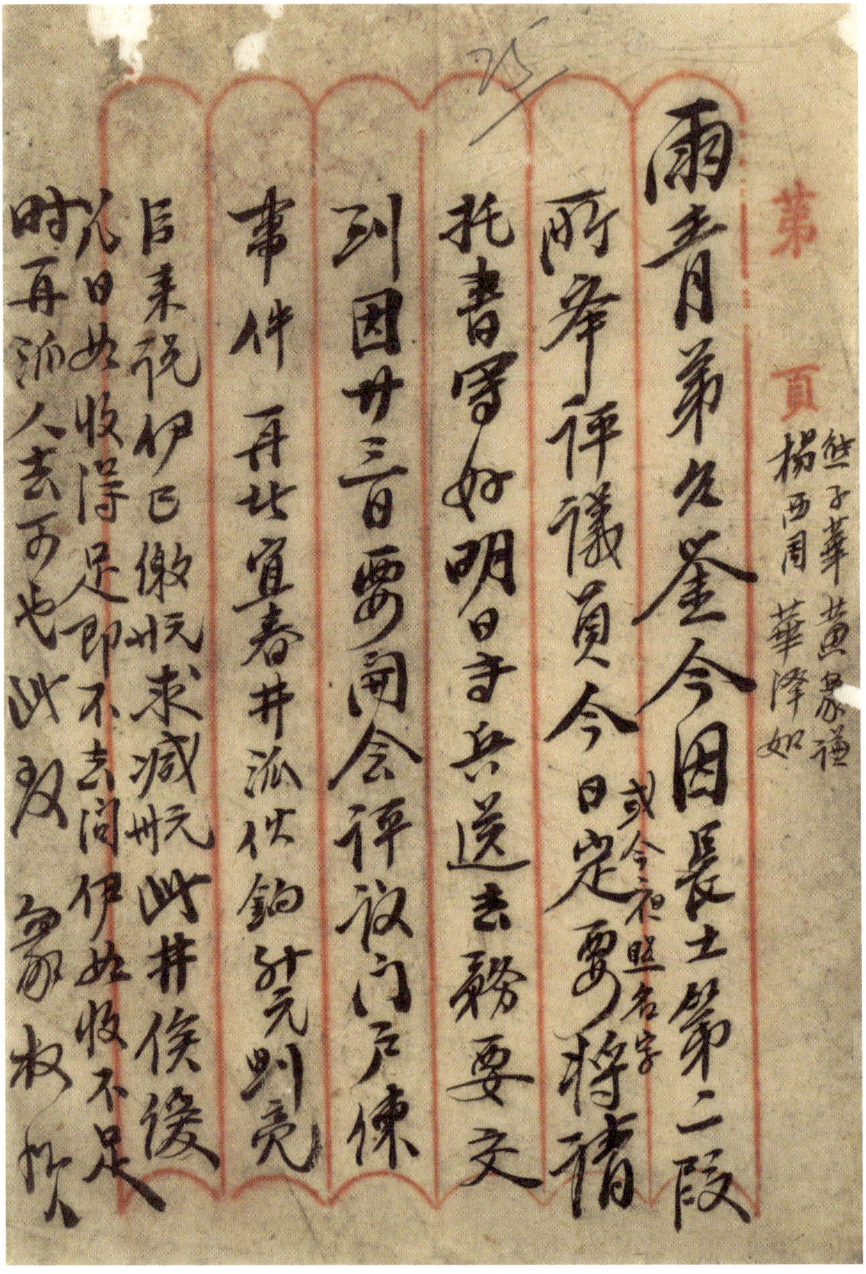

雨青弟台鉴：今因长土第二段所举评议员，今日定要将请托书写好，明日专兵送去，务要交到，因廿三日要开会评议门户[illegible]事件。再此宜春井派伙饷，计元则充，后来说伊已缴，恍求减恍。此井候后几日如收得足，即不去问；伊如收不足时，再派人去可也。此叙，象权[illegible]

注：雨青，其信息不详。

宋席九

人物简介

宋席九（1902—？），四川内江人。毕业于四川志诚法政专门学校。其盐业经营范围主要在富荣西场，担任黑卤井公会理事长、贡井盐场灶商会主席、富荣西场井公会主席。此外，还曾任自贡市商会常务委员、自贡市参议会参议员、自流井裕商银行常务董事、井富民业马路股份有限公司常务董事、自贡市私立旭川初级中学等校董事会董事、自贡市立救济院董事会董事、自贡市赈济委员会委员、自贡市公益费管理委员会委员。

77　0017-001-0194-099

宋席九为平衡垢垱区与贡井抽收猪牙行费用事致熊佐周的信函（1933年8月20日）

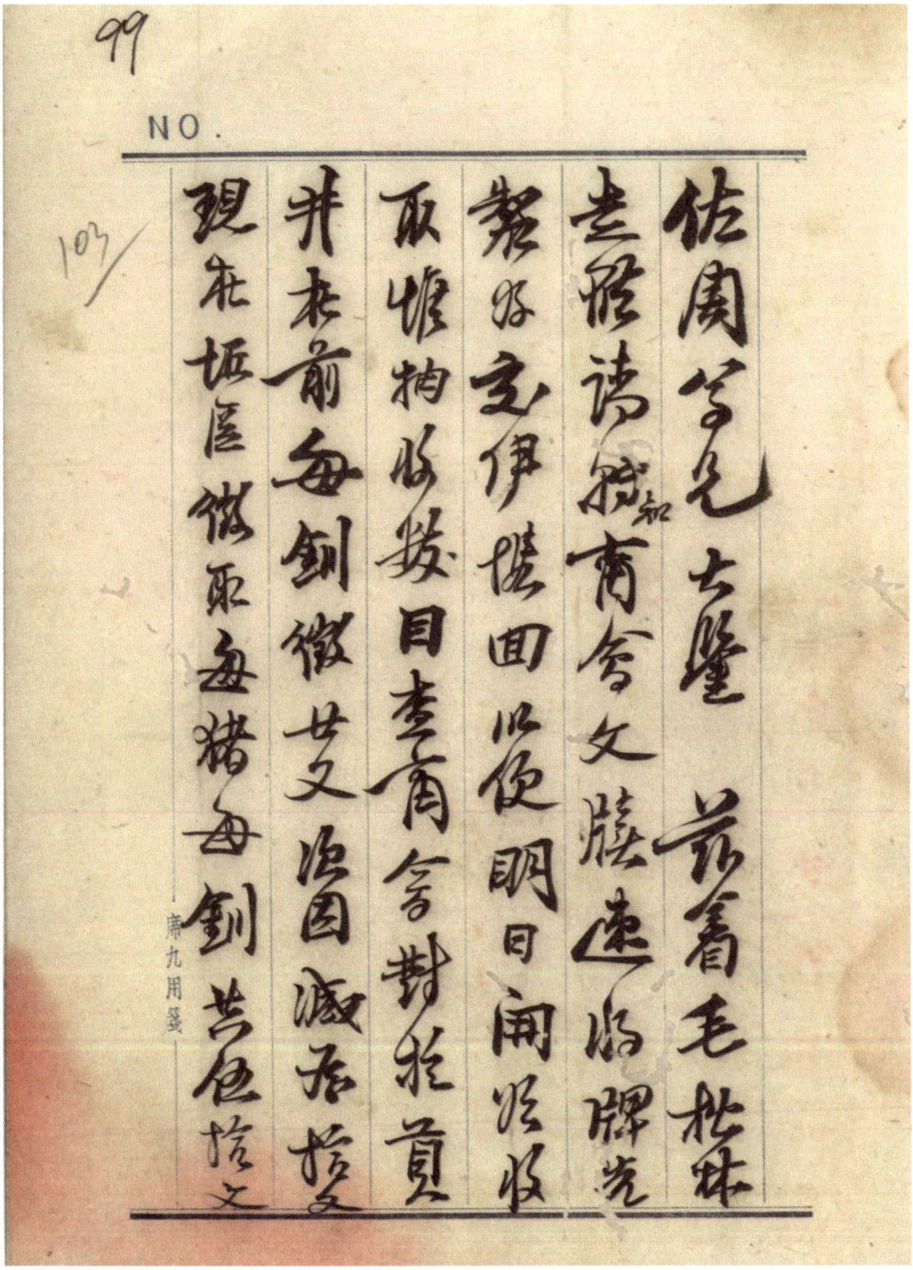

99

NO.

103

佐周学兄大鉴：前奉毛枕林先生请转知商会文，腾速将牌先暂行交伊据回，以便明日开始收取。惟抽收费目，查商会对于贡井本前每斤征廿文，后因减至核文；现在垢区征取每猪每斤共包拾文

席九用笺

注：佐周，即熊佐周，时任自贡市商会常务委员。

100

NO.

自井價三塔五文，弟意商會徵取費共為三塔文（自廢曆七月一日起），以便與垣區相平，為合算。今晨已與張毅盤面商，已取得同意。並將出產之包每年增費諸鎮，至為以便貨運，辦法為妥，餘由杉林面詳。此頌

時祉

弟 宋席九 頓首

席九用箋

1044

78　0017-001-0675-027

宋席九、曾蜀良为未能调解张忠培与王绍增纠葛事致自贡市商会的信函（1935年10月15日）

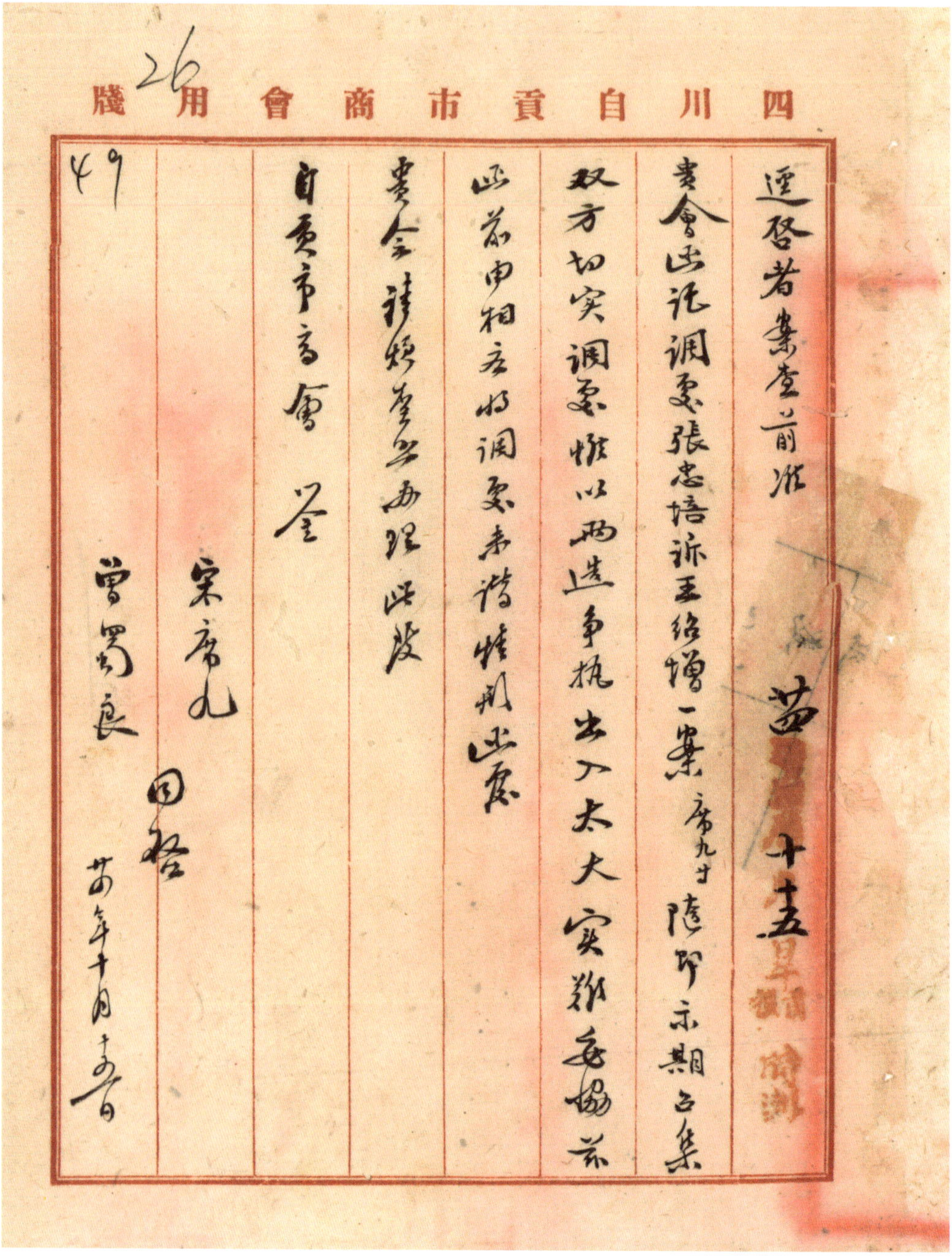

四川自貢市商會用牋

逕啓者：案查前准
貴會函託調處張忠培訴王紹增一案，席九等隨即示期召集雙方切實調處，惟以兩造爭執出入太大，實難妥協，茲函前由相應將調處未諧情形函復
貴會請煩查照辦理。此致
自貢市商會
宋席九
曾蜀良　同啓
廿四年十月十五日

79　0017-001-0805-060

宋席九为委托黄切思全权代表复选常务理事与理事长事致自贡市商会的信函（1947年2月18日）

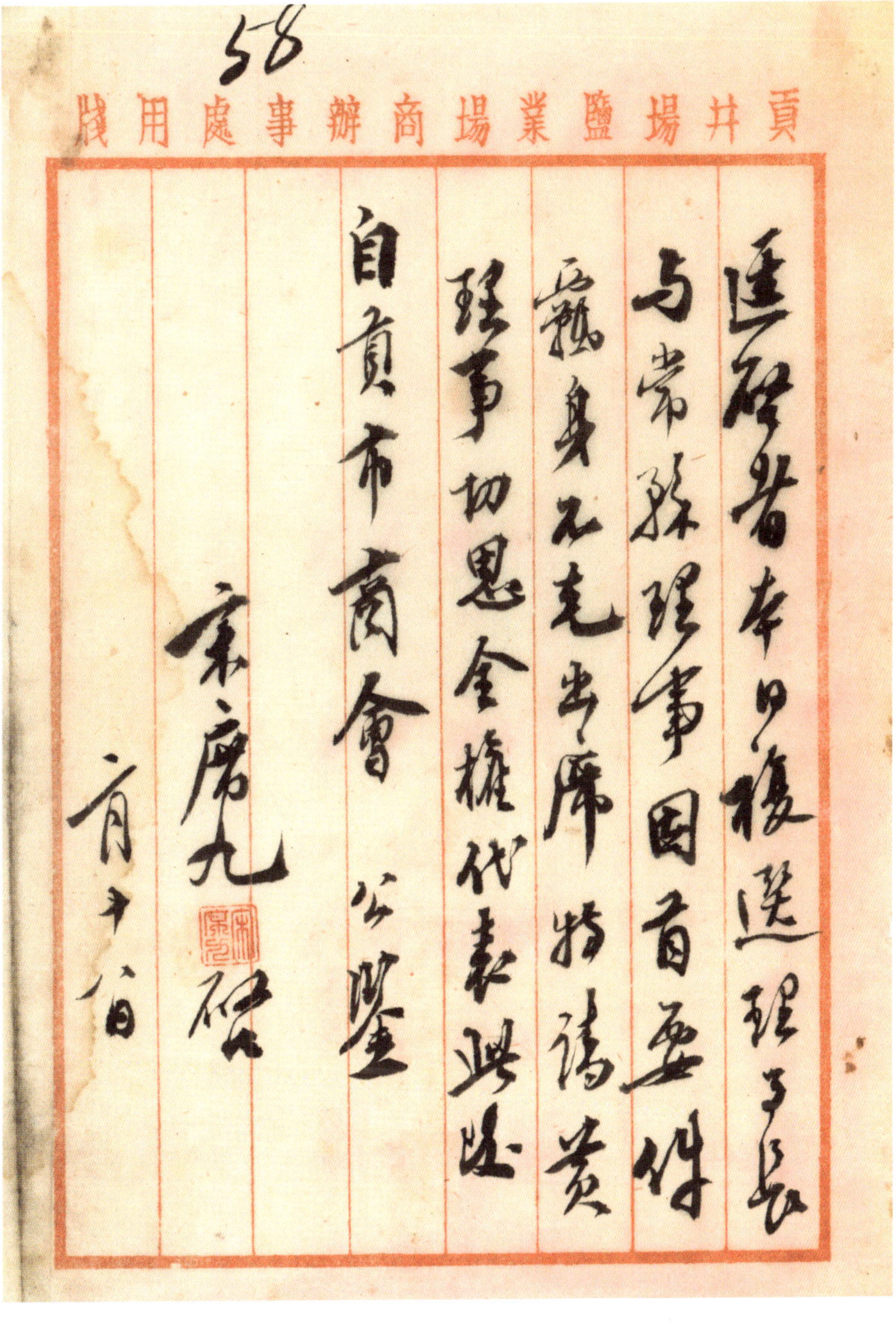

58

貢井場鹽業場商辦事處用牋

逕啟者本日複選理事長與常務理事因有要件羈身不克出席特請黃理事切思全權代表與選

自貢市商會　公鑒

宋席九啟

二月十八日

侯策名

人物简介

侯策名（1886—1978），四川自贡人。少时在盐号中当学徒，积累资金后经营盐务及金融事业。曾担任自贡市源新枧经理、四川盐业股份有限公司董事、自贡市商会理事长、自贡运盐公会理事长、自流井裕商银行经理、自贡市赈济委员会委员、自贡市私立培德初级中学校和自贡市私立蜀光中学校董会董事、自贡市新生活运动促进会主席。新中国成立后，为抗美援朝战争捐款2万元。1954年4月，积极响应党关于试点实行公私合营的号召，自愿将所属能经营的全部企业参加公私合营。曾任第三届全国人民代表大会代表，第一、第二、第三届四川省人民代表大会代表，自贡市副市长，中国人民政治协商会议第三届全国委员会委员，中国民主建国会中央委员会委员，四川省工商联副主任委员等职。

80　0017-001-0261-022

侯策名、熊佐周为请予接洽李秉熙及如数拨交自贡市商会前期借垫款事致陈汉清、刘绍舟的信函（1933年9月19日）

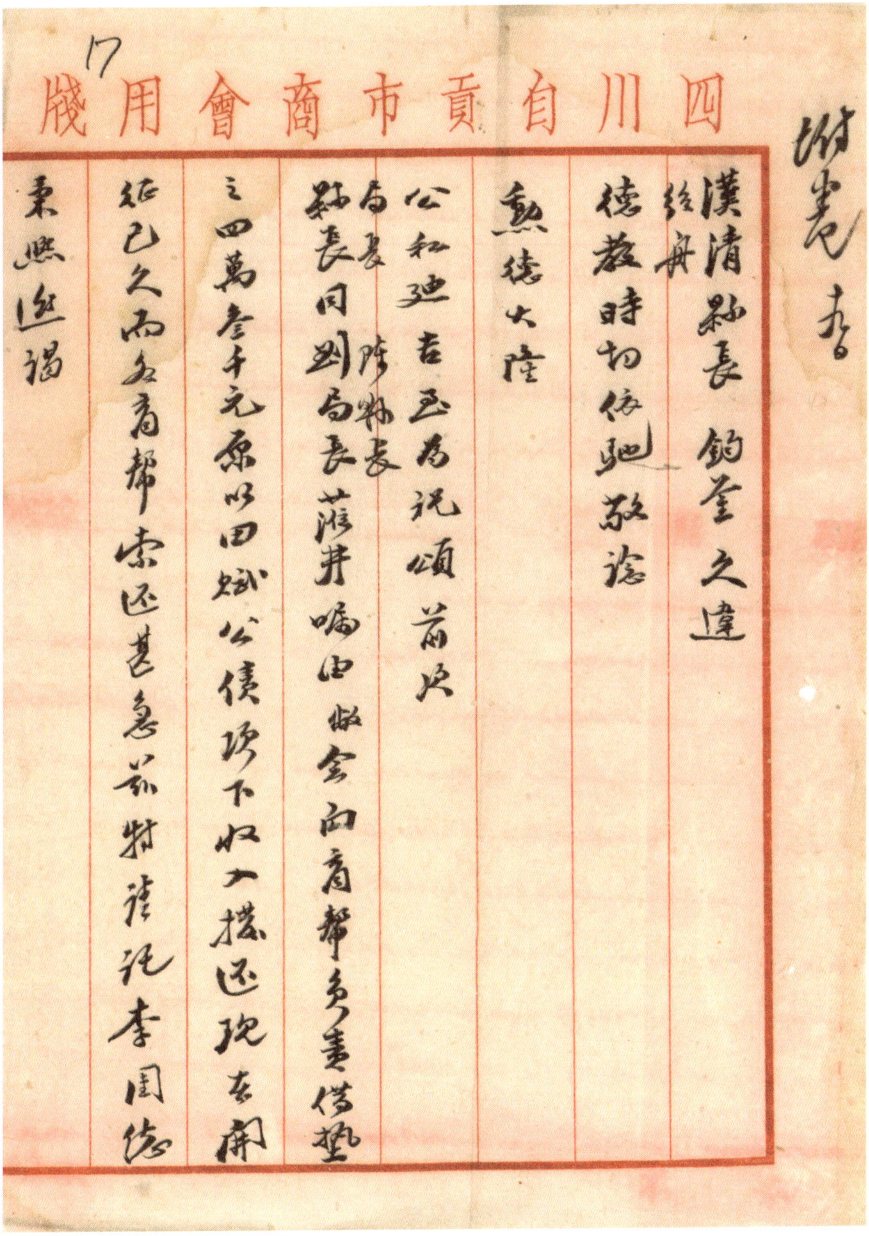
17
四川自貢市商會用箋
附卷 存
漢清縣長　紹舟 鈞鑒 久違
德教 時切依馳 敬諗
勲綏大隆
公私迪吉 至為祝頌 前次
局長 陳縣長
縣長同劉局長蒞井囑由敝會向商幫分重借墊
之四萬叁千元原以田賦公債項下收入撥還欣開
征已久而各商幫索還甚急茲特請託李周德
秉熙造謁

注：汉清，即陈汉清，时任富顺县县长。
绍舟，即刘绍舟，字耀鱼，时任富顺县征收局局长。

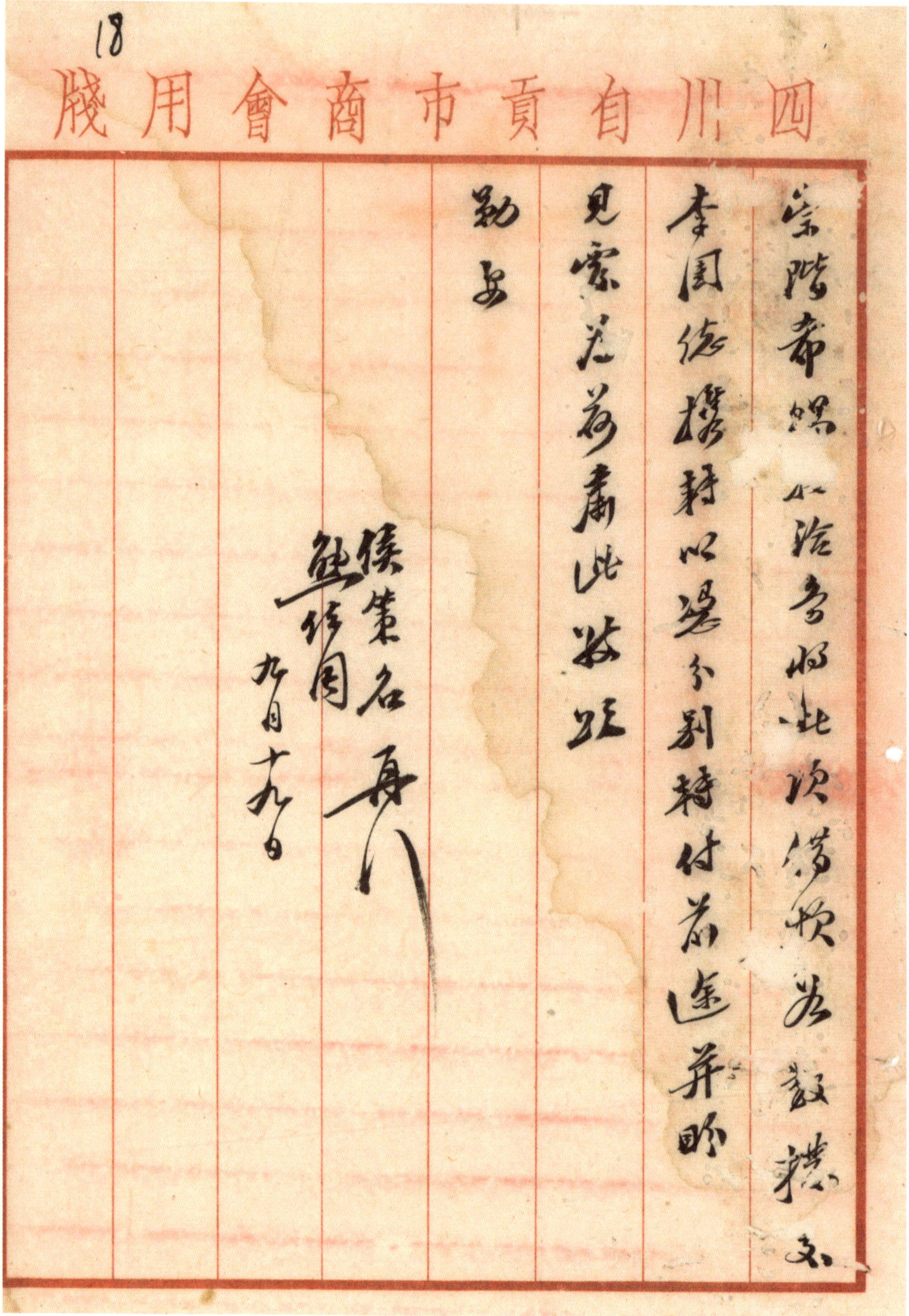
18
四川自貢市商會用牋
宗陛希照洽為盼此次借款若數撥交
李園修樓轉以還分別轉付前途並盼
見示是荷肅此敬頌
勛安
侯策名
熊佐周
九月十九日

81　0017-001-0261-039

侯策名、熊佐周为正与李秉熙等设法筹借所嘱款项及请如数拨还过期借款利息等事致闵永濂、郝忠泰的信函（1934年1月18日）

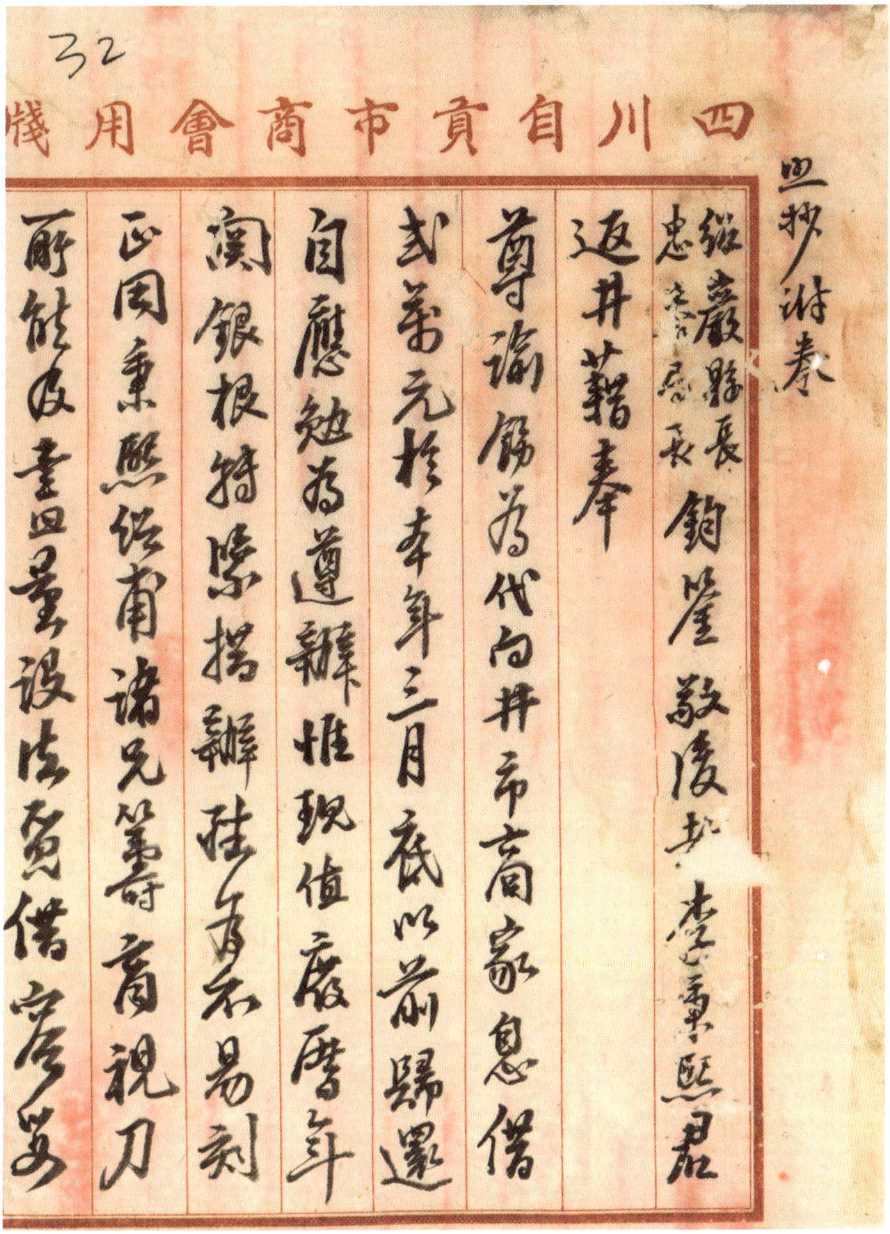
32

四川自貢市商會用箋

回抄附奉

紹巖縣長
忠泰局長鈞鑒：敬復者，李秉熙君返井，籍奉尊諭，囑為代向井市商家息借弍萬元，於本年三月底以前歸還，自應勉為遵辦。惟現值歲暮年關，銀根特緊，措辦殊有不易。刻正同秉熙、紹甫諸兄籌商，視力所能及，盡四星期設法貸借，容當

注：绍严，即闵永濂，字绍严，时任富顺县县长。

忠泰，即郝忠泰，时任富顺县征收局局长。

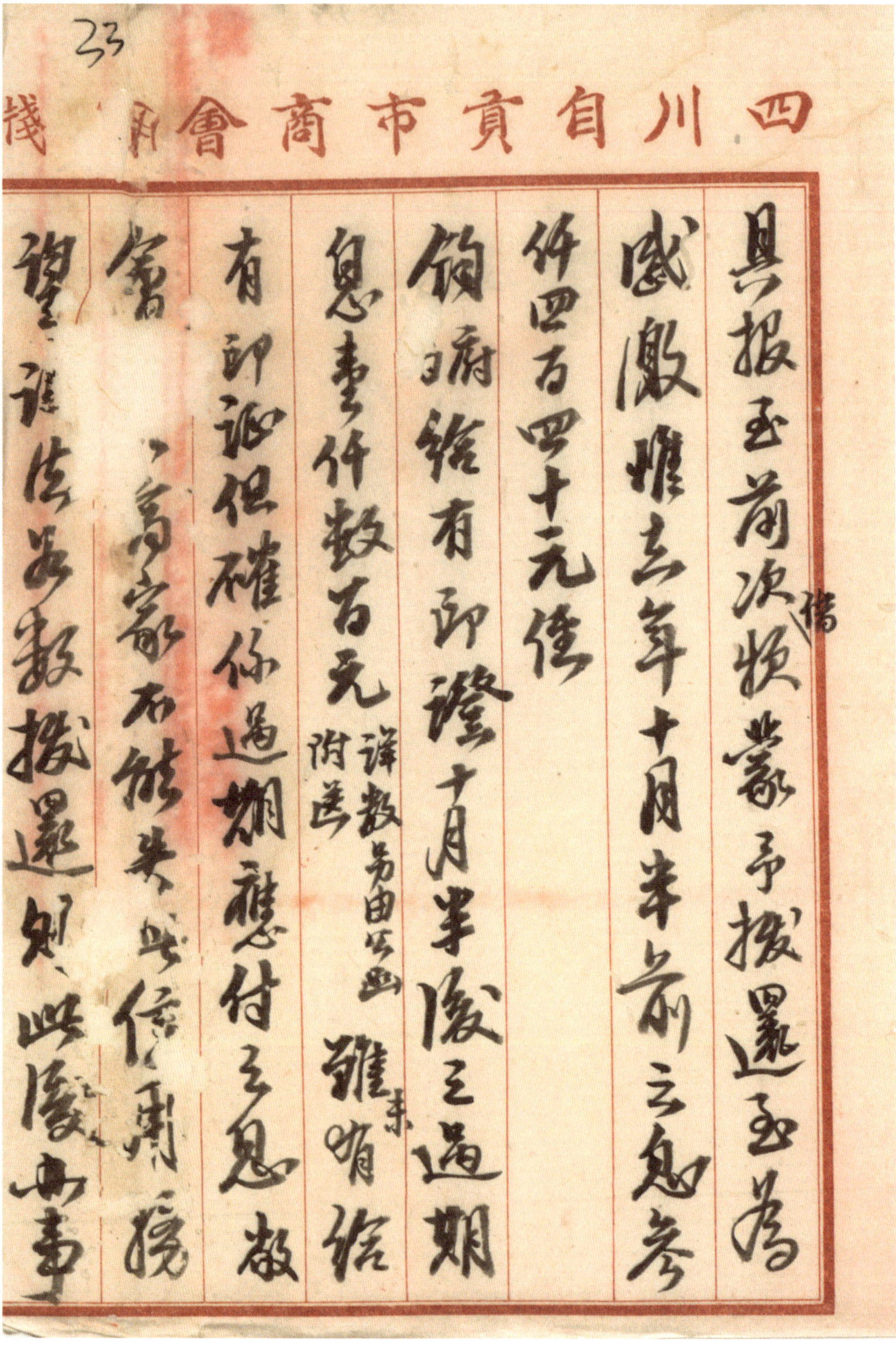

四川自貢市商會用箋

具報。查前次借款蒙　予撥還，查爲
感激。惟去年十月半前之息叁
仟四百四十元，係
鈞府給有印證，十月半後之過期
息壹仟數百元（詳數另由函附送），雖未明給
有印證，但確係過期舊息，付之息款
屬。商號窮，不能失此債權。懇
鑒諒，依照數撥還，則此後商事

34

四川自貢市商會用箋

亦發易也秉甫世孝履并頌

綏祺

侯策名 再拜

熊佐周

一月十日

82　0017-001-0261-071

侯策名为请赴富顺县征收局索款事致张绍甫的信函（1934年6月15日）

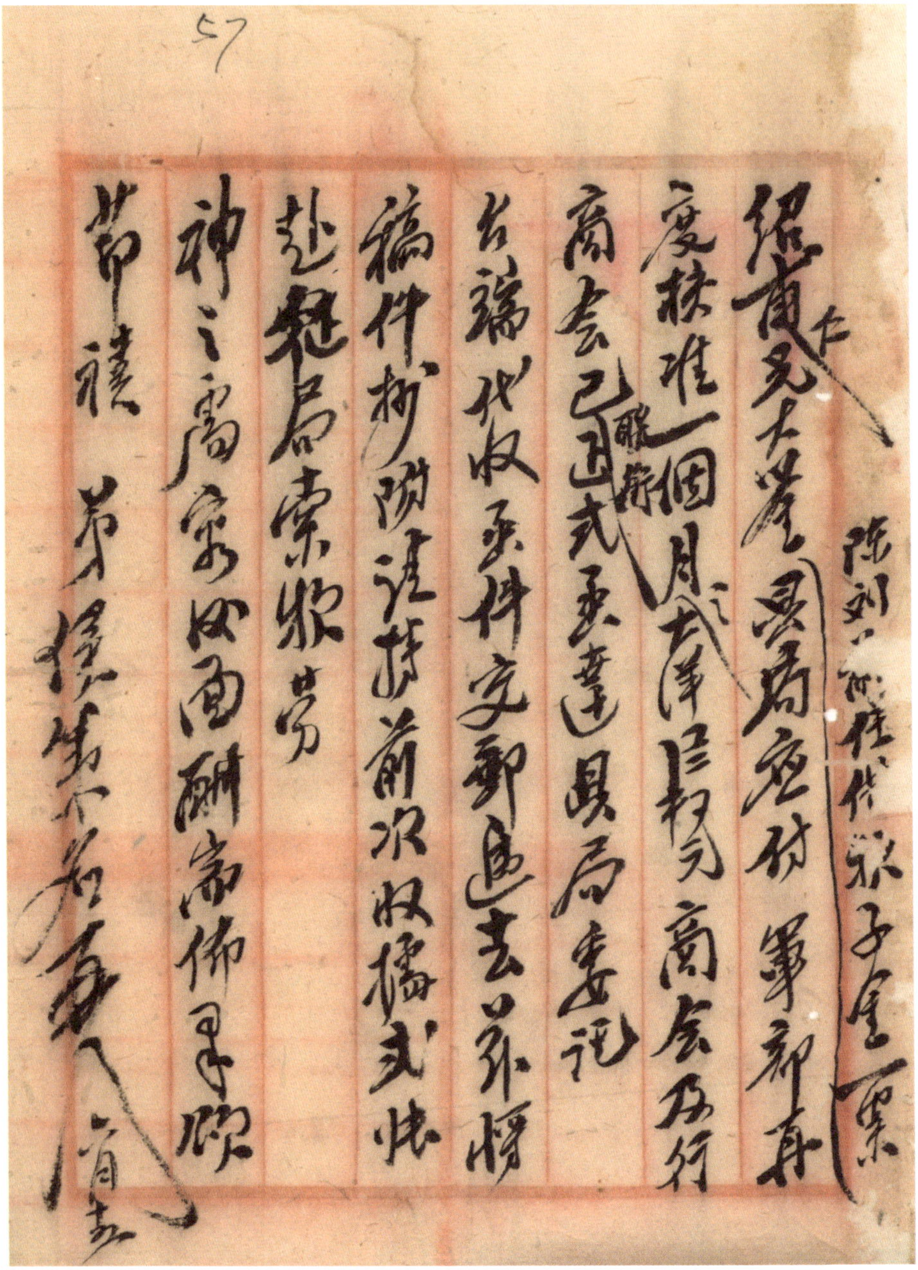

注：绍甫，即张绍甫，任职不详。

83　0017-001-0665-017

侯策名为邀请参加调解王浔九具诉王禹平案事致蔡克庸的信函（1934年11月15日）

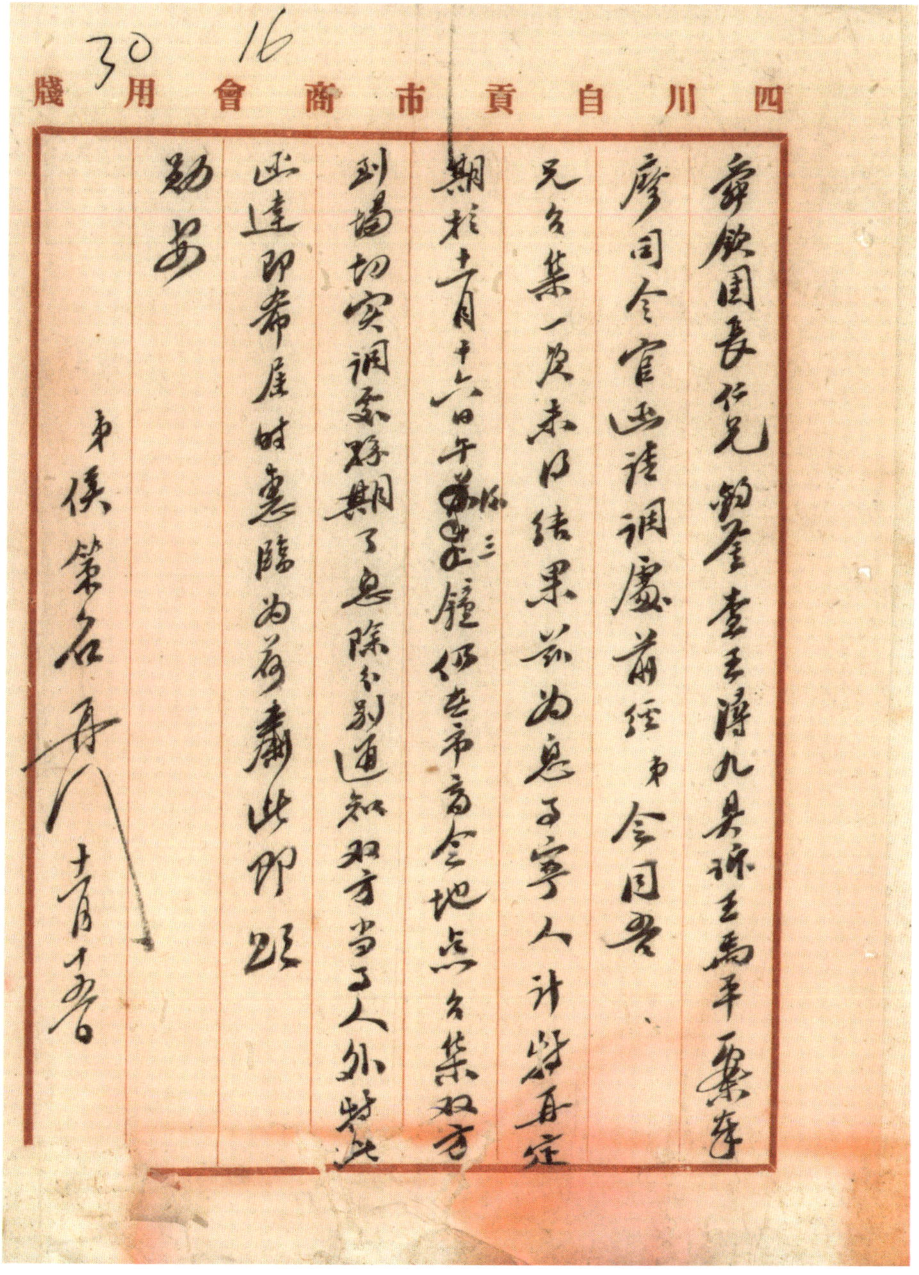

四川自貢市商會用牋

舜欽團長仁兄鈞鑒：查王潯九具訴王禹平案，業奉
廖司令官函請調處，前經本會團員
兄等集一次，未得結果，茲為息事寧人計，特再定
期於十一月十六日午後三點鐘仍在本市商會地點召集雙方
到場切實調處，務期了息，除分別通知雙方當事人外，特此
函達，即希屆時惠臨為荷。專此，即頌
勛安

弟 侯策名 拜
十一月十五

注：舜钦，即蔡克庸，字舜钦，任职不详。

84　0017-001-0659-007

侯策名为将起程赴渝参加成渝金融会议烦请代理自贡市商会事务事致熊佐周的信函（1934年11月20日）

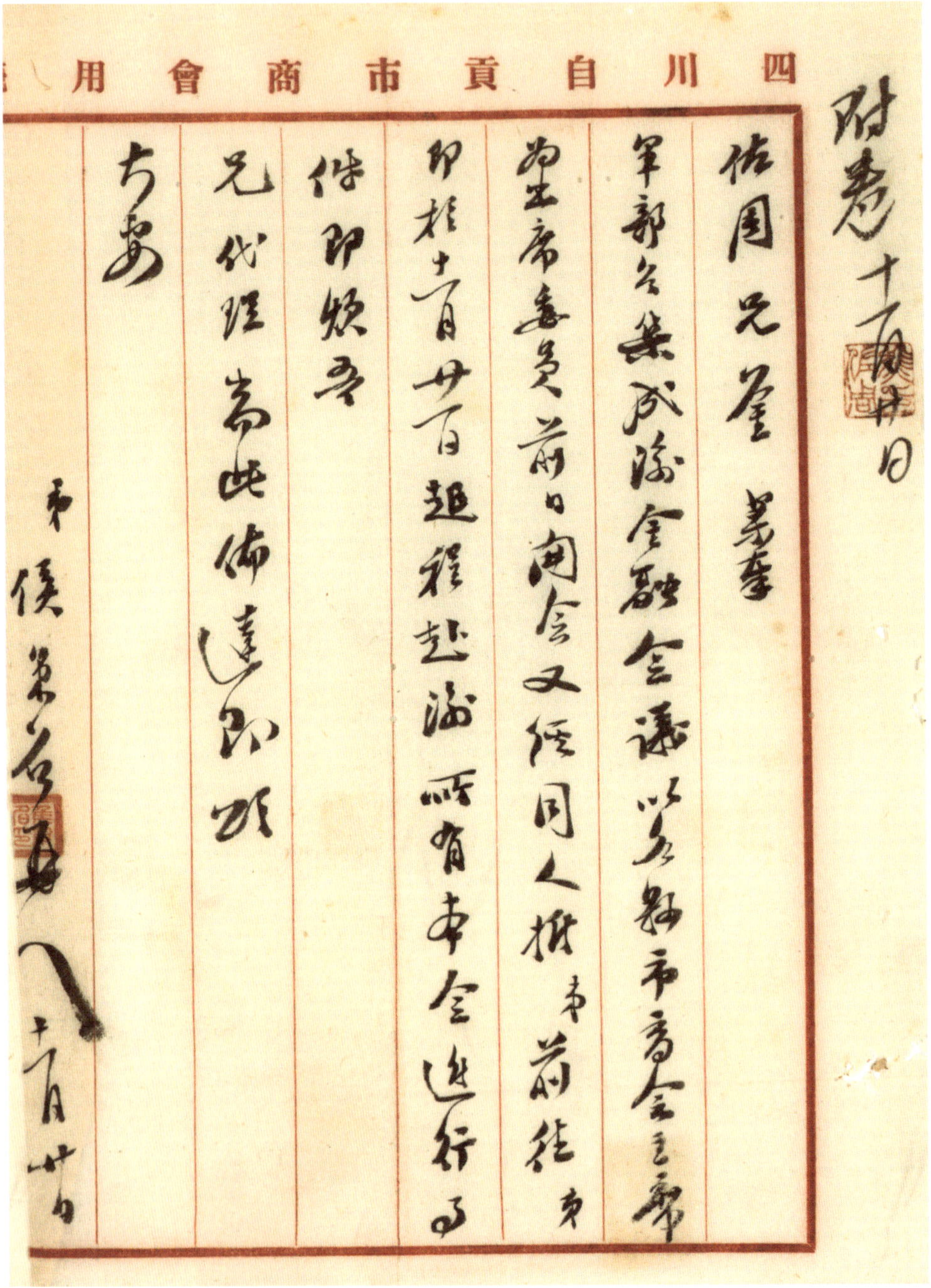

四川自貢市商會用箋

附卷 十一月廿一日

佐周兄鑒：茲奉
軍部召集成渝金融會議，以弟為市商會主席出席委員，前日開會又經同人推弟前往，弟即於十一月廿一日起程赴渝，所有本會進行事件即煩吾
兄代理，為此佈達，即頌
大安

弟侯策名頓
十一月廿日

85　0017-001-0636-096

侯策名为任满移交仲兴祥恕亨灶火圈账目事致李云湘的信函

（1935年1月9日）

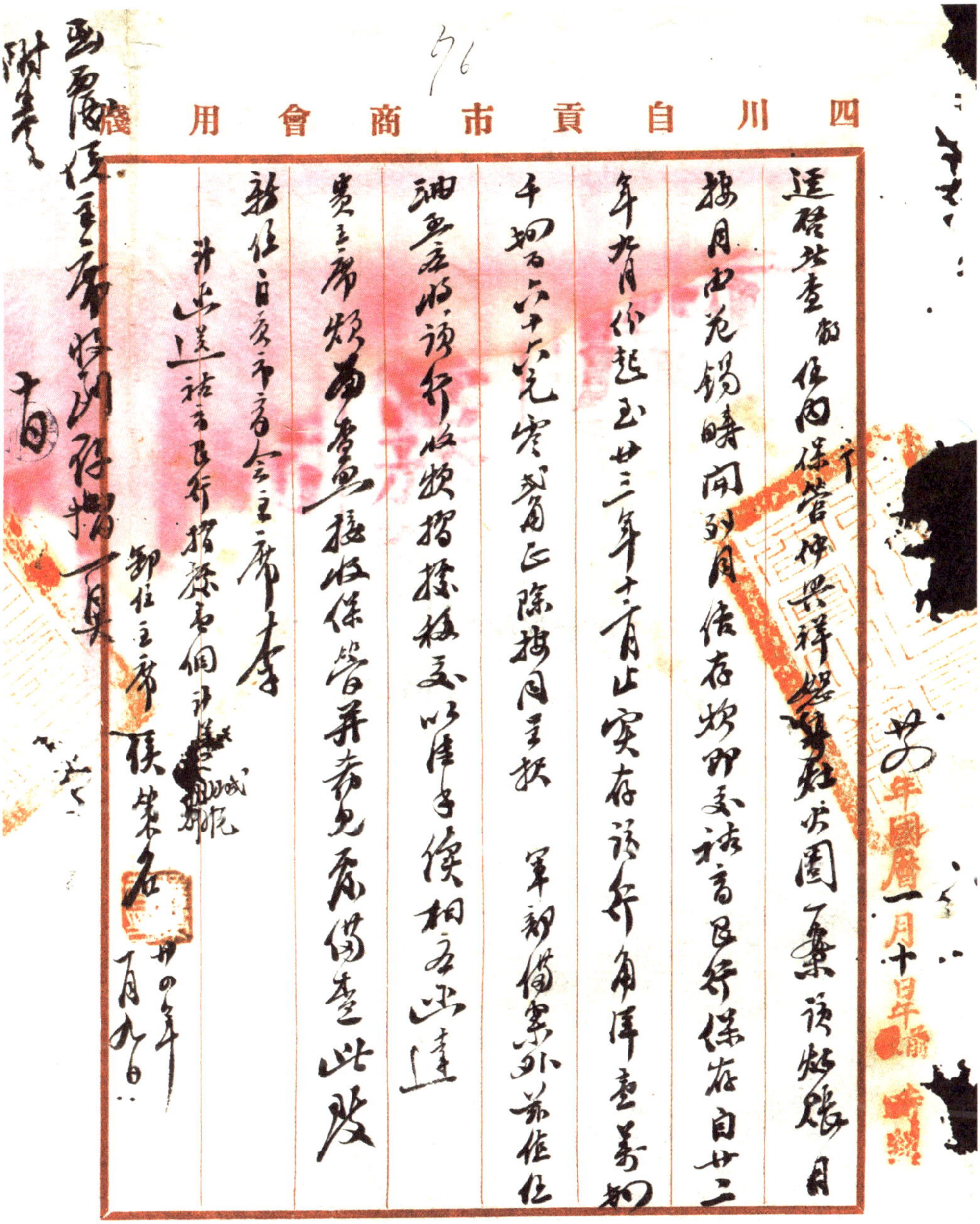

四川自貢市商會用牋

逕啟者：查前任內保管仲興祥恕亨灶火圈賬目，按月由范錫疇開列月結存數，即交該商民行保存，自廿二年九月份起至廿三年十二月止，實存該行角洋壹萬捌千捌百六十六元零壹角正，除按月呈報軍部備案外，茲值任滿，正應將該行收款摺據移交，以便手續相承，此達

貴主席煩為查照接收保管，并希見覆備查，此致

新任自貢市商會主席李

計函送：該商民行摺據壹個

卸任主席　侯策名

廿四年一月九日

函覆保呈主席收到存摺一具

附卷

注：主席李，即李云湘，其时正接替侯策名任自贡市商会主席。

86 0003-01-00026-281

侯策名为已募足盐政杂志社及盐务图书馆基金请予填给捐款收据事致陈纪铨的信函（1947年6月28日）

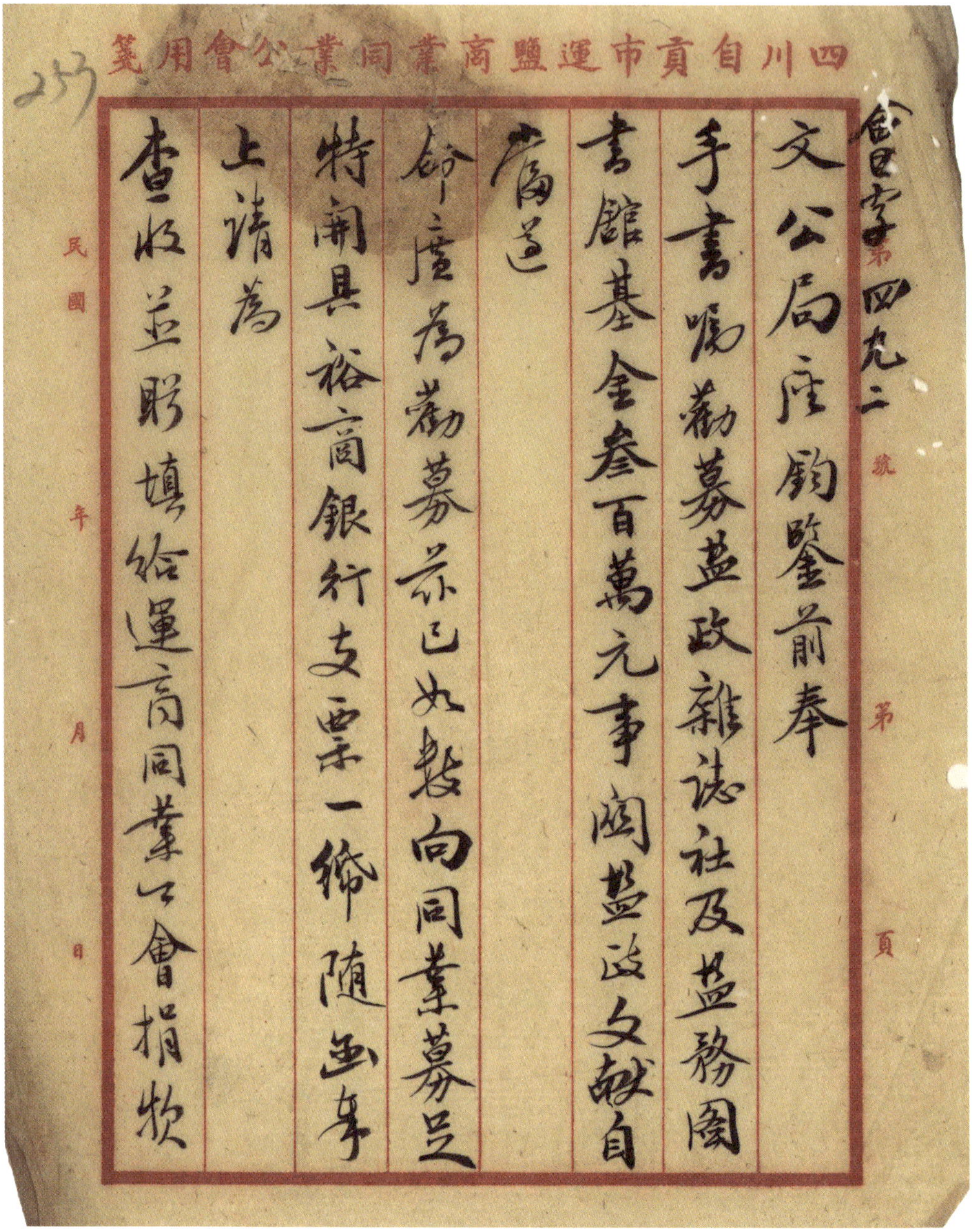
四川自貢市運鹽商業同業公會用箋

會日字第四九二號 第 頁

253

文公局座鈞鑒：前奉

手書囑勸募鹽政雜誌社及鹽務圖書館基金叁百萬元事，關鹽政文獻，自當遵

命盡為勸募，茲已如數向同業募足，特開具裕商銀行支票一紙，隨函奉

上，請為

查收，並賜填給運商同業公會捐款

民國 年 月 日

注：文公，即陈纪铨，字文村，时任川康盐务管理局局长。

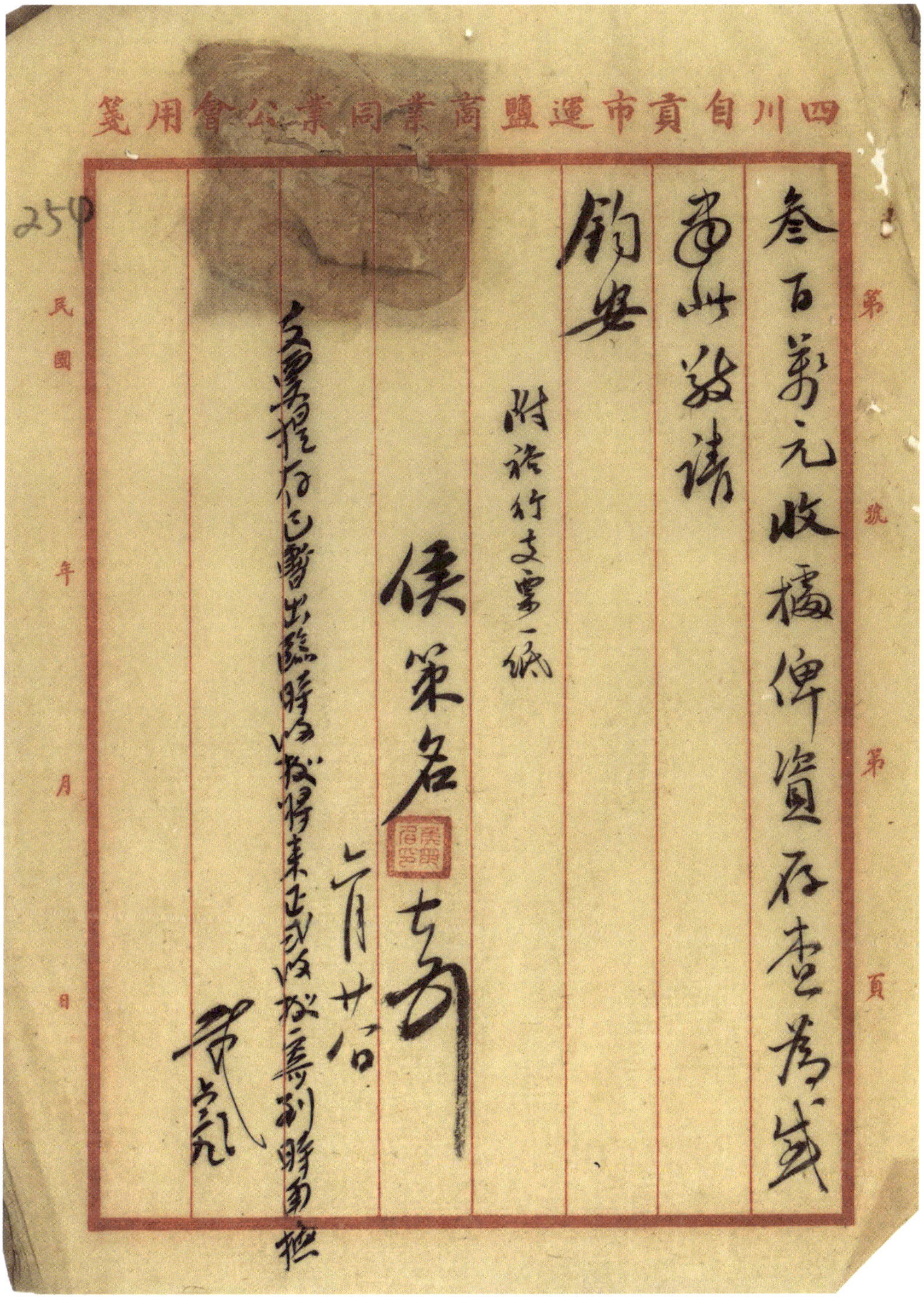
四川自貢市運鹽商業同業公會用箋

254

叁百萬元收據俾資存查為感
專此敬請
鈞安
附裕行支票一紙
侯策名 上
六月廿八
支票已提存已製出臨時收據俟來正式收據寄到時再換
武 六二九

第　號　第　頁

民國　年　月　日

熊佐周

人物简介

熊佐周（1892—1958），四川自贡人。早年继承父业经营盐灶，在锉井办灶方面勤学苦研，后成为锉井行家，曾与潘孝移等合著《自贡盐场锉井及治井技术》，影响颇为广泛。熊佐周屡次抓住机遇积极参与食盐运销事务，独资或联合场商设立钱福湘、自强等盐号，运销自贡食盐至长江沿岸销售，盈利丰厚。其后还与人建立中央工业试验所特约建新盐碱工厂并任经理，建立四川盐业股份有限公司并任董事。在社会事务方面，曾任富荣东场灶商引盐同业工会主席、自贡市商会常务委员、富荣东场场商联合办事处主席、自贡市慈幼院董事等职。自贡解放后，他在盐业生产技术岗位上，为改变中国盐业技术落后的面貌、发展化学工业作出了大胆的探索和尝试，对自贡盐业生产的发展起到了一定的推动作用。

87　0017-001-0261-027

熊佐周为敦促缴还钟魏侯五千元及设法分期拨付其余借垫款事致刘绍舟的信函（1933年11月23日）

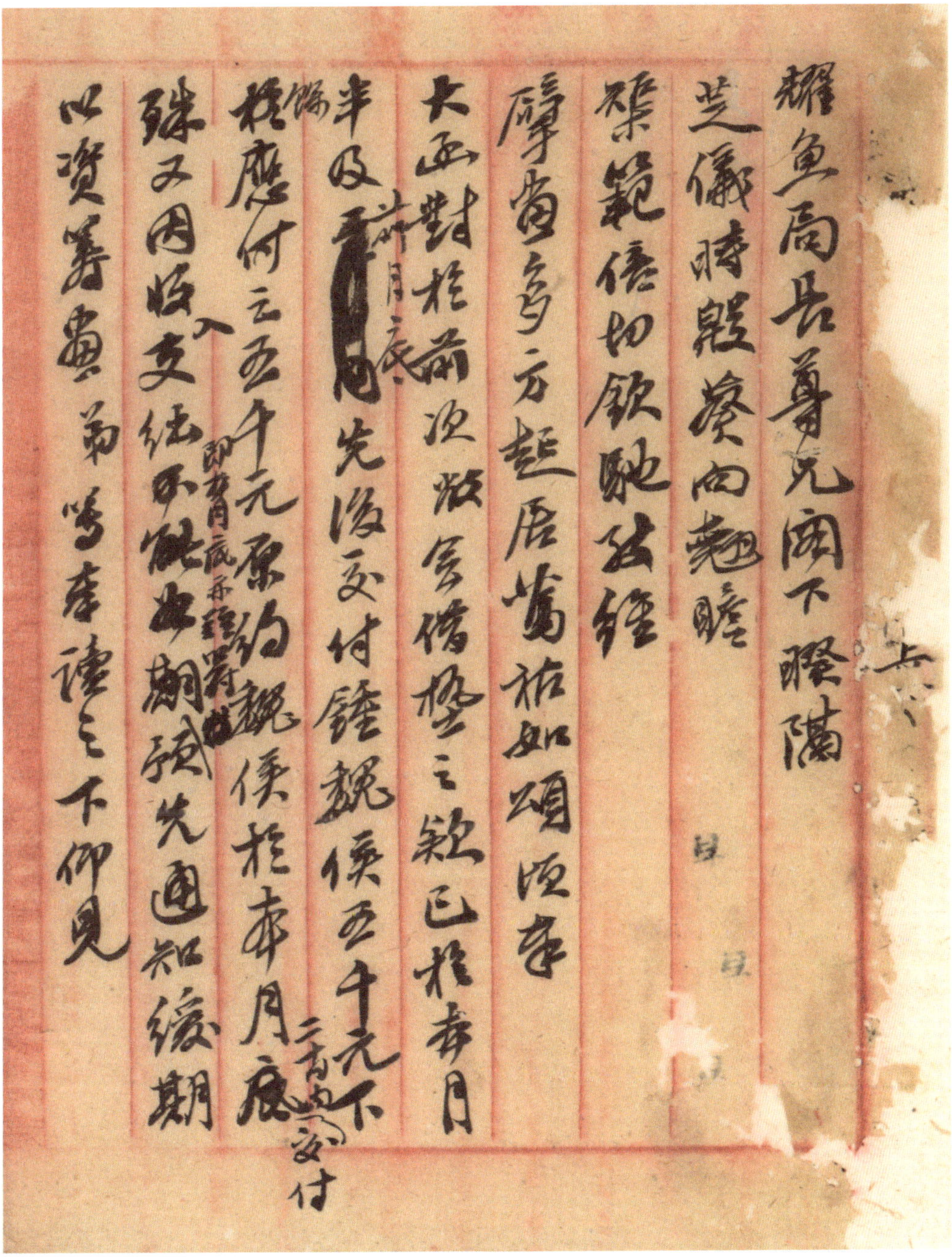

耀魚局長尊兄閣下：睽隔
芝儀，時殷溯向，翹瞻
榮範，倍切欽馳。敬維
履當多方，起居嵩祜，如頌為幸。
大函對於前次撥會借墊之款，已於本月
半及本月底先後交付鍾魏侯五千元，不
積應付之五千元原約魏侯於本月底
殊不因收入支絀不能如期，預先通知，緩期
以資籌畫。弟當遵囑下仰見

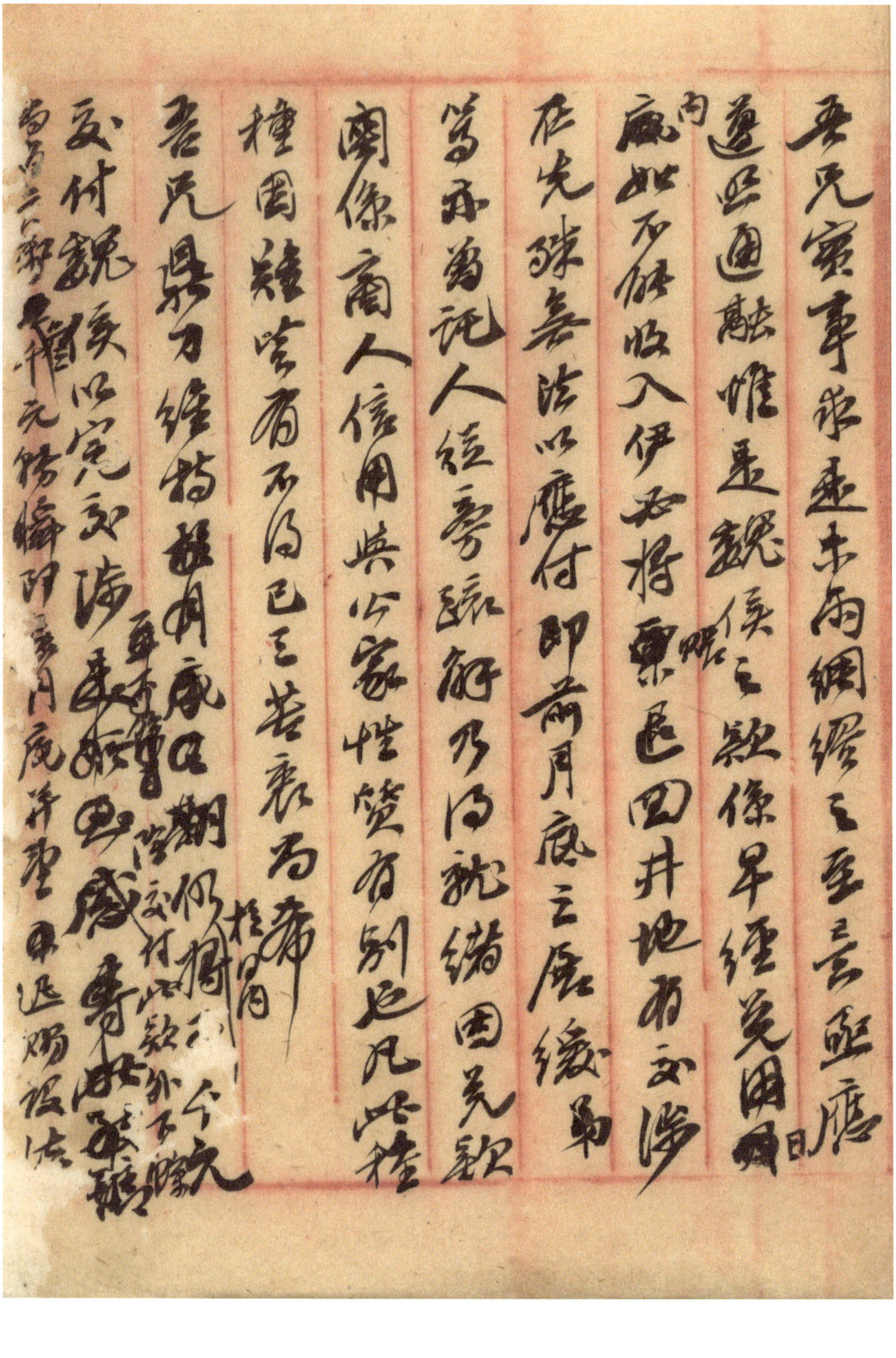

分期撥付以便轉飭前途□□至感事關公益續

台安并請

亮察轉呈

賜覆爲荷

弟 侯鐵君

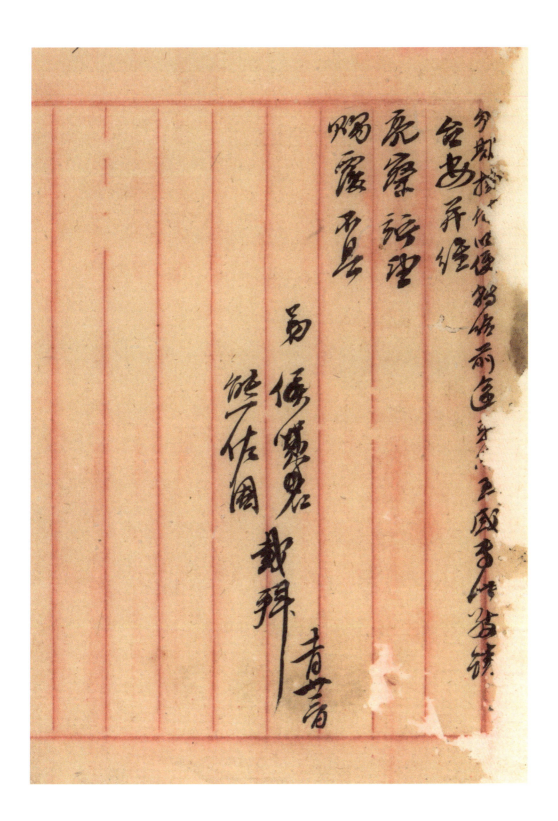

熊佐周 敬拜 十月廿三日

中華民國廿二年十一月廿四日 羅鐵恭

88　0017-001-0450-214

熊佐周为陈明自贡市盐业研究会筹备情况并请派员指导成立大会事致自贡市商会的信函（1944年11月23日）

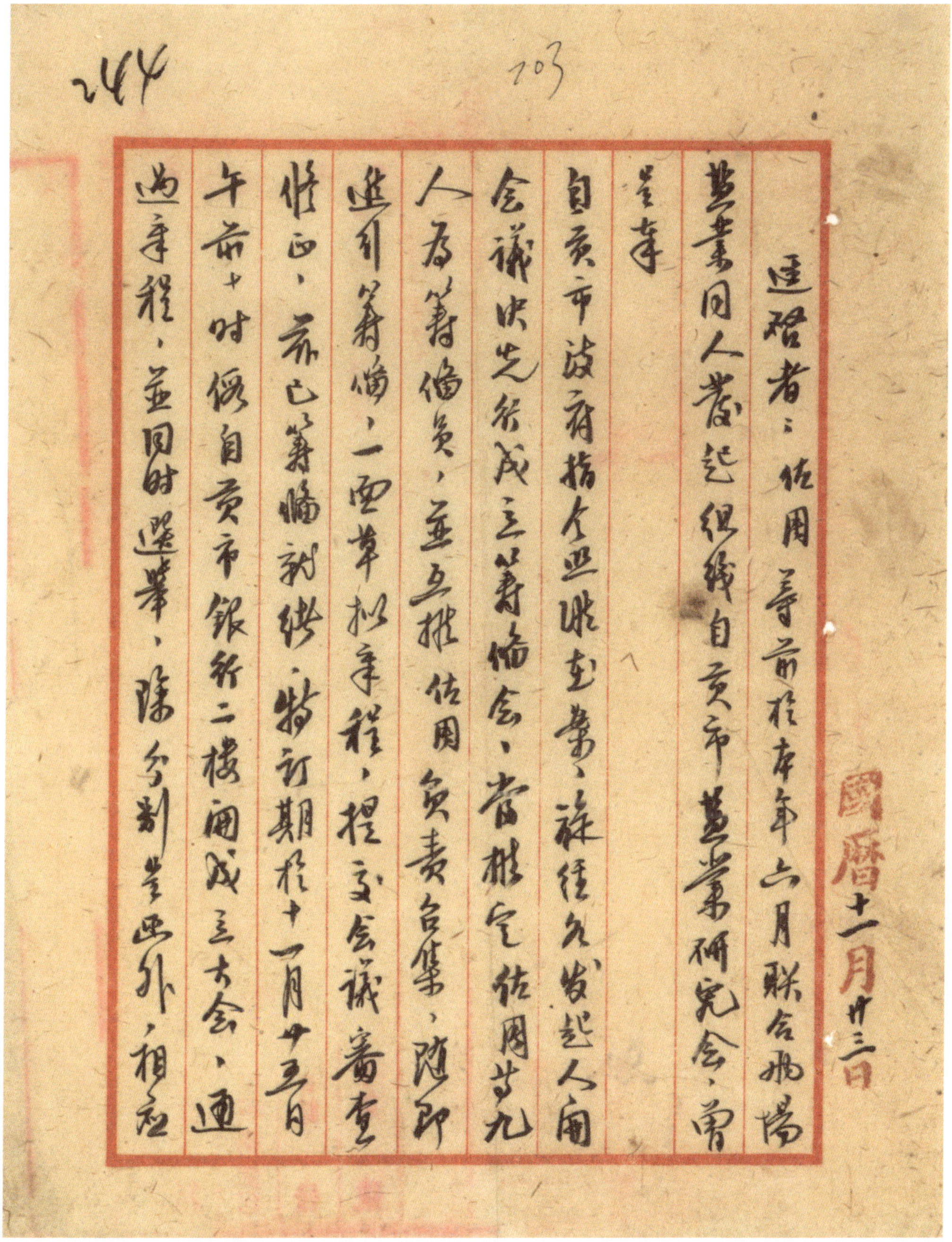

逕啓者：佐周等前於本年六月聯合兩場鹽業同人發起組織自貢市鹽業研究會，曾呈奉
自貢市政府指令照准立案，旋經各發起人開會議決先行成立籌備會，當推定佐周等九人為籌備員，並互推佐周負責召集，隨即進行籌備，一面草擬章程，提交會議審查修正，亦已籌備就緒，特訂期於十一月廿五日午前十時假自貢市銀行二樓開成立大會，通過章程，並同時選舉職員外，相應

國曆十一月廿三日

245

204

函達

貴會查照，派員指導為荷。

此致

自貢市商會

自貢市鹽業研究會籌備會籌備主任熊佐周

卅三年十一月廿二日

請

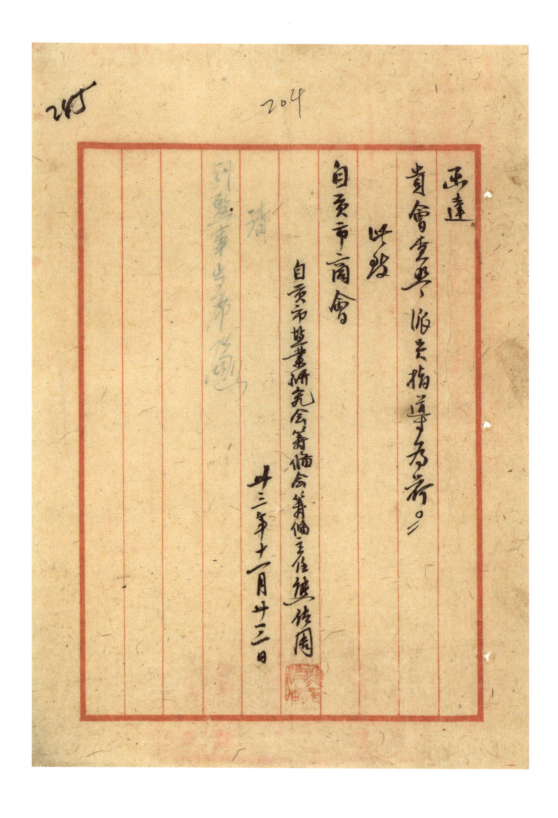

劉監事出席為盼

张毅甫

人物简介

张毅甫（1904—？），四川自贡人。毕业于四川省立第一甲种工业学校。曾任自流井盐场场商联合办事处副主任干事、自贡市枧卤商业同业公会理事长、自贡市商会常务理事、自贡市民意咨询委员会委员、自贡市银行常务董事、高硐炭商私立小学校长等职。新中国成立后，曾任自贡市工商联副主任委员。

89 0017-001-0636-0111

张毅甫为介绍李文光充任蜀亨灶火圈司事一职事致自贡市商会的信函（1935年1月25日）

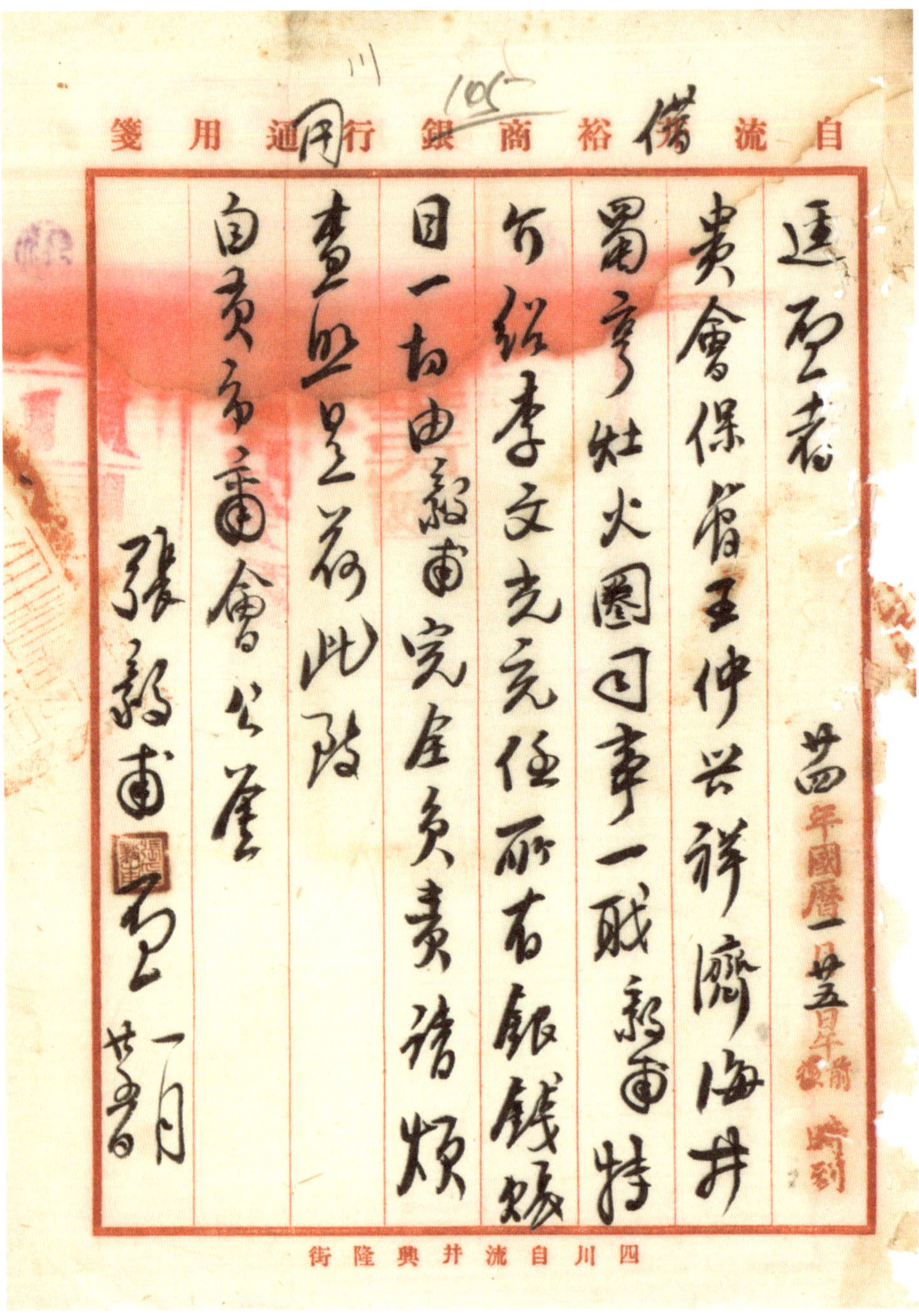
自流裕商銀行通用箋

逕啟者：

貴會保管王仲光祥濟海井蜀亨灶火圈司事一職，毅甫特介紹李文光充任，所有銀錢賬目一切由毅甫完全負責，請煩查照是荷。此致

自貢市商會公鑒

張毅甫啟

一月廿五日

廿四年國曆一月廿五日午前 時到

四川自流井興隆街

90 0017-001-0312-045

张毅甫为李一福堂提出井灶估价过低转请复议事致自贡市商会的信函（1949年8月20日）

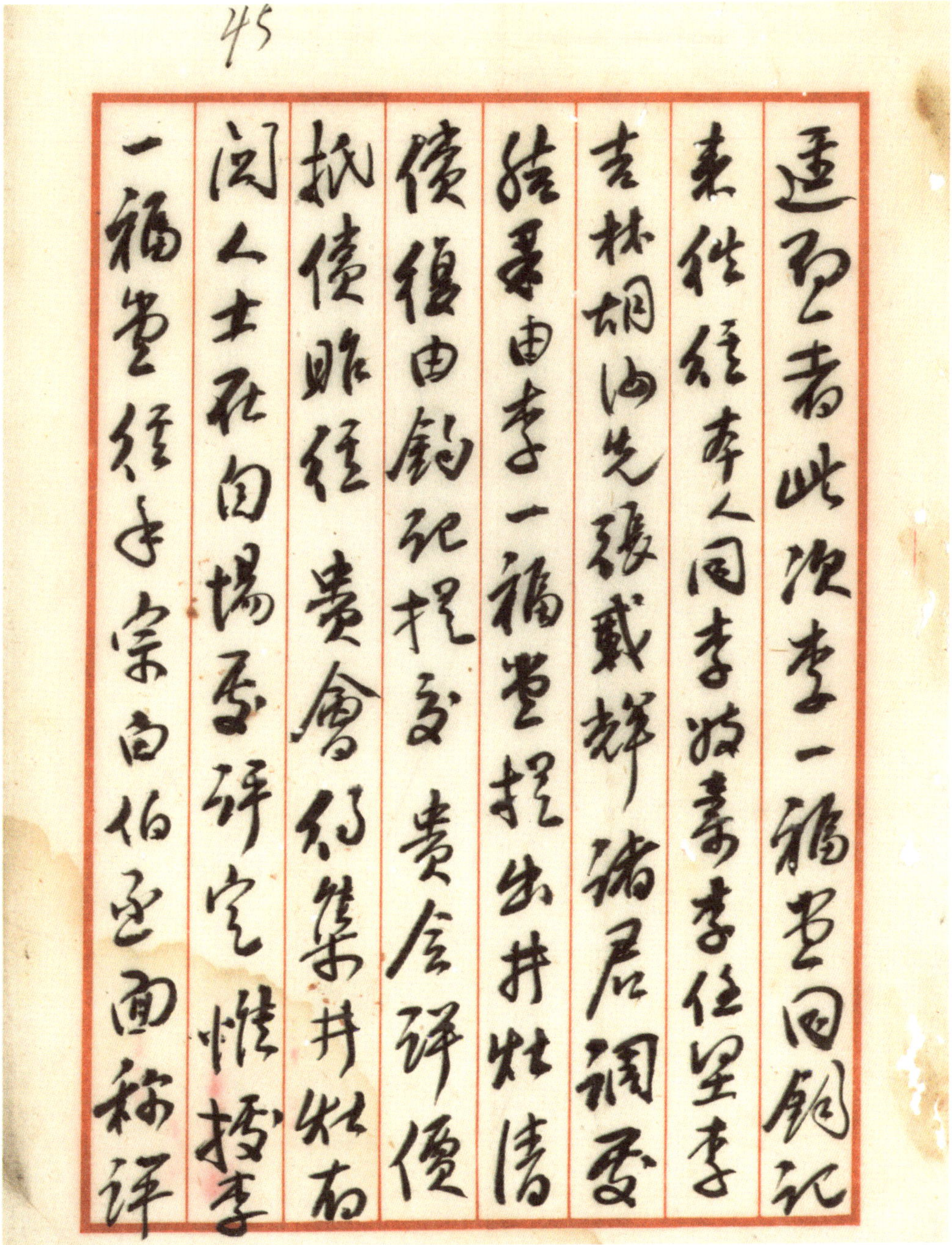
45

逕啓者：此次李一福堂同鈞記來往經手人同李澍壽、李位呈、李吉林、胡海先、張戴輝諸君調處，結果由李一福堂提出井灶清償，復由鈞記提交貴會評價抵償賬，經貴會召集井灶有關人士在同場處評價，惟據李一福堂經手宗白伯來面稱評

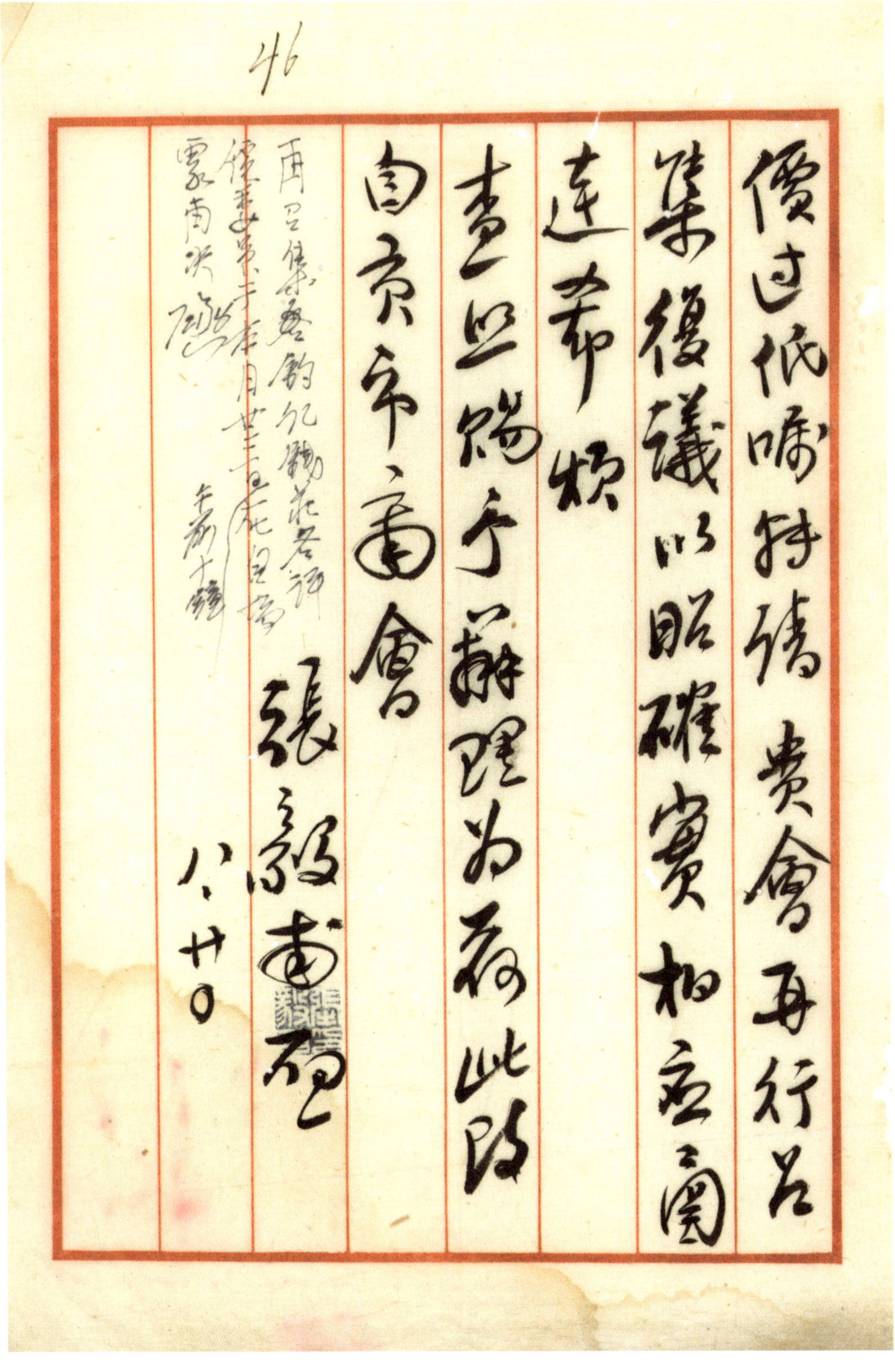
46

价过低，嘱特请贵会再行召集复议，以昭确实。相应函达，希烦查照赐予办理为荷。此致

自贡市商会

张毅甫

八、廿日

函召集各号销花盐评价，并于本月廿二日午前十钟在本会众商决议

李秉熙

人物简介

李秉熙（1898—？），四川富顺人。经营有四盛灶等多家盐号，曾任自流井盐场枧卤公会理事长、自贡市灶商会主席、自贡市枧卤商业同业公会理事长、大坟堡盐场分署董事长、自贡市商会理事长、自贡市参议会参议长、自贡地方法院主任委员、自贡市私立培德初级中学董事会董事、四川省商会联合会理事长。在抗战节约献金运动期间曾担任自贡献金大会主席团主席。

91 0017-001-0213-060

李秉熙为希与各公会筹议认销印花税办法事致李润祥的信函（1935年6月23日）

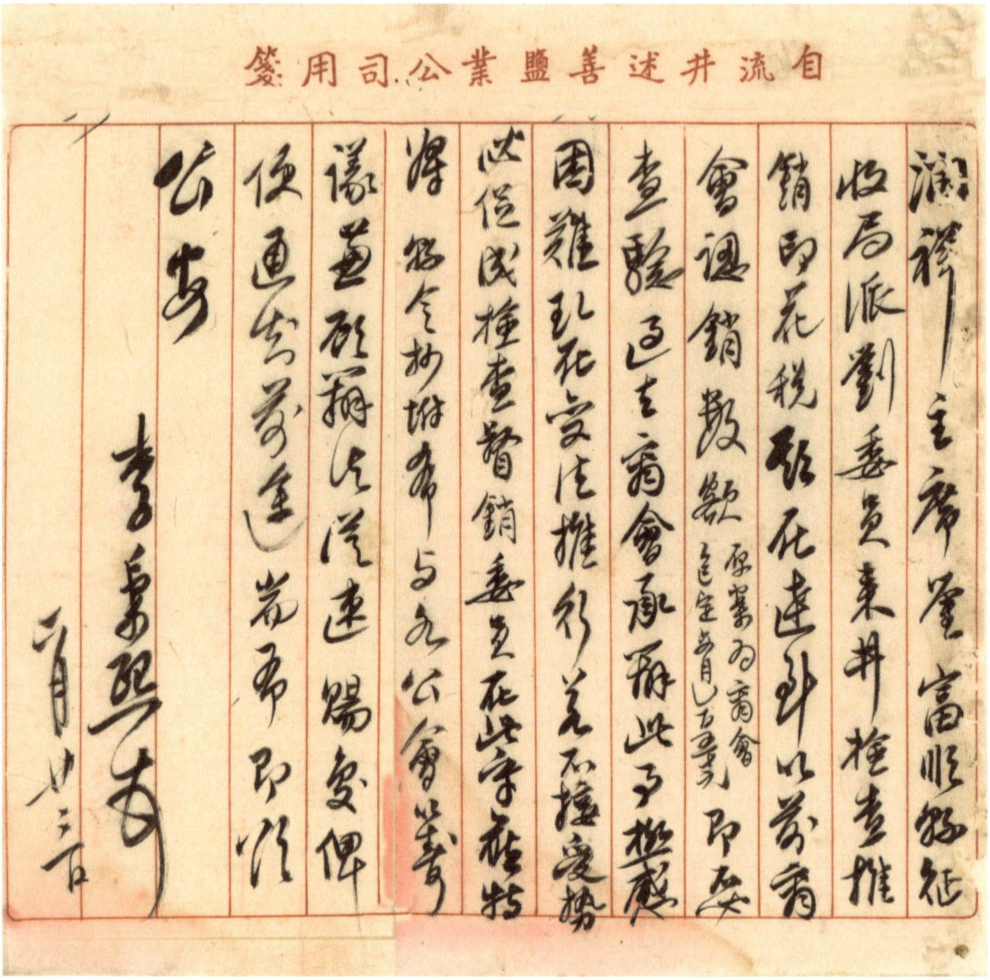
自流井述善鹽業公司用箋

注：润祥，即李润祥，任职不详。

92 0017-001-0683-015

李秉熙为无法调解王全福堂与王三畏堂纠葛事致自贡市商会的信函（1935年7月29日）

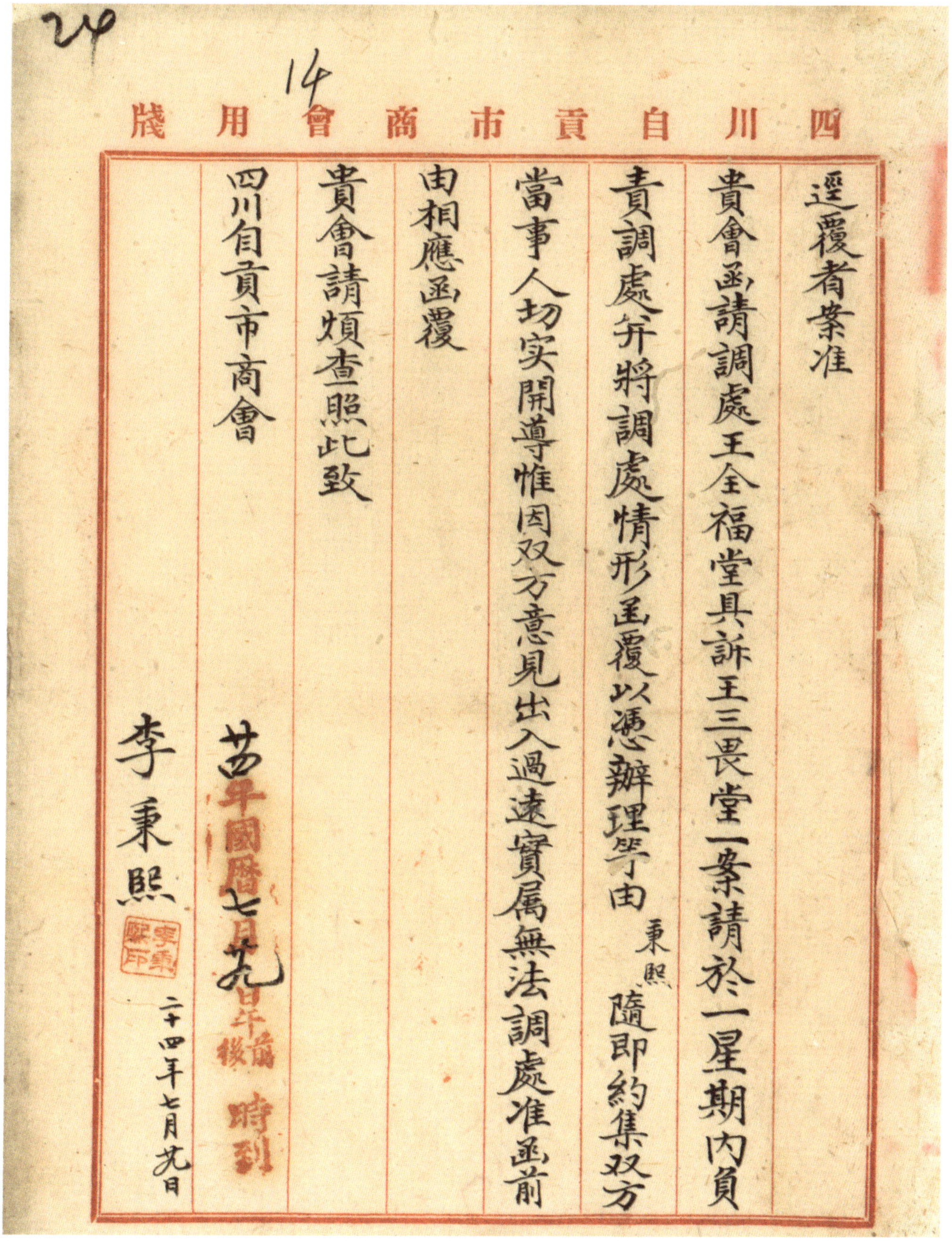

四川自貢市商會用牋

逕覆者案准

貴會函請調處王全福堂具訴王三畏堂一案請於一星期內負責調處并將調處情形函覆以憑辦理等由秉熙隨即約集雙方當事人切實開導惟因雙方意見出入過遠實屬無法調處准函前由相應函覆

貴會請煩查照此致

四川自貢市商會

李秉熙（李秉熙印）

二十四年七月廿九日

廿四年國曆七月廿九日午前/後 時到

93　0017-001-0418-046

李秉熙为请转知各公会依照抄附名额推算官兵津贴事致自贡市商会的信函（1937年5月20日）

附：四川第二区保安独立大队所辖各部官兵数额表

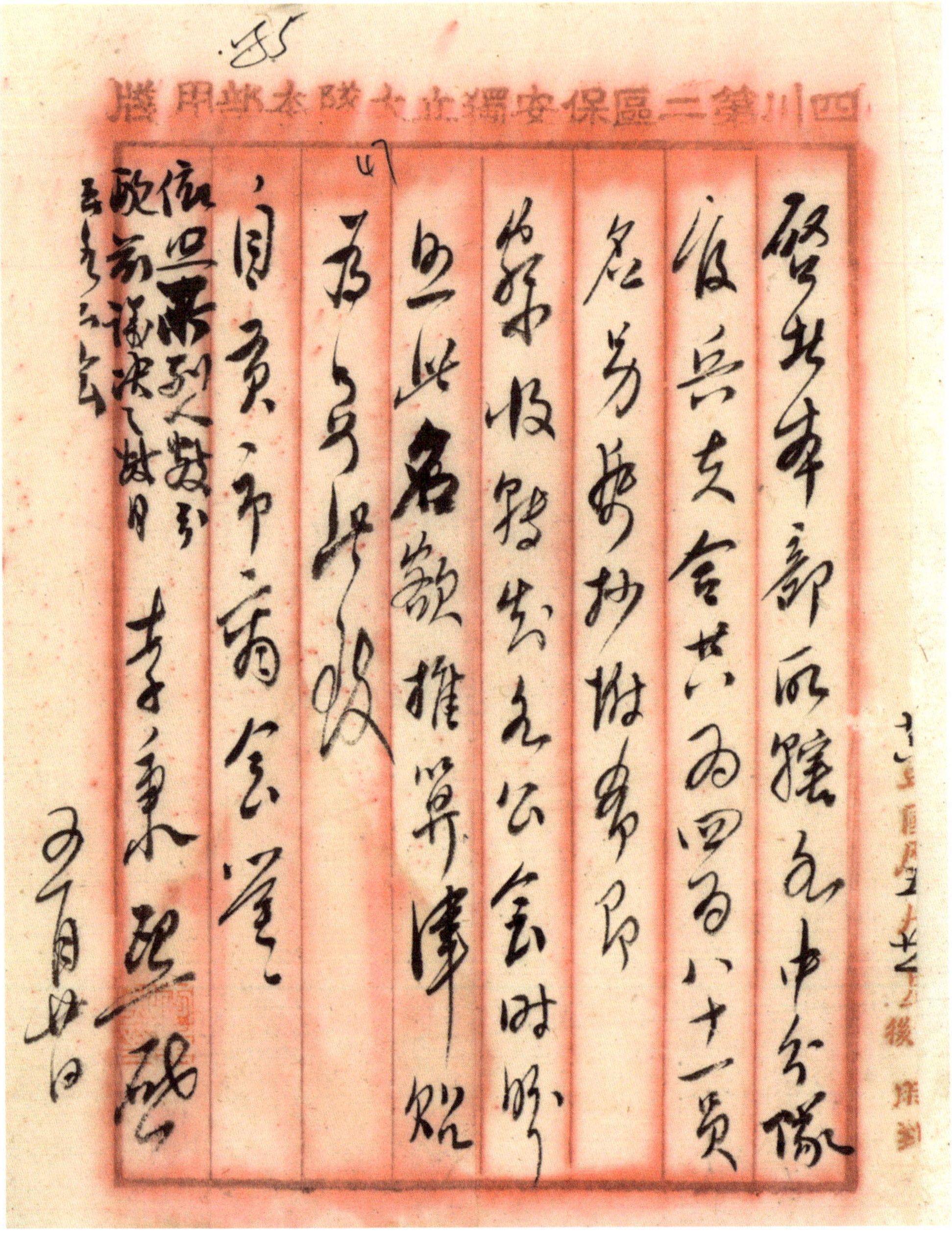
四川第二區保安獨立大隊本部用牋

啓者：本部所轄各中分隊官兵夫合共四百八十一員名，茲特抄附表，即希察收，轉告各公會，照此名額推算津貼為荷。此致

自貢市商會 台鑒

李秉熙
五月廿日

附：四川第二区保安独立大队所辖各部官兵数额表

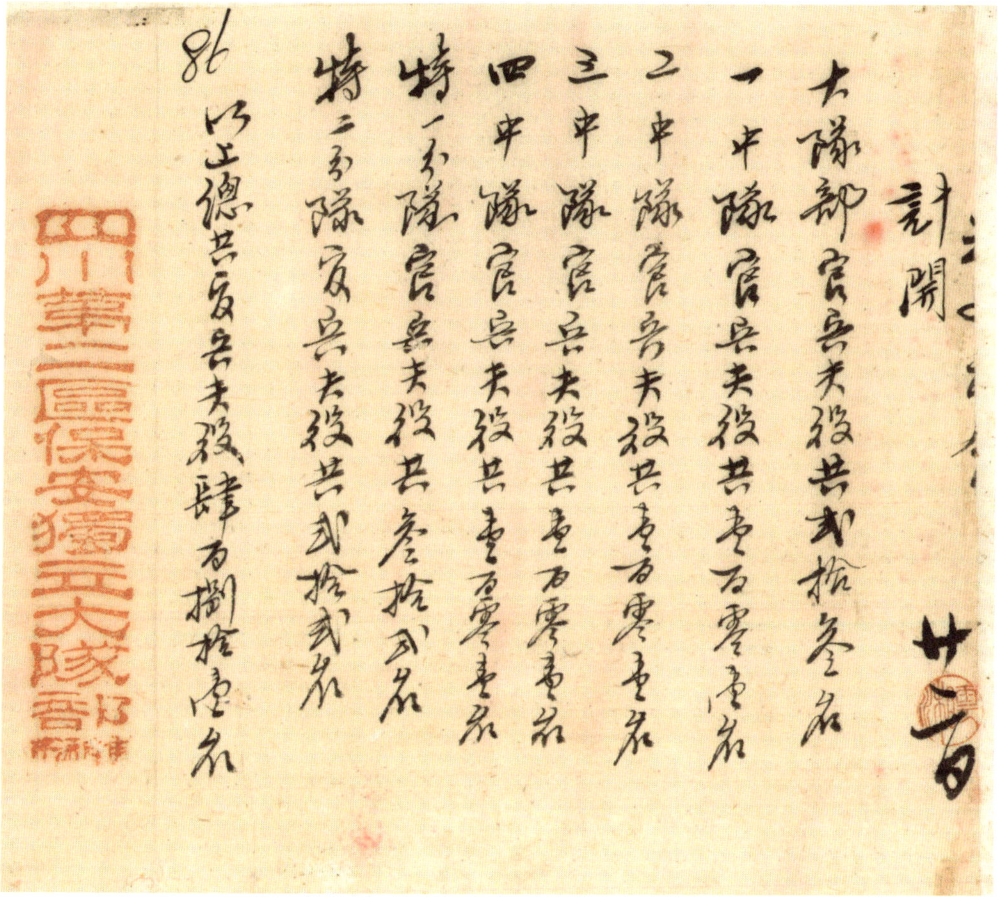
計開
大隊部官兵夫役共貳拾叁名
一中隊官兵夫役共壹百零壹名
二中隊官兵夫役共壹百零壹名
三中隊官兵夫役共壹百零壹名
四中隊官兵夫役共壹百零壹名
特一分隊官兵夫役共叁拾貳名
特二分隊官兵夫役共貳拾貳名
以上總共官兵夫役肆百捌拾壹名
廿二日

94 0017-001-0359-085

李秉熙、颜味西为请早日决定救饥丸分发办法事致自贡市赈济委员会的信函（1937年6月15日）

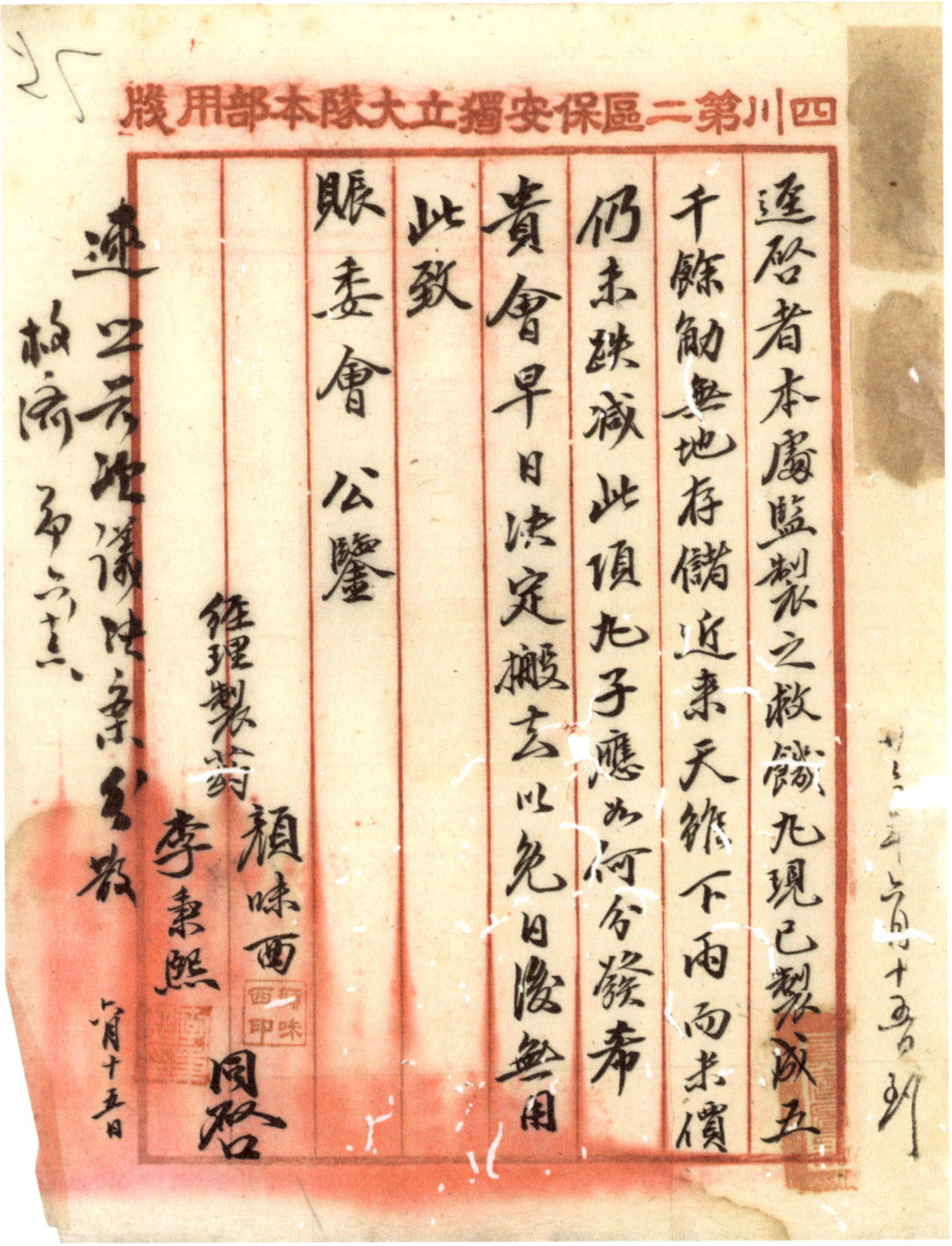
25

四川第二區保安獨立大隊本部用牋

逕啟者本廠監製之救饑丸現已製成五千餘觔無地存儲近來天雖下雨而米價仍未跌減此項丸子應如何分發希
貴會早日決定辦法以免日後無用

此致
賑委會 公鑒

經理製藥 顏味西 李秉熙 同啟
六月十五日

顏味西印

廿六年六月十五日到

逕已另送議決案函致
救濟分會 六、十五

95　0017-001-0739-006

李秉熙为请另推他人鉴定物价事致自贡市商会的信函（1940年5月13日）

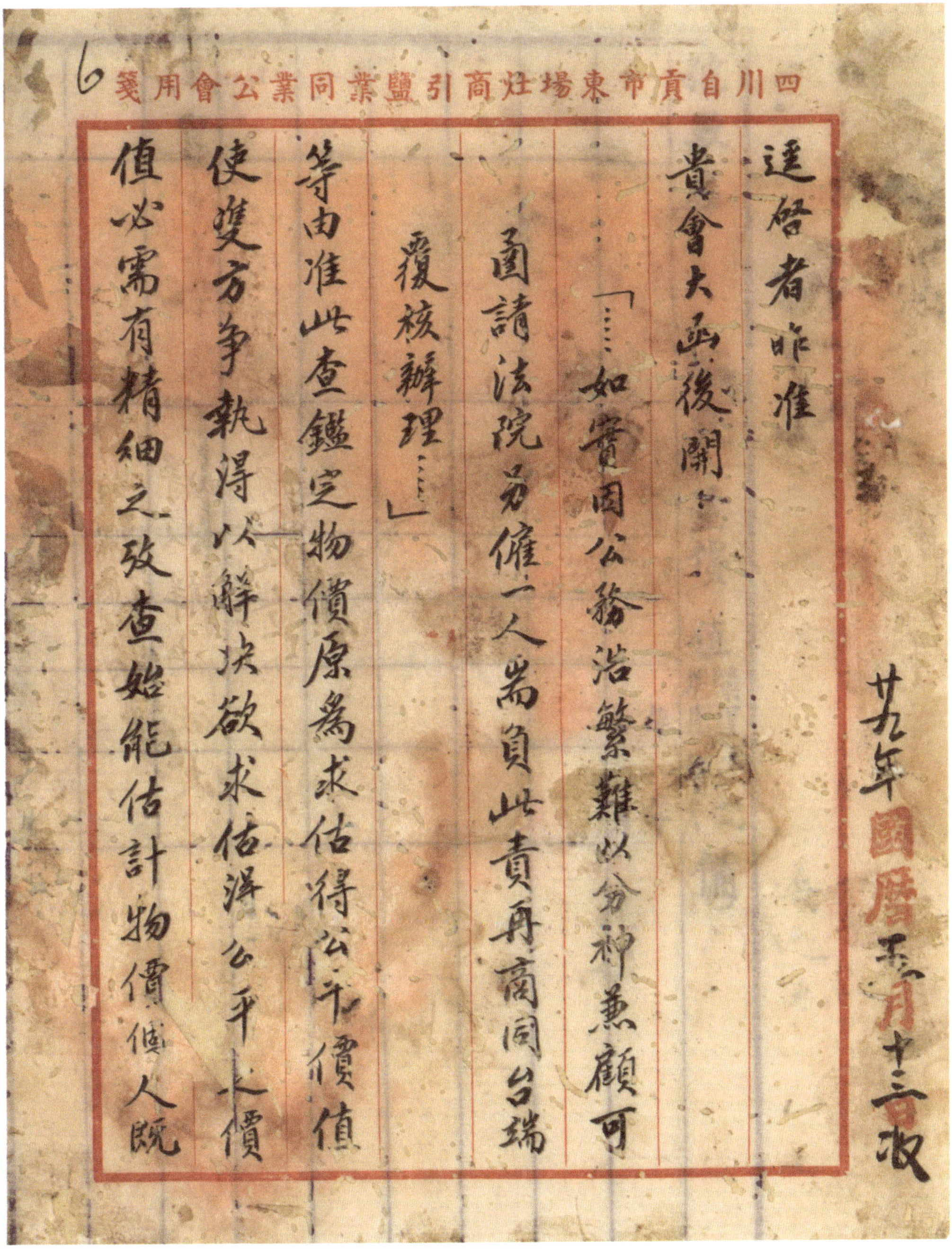
6

四川自貢市東場灶商引鹽業同業公會用箋

逕啓者昨准

貴會大函後開：

「……如實因公務浩繁難以分神兼顧可

函請法院另僱一人肩負此責再商同台端

覆核辦理……」

等由准此查鑑定物價原為求估得公平價值

使雙方爭執得以解決欲求估得公平之價

值必需有精細之考查始能估計物價值人既

廿九年國曆五月十三日收

四川自貢市東場灶商引鹽業同業公會用箋

私事太多，擬價又飛漲無定，若委之他人先
行估計，至覆核時情形早已變化，必難得確
切公平之價值，反失鑑定本旨，准函前由，相應
覆請
貴會另推賢員充任，實深感紉。此致
四川自貢市商會
李秉熙啟
廿九年五月十三日

7

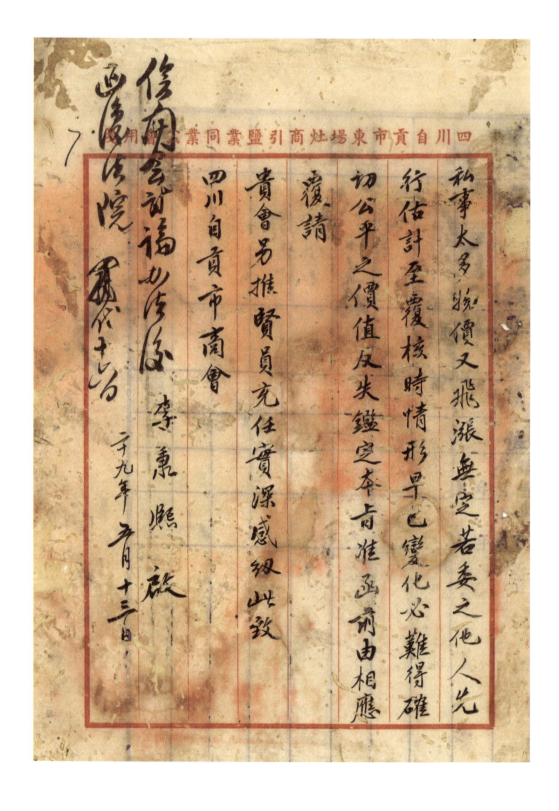

修商會討論如何復
函復法院
[illegible] 十四日

96 0067-001-0063-046

李秉熙、李泳淇为捐款以作贫苦者医药费之助事致自贡市立医院的信函（1948年9月12日／阴历八月初十）

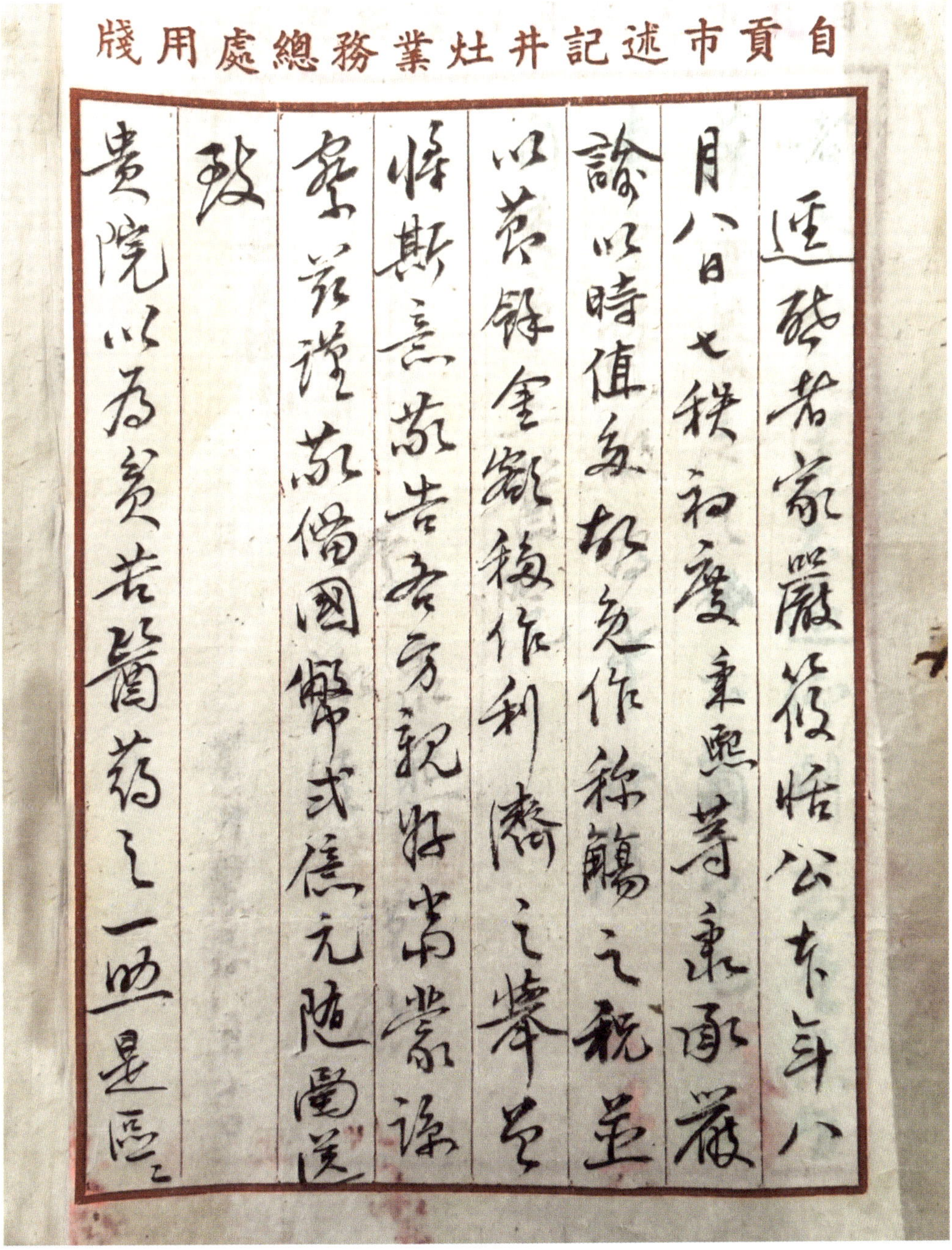

自貢市述記井灶業務總處用牋

逕啓者 家嚴蔭悟公本年八月八日七秩初度 秉熙等 稟承 嚴諭 以時值多故 免作稱觴之舉 並以節餘全數移作利濟之舉 茲將斯意敬告 各方親好 尚蒙 諒察 茲謹敬備國幣式億元 隨函送致

貴院以為貧苦醫藥之一助 是感之

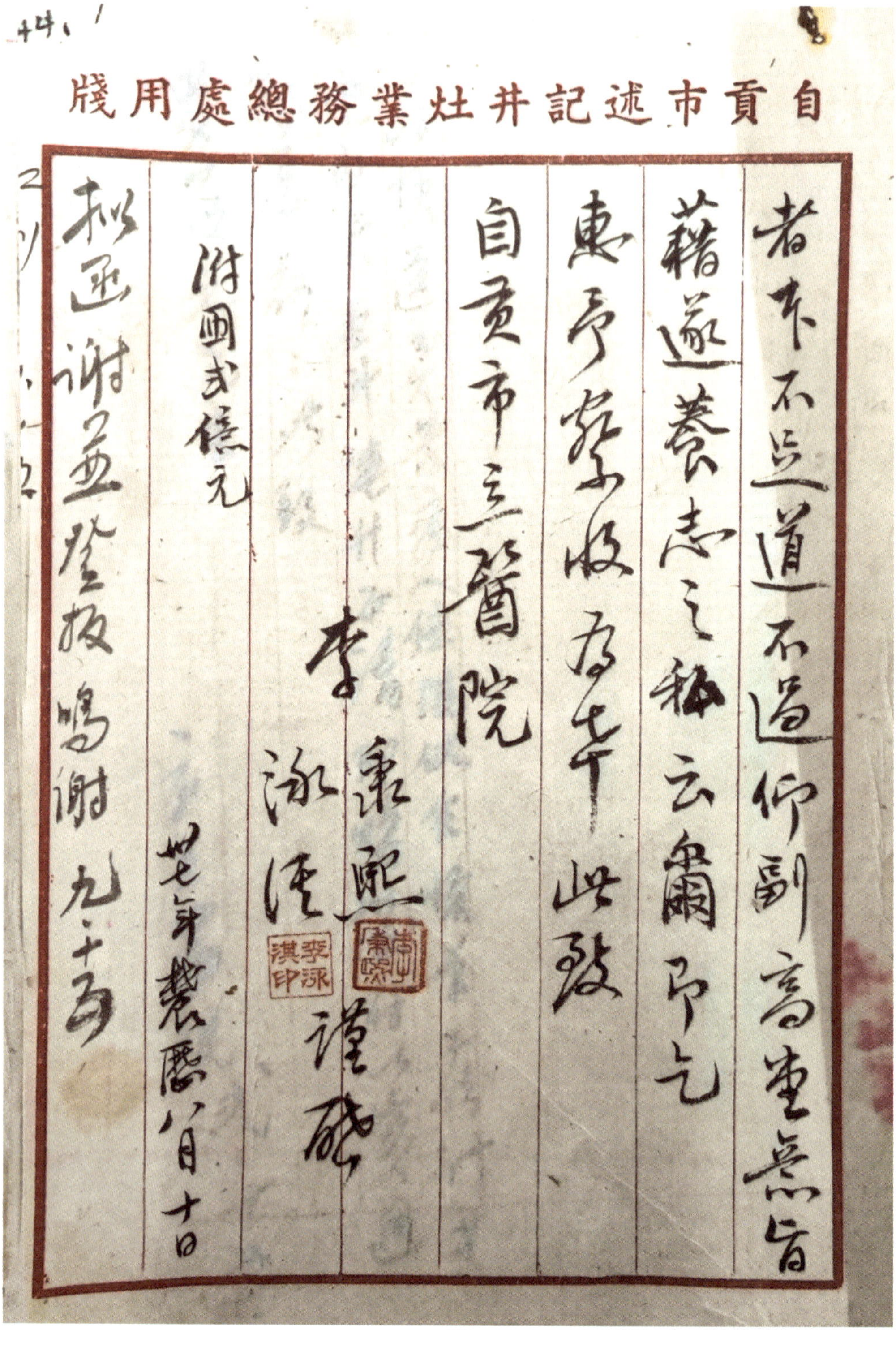
自貢市述記井灶業務總處用箋

者亦不足道，道不過仰副高堂意旨
藉遂養志之私云爾。即乞
惠予察收存查。此致
自貢市立醫院
李秉熙
李泳淇 謹啟
附匯弍億元
卅七年農曆八月十日
秋函謝並登報鳴謝 九、十、為

97　0005-001-0087-024

李秉熙为恳请早日安排李乃贻任职事致崔矜夫的信函（8月26日）

附：李乃贻自书学历片

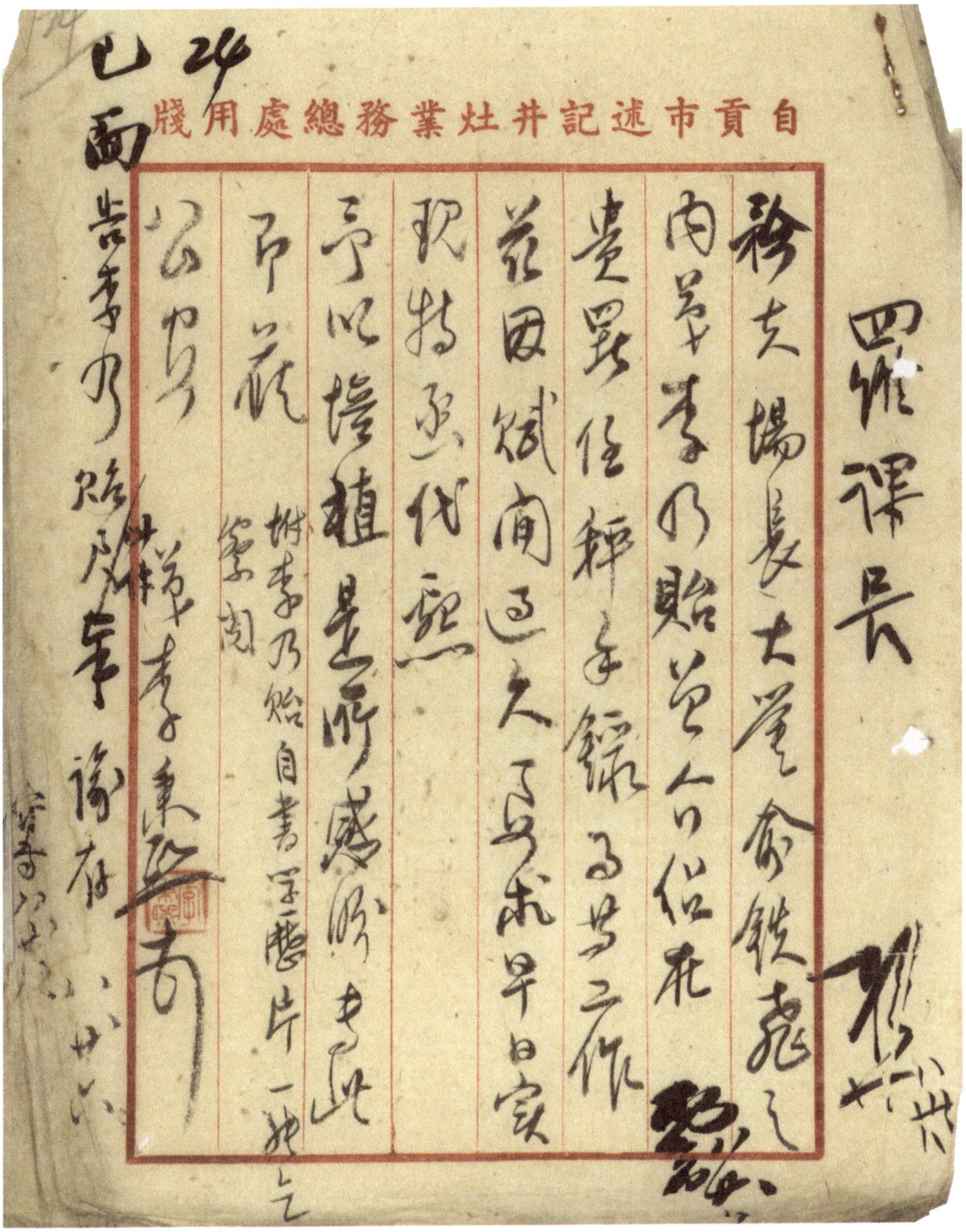
自貢市述記井灶業務總處用牋

注：矜夫，即崔矜夫，字承德，时任自流井盐场场长。

附：李乃贻自书学历片

姓名	年齡	籍貫	學歷	通訊處	曾任職務
李乃貽	拾柒	本市	私立旭川中學	自井下溝埧隆盛井坎下	

罗筱元

人物简介

罗筱元（1891—1966），又名罗峤，书名荣宗。四川乐山人。早年在自贡盐场“四大家族”之一的王三畏堂担任柜房，亦曾任钱号、盐号的经理，后与人投资合办同昌美钱庄、大生祥盐号及同发源盐号，并经营井灶业务等，到抗日战争时期，已成为井、枧、灶、号均齐备的盐商，罗家因此跻身自贡盐场“新四大家族”。曾任富荣东场引盐工业同业公会主席、富荣边计楚岸驻井盐业分会主席、自贡市商会常务干事等。抗日战争结束后，罗筱元与人合建建新盐碱工厂，参与组织华通汽车公司和四川盐业公司。新中国成立后，积极参加公私合营改造。先后担任自流井盐场生产管理委员会副主任、自贡市工商局副局长、自贡市人民政府副市长、全国工商联执行委员等职。

98　0017-001-0667-002

罗筱元为自贡市商会行将开会希即前来以便评理完结事致黄子东的信函（1935年7月19日）

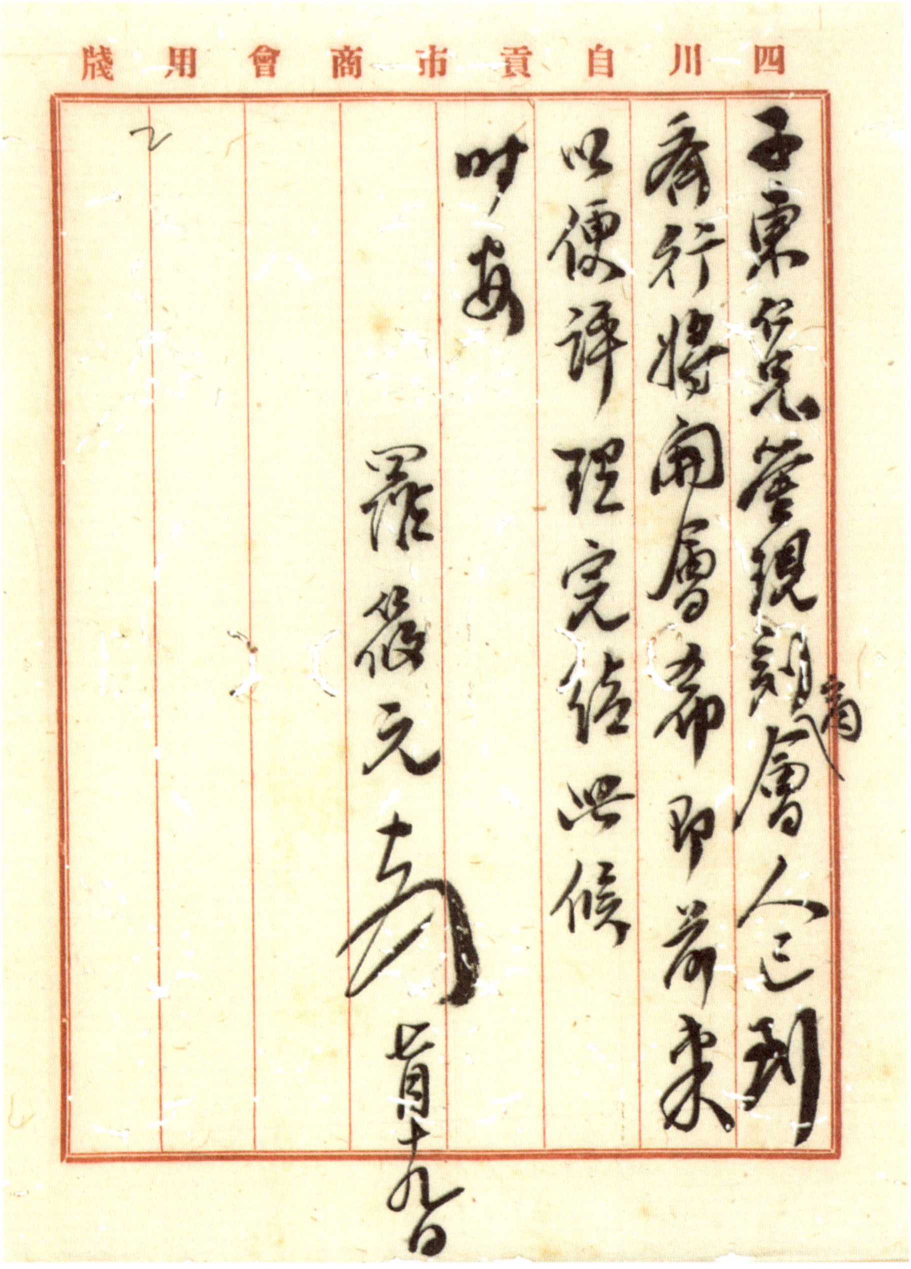
四川自貢市商會用牋

子東先生鑒：現列商會人已到齊，行將開會，希即前來，以便評理完結。此候
時安

羅筱元上
七月十九

注：子东，即黄子东，任职不详。

99　0067-001-0071-266

罗筱元为资助住普通病房之贫苦病者伙食费用事致自贡市立医院的信函（1949年5月25日）

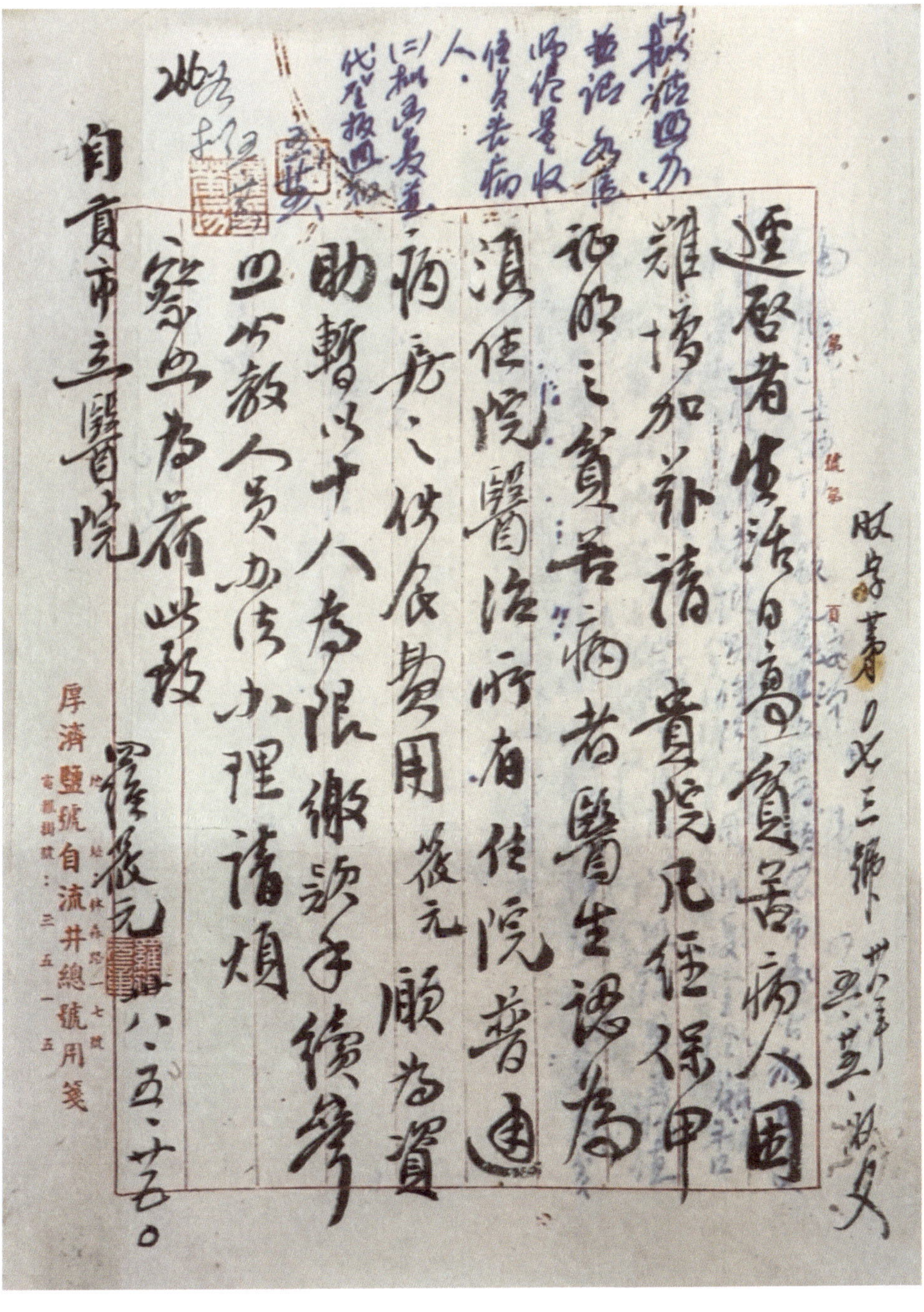

逕啓者：生活日高，貧苦病人困難增加，擬請貴院凡經保甲證明之貧苦病者，醫生認爲須住院醫治，所有住院普通病房之伙食費用，筱元願爲資助，暫以十八名爲限，繳款手續等照所救人員辦法辦理，請煩察照爲荷。此致

自貢市立醫院

羅筱元　卅八、五、廿五。

厚濟鹽號自流井總號用箋

100　0067-001-0071-262

罗筱元为捐助公教及文化工作人员直系眷属住院医治期间伙食费事致自贡市立医院的信函（1949年7月27日）

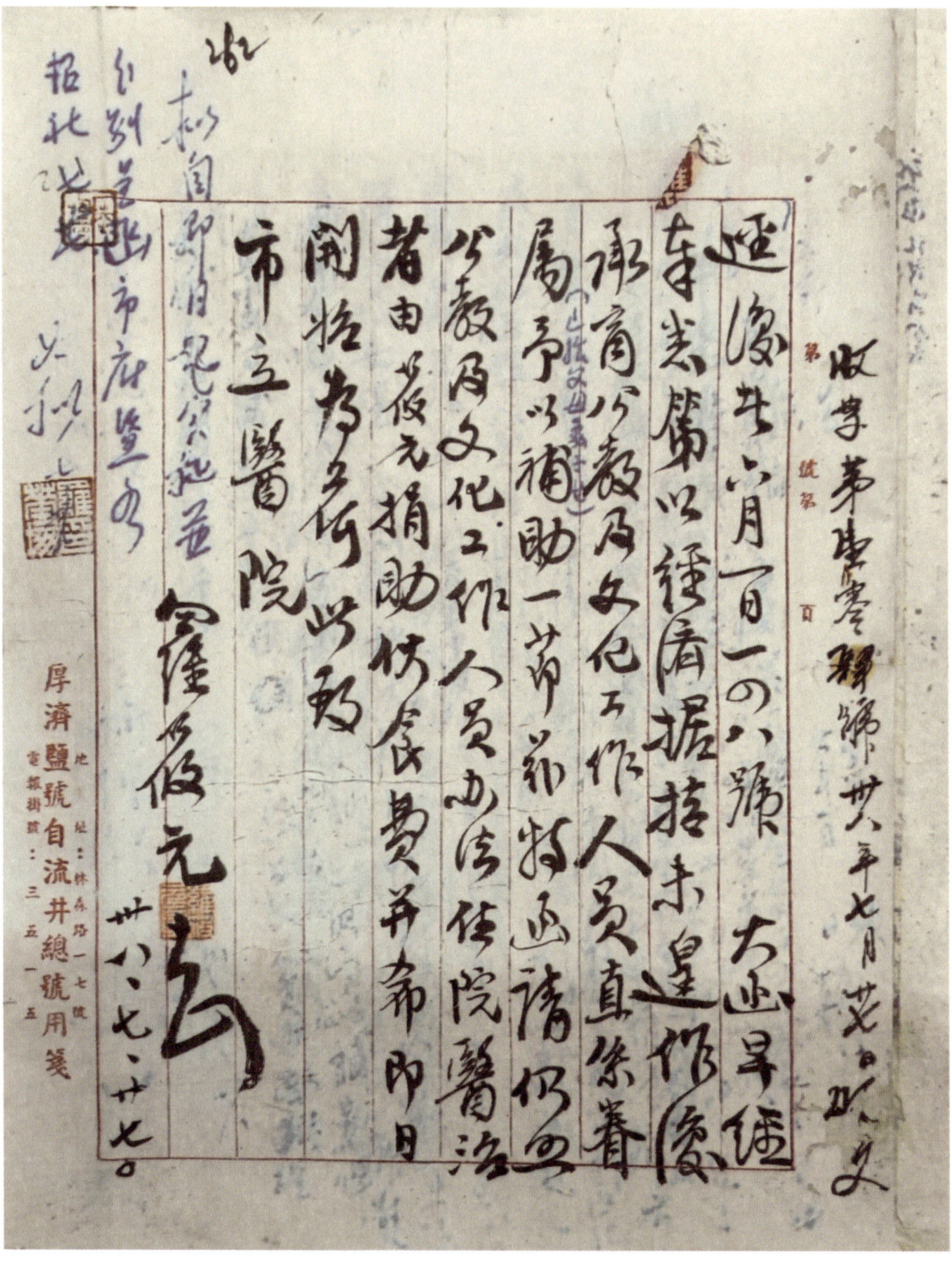

逕復者：
准貴院六月一日一〇八號大函，呈經
奉悉。關以經費據請未呈送作復，
承商公教及文化工作人員直系眷
屬予以補助一節，茲特函請仍照
公教及文化工作人員直系住院醫治
者，由筱元捐助伙食費并希即日
開始為荷。此致
市立醫院
羅筱元
卅八、七、廿七

厚濟鹽號自流井總號用箋
地址：林森路一七號
電報掛號：三五一五

侯性涵

人物简介

侯性涵（1894—？），四川自贡人。早年曾在内江警察所供职，担任警佐，其后回到自贡经营同兴井等。曾任自贡市枧卤商业同业公会常务理事、自流井盐场场商联合办事处副主任干事、自流井区票盐同业公会理事、自贡盐业股份有限公司董事、自贡市商会常务理事长、自贡市参议会参议员、自贡市市立救济院院长及自贡市私立蜀光中学等多所学校校董会董事。

101　0017-001-0699-001

侯性涵为请速为裁夺朱德成应进信成与燊昌两灶盐价如何办理事致李云湘的信函（1936年7月16日）

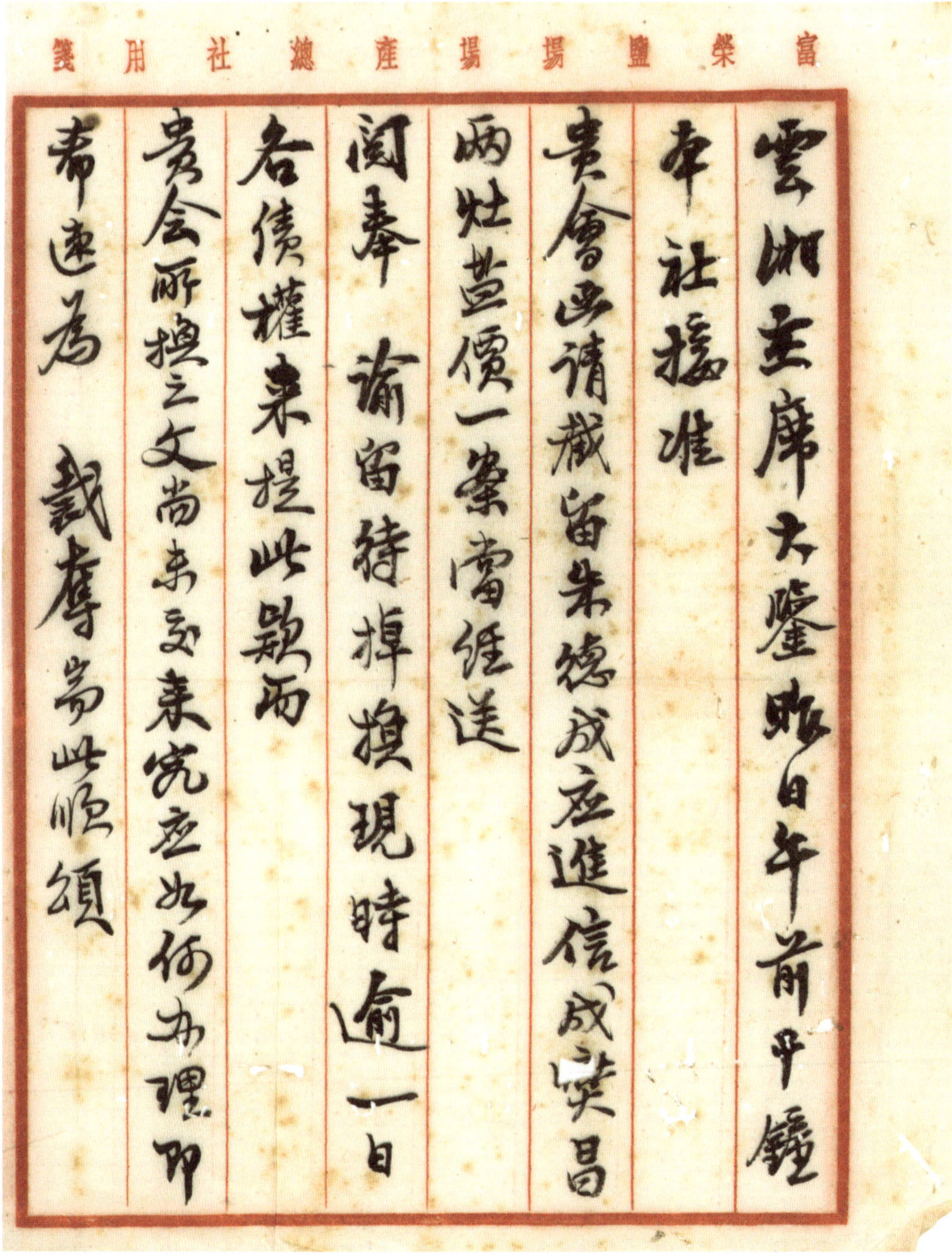

富榮鹽場場產總社用箋

雲湘主席大鑒：昨日午前十鐘

本社據准

貴會函請裁留朱德成應進信成、燊昌

兩灶鹽價一案，當經

閱奉　諭留待掉換，現時逾一日

各債權來提此款，兩

貴会所換之文尚未交來，究應如何办理，即

希速為　裁奪。為此順頌

富榮鹽場場產總社用箋

公祺

侯性涵上

七月十六日午后三時

102　0017-001-0452-030

侯性涵为请饬查价人更正物价调查表再送盖章事致杨泰高的信函（1949年10月5日）

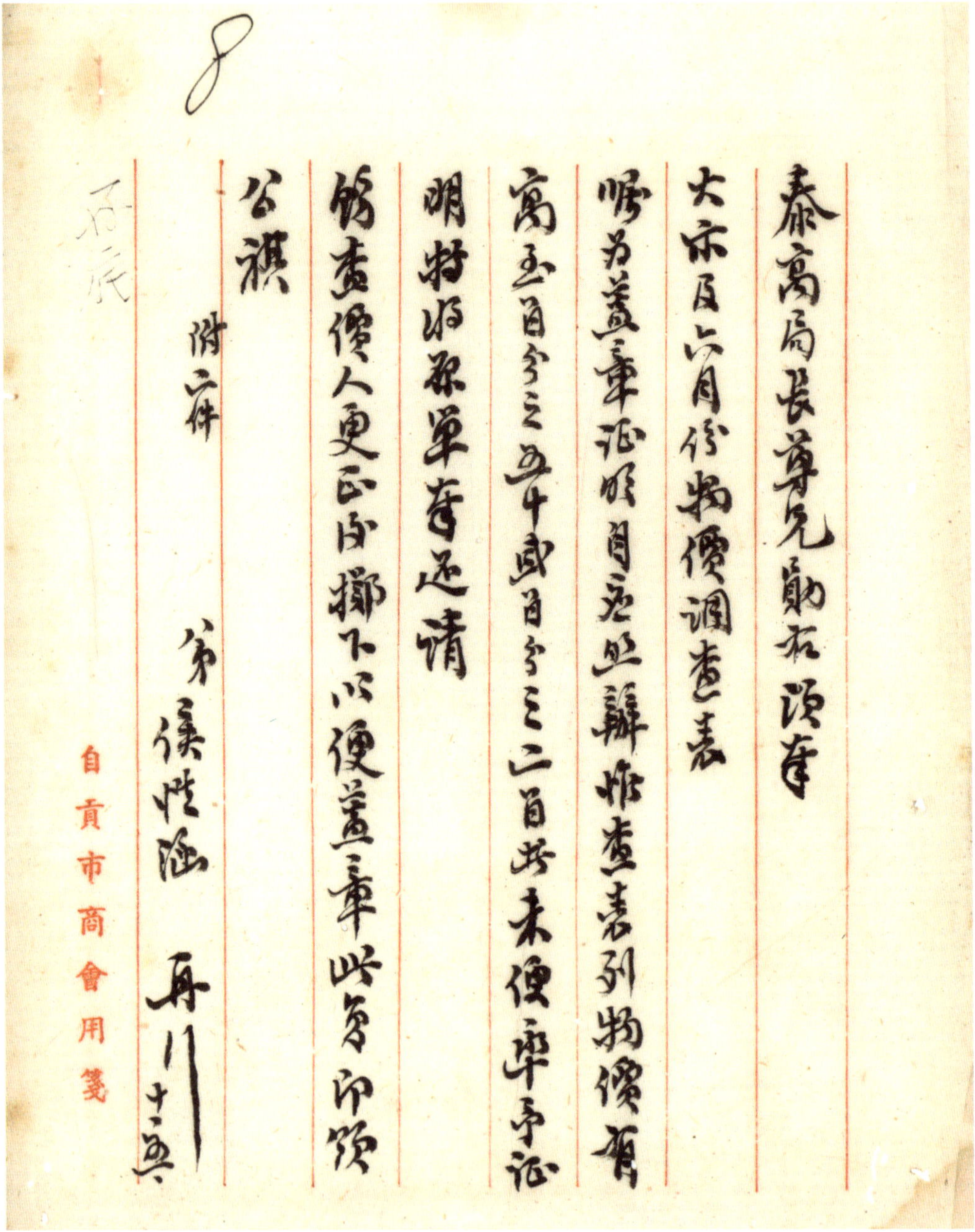

8

泰高局長尊兄勛右：頃奉

大示及六月份物價調查表，囑为蓋章證明，自應照辦。惟查表列物價有高至百分之五十或百分之二百者，未便率予證明，特將原单奉還，請

飭查價人更正后擲下，以便蓋章。此复，即頌

公祺

附原件

弟侯性涵 再川 十、五

自貢市商會用箋

注：泰高，即杨泰高，任职不详。

陈戒于

人物简介

陈戒于（1902—？），四川内江人。曾任自贡华通公司经理、自贡钱业同业公会主席、自贡裕商银行总务主任、自贡汽车商业同业公会主席等职。

103　0017-001-0354-035

陈戒于为核查更正贫困户情况及请予讨论裁夺无户籍贫困人员等赈济事致自贡市筹赈委员会的信函（1937年2月3日）

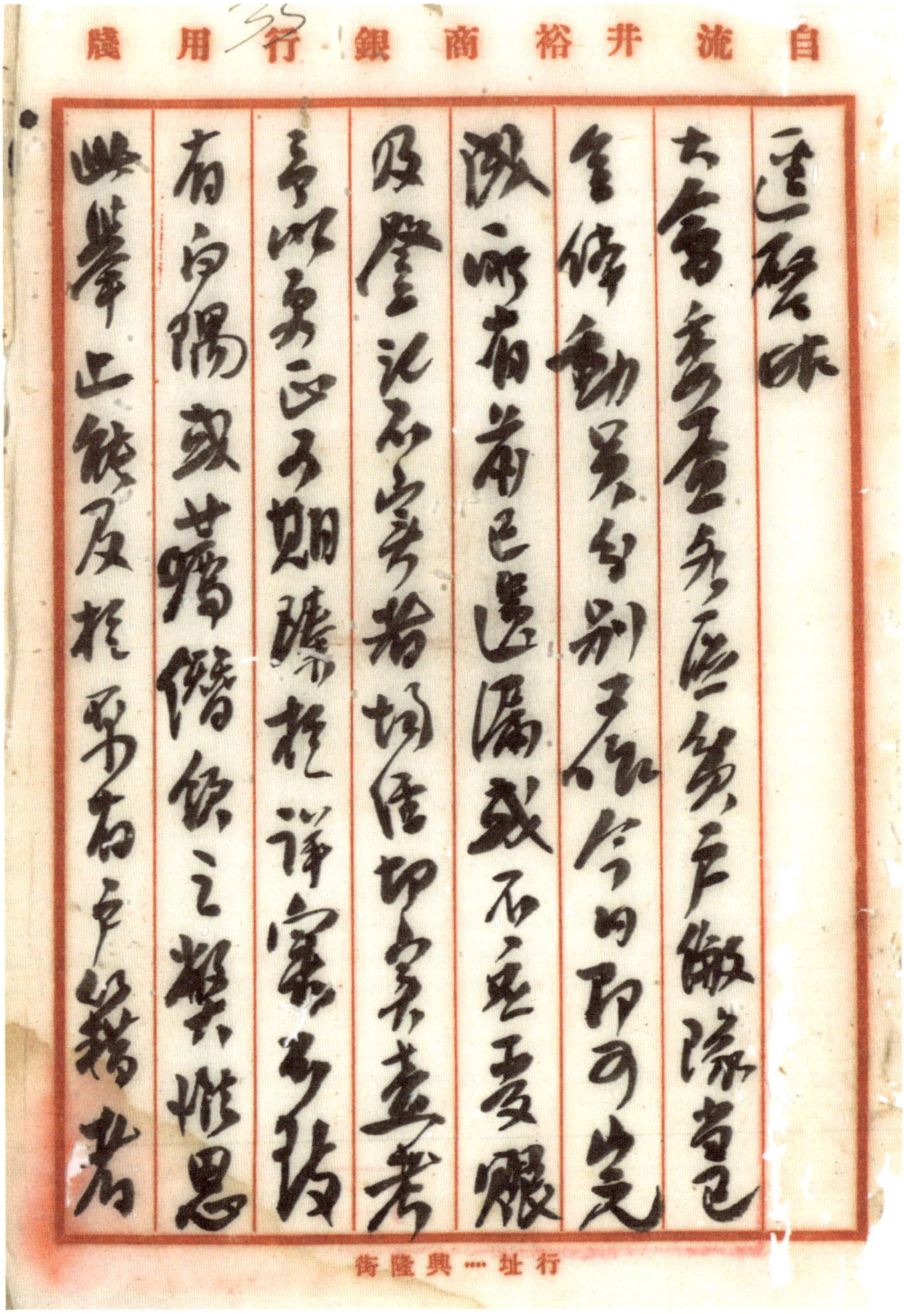

自流井裕商銀行用牋

逕啓者：
大會委查各廠貧戶，敝隊查已
全體動員分別查訖，今日即可完
竣。所有前已遺漏或不應享受賑
及登記不實者，均經切實查考
重行更正，以期賑款以詳實為旨，
有向隅或甘蒙餓餒之歎。惟思
此舉止能及於本市有戶籍者

行址…興隆街

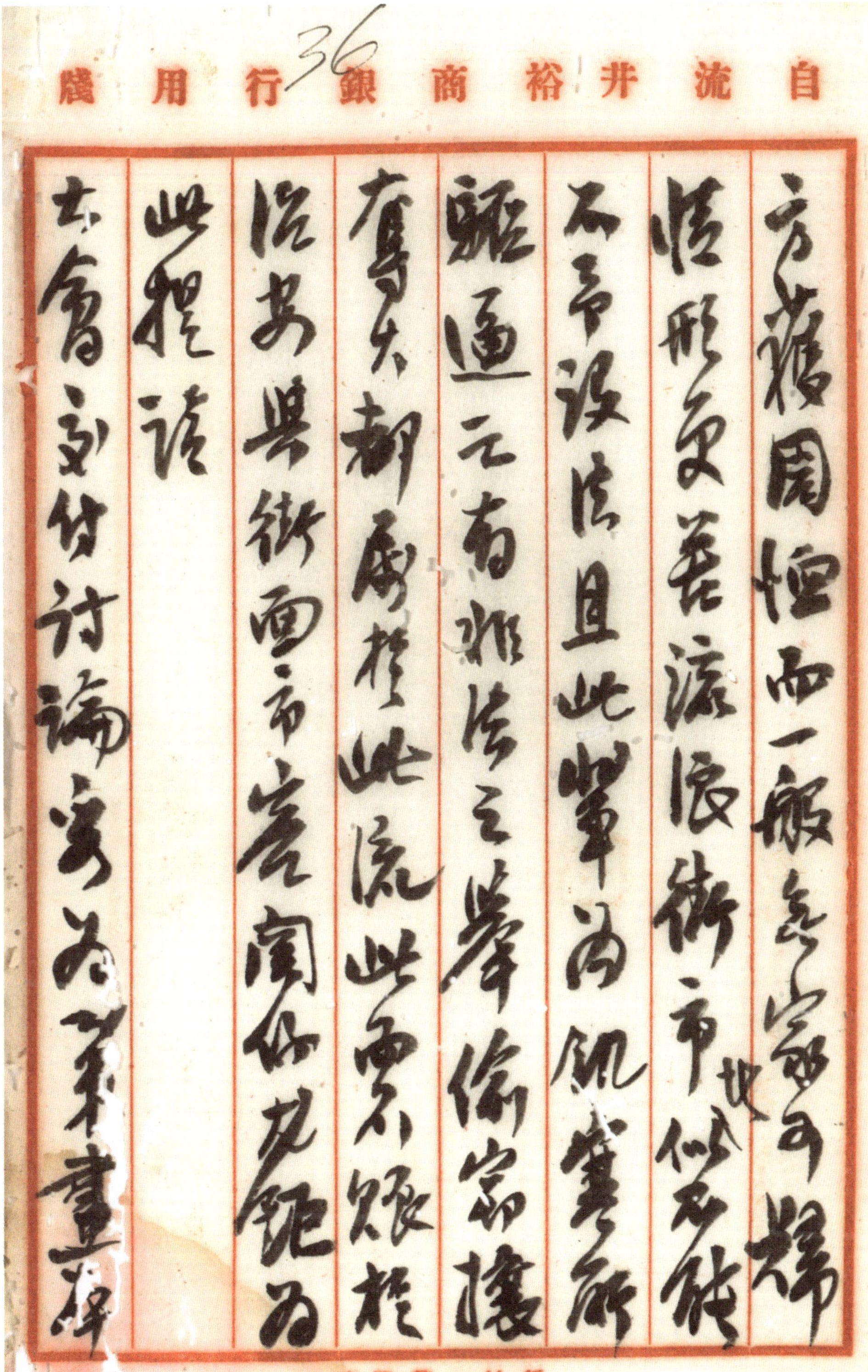
自流井裕商銀行用牋

36

方獲周恤而一般無家可歸
情形更甚流浪街市故似不能
不予設法且此輩為飢寒所
驅逼亦有非法之舉偷竊搶
奪大都屬於此流氓要不獨擾
治安與街面市容關係尤鉅為
此提請
大會交付討論審查並籌畫辦

行址一興隆街

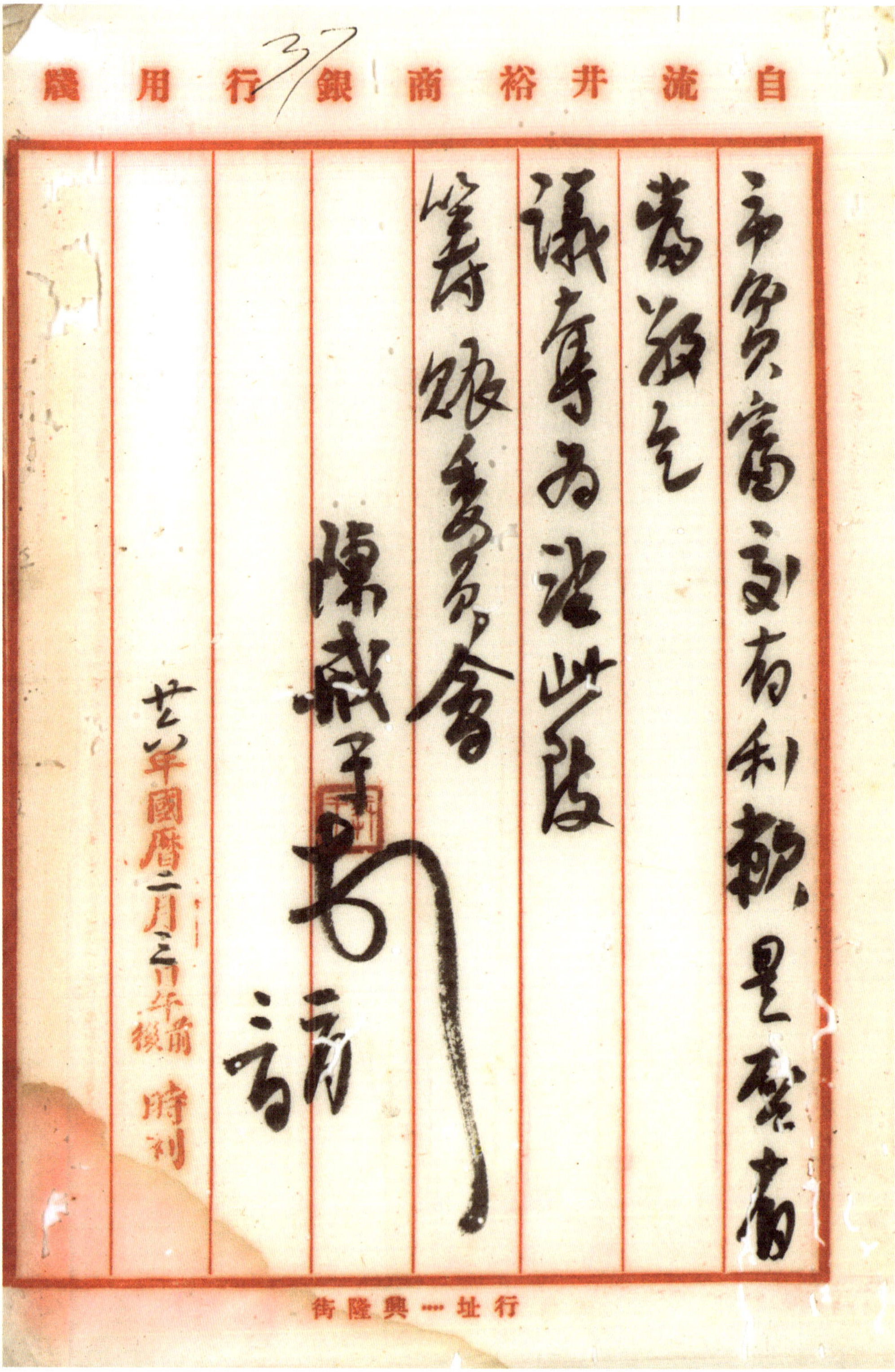
自流井裕商銀行用牋

希賢、富文、有利勛鑒：啓者

茲敬乞

議事為盼此復

籌賑委員會

陳誠子 敬

二月二日

廿六年國曆二月二日午前後時到

行址一興隆街

杨泽寰

人物简介

杨泽寰（生卒年不详），曾任自贡市行商引盐业同业公会负责人。

104 0017-001-0354-087

杨泽寰为地方巨富脱漏赈捐派款请予衡夺公平处理事致自贡市筹赈委员会的信函（1937年3月17日）

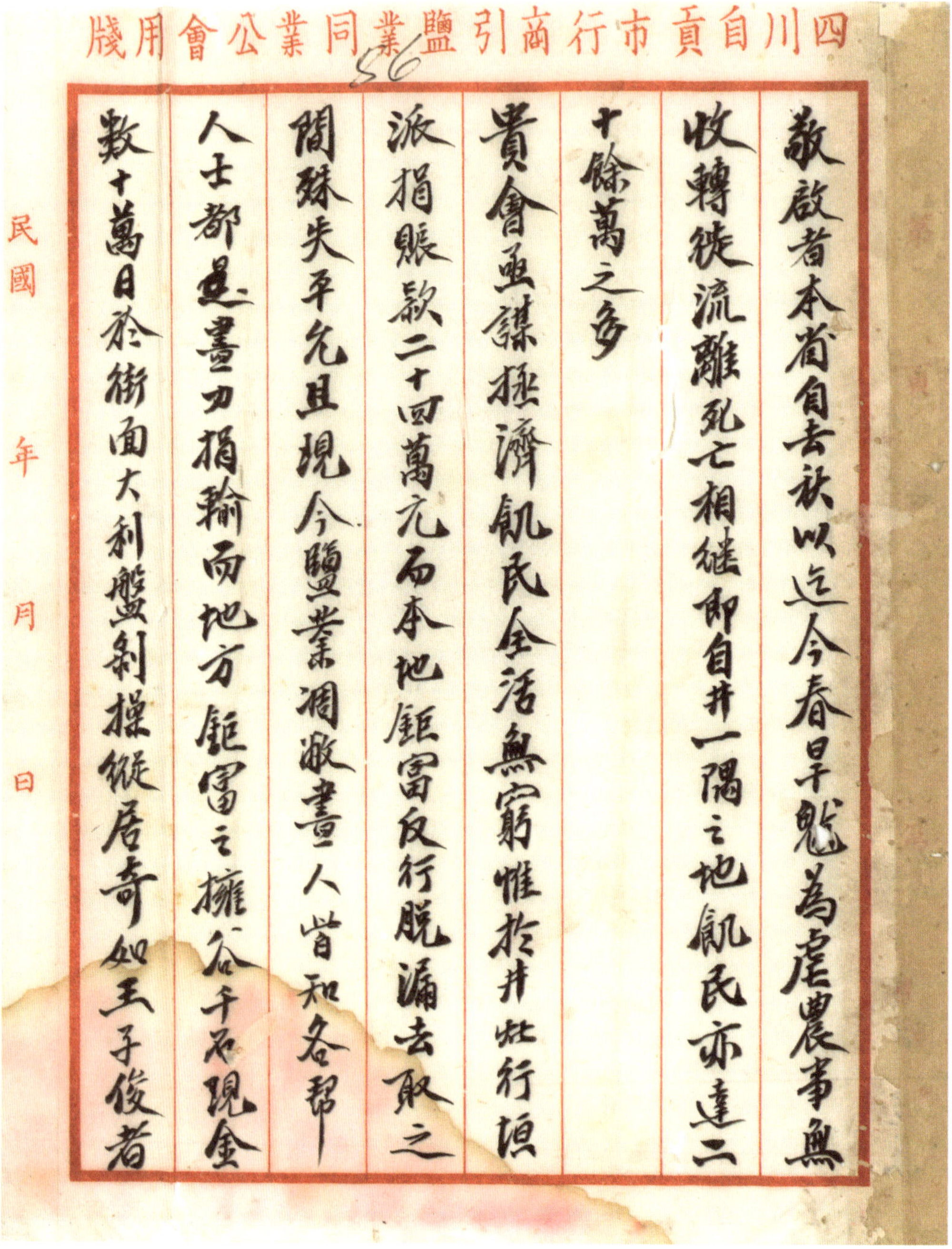
四川自貢市行商引鹽業同業公會用牋

56

敬啟者本省自去秋以迄今春旱魃為虐農事無收轉徙流離死亡相繼即自井一隅之地饑民亦達二十餘萬之多

貴會亟謀拯濟饑民全活無窮惟於井灶行頃派捐賑款二十四萬元而本地鉅富反行脫漏去取之間殊失平允且現今鹽業凋敝盡人皆知各幫人士都是盡力捐輸而地方鉅富之擁谷千石現金數十萬日於街面大利盤剝操縱居奇如王子俊者

民國　年　月　日

四川自貢市行商引鹽業同業公會用牋

竟未派及今文卷議銜談詢皆憤異且
貴會此次賑款若是樂捐性質則井灶行垣即不
應限定數量若干若是定数派款則当地鉅富首
應多出不應厚其所簿而簿其所厚 澤寰代表運銷
團體前日遵奉
貴會議案召集運銷各商開會勸令按數捐款
各商紛紛称說本帮純係客[illegible]担[illegible]
而地方鉅富竟無相當捐助輕重倒置事實失平

民國　年　月　日

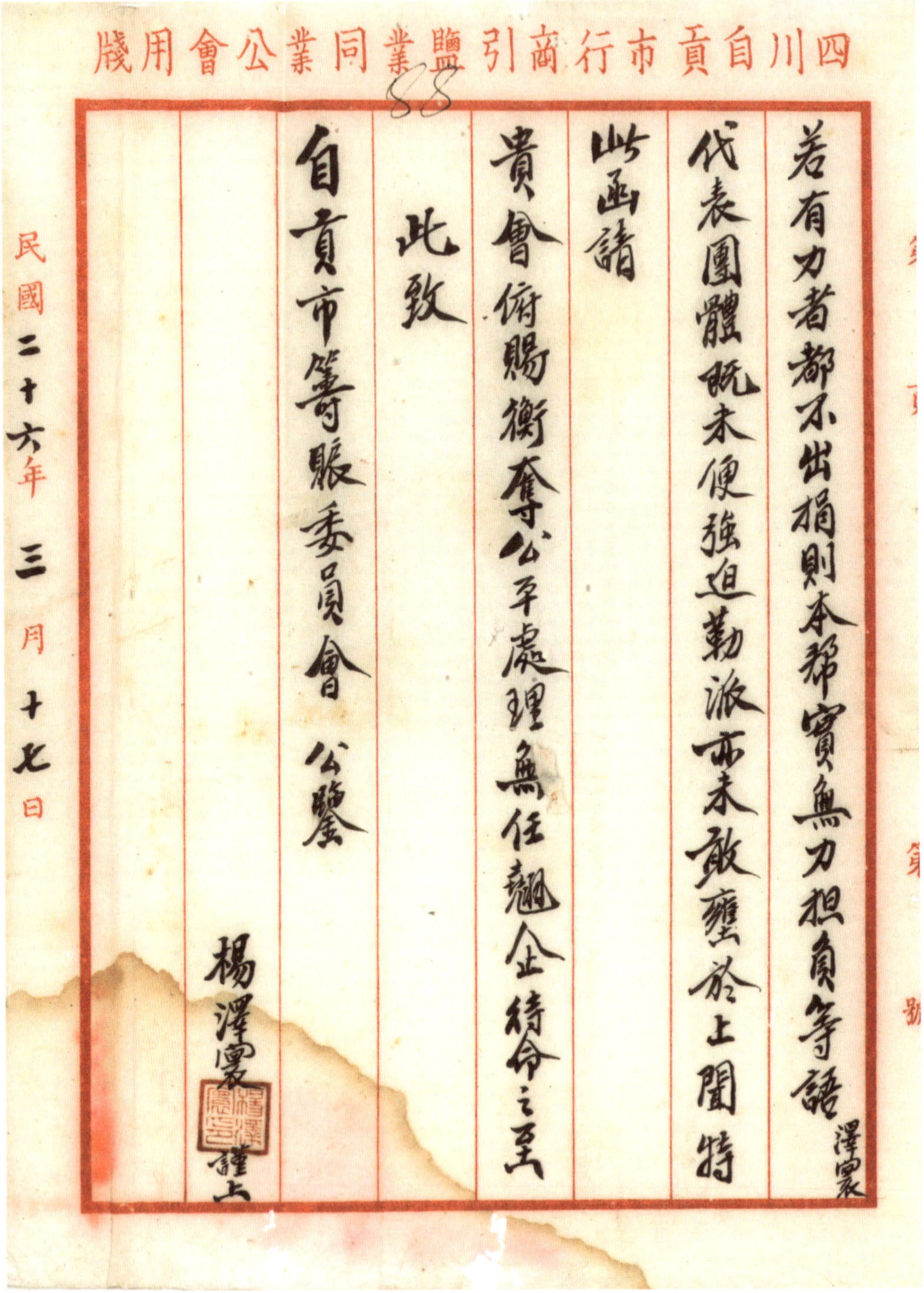

四川自貢市行商引鹽業同業公會用牋

88

若有力者都不出捐則本幫實無力担負等語（澤寰）
代表團體既未便強迫勒派亦未敢壅於上聞特
此函請
貴會俯賜衡奪公平處理無任翹企待命之至
此致
自貢市籌賑委員會 公鑒
楊澤寰 謹上
民國二十六年三月十七日

曾子郁

人物简介

曾子郁（1892—？），四川富顺人。毕业于四川工业专门学校。在自流井盐场郭家坳、大坟堡等处办理盐井。曾任中国国民党自贡市党务执行委员会委员、自贡市总工会理事长、自贡市参议会参议员、自流井裕商银行董事会董事、自贡市第七区炭巴引盐工业同业公会主席、四川盐业股份有限公司董事会董事。热心于社会事业，曾任自贡市私立蜀光中学校董会董事、自贡市福利总工会理事长、自贡市立救济院董事会常务董事等职。

105　0017-001-0487-075

曾子郁、郑光荣等为请随时留意内江扣留粮食案进展及赈灾米由重庆轮运至泸州再转运至邓关、自流井请沿途多加保护等事致熊佐周的信函（1937年5月15日）

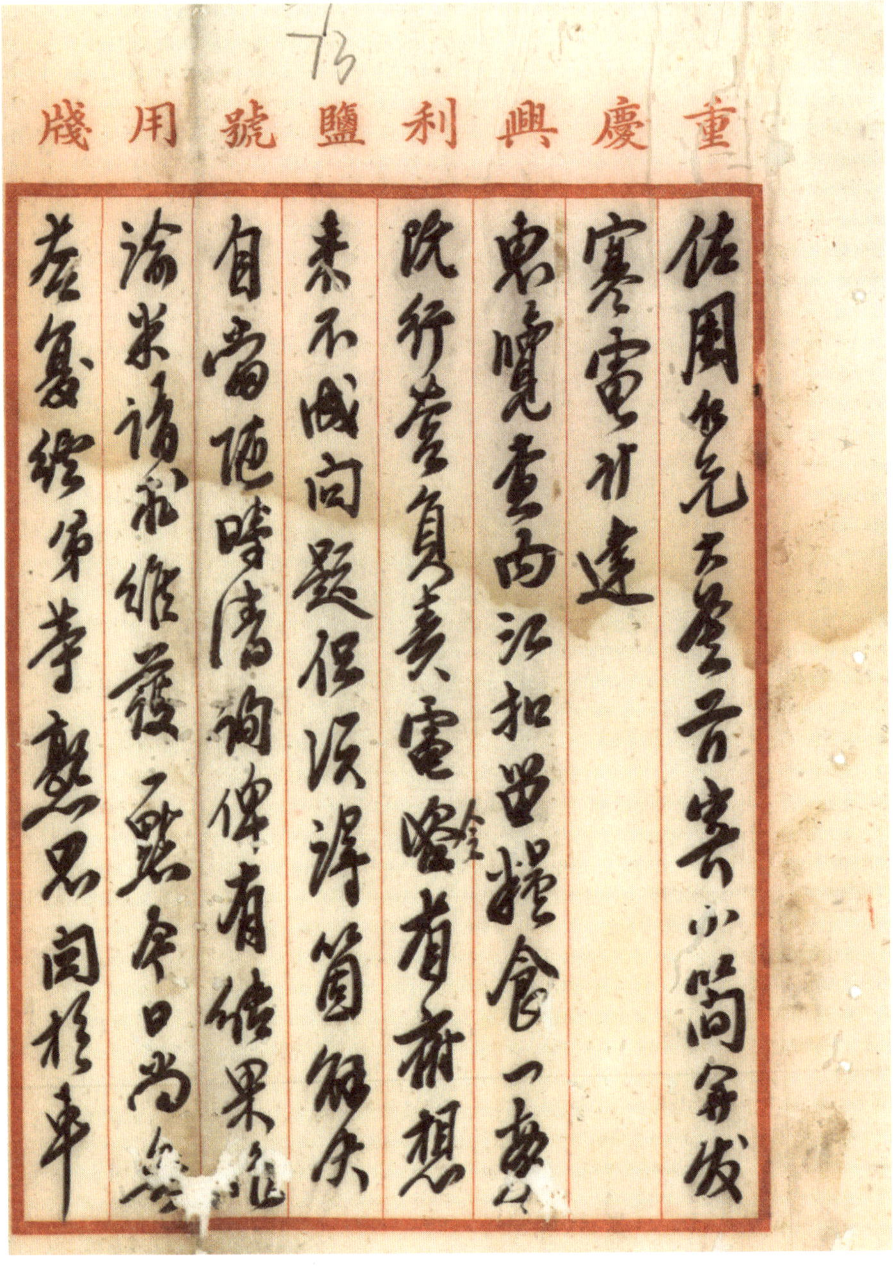

重慶興利鹽號用牋

重慶興利鹽號用箋

運鹽雖經繼續做到今冬劃
算其責公路局未完成車共值
十餘部該局亦不敷分配以
或團車運概燒汽油洗無車
只能暫緩參酌繼續一次
必須即賣五輛元太不划算是
以添購定輪運並須由本廠不能
運輸再以招車或貸車運并此

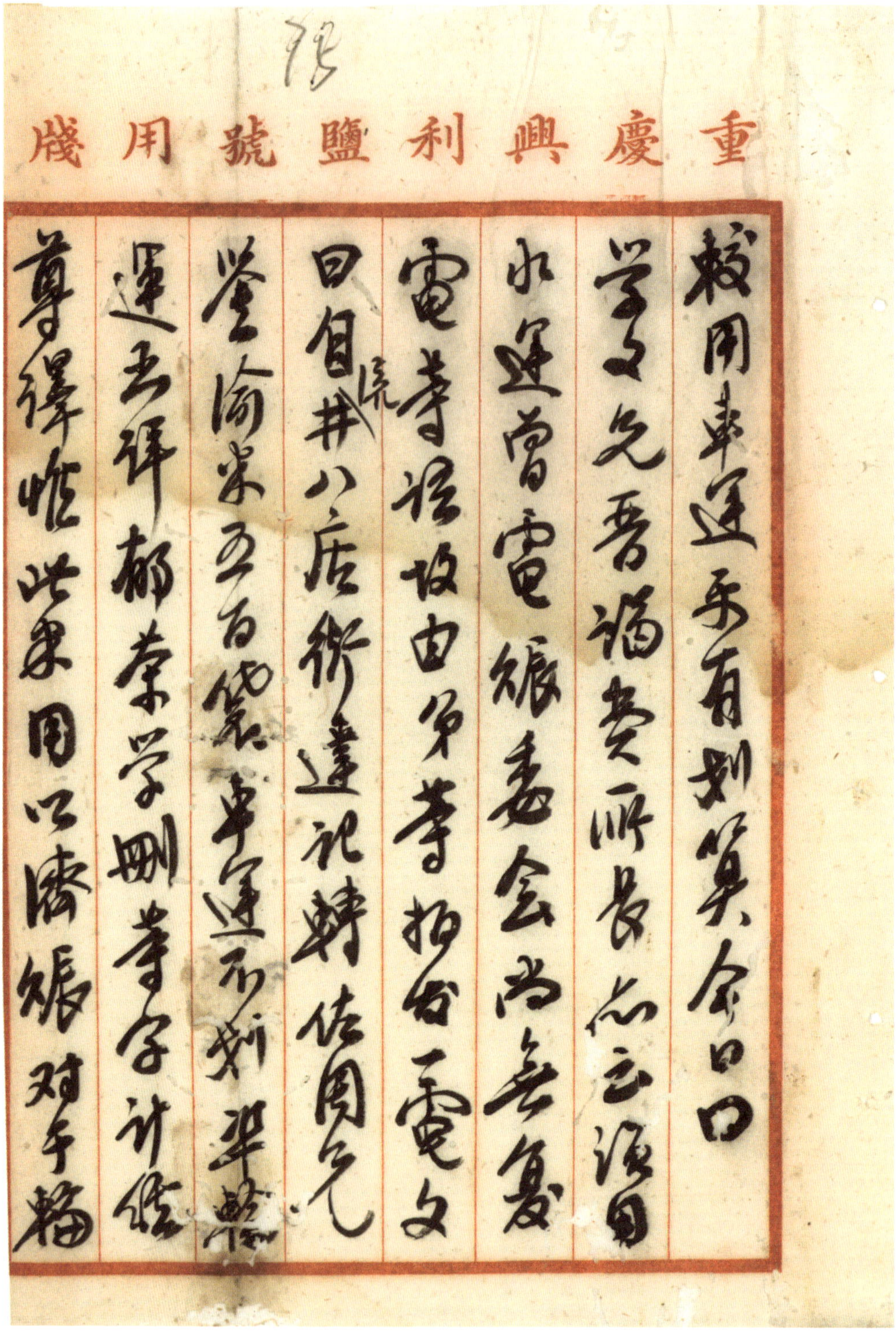
重慶興利鹽號用牋

敝用奉送，是有划算矣。余曰：
以免晉福泰所長亦云，滇自
永運曾電張委會尚無復
電，茲擬由弟等聯名一電文
回自（流）井八店衛達詢轉傳閱兄
登渝米五百號奉送不划算，舉
運去再辦郁秦學冊等字計儲
尊得，惟此票用以濟張對手籌

76

重興利鹽號用牋

貴署應交涉現已由民生公司
撥給中無協員詳函於由派
送那由那送并請達似應無乃
保護以備不虞於貴縣長之
意可由稅警隊護送是否
得到之事候由
尊處函經請求中於弟等晉
見能派那同不請隊護稅警隊

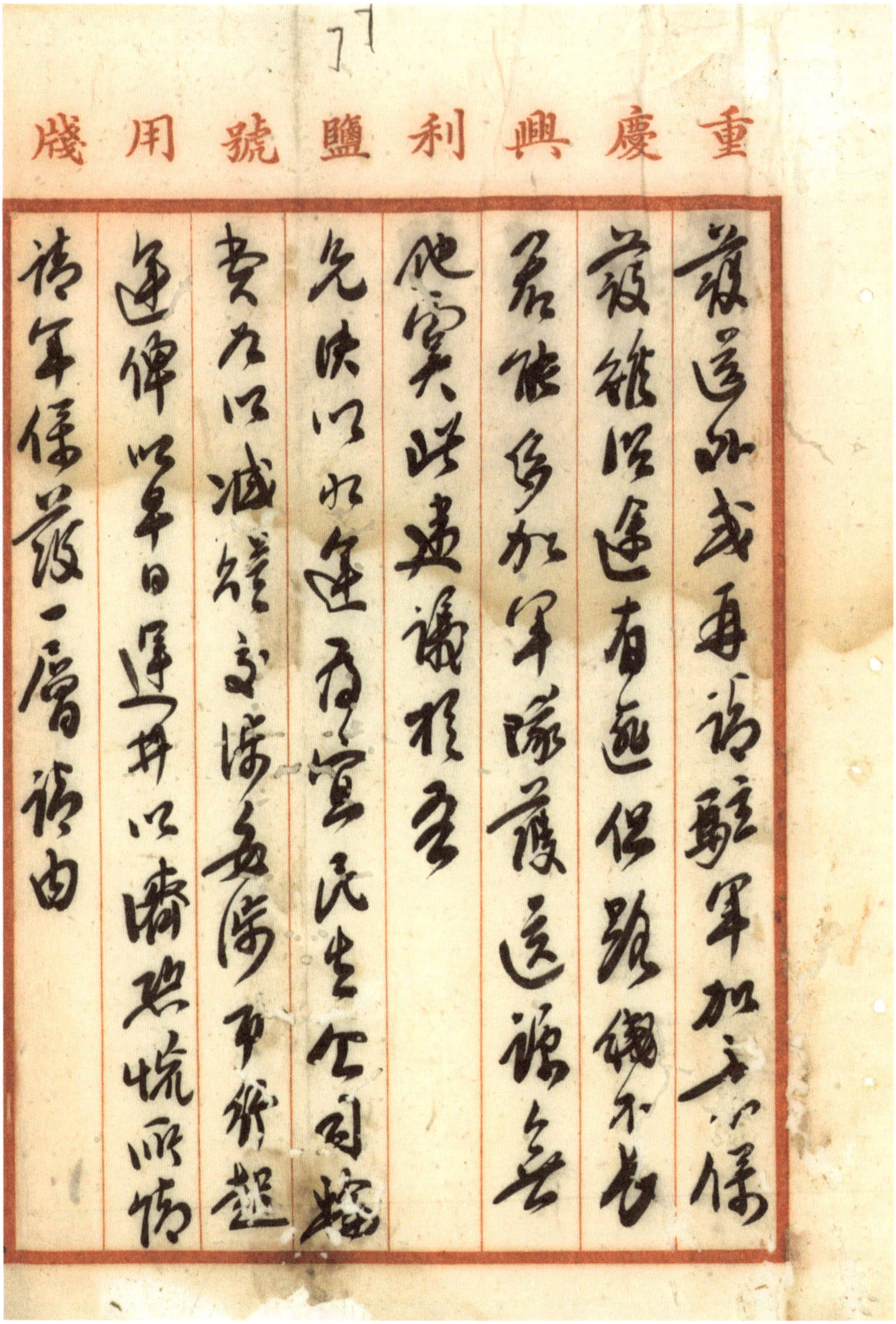

重慶興利鹽號用牋

護送外或再請駐軍加意保
護錢鹽運有疏但願鍋不長
爲能多加軍隊護送諒無
他虞矣此達議根至
免誤以收運商宜民生令司鹽
貴局以減鹽名義濟無際事務整
運俾以早日運并以濟燃眉所仰
請軍保護一層請由

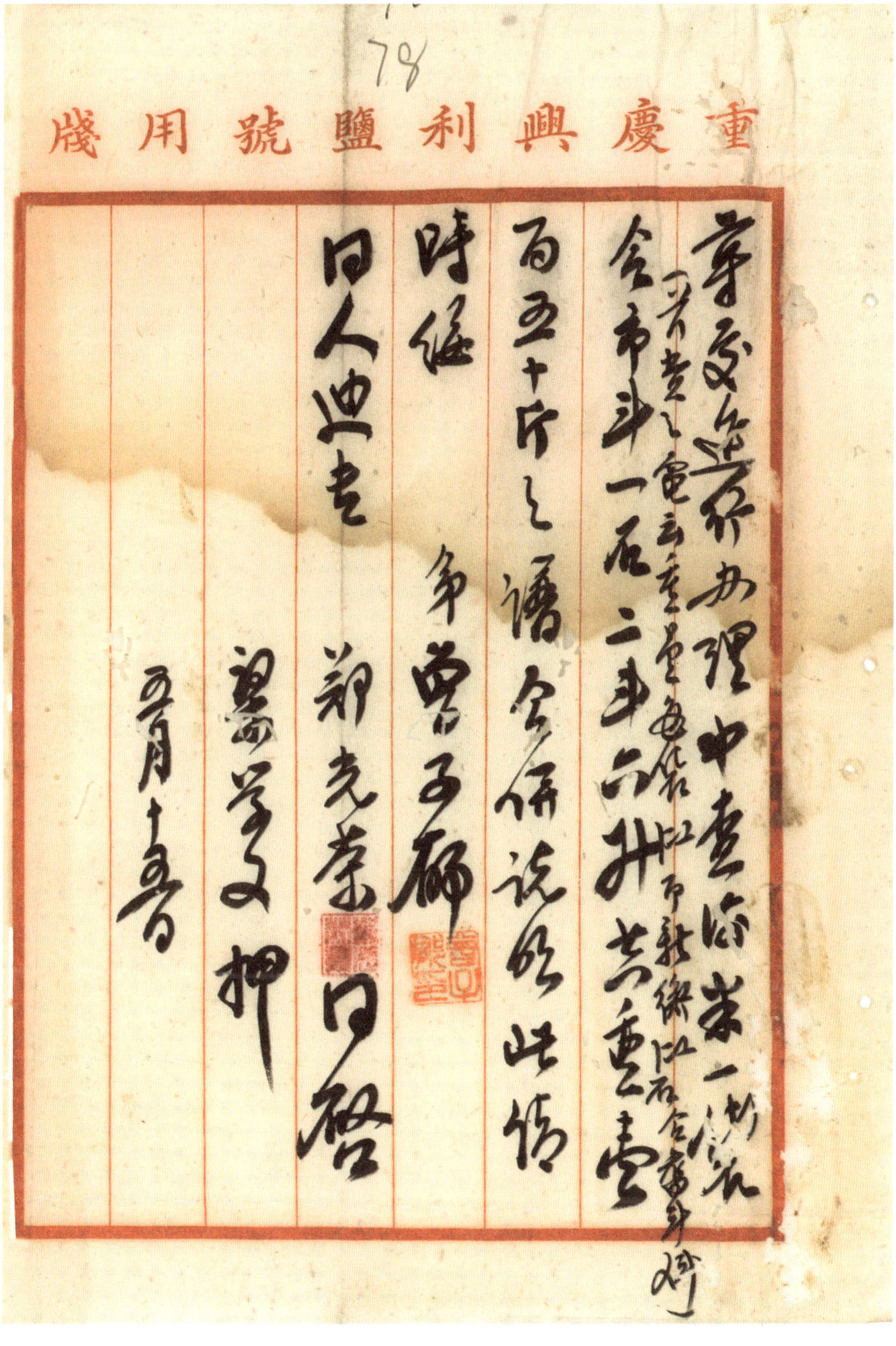
重慶興利鹽號用牋
章處長經手辦理中壹萬叁千一百[illegible]
仝市斗一石二斗六升共重壹
百五十斤之譜合併説明此請
時綏 弟曾子郁
鄭先榮同啓
同人均此
碧翁學兄 押
五月十五日

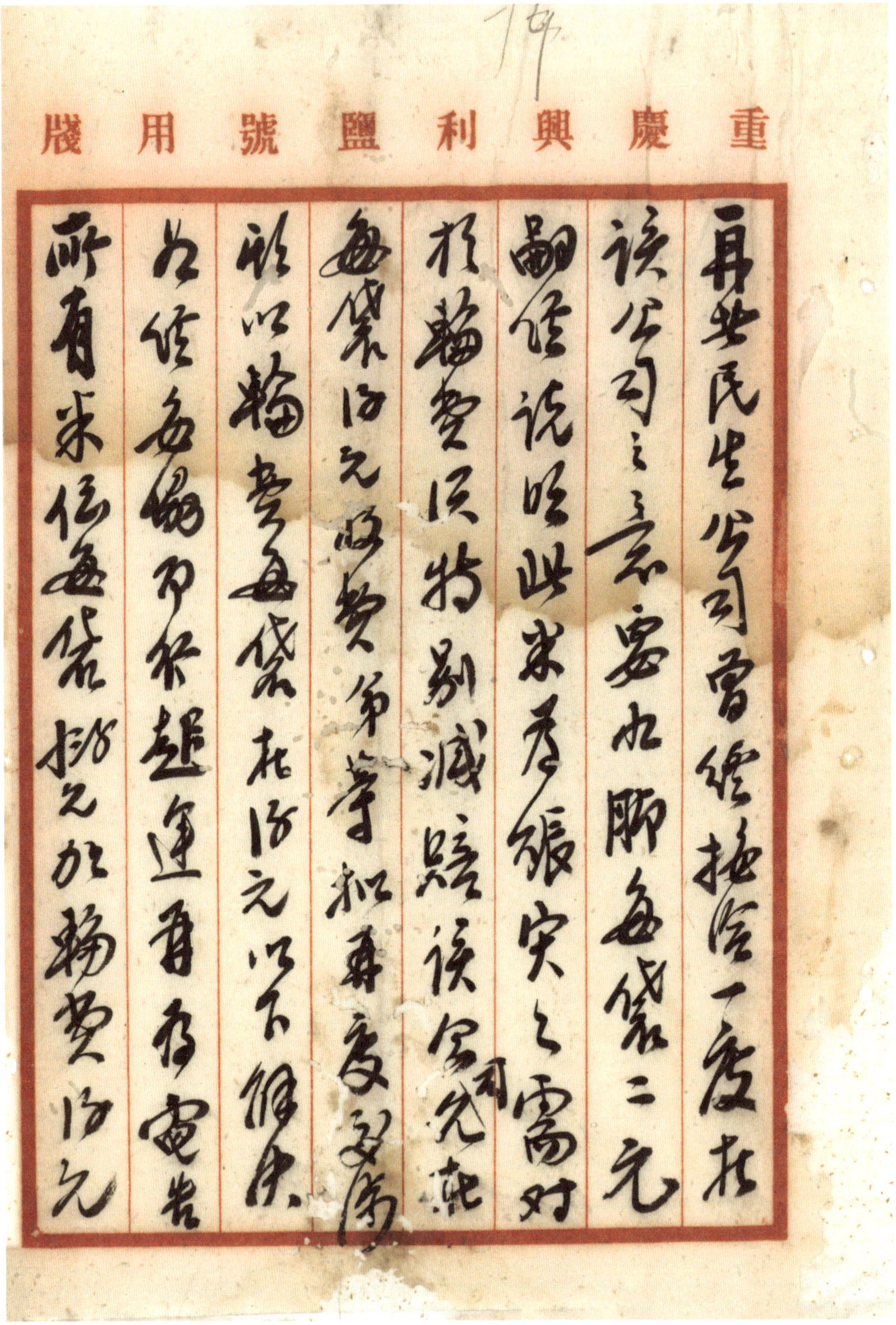

重慶興利鹽號用牋

再者民生公司曾經接洽一度，在
該公司之意要求脚每袋二元，
敝號說明此案系張實之需對
於輸費只將另減賠，該公司允在
每袋兩元收費，弟等擬再度交涉，
能以輸費每袋在兩元以下，須俟
另經每編乃能起運，再行電告，
所有米價每袋擬加輸費兩元

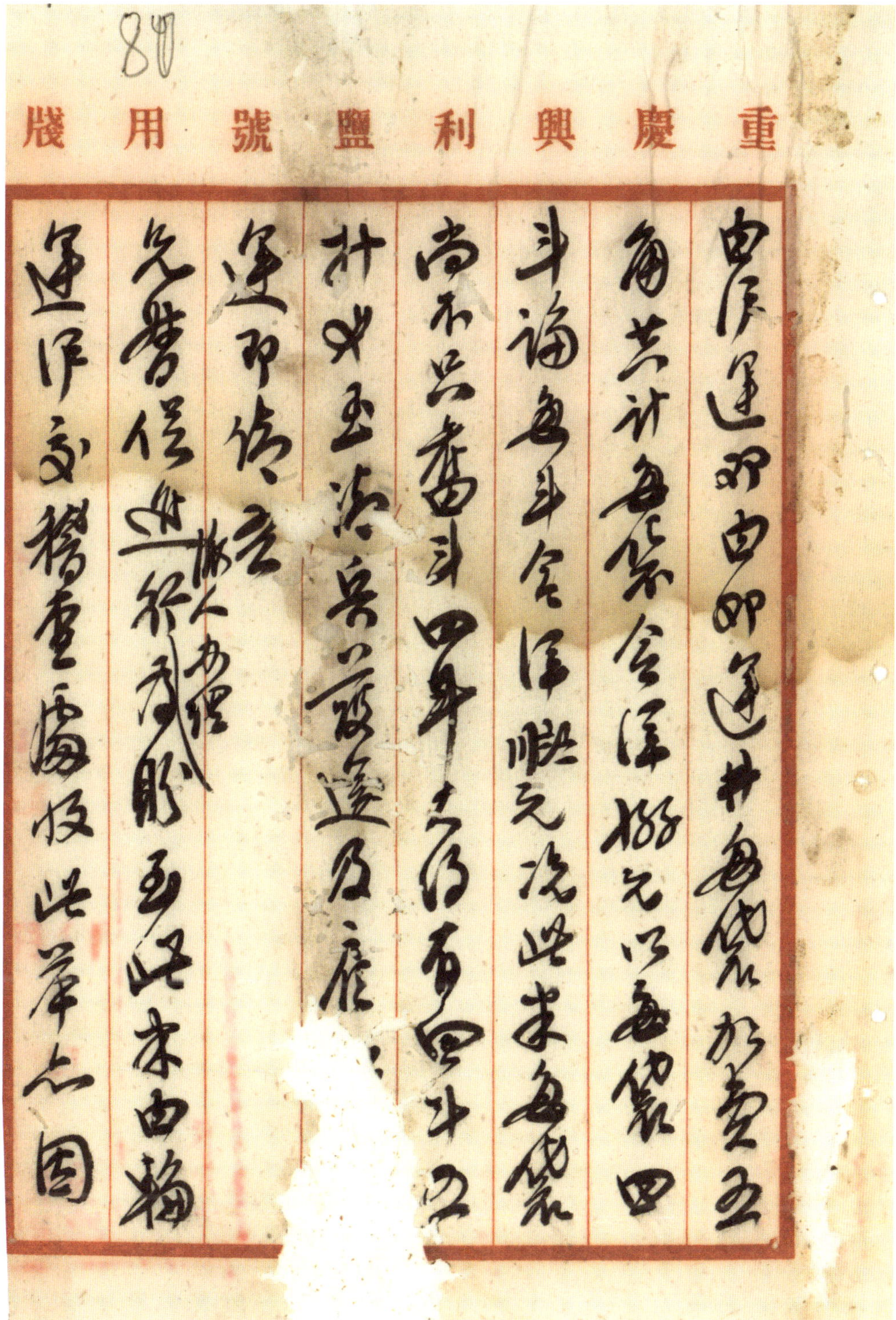

重慶興利鹽號用牋

由瀘運邛，由邛運井，每儎於黃五
角，共計每儎合洋捌元八角，每儎四
斗，論每斗合洋陸元八角，照此每儎
尚不只叁斗四角，[illegible]得有四斗四
斗。如至[illegible]盆以[illegible]及應[illegible]
運邛信云
兄譽信與拙人分經[illegible]至此來由[illegible]
運瀘家，務望查收，照單[illegible]圖

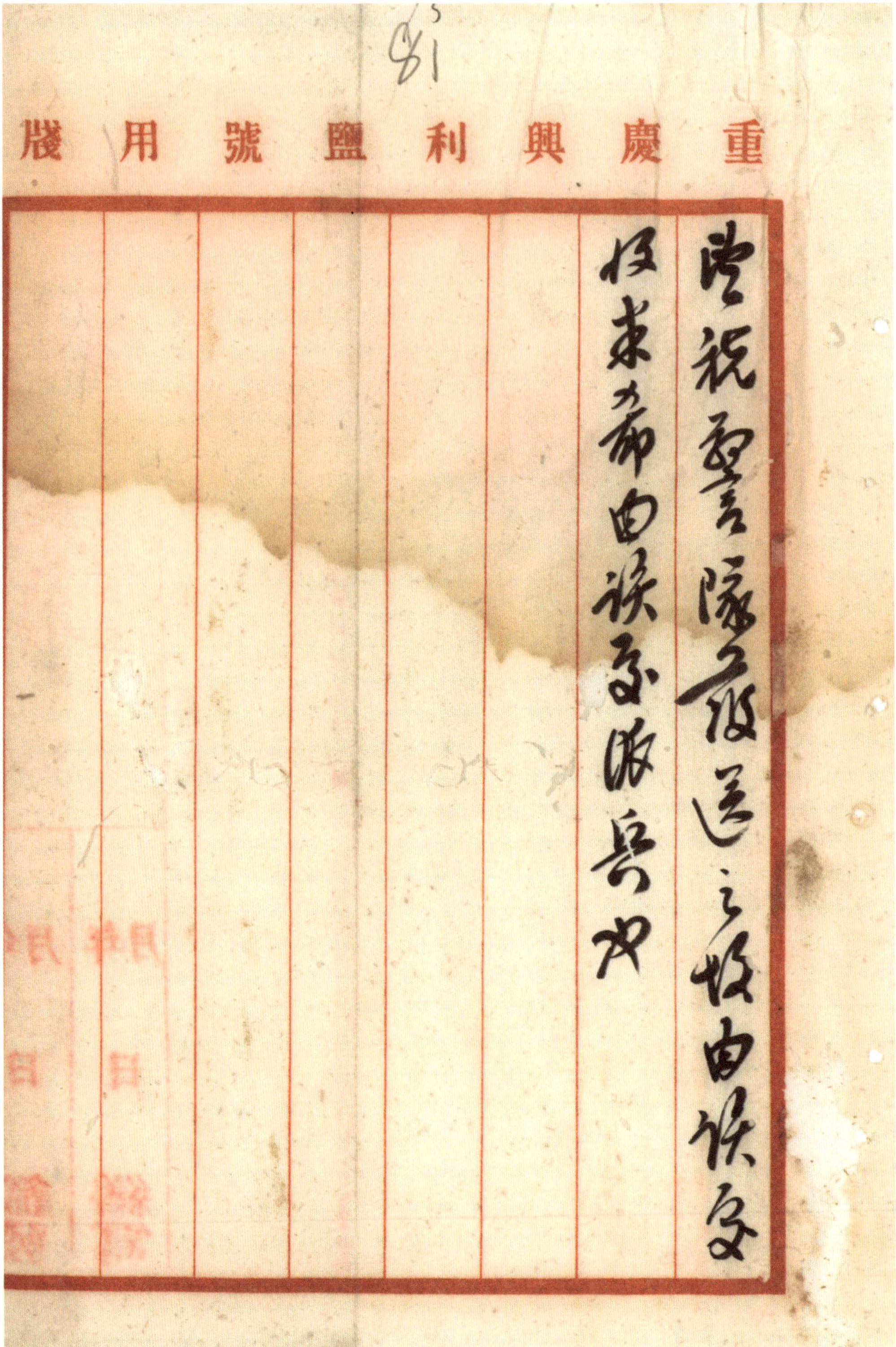

81

重慶興利鹽號用牋

貴稅警〻隊〻護送〻收由該處收來亦由該處派兵也

106 0017-001-0487-070

曾子郁、郑光荣等为拟到川盐银行接洽米款及起米转运护送等事致熊佐周的信函（1937年5月16日）

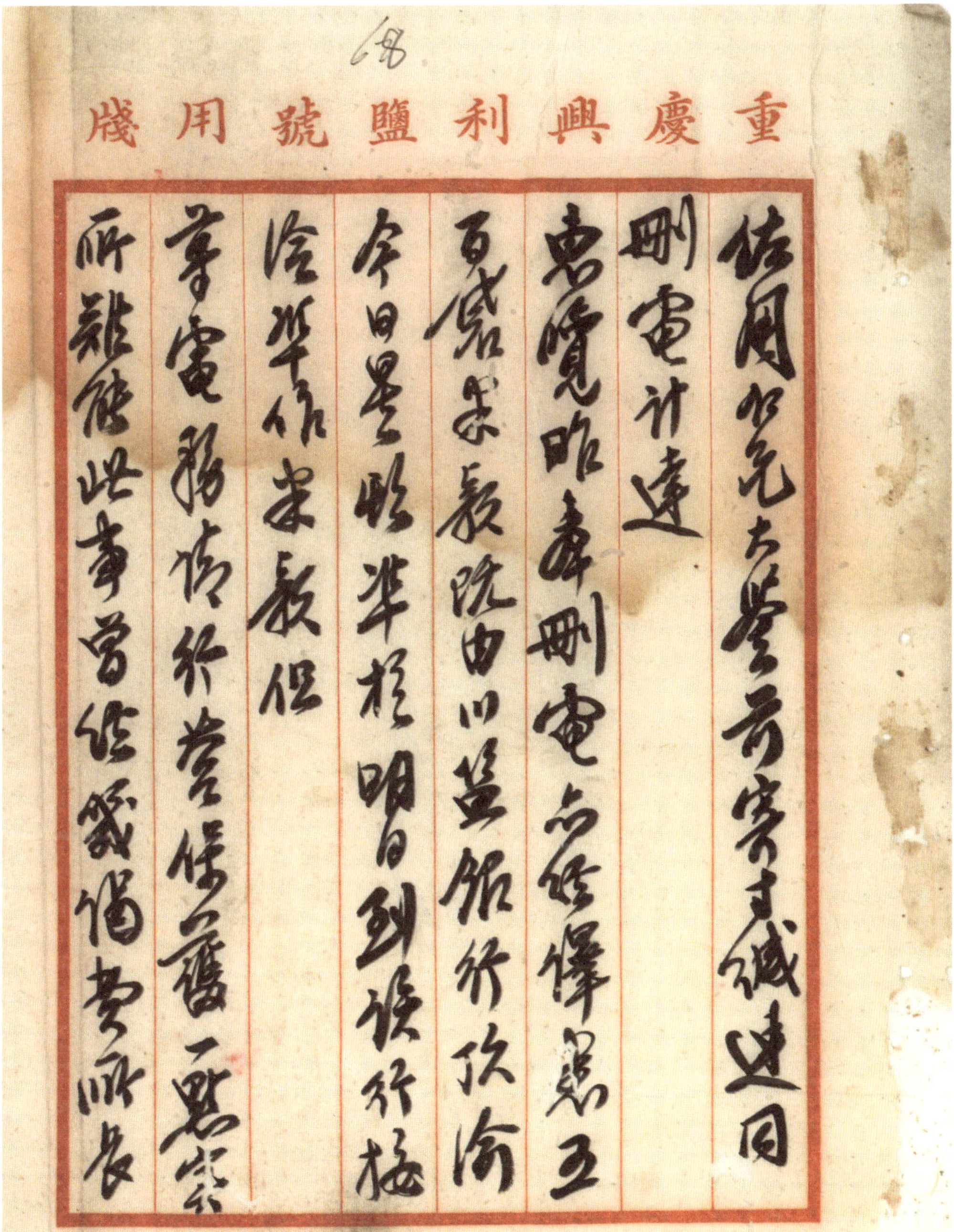

重慶興利鹽號用箋

佐周仁兄大鑒：前寄寸緘，諒達。同

刪電計達。

惠覆，昨奉刪電，知[illegible]五

百袋米款，隨由川鹽銀行收渝

今日[illegible]晤[illegible]，明日到該行接

洽，並作米款保

管。電[illegible]請行營保護一點，[illegible]

所難，使此事[illegible]

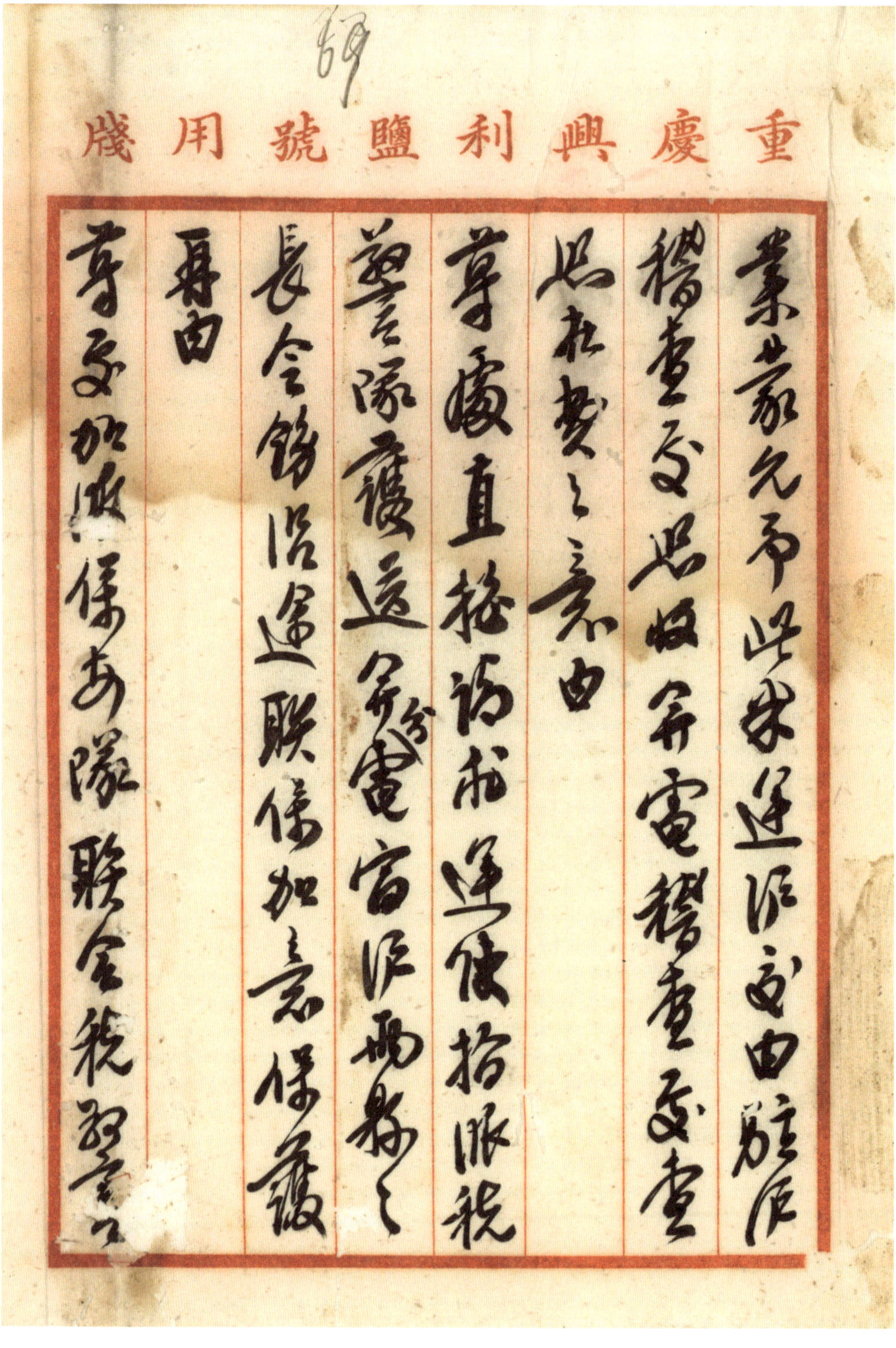

重慶興利鹽號用牋

業蒙允予照案運渝，並由駐廠
稽查發照，收奉電稽查發查
照在案之意由
尊處直接請求運渝指派稅
警隊護送，并分電富渝兩務之
長令飭沿途聯係加意保護
再由
尊處加派保安隊聯合稅警之

790

重慶興利鹽號用箋

隊如言發送可免他虞等語
足見貴處長關心民瘼不淺感
才當勝感佩務請照安存繩
請將行營保護之令封寄予我
其詳情請詢朱寶光可明其真
象母廣板壞中令口能柳等退
請貝鄉護公茶諸公識閩根
起米轉運札之需人尚蒙洪恩

71

重慶興利鹽號用牋

勲忱均啟：久承輔助辦理，同儀
彙擇多任盛誼，惟此後逢年
尚多事務不少，擬謝滬時職
云自貢張報，倍委查會查慶轉
達否及劉之處，尚希以便分送新
本和玉起達及籍費，逕日多電
需用之款之需錢，究由何處撥之
支尚希直接為荷為

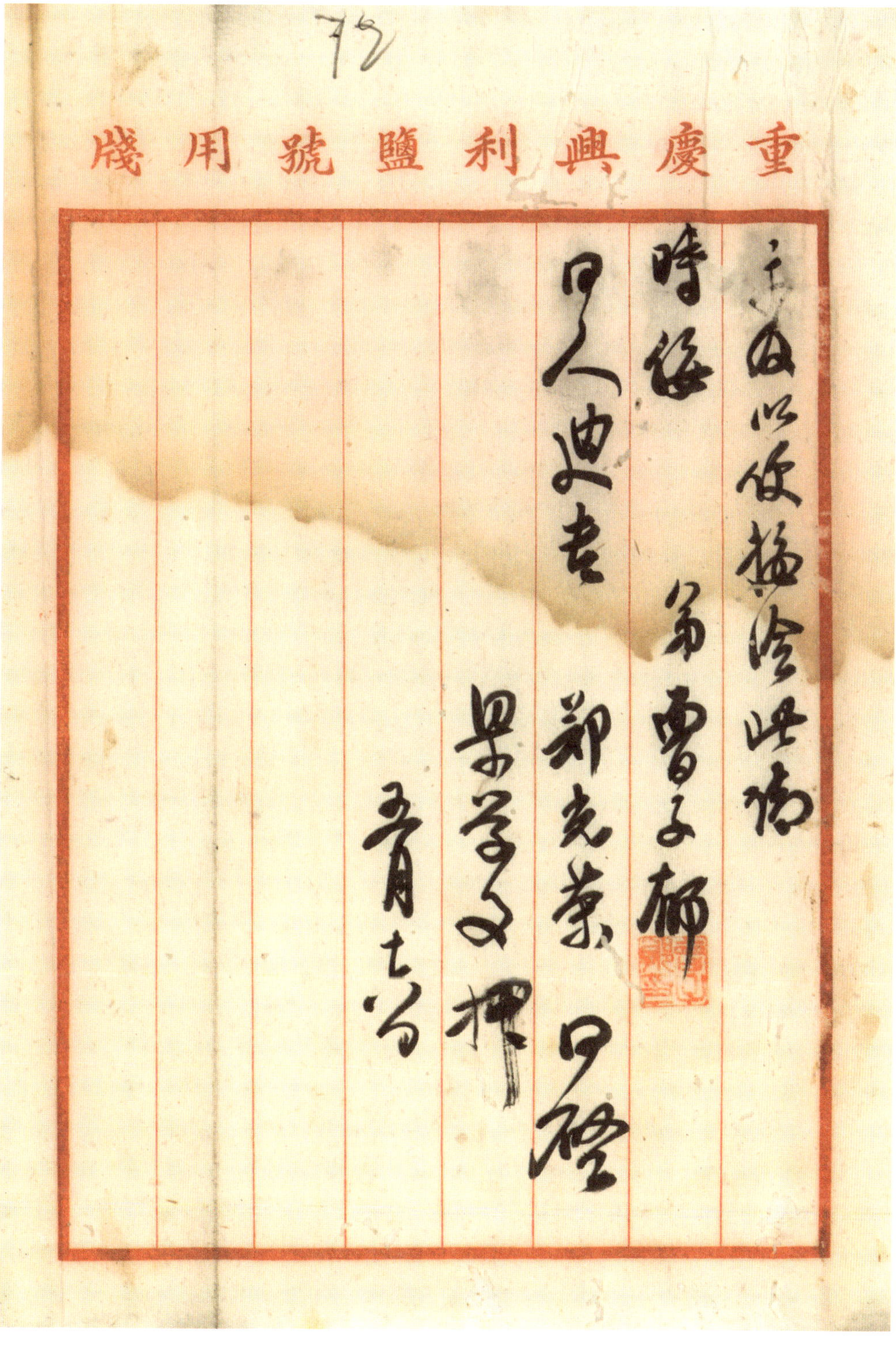

亦因以便接洽此請
時綏 弟曾子郁
同人由迪去 鄭先棠 同啓
吳學文 押
五月七日

107　0017-001-0359-055

曾子郁、郑光荣等为告知已转付米款及处理内江县扣留粮食、捣毁车辆等事致熊佐周的信函（1937年5月27日）

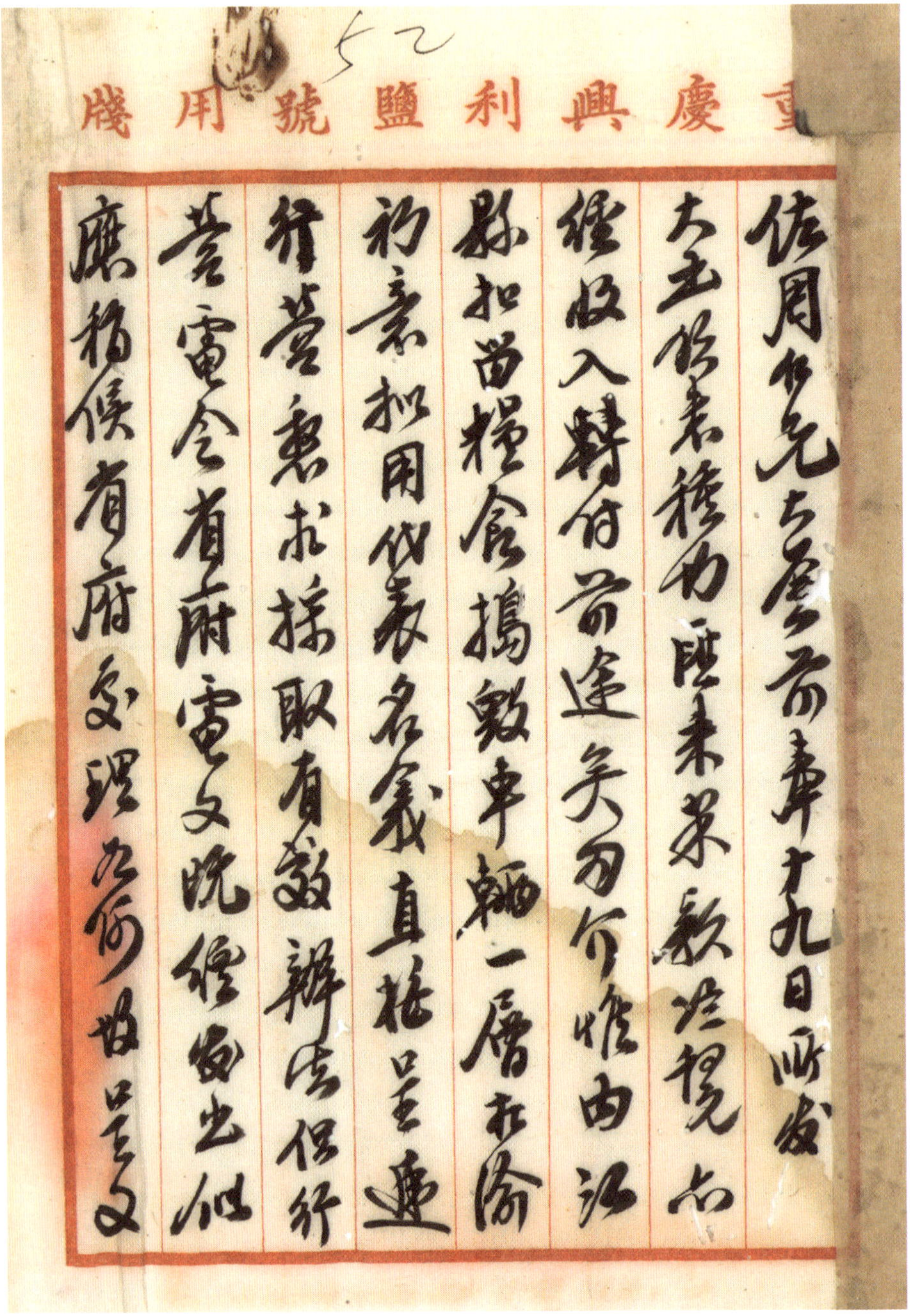

重慶興利鹽號用箋

佐周仁兄大鑒：前奉十九日所發大函，敬悉種切。匯來米款，[illegible]經收入轉付前途矣。[illegible]由內江縣扣留糧食、搗毀車輛一層，在渝初意擬用代表名義直接呈遞行營，書求採取有效辦法，但行營電令省府，電文既經發出，似應稍候省府處理如何，再行呈文

重慶興利鹽號用牋

已經擬就常委呈述以免麻煩并
在渝得閱內江稅長李文耆有被
扣留押解赴省究何情形不明所
以若果該稅長是有扣留鹽店
而被押到此段呈文即無呈述之
必要既鹽委會派有駐省代表
其有情形當有確實消息另有
府既奉行營電令向鄧漢祥

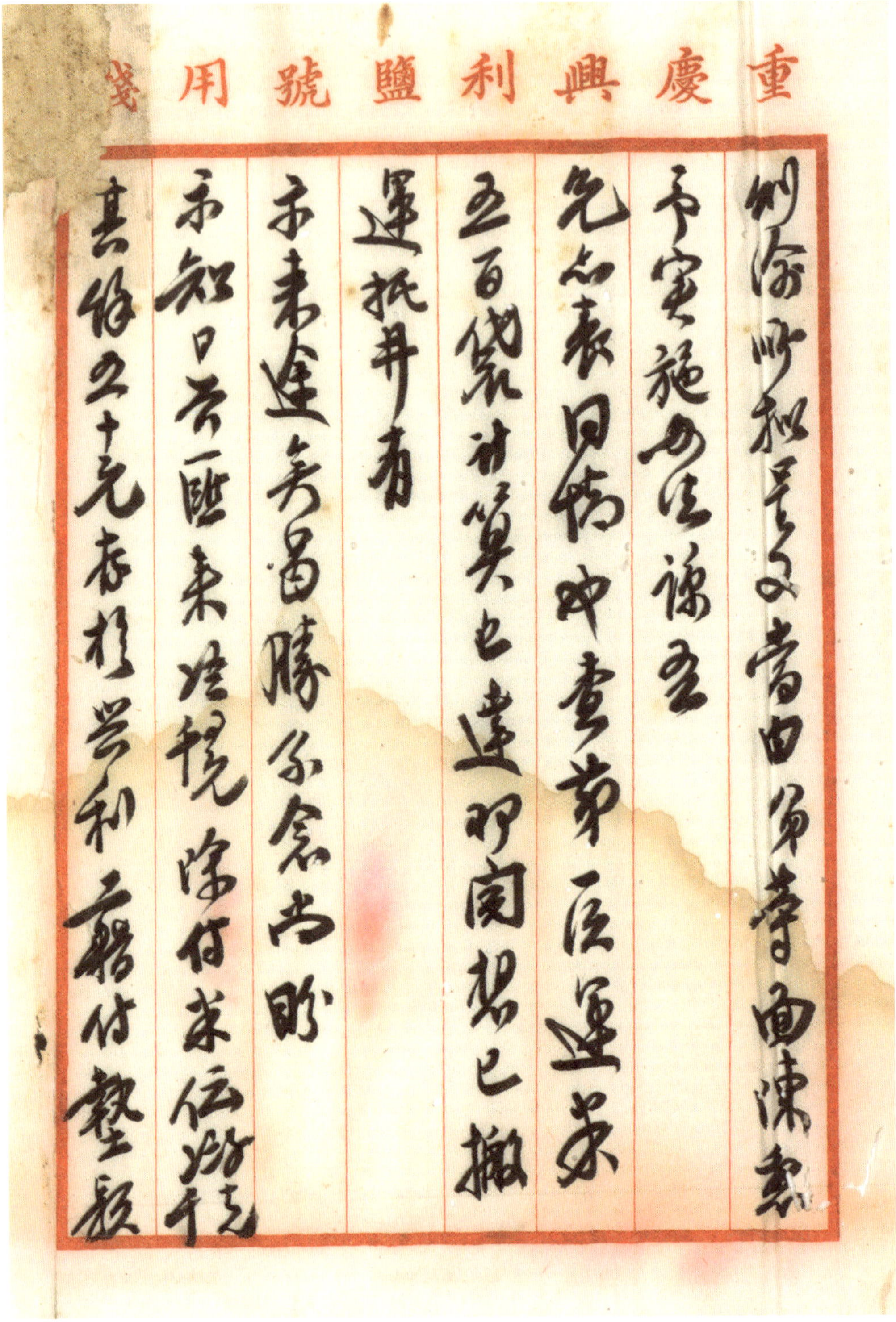

重慶興利鹽號用箋

重慶興利鹽號用牋

前信另紙開錄一單甫呈（其已發乃該稿附另錄）
查閲順呈單內將所有貨列後
準備之次運業整款內運陝含
待聲明至第二次續案千餘袋係值
每袋收免固該張無會視為無袋
捐充獻攏右太另經費所最現所出
後之業均係任香每袋收免矣此款
其能明海為之分別幾運免否百

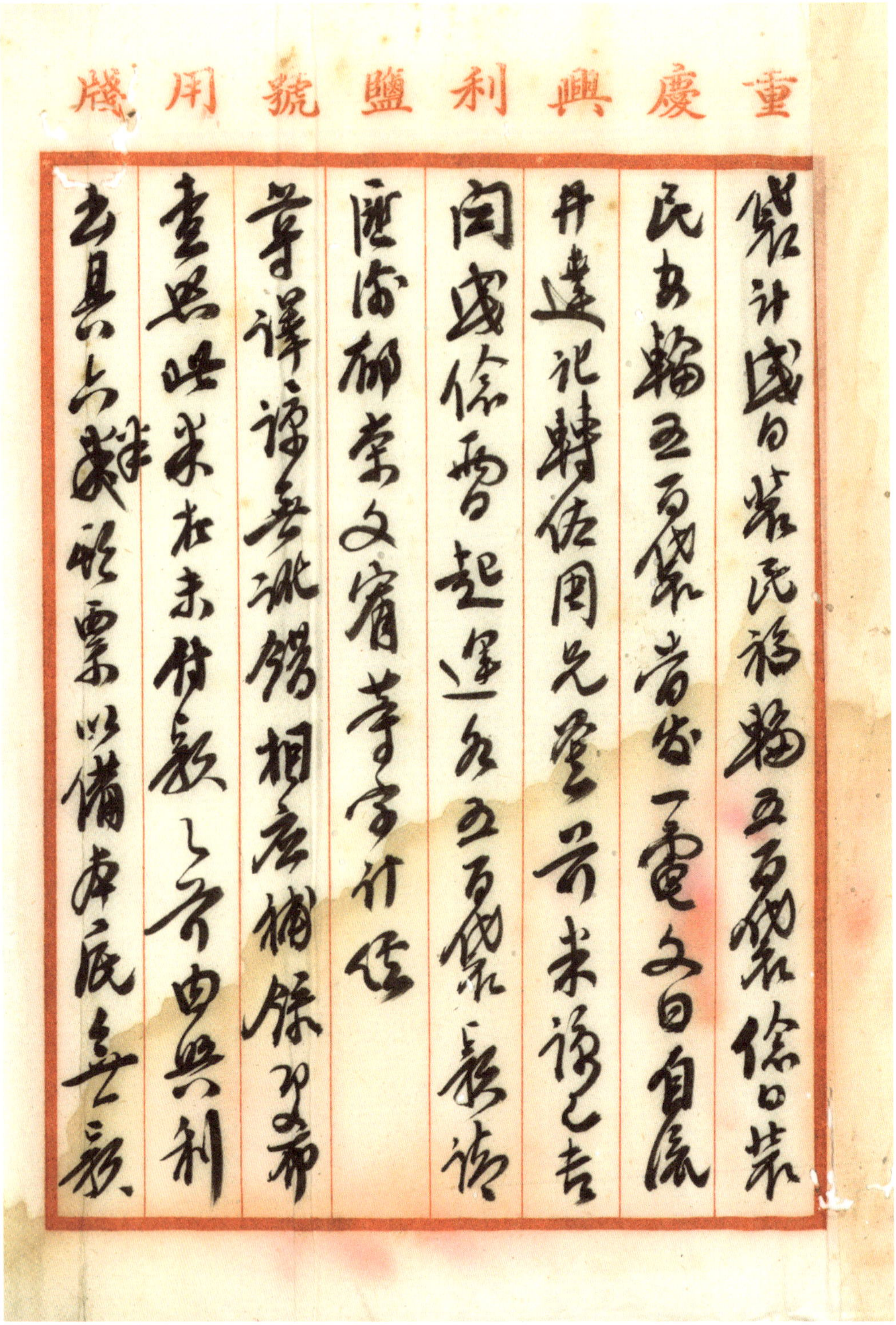

重慶興利鹽號用箋

重慶興利鹽號用箋

具悉。今日應下半五百袋裝民福
輪，殊後張委會所存聚福圖船
係紐留袋地點，又在南岸，不能不一
齊下去。今裝的袋尚存以樣核河
不換船，以待明日裝民安輪鹽
應中限。請照
查照，再者，應付水腳，調程其化整
敬頌一路報時請郵並多應長禱

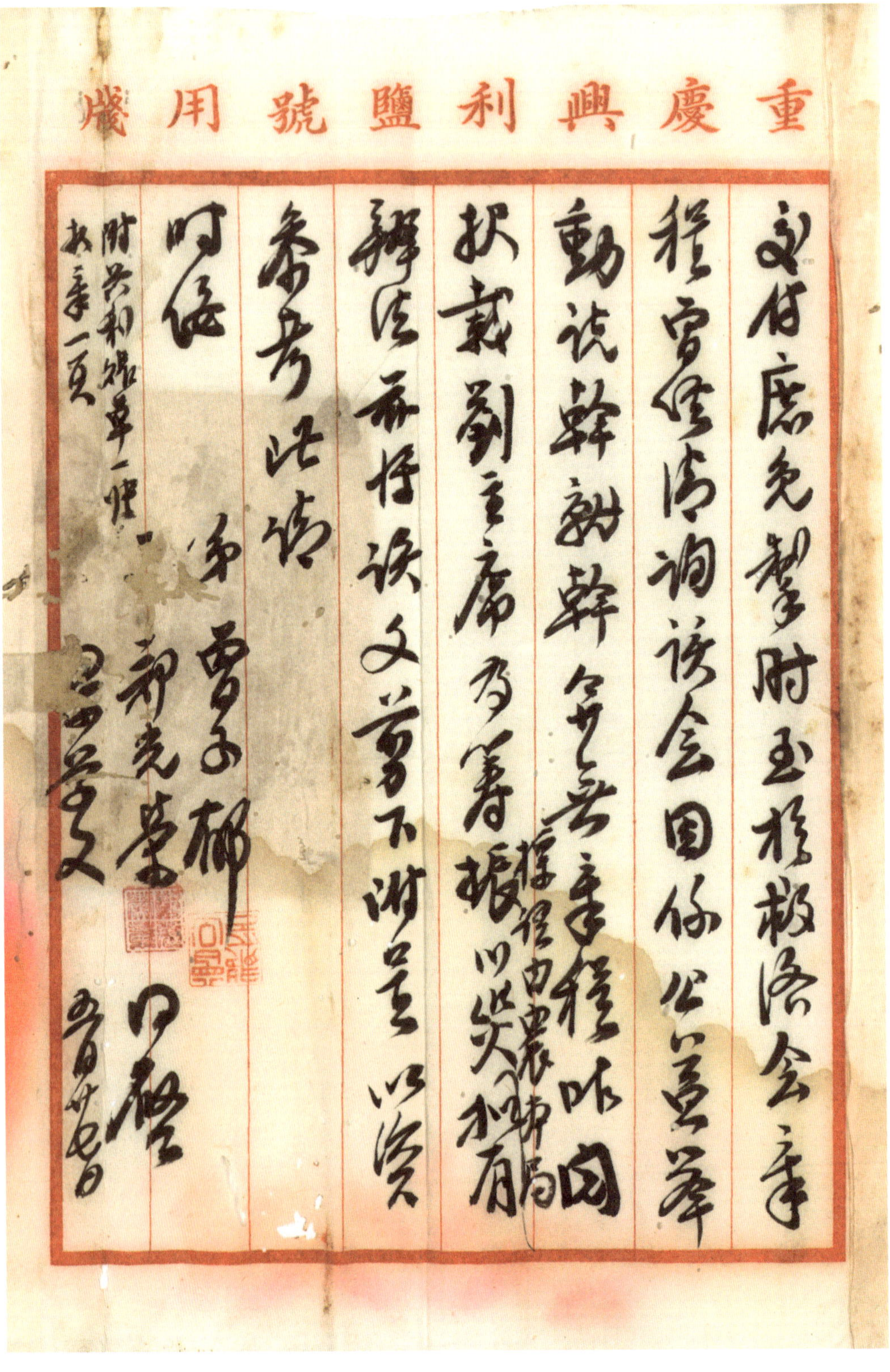

重慶興利鹽號用牋

文甫居兄鉴：附呈拟救济会章程，宜经涛询该会因何公举动说干、新干，会[illegible]章程[illegible]因。据程由[illegible]局状载刘主席为筹赈以救灾，并有辞该文，将该文第下附呈，以资参考。此请

时绥

弟 曾子[illegible] 郭克堂 同启

附共和报第一张、救济会章一页

[illegible]

三月廿七日

108 0003-001-0023-049

曾子郁为拟于月内商讨国立自贡工业专科学校捐款事致陈纪铨的信函（1946年5月22日）

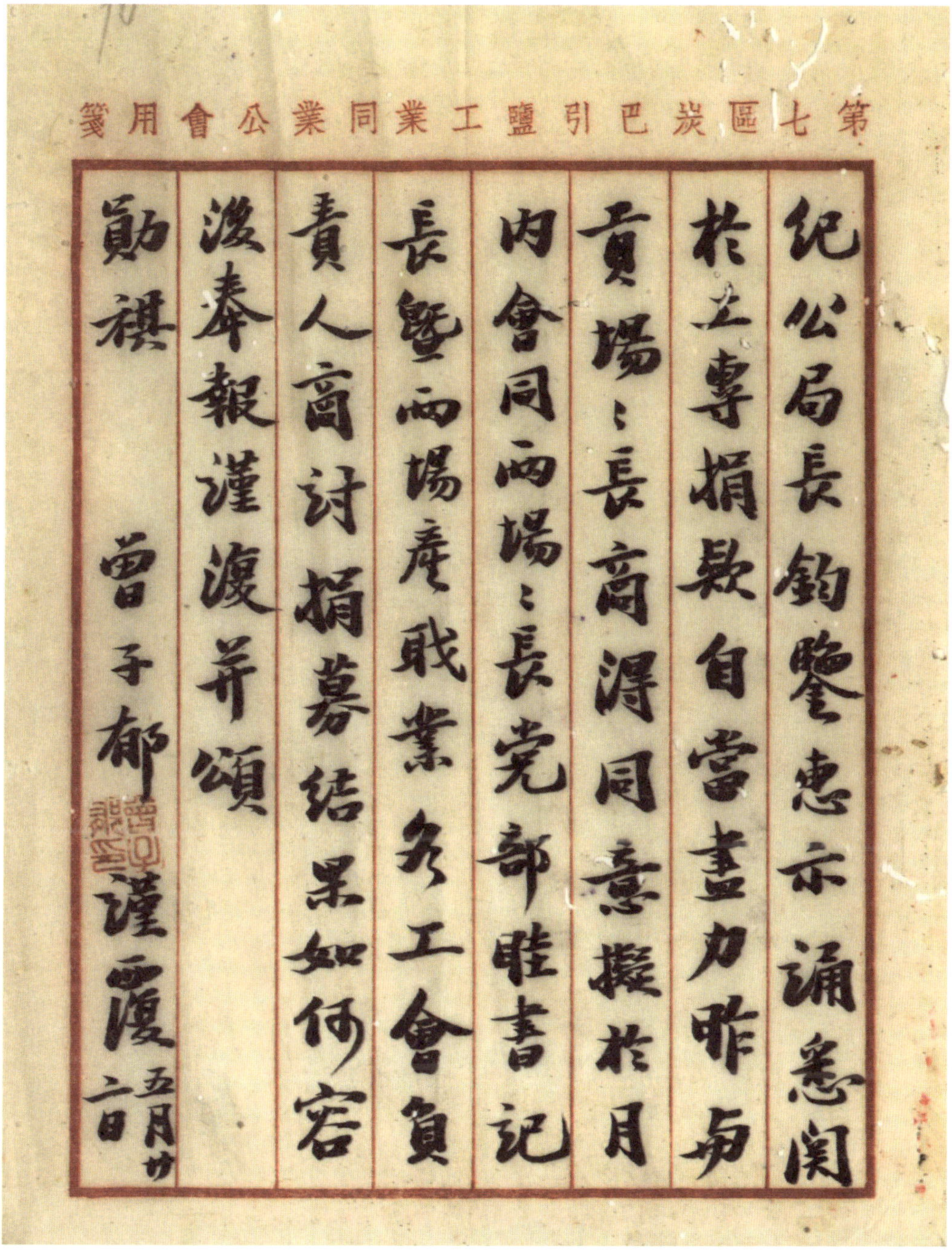

第七區炭巴引鹽工業同業公會用箋

紀公局長鈞鑒：惠示誦悉。關於工專捐款，自當盡力，唯自貢場場長商得同意，擬於月內會同兩場場長、党部駐書記長暨兩場產銷業務工會負責人商討捐募，結果如何，容後奉報。謹復，並頌

勛祺

曾子郁謹覆 五月廿二日

109　0067-001-0063-100

曾子郁为抢救自贡市直属队受伤班长傅海洲请随时发药事致侯仲康的信函（1948年5月28日）

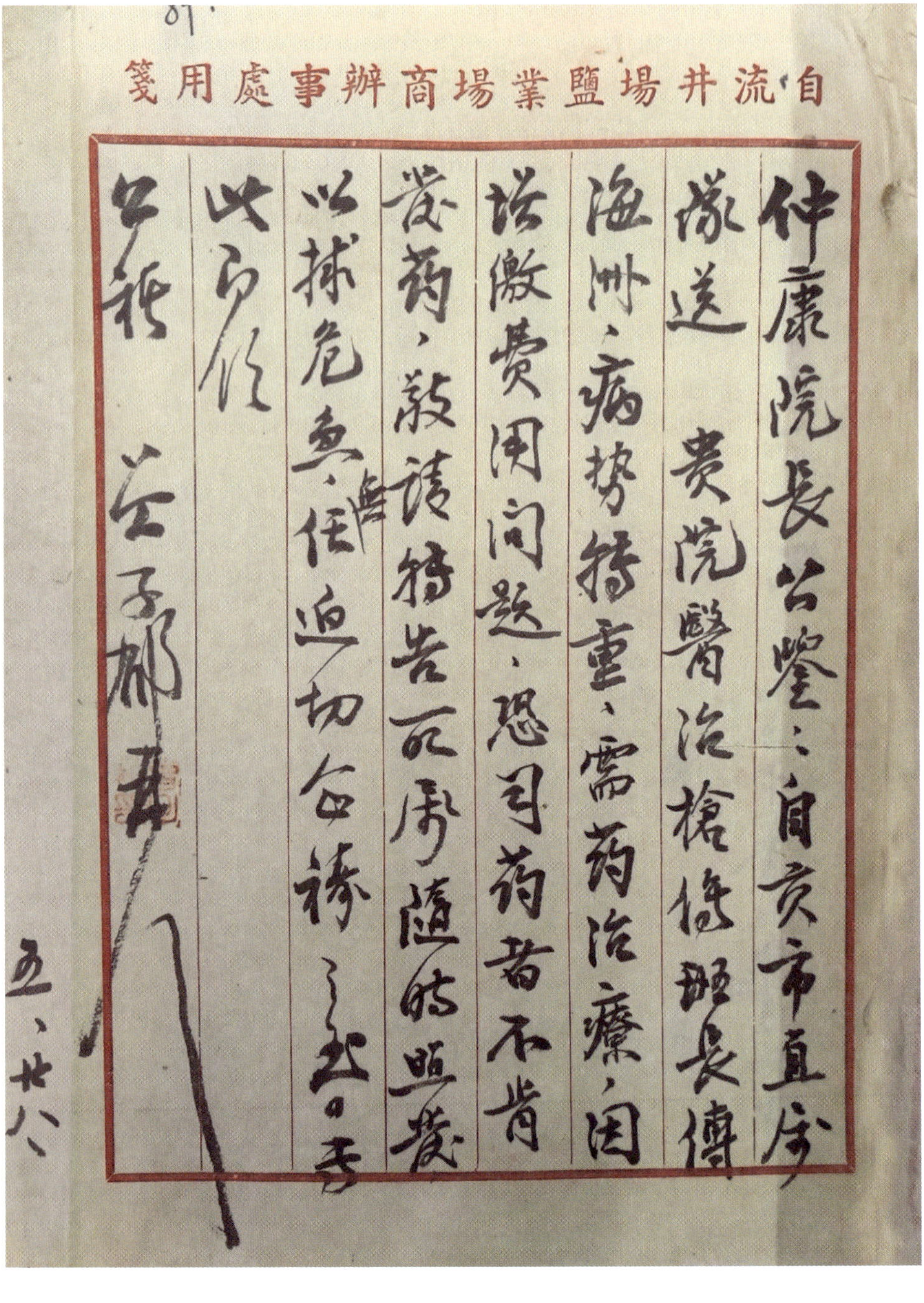

81

自流井場鹽業場商辦事處用箋

仲康院長台鑒：自貢市直屬隊送貴院醫治槍傷班長傅海洲，病勢轉重，需藥治療，因該徵費用問題，恐司藥者不肯發藥，茲請轉告可否隨時照發，以拯危急，無任迫切企禱之至。此即候

公祺

曾子郁拜

五、廿八

110　0067-001-0063-098

曾子郁为自贡市直属队受伤班长傅海洲医药费事致侯仲康的信函（1948年5月29日）

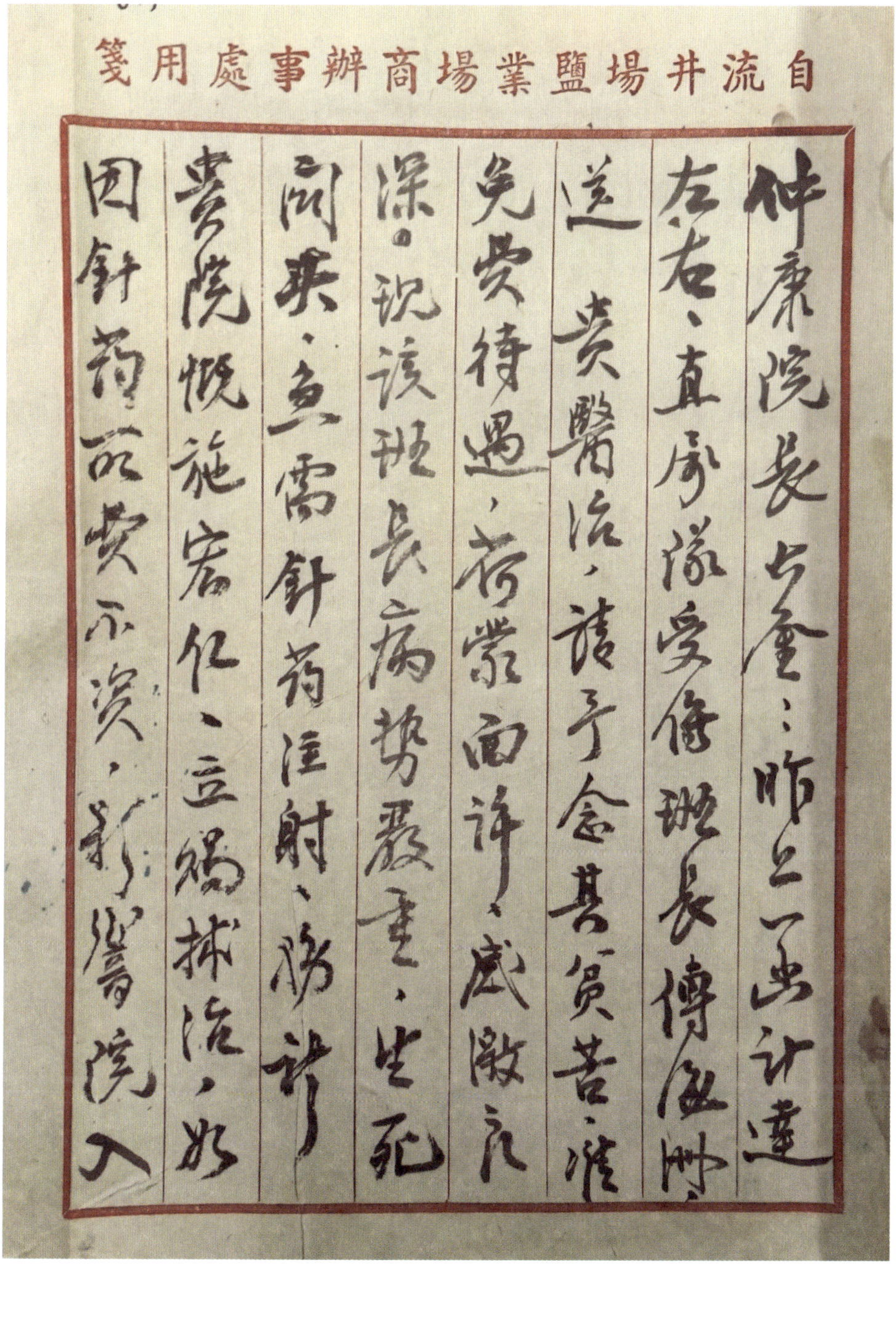
自流井場鹽業場商辦事處用箋

仲康院長勛鑒：昨上一函計達
左右，直屬隊受傷班長傅海洲
送貴醫治，請予念其貧苦，准
免費待遇，旋蒙面許，感激良
深。現該班長病勢嚴重，生死
關頭，急需針藥注射，務請
貴院慨施寬仁，立為救治，如
因針藥所費不資，擬請院入

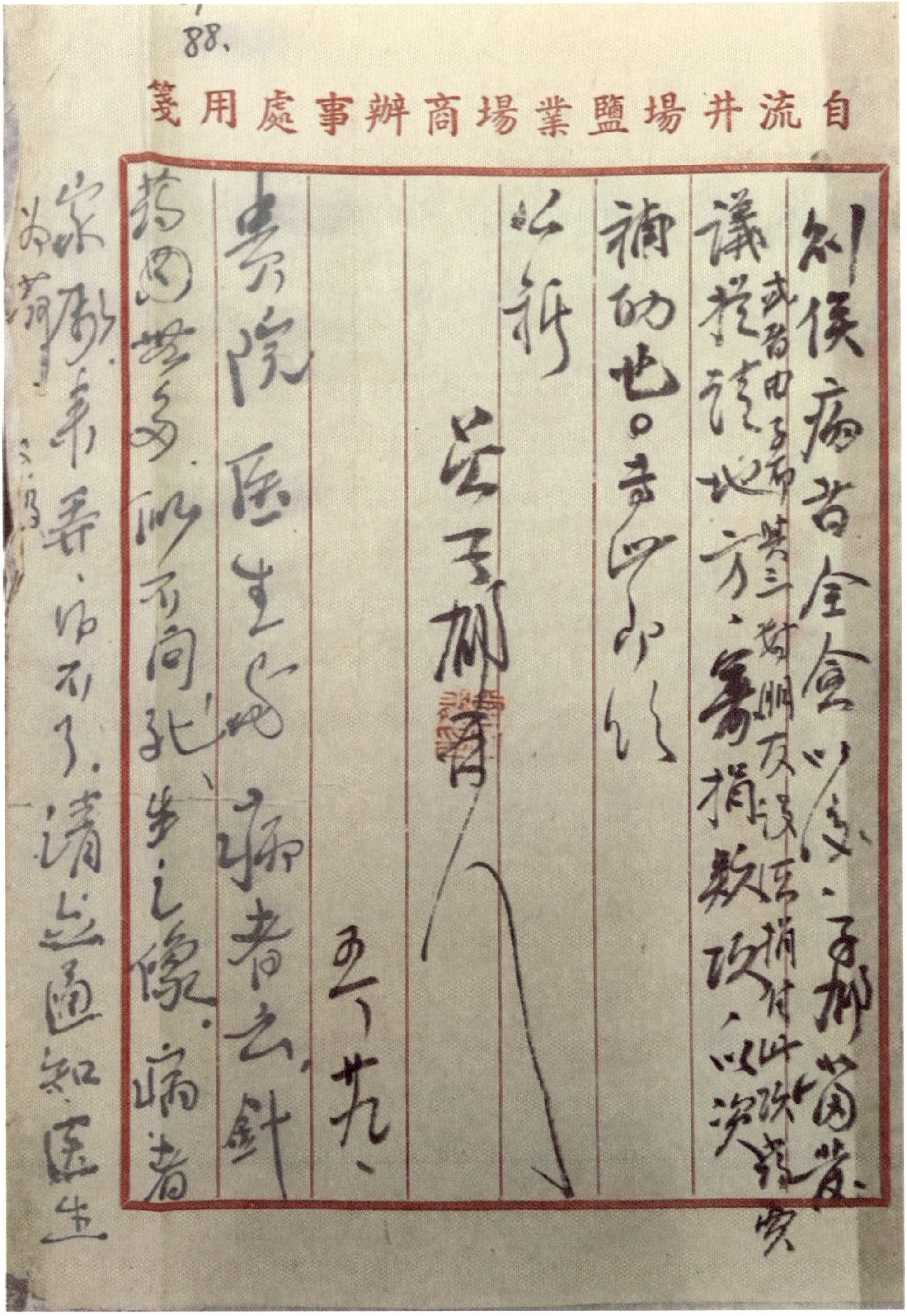
88、

自流井場鹽業場商辦事處用箋

刘侯病者全愈以后，子彬当发
议择适地方，筹捐款项，以资（或者由子彬与其三哥相友设法捐付此款，藉资）
补助也。事必可行
此祈
笠子彬肯
五月十九、
贵院医生之病者去针
药因无多，似不向孔先生之像，病者
家属弟兄，作不了，请出通知医生

廖树乡

人物简介

廖树乡（1895—？），四川自贡人。曾任自贡市东场灶商引盐业同业公会负责人，自贡市旅栈、茶店商业同业公会常务理事，自贡春和荣旅栈经理等职。

111　0017-001-0412-189

廖树乡为自贡市东场灶商引盐业同业公会向建国中学所捐之款已交由曾蜀良收转事致李秉熙的信函（1937年7月11日）

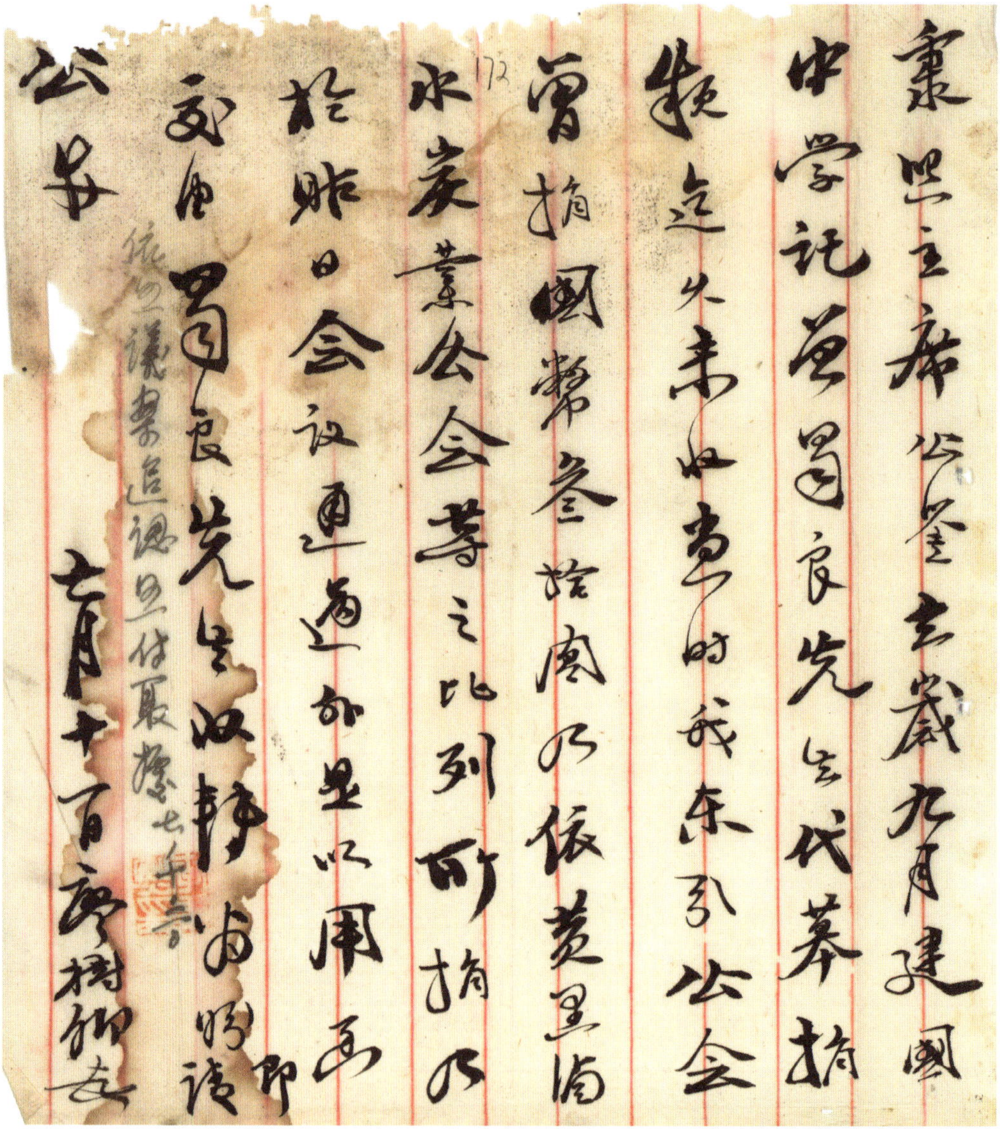

秉熙主席公鉴：去岁九月建国中学托曾蜀良先生代募捐款，适以来函为时，我东引公会曾捐国币叁拾圆，乃依[illegible]水炭业公会等之比列所捐，乃于账目会议通过为之，却照以[illegible]即交由蜀良先生收转，尚[illegible]请公安。七月十一日 廖树乡[illegible]

曾稚松

人物简介

曾稚松（1897—？），四川自贡人。毕业于四川志诚法政专门学校。曾任国民党四川省党务指导委员会组织科科长、四川省政府民政厅第二科科长、国民革命军第二十二军第七师副师长、川康绥靖公署少将参议。后回自贡经营盐业，置办天源井、达德井等。曾任积福盐业公司总经理、重庆公大盐号总经理、自贡盐业股份有限公司董事、自流井盐场场商联合办事处董事长、自贡市银行董事长、中国国民党自贡市党务执行委员会委员、自贡市总工会理事长。在报界亦表现突出，曾任成都《国民公报》总主笔，在《晓光日报》社和《建设日报》社等多家报社担任社长。为自贡《川中日报》发行人，担任自贡市新闻记者公会理事。

112　0055-001-0003-053

曾稚松为当竭力推进代募图书事致刘仁庵的信函（1943年10月21日）

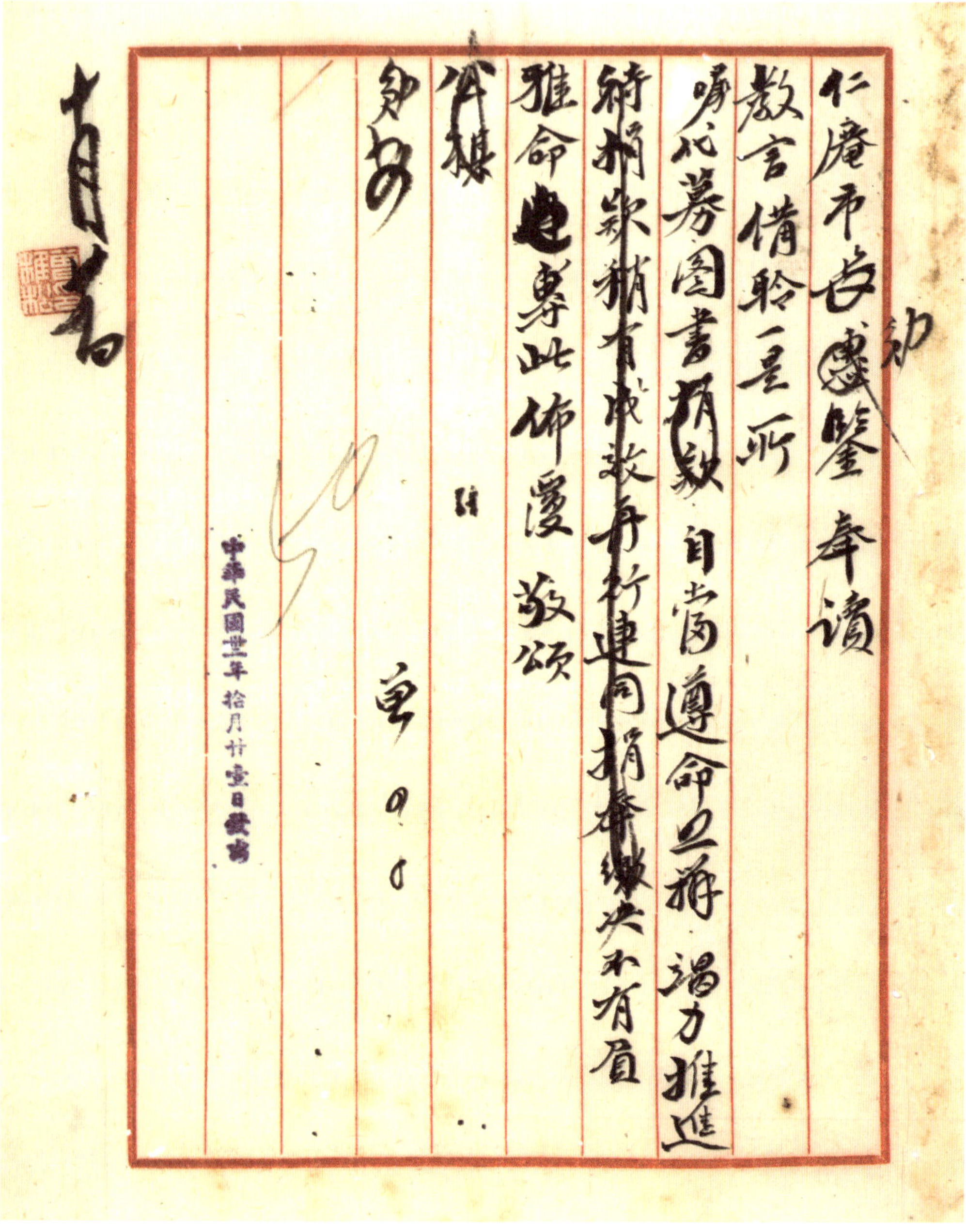
仁庵市長勳鑒：奉讀
數言，備聆一是。所
囑代募圖書捐款，自當遵命照辦，竭力推進。
待捐款稍有成數，再行連同捐冊繳上，不有負
雅命。遵募此佈覆，敬頌
公祺
弟曾○○
中華民國卅二年拾月廿壹日發出

注：仁庵，即刘仁庵，时任自贡市市长。

113　0008-001-0049-003

曾稚松为祝贺荣调贡井盐场事致齐志一的信函（1944年4月7日）

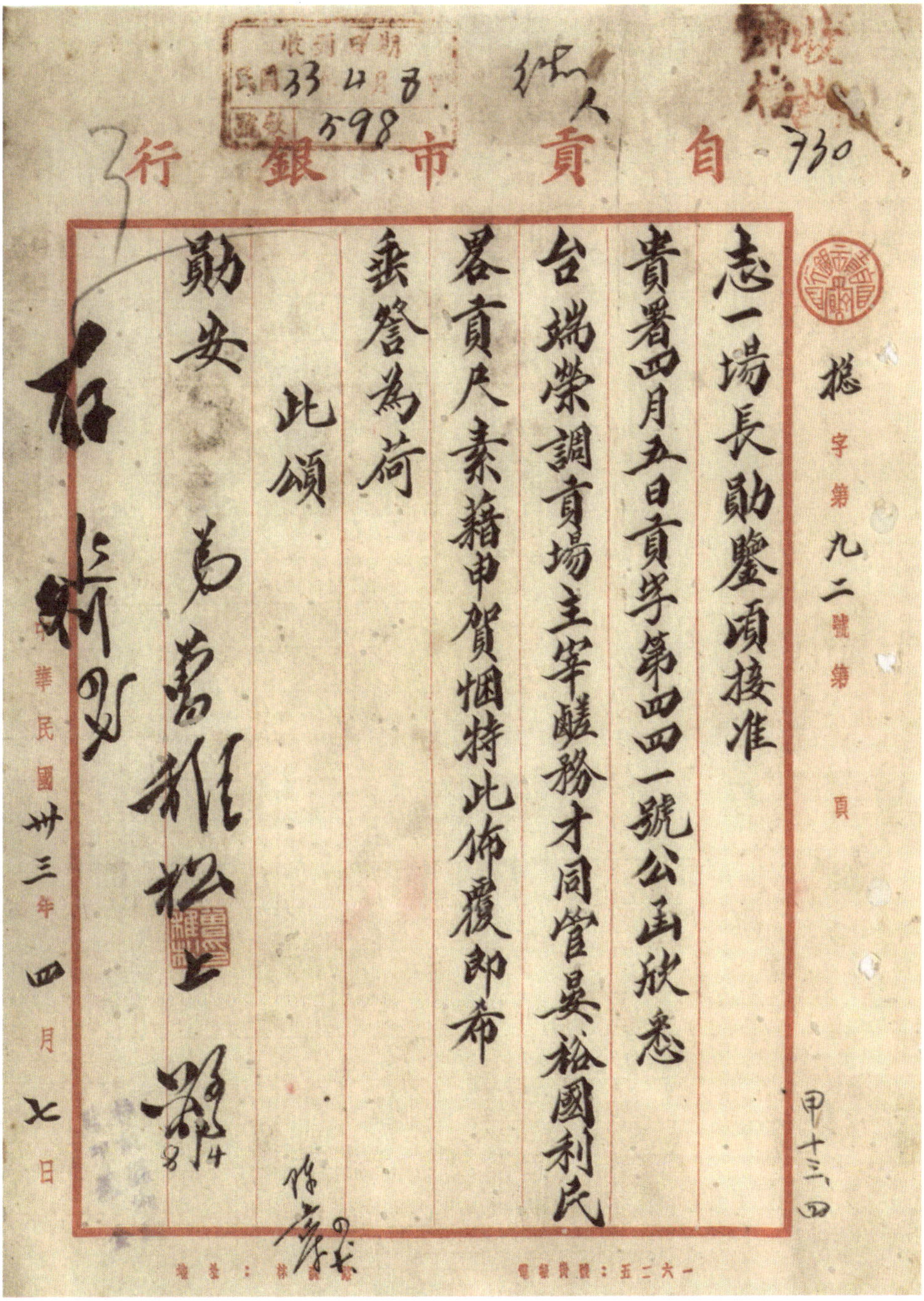

自貢市銀行

總　字第九二號第　頁

志一場長勛鑒頃接准
貴署四月五日貢字第四四一號公函欣悉
台端榮調貢場主宰鹺務才同管晏裕國利民
畧貢尺素藉申賀悃特此佈覆即希
垂詧為荷
此頌
勛安
弟曾稚松上

中華民國卅三年四月七日

注：志一，即齐志一，时任贡井盐场场长。

114　0017-001-0439-099

曾稚松、曾锡瑜为家慈病重务请来家诊治事致□绍权的信函（1月9日）

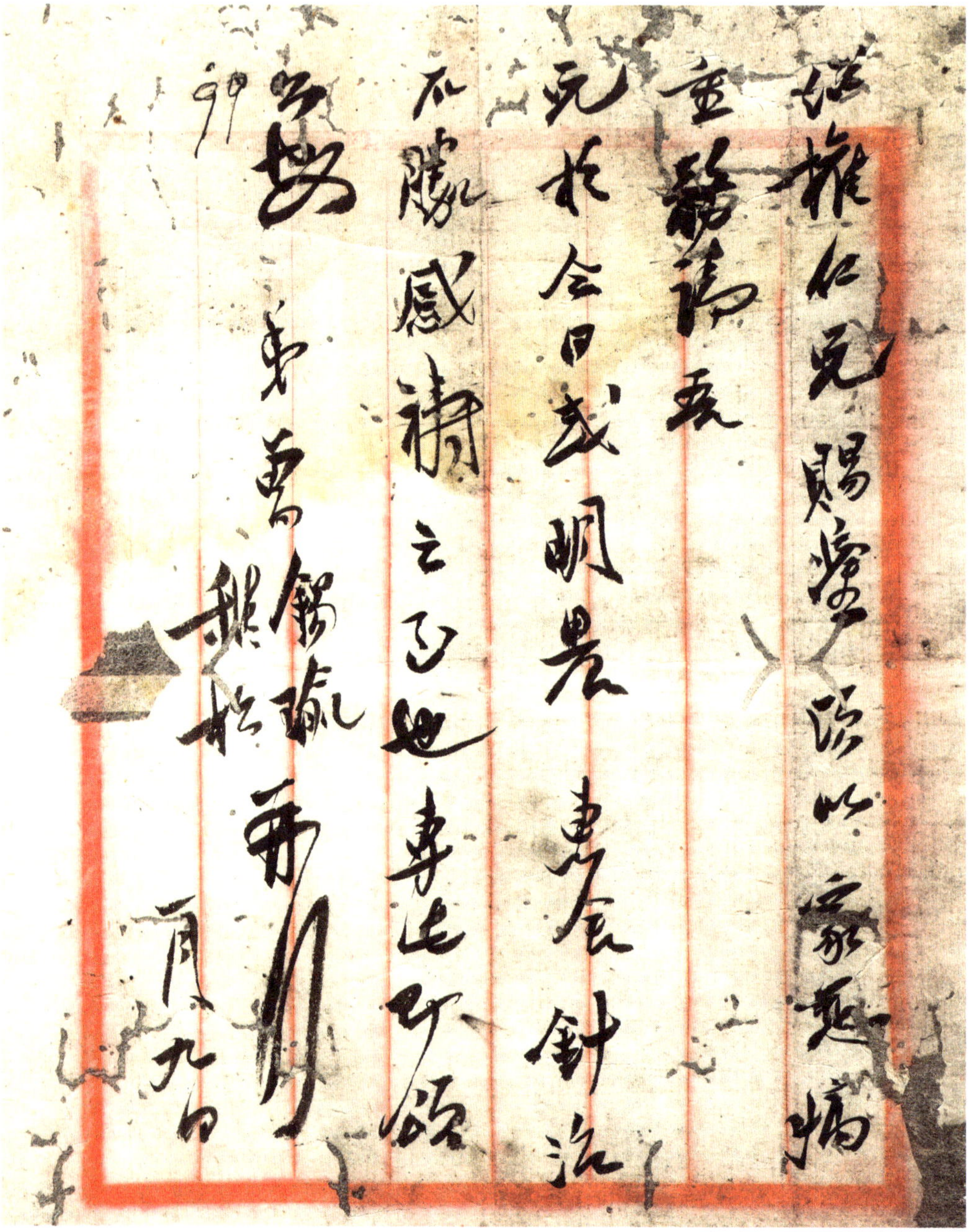
紹權仁兄賜鑒：頃以家慈病重，務請吾兄於今日或明晨惠臨針治，不勝感禱之至也。專此即頌
台安
弟曾錫瑜 稚松 再拜
一月九日
99

注：绍权，其信息不详。

陈禄瑞

人物简介

陈禄瑞（生卒年不详），自贡商人。

115　0003-001-0024-139

陈禩瑞为请援助宏复盐号复业事致陈纪铨的信函（1946年7月6日）

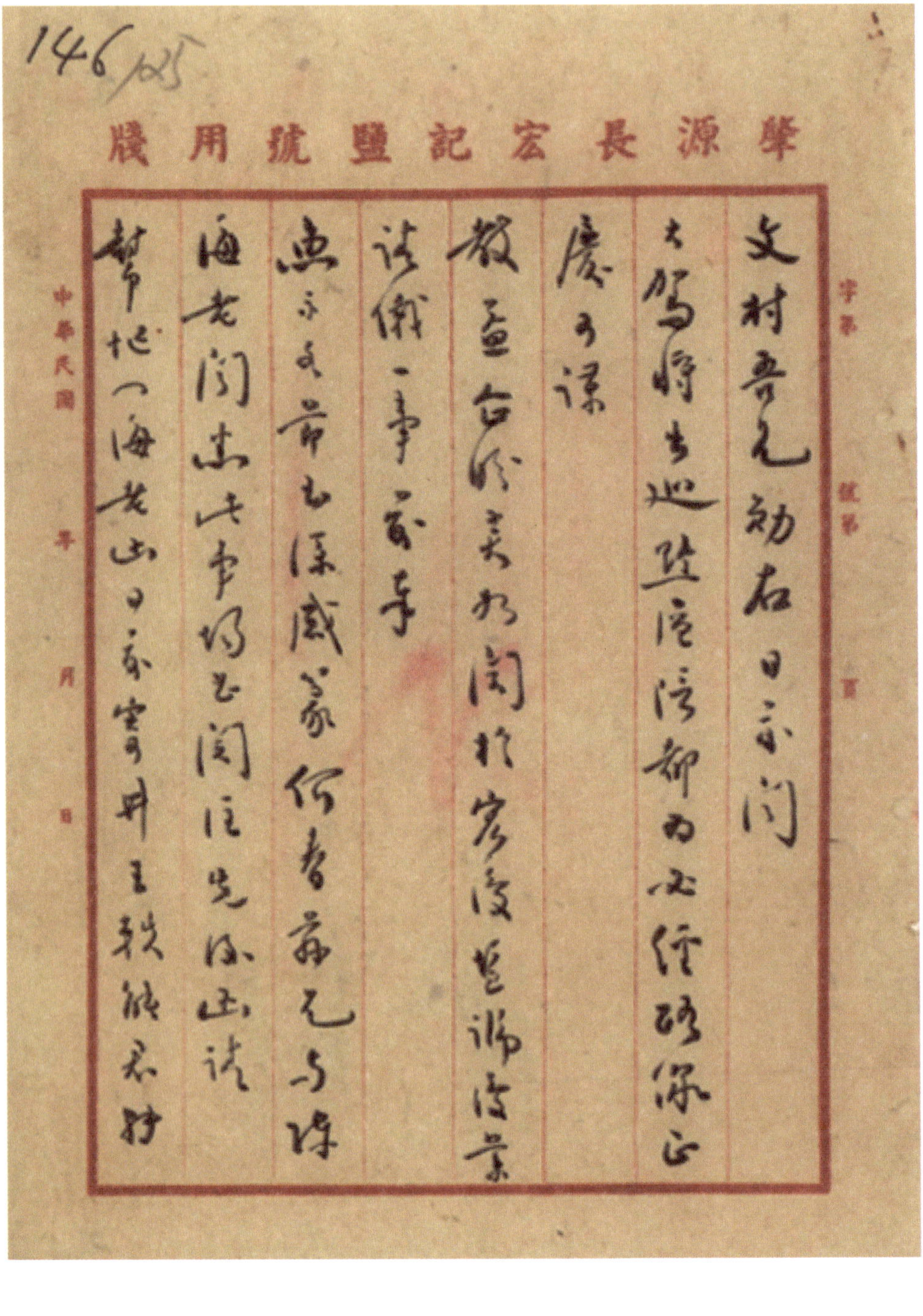
肇源長宏記鹽號用牋

字第　號第　頁

中華民國　年　月　日

肇源長宏記鹽號用牋

（字第　　號第　　頁）

陈）惠鑒：

手奉[illegible]詢[illegible]，自應來函[illegible]

一札，前特隨函寄

座右，知月內或下月初離渝返[illegible]

平，紹援助長任同志及[illegible]之[illegible]

電示為禱，專此敬頌

勛綏

弟 陈[illegible]拜啟 七、六

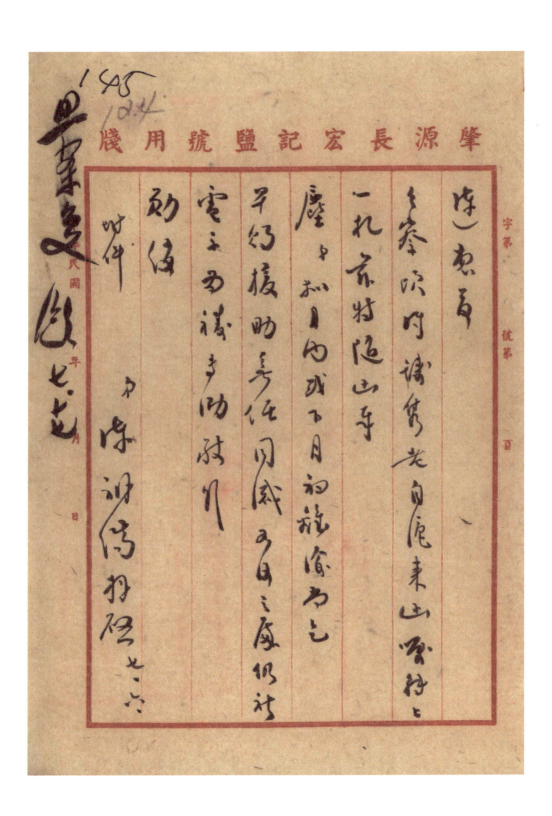

（民國　　年　　月　　日）

胡鉴堂

人物简介

胡鉴堂（生卒年不详），自贡商人。

116　0017-001-0309-070

胡鉴堂为请暂拨一亿二千二百万元至富昌美并由富昌美出具收条事致侯策名的信函（1946年8月1日）

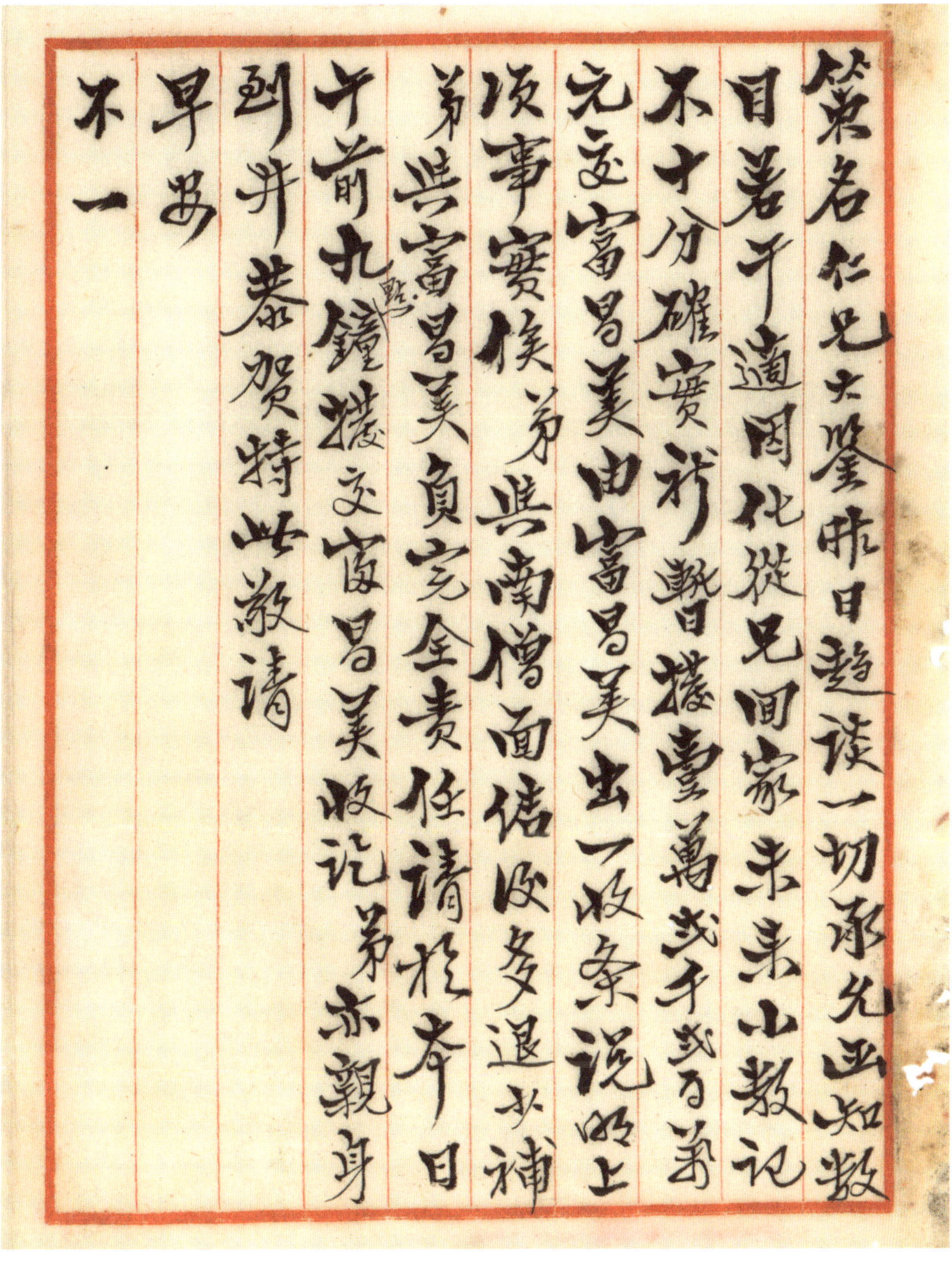
策名仁兄大鉴：昨日趋谈，一切承允照知数目。若干适因化从兄回家未来，小数记不十分确实。祈暂拨壹万贰千贰百万元交富昌美，由富昌美出一收条，说明上项事实。候弟与南僧面谈后，多退少补，弟与富昌美负完全责任。请于本日午前九钟拨交富昌美收讫，弟亦亲身到行恭贺。特此敬请
早安
不一

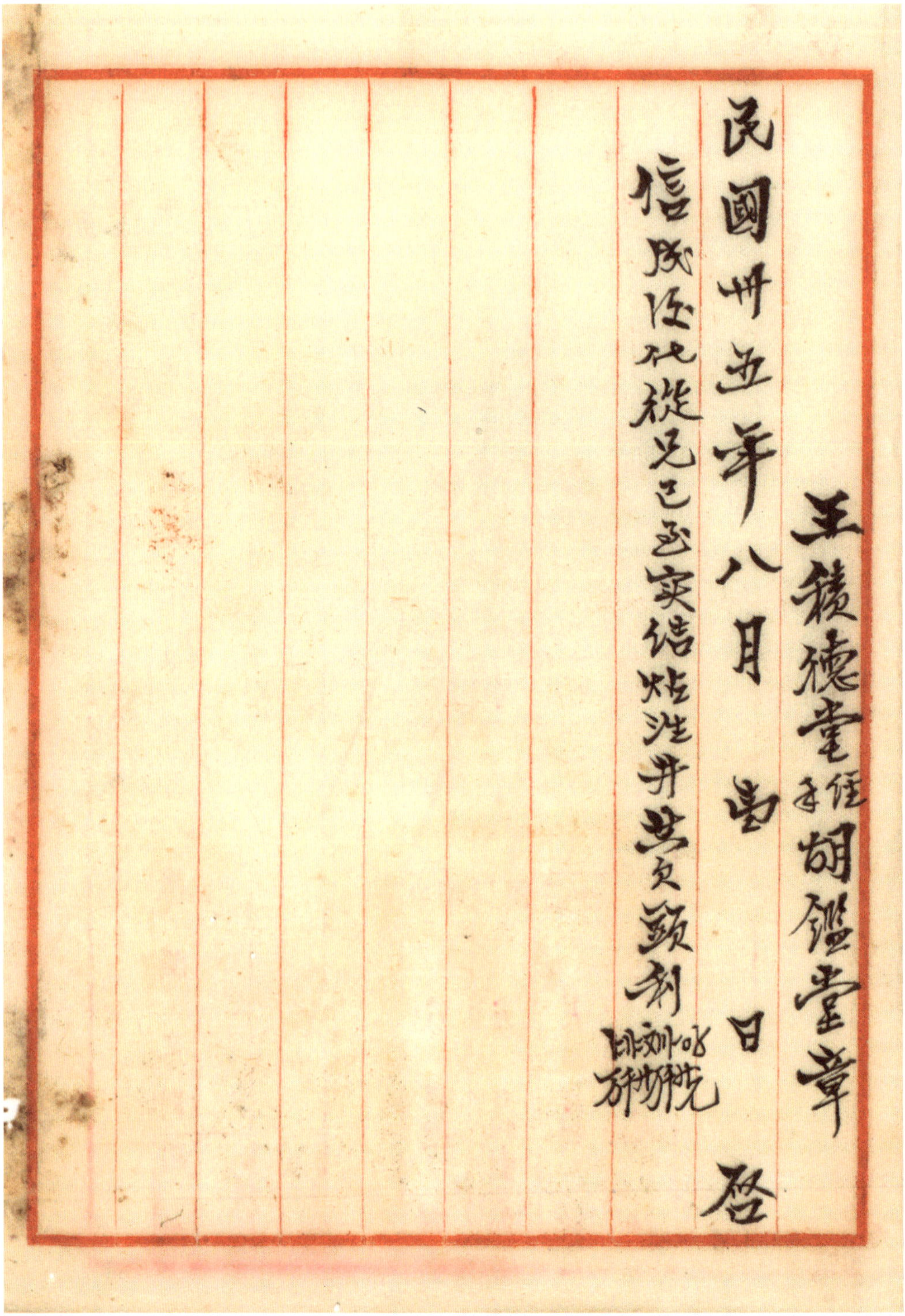

王積德堂經手胡鑑堂章

民國卅五年八月廿日啓

信賬從此從兄已函實結灶淮井共負額利 [illegible]

江松荣

人物简介

江松荣（1899—？），四川富顺人。曾任贡井盐场盐业公会常务理事长、贡井盐场盐工福利委员会委员、贡井盐场黄卤水井公会理事长、富荣西场机车组常务干事、自贡市盐业产业公会理事。

117 0008-001-0026-075

江松荣为推荐戴夷贤到福利会工作事致周志擎的信函（1947年3月13日）

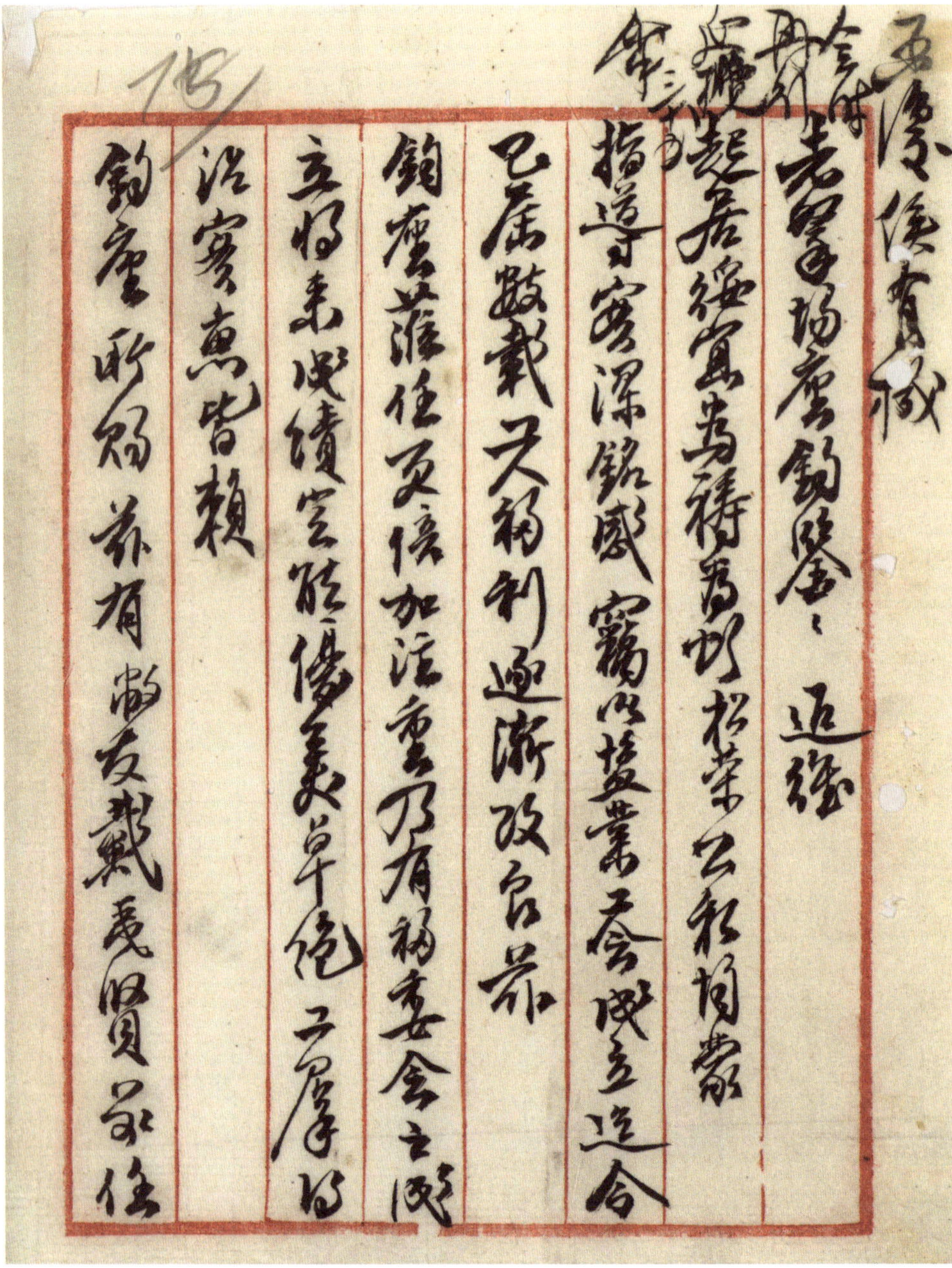

志擎場長鈞鑒：逕啟者，起居綏宜為禱為頌。松荣公私均蒙
指導，實深銘感。竊以鹽業工會之組合
已屆數載，又福利逐漸改良，不
鈞座蒞任更倍加注重，乃有福利委會之設，
立將來成績定能優美卓絕，不辜
注實惠，皆賴
鈞座所賜。茲有敝友戴夷賢君，係

注：志擎，即周志擎，字天柱，时任贡井盐场场长。

長堤分會罷工營服務組員因而縮被裁
現賦閒照此絕生活甚感困難過去在職因
能令工人安心保持頗受工人信仰恭擁
所給之在職利令充職員工作尚肯努稱盡
其職務祈
鈞座任用早派到職於蒙暇兄並同安
不勝治感之至專此敬祝
公綏
基業工會理事長江松榮謹上
三月十三日

宋杰存

人物简介

宋杰存（生卒年不详），曾任贡井票盐垣商业同业工会候补监事、自贡市第八区炭巴引盐工业同业公会理事长等职。

118　0008-001-0026-025

宋杰存为如数奉上推销平剧社入场券所得款项二十万元事致周志摰的信函（1947年8月12日）

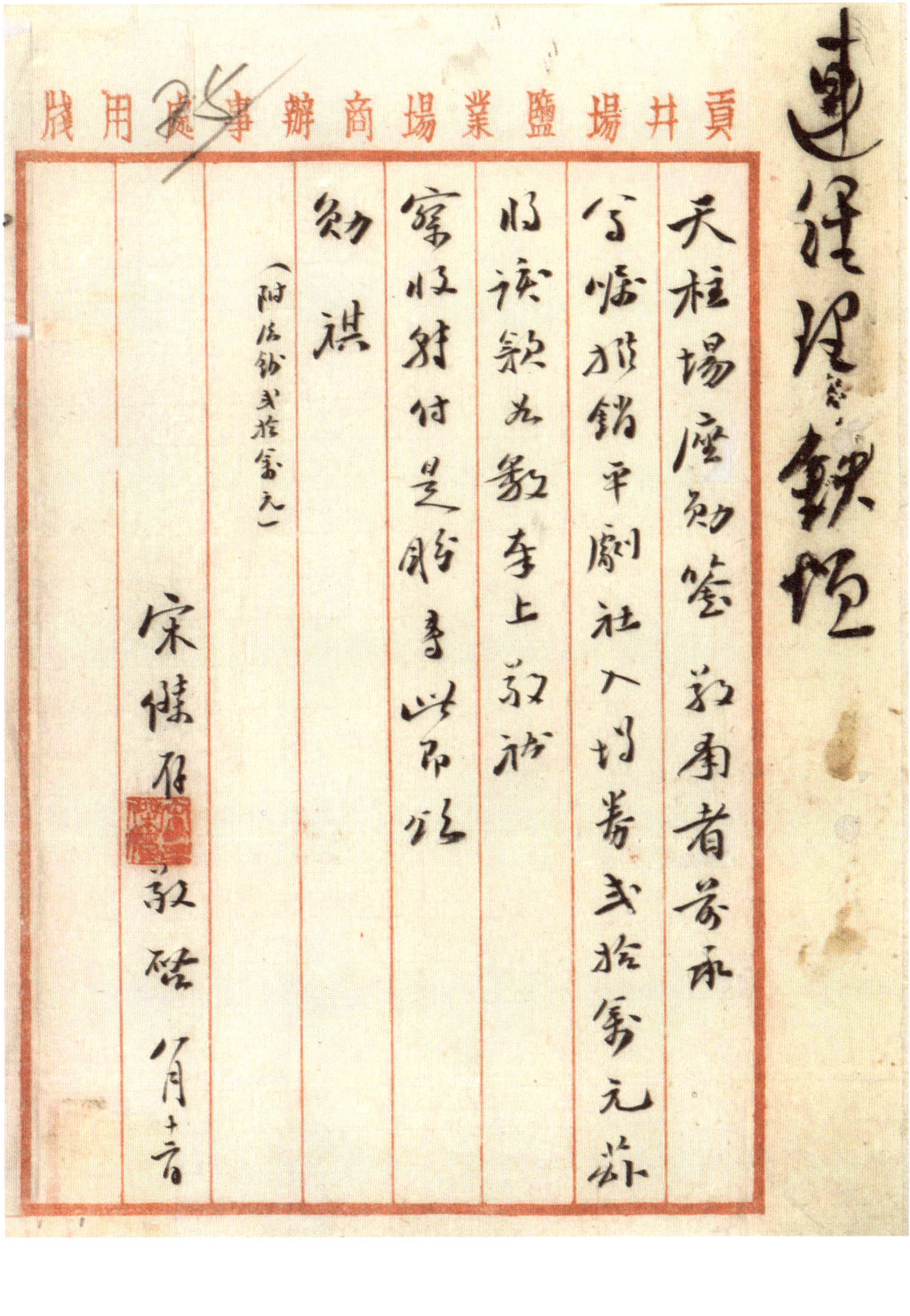

貢井場鹽業場商辦事處用箋

天柱場座勛鑒 敬肅者 前承
令催推銷平劇社入場券弍拾萬元 茲
將該款如數奉上 敬祈
察收擲付是盼 專此即頌
勛祺
（附收據弍拾萬元一）
宋傑存 敬啓 八月十二

罗华垓

人物简介

罗华垓（1896—1974），名育藻，小名观海。四川简阳人。16岁在仲兴祥盐号当学徒并逐步升迁为总掌柜，从此走上经营盐业之路。1932年，与人合股锉办葆真井，极大地增强了经济实力。到1941年，与侯策名、熊佐周、罗筱元齐名，由此跻身自贡盐场“新四大家族”，成为自贡盐场举足轻重的民族资本家。其后，与人起复凉高山海潮井并将目光转向盐化工领域，与人组建建新盐碱工厂。新中国成立后，担任自贡市工商联副主任委员等职。1954年5月1日，担任公私合营久大公司副经理。

119　0017-001-0369-014

罗华垓为拟购赈券一千张并请予登记事致自贡市商会的信函（1948年1月21日）

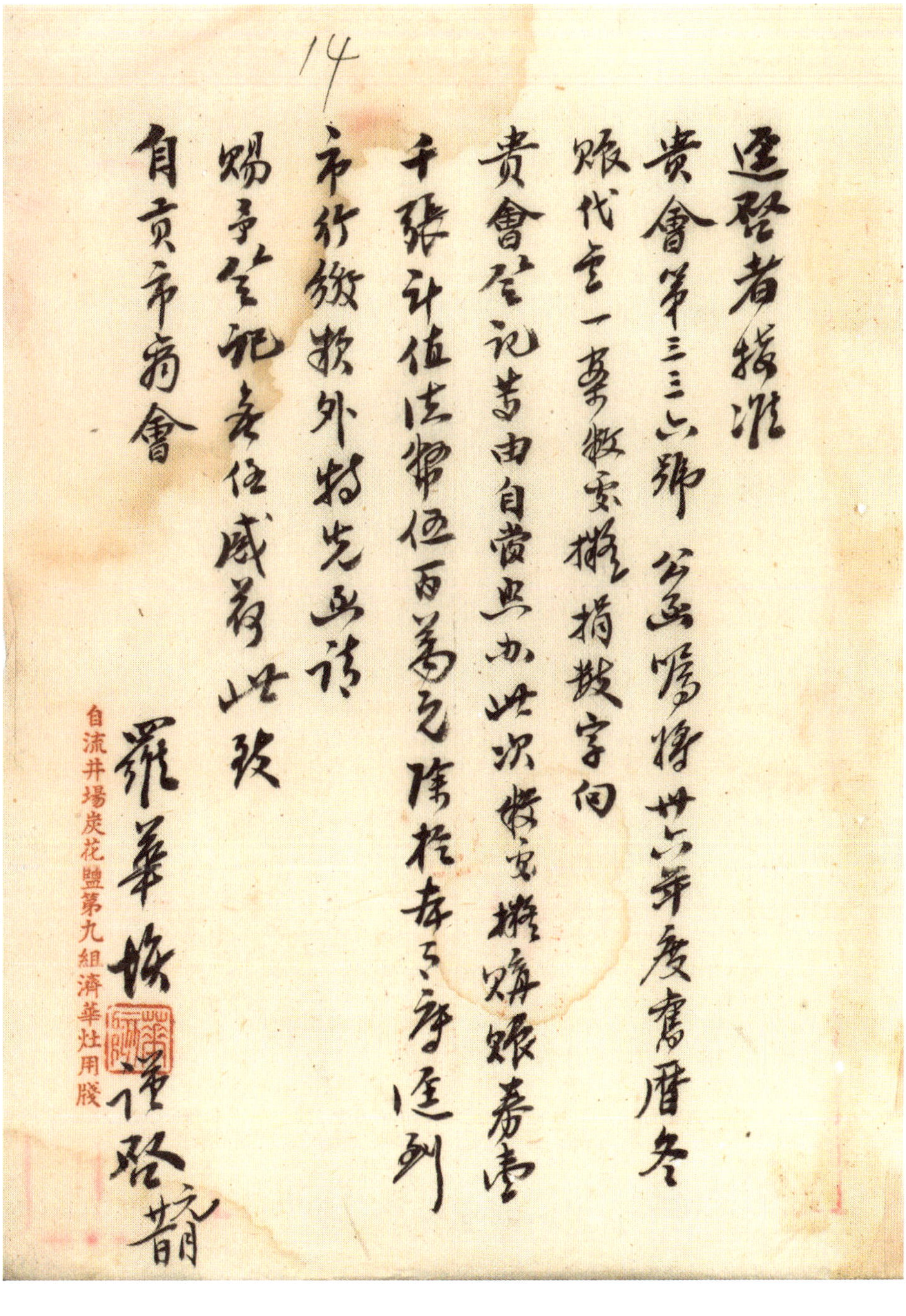

逕啓者：接准
貴會第三三六號公函，囑將卅六年度舊曆冬
賑代金一案，徵募攤捐數字向
貴會登記，昔由自貢照办。此次徵募攤購賑券壹
千張，計值法幣伍百萬元，除於奉示後逕列
市行繳款外，特先函請
賜予登記為荷。此致
自貢市商會
羅華垓謹啓　元月廿一日

自流井場炭花鹽第九組濟華灶用牋

120　0067-001-0078-043

罗华垓为请代为前往会商药械减购单事致陆均清的信函（1948年12月8日）

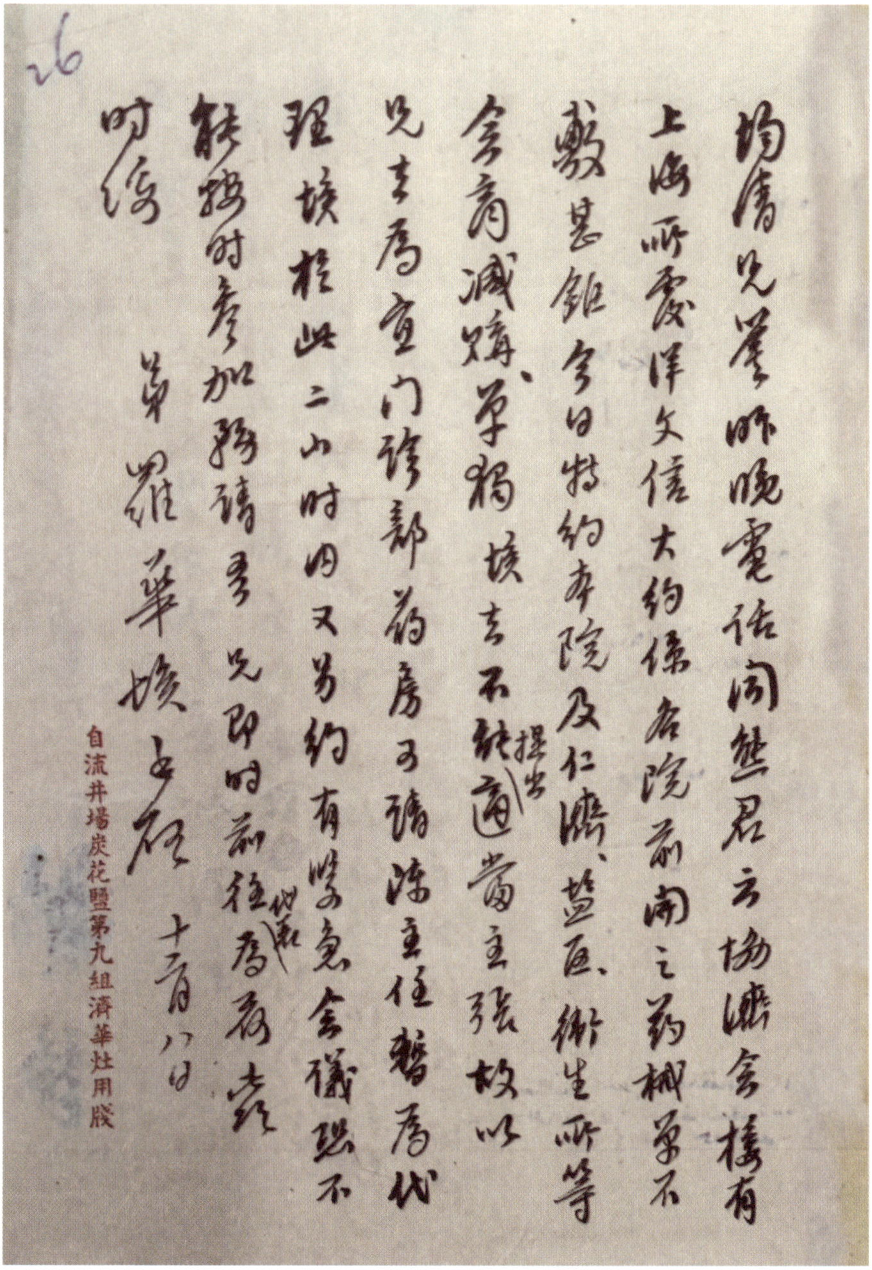
26

均清兄鉴：昨晚电话询悉君立协济会楼有上海所发洋文信，大约系各院前开之药械单，数甚钜。今日特约本院及仁济、盐医、卫生所等会商减购单，垓去不能提出适当主张，故以兄来为宜。门诊部药房可请济主任暂为代理。垓据此二小时因又另约有紧急会议，恐不能转时参加，务请吾兄即时前往代表为荷。

时绥

弟罗华垓手启　十二月八日

自流井場炭花暨第九組濟華灶用牋

注：均清，即陆均清，时任职于自贡市立医院。

121 0067-001-0071-028

罗华垓为请予允准覃焕晟之女医药费以期票交纳事致陆均清的信函（1949年7月14日）

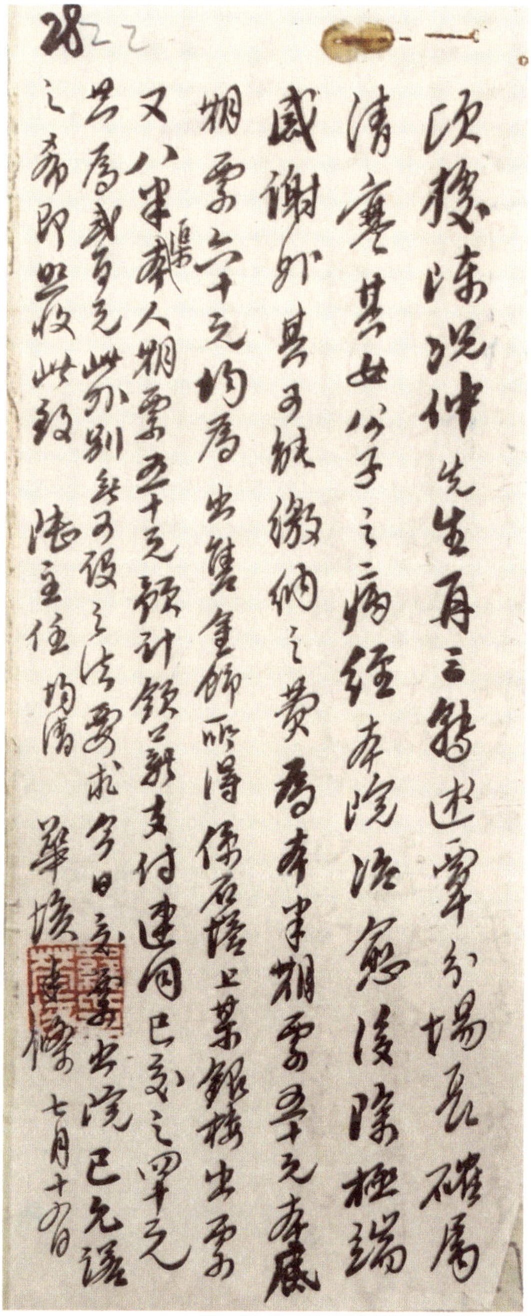
28
顷据陈焕仲先生再三声述，彼分场长确属
清寒，其女公子之病经本院治愈后，除极端
感谢外，其[illegible]缴纳之费为本[illegible]期票五十元，本[illegible]
期票六十元，均为出售金饰所得，系[illegible]上叶银楼出票，
又八[illegible]人期票五十元，须计[illegible]支付，建国已交之四十元，
共为贰百元，此外别无可设之法，要求今日交款出院，已允[illegible]
之，希即照收，此致
陆主任均清
华垓 七月十四日

122　0067-001-0071-025

罗华玹为请转催覃焕晟支付其女就医所欠自贡市立医院医药费事致陈况仲的信函（1949年9月7日）

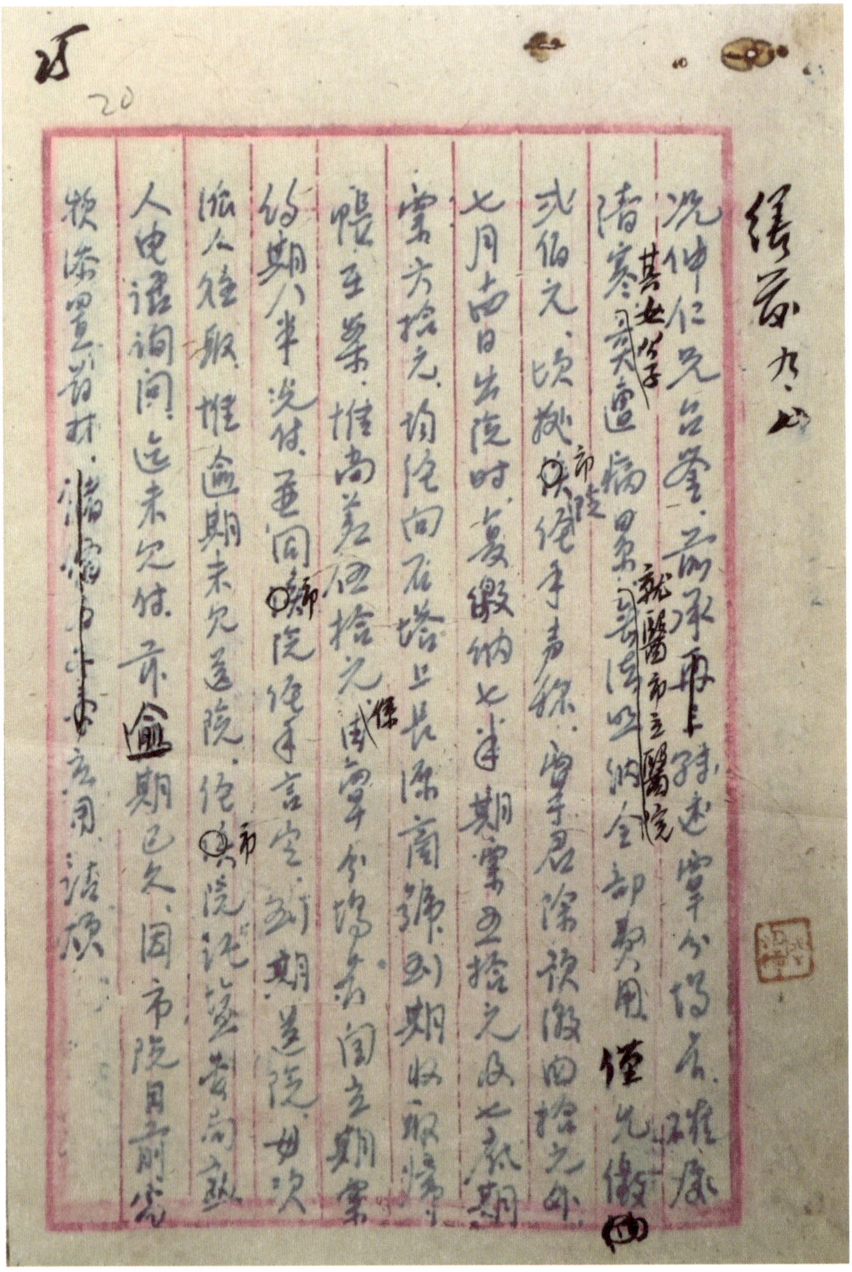

注：况仲，即陈况仲，任职不详。

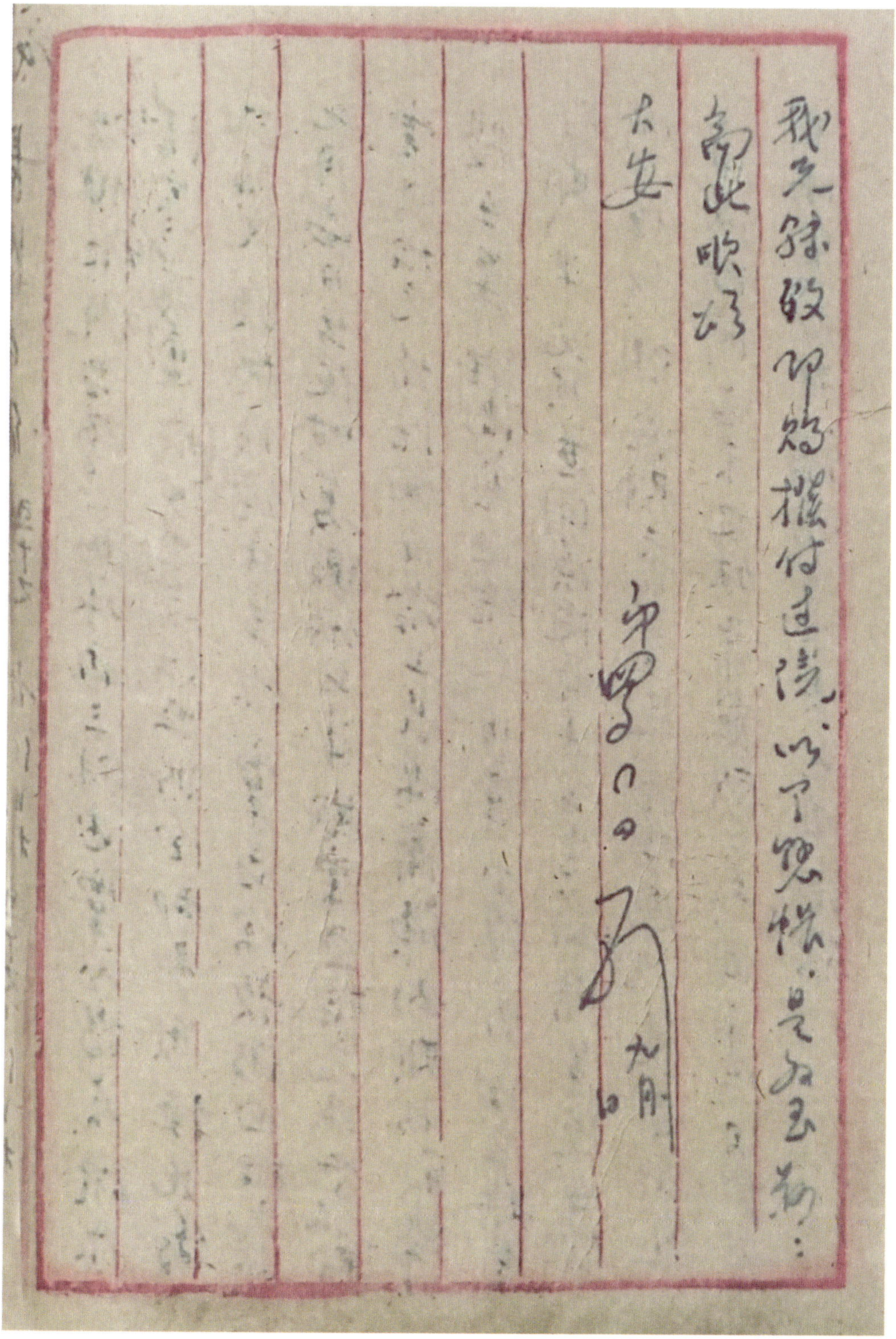
大安
九月
日

123 0067-001-0069-091

罗华垓为筹集贫苦者诊病免费基金事致各界人士的倡议书手稿（1949年10月28日）

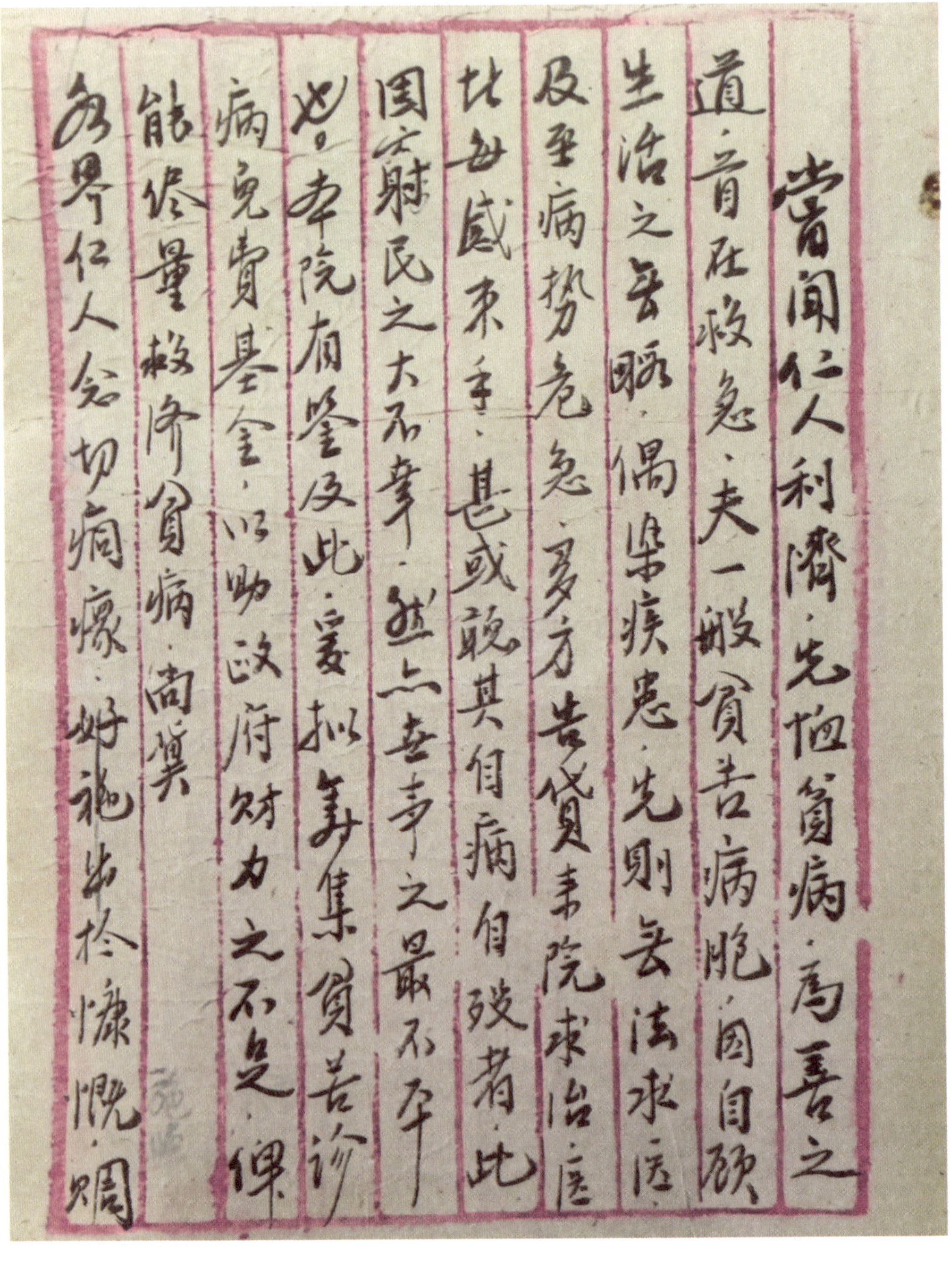

嘗聞仁人利濟，先恤貧病，為善之道，首在救急。夫一般貧苦病胞，因自顧生活之無暇，偶染疾患，先則無法求醫，及至病勢危急，多方告貸來院求治，醫此每感束手，甚或聽其自病自毁者，此國家財民之大不幸，然亦善事之最不幸也。本院有鑒及此，爰擬籌集貧苦診病免費基金，以助政府財力之不足，俾能儘量救濟貧病，尚冀各界仁人念切痌瘝，好施樂捨，慷慨，瞩

恤不拘多寡，或解囊以赐惠，或借箸以代募，庶集腋成裘，聚沙成塔，全市贫黎皆沐再生之德。捐助若干，

乞示

台衔，於收。

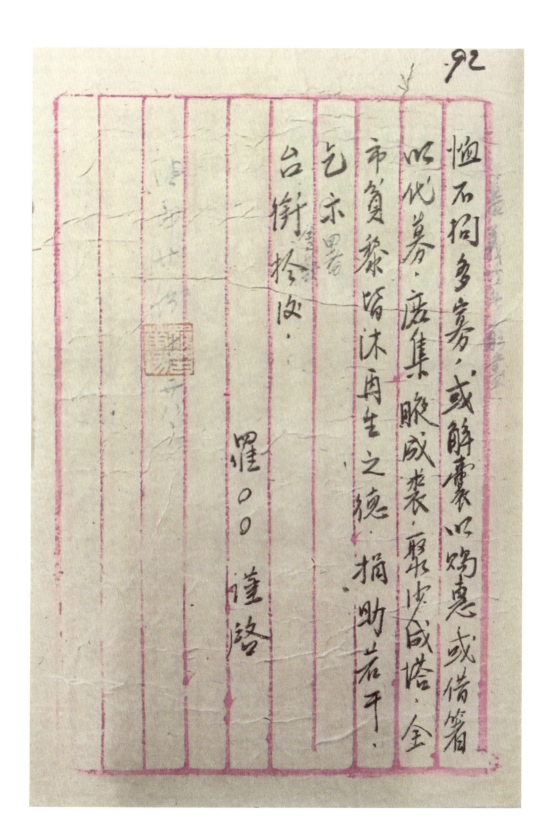

罗〇〇谨启

124 0067-001-0069-108

罗华玹为恳请捐助自贡市立医院扩辟病室所需设备事致社会人士的公开信手稿（1949年10月28日）

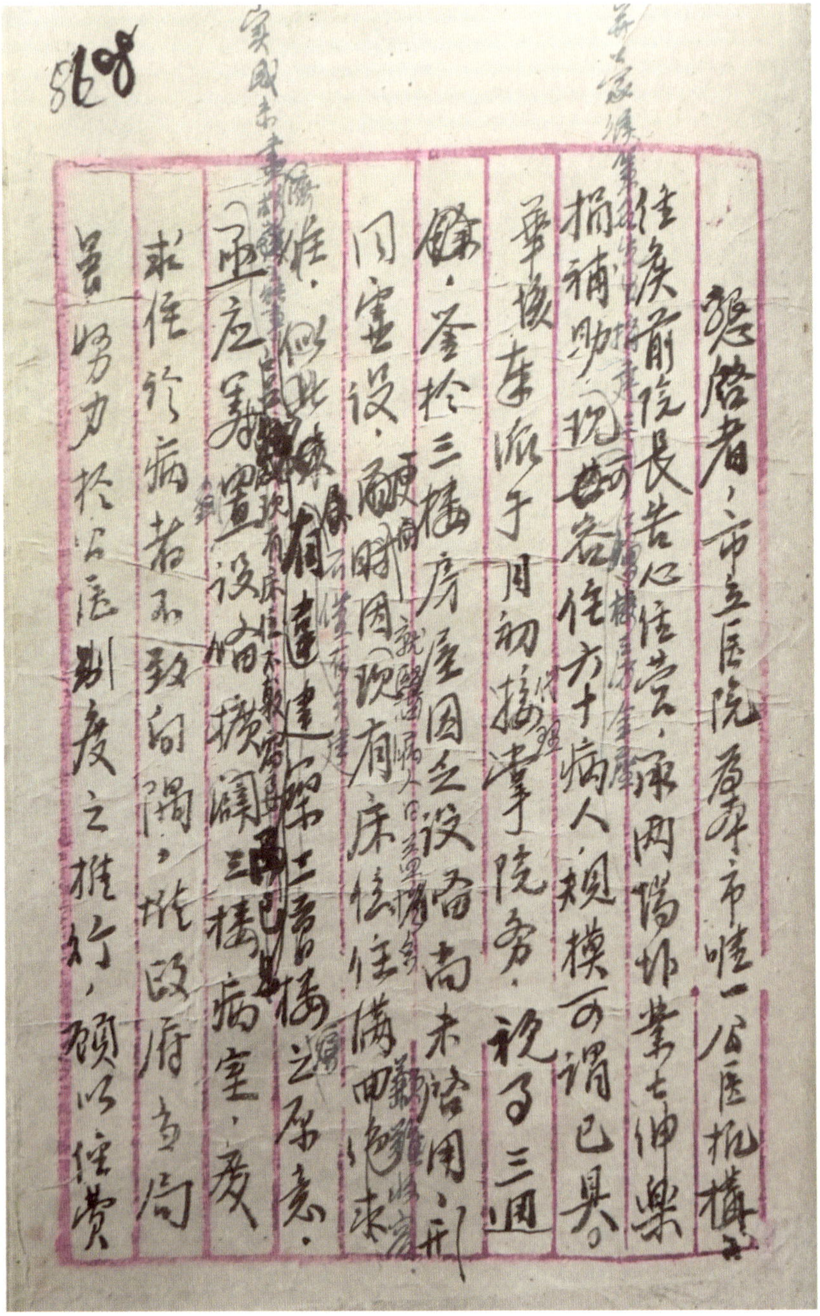

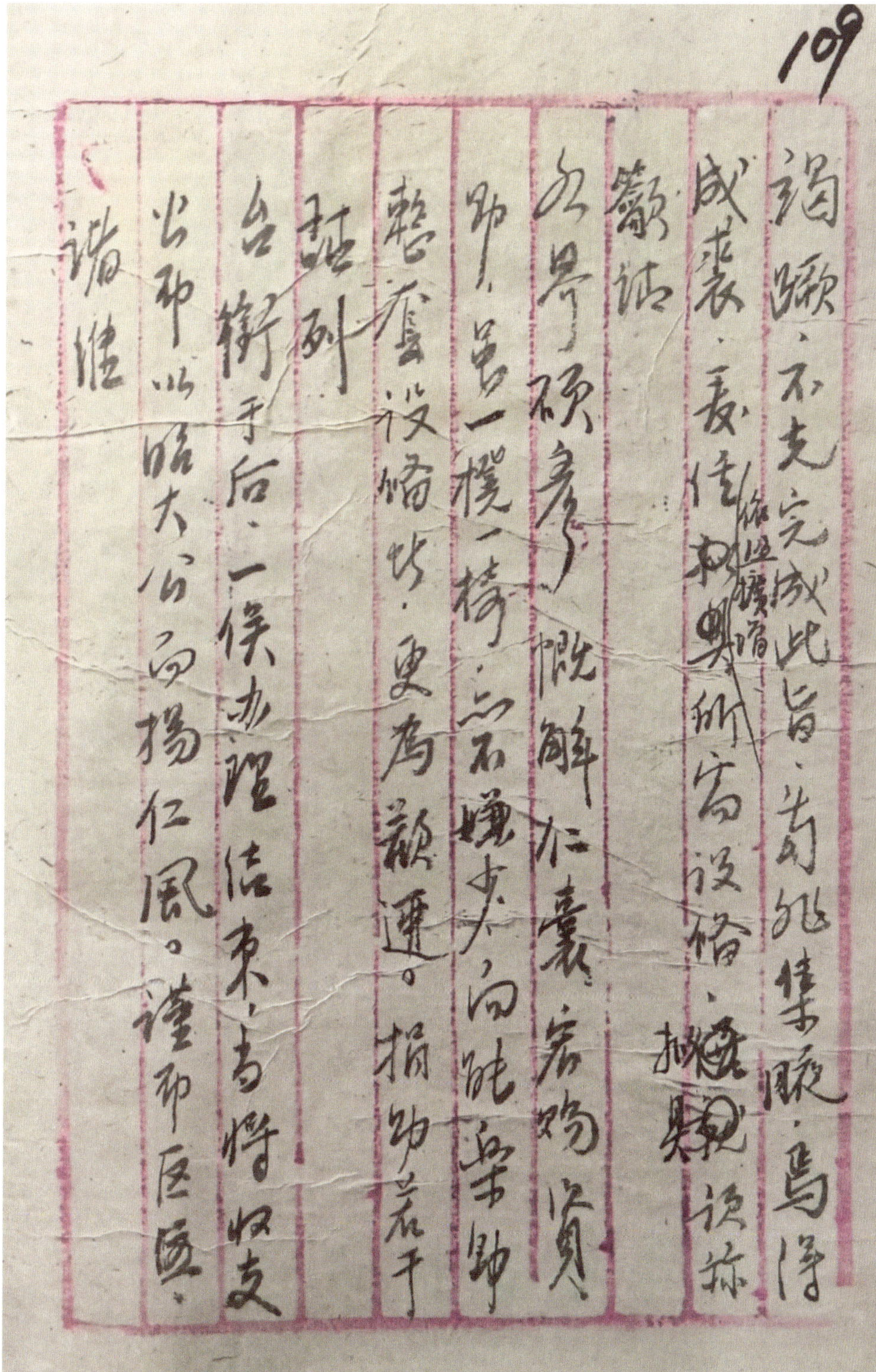

竭蹶，不克完成此旨，苟能集腋，焉得成裘，委任所需設備，概賜設備。
歡迎
如蒙碩彥，慨解仁囊，若贈資財，即一櫈一椅，亦不嫌少，而能集事歸
整套設備收，更為歡迎。捐助若干
題列
台銜于后。一俟辦理結束，當將收支
公布，以昭大公，而揚仁風。謹此區區
諸維

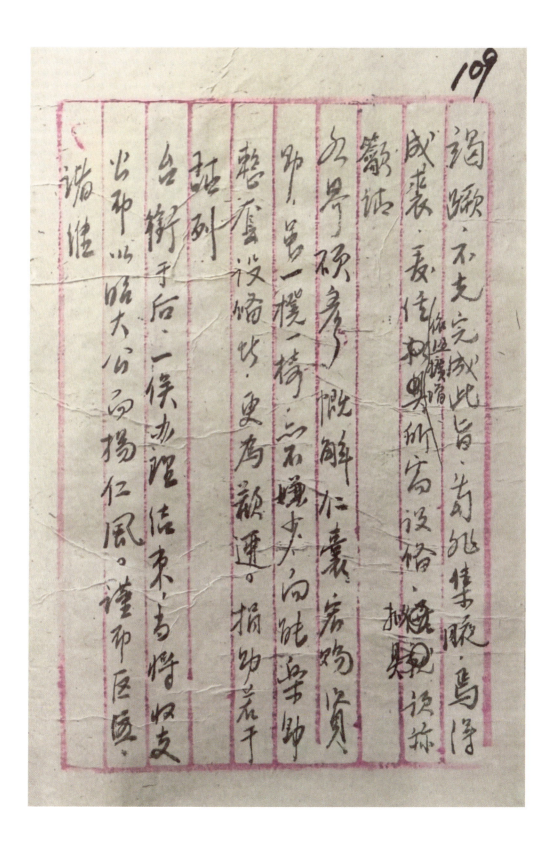

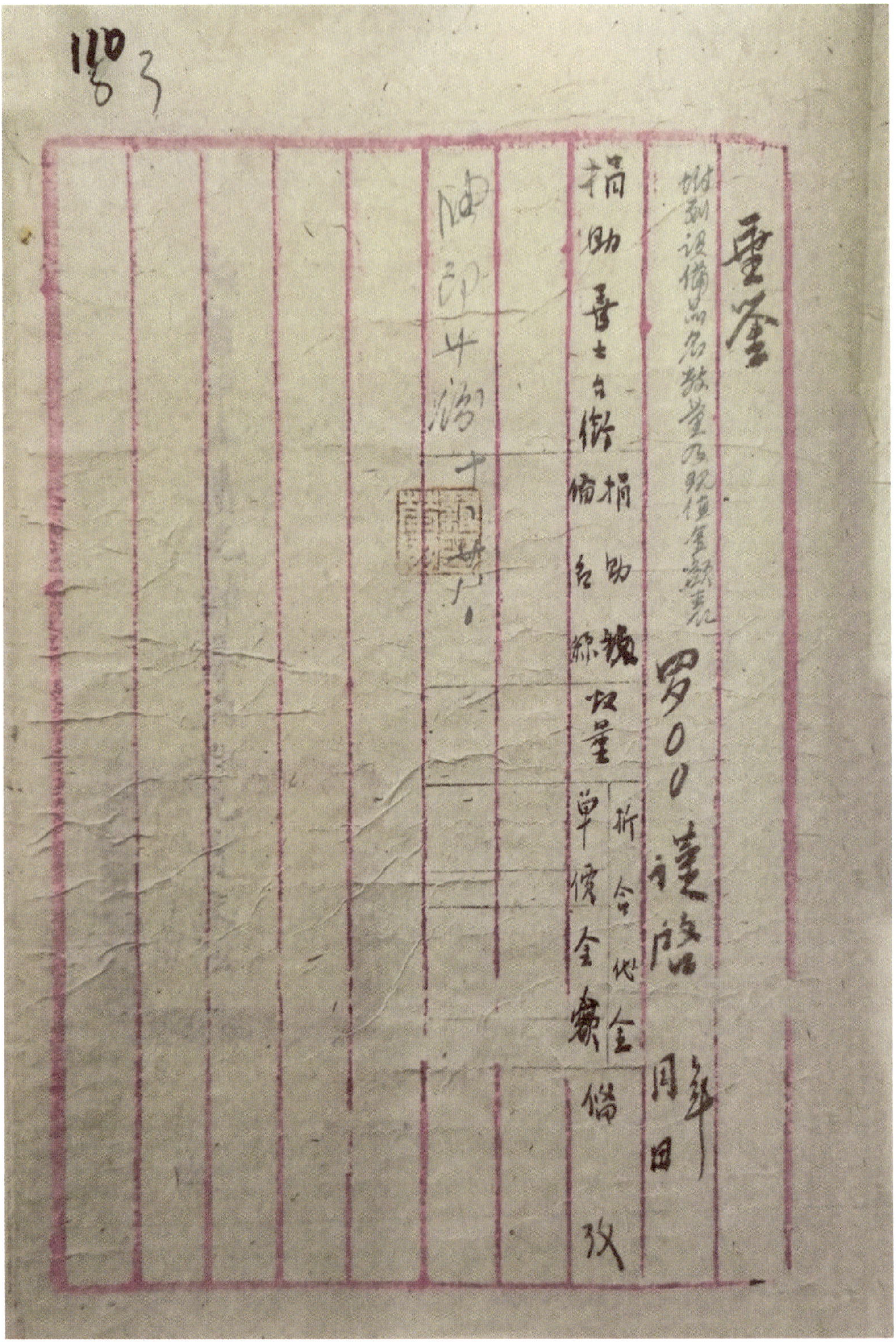
垂鉴
拟捐设备品名数量及现值金额表已
罗00谨启
年月日
捐助者士名衔
捐助设备名称
数量
单价金额
折合代金
备攷

胡少权

人物简介

胡少权（1898—？），四川自贡人。系自贡盐场“四大家族”之一胡慎怡堂的后人。拥有福临灶等多家盐业产业。曾任自贡市上坵坮团局团正、上坵镇镇长、自贡市商会常务理事、自贡市参议会参议员、自贡市盐业研究会理事、川康盐务管理局盐业燃料材料委员会理事长。还曾在教育和卫生领域活动，曾任自贡市私立剑南初级中学等多家学校校董会董事、自贡市贡井盐场医院常务董事、自贡市市立救济院董事会董事。

125 0067-001-0071-031

胡少权为请予格外惠助覃焕晟缴纳其女医药费事致罗华垓的信函（1949年6月30日）

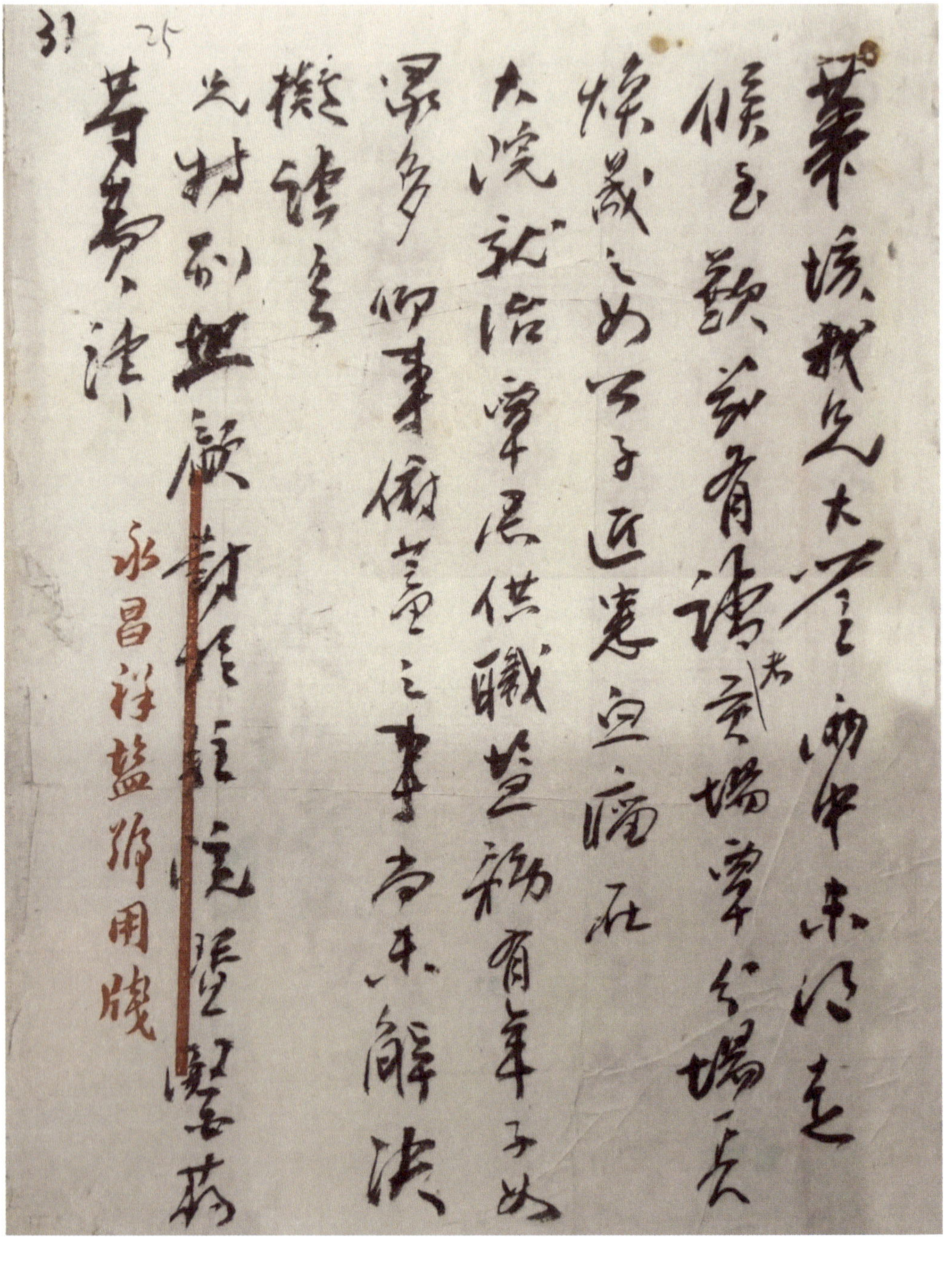

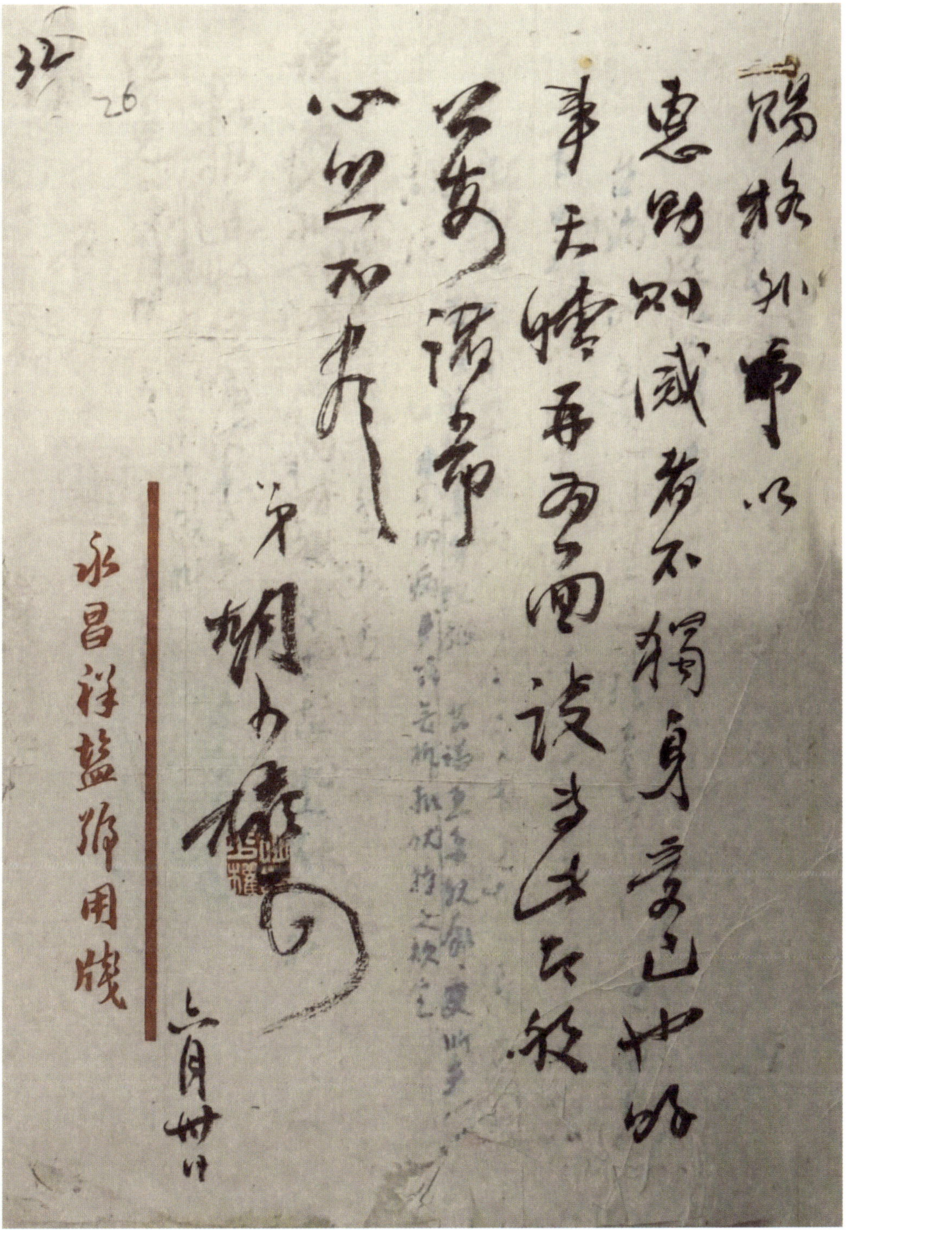

32 26

賜教外，專以
惠賜如歲暮不獨身處山中，略
事天情再西面談，幸未長敘
並安諸希
心照不宣
弟 胡少權
六月廿日

永昌祥鹽號用牋

126　0067-001-0071-030

胡少权为覃焕晟所欠医药费难以照缴请予垂援事致陈况仲的信函（1949年7月12日）

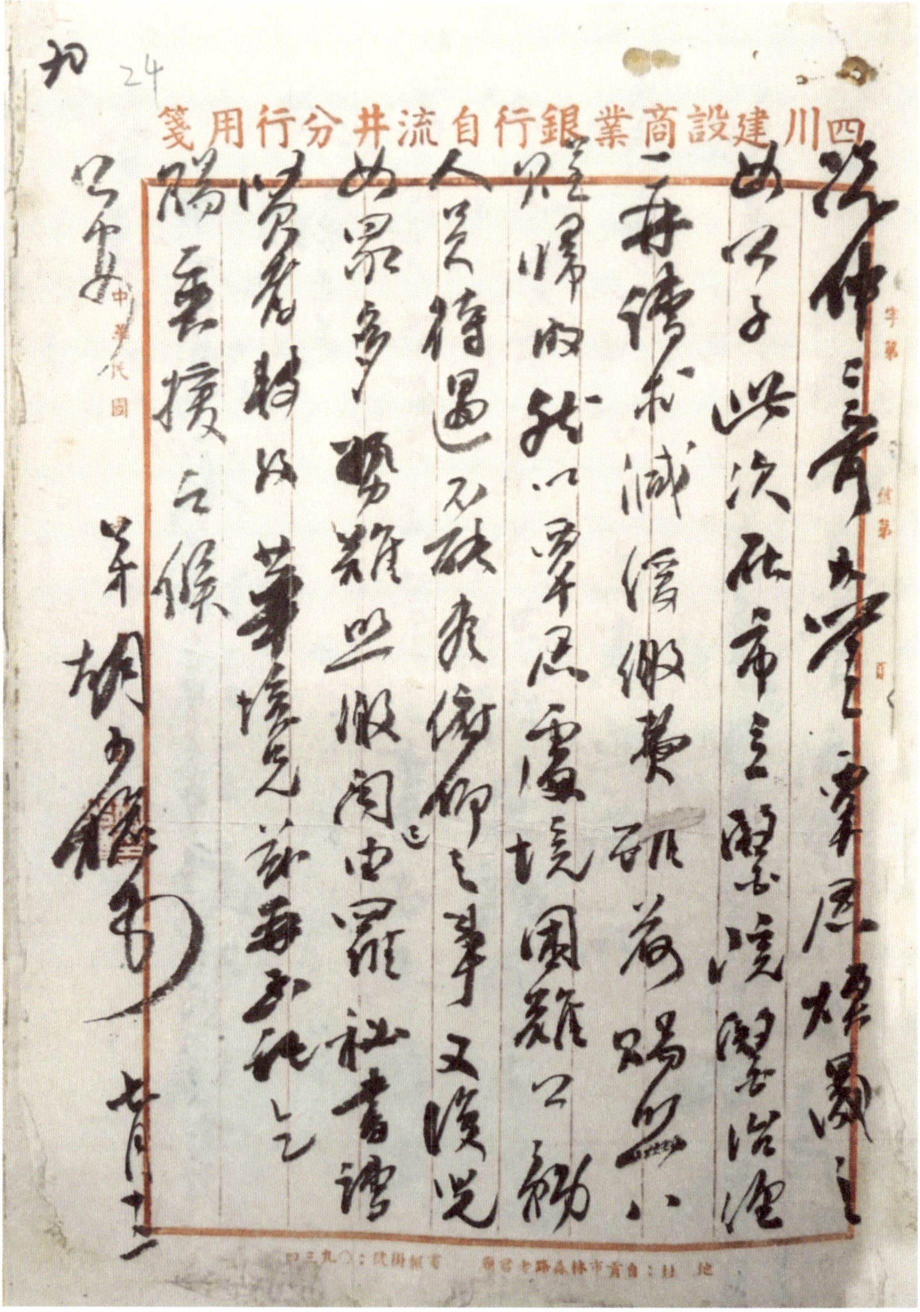

127　0017-001-0439-106

胡少权为详细说明二月以来调解宝昌灶纠纷经过事致□慎嶶的信函（5月15日）

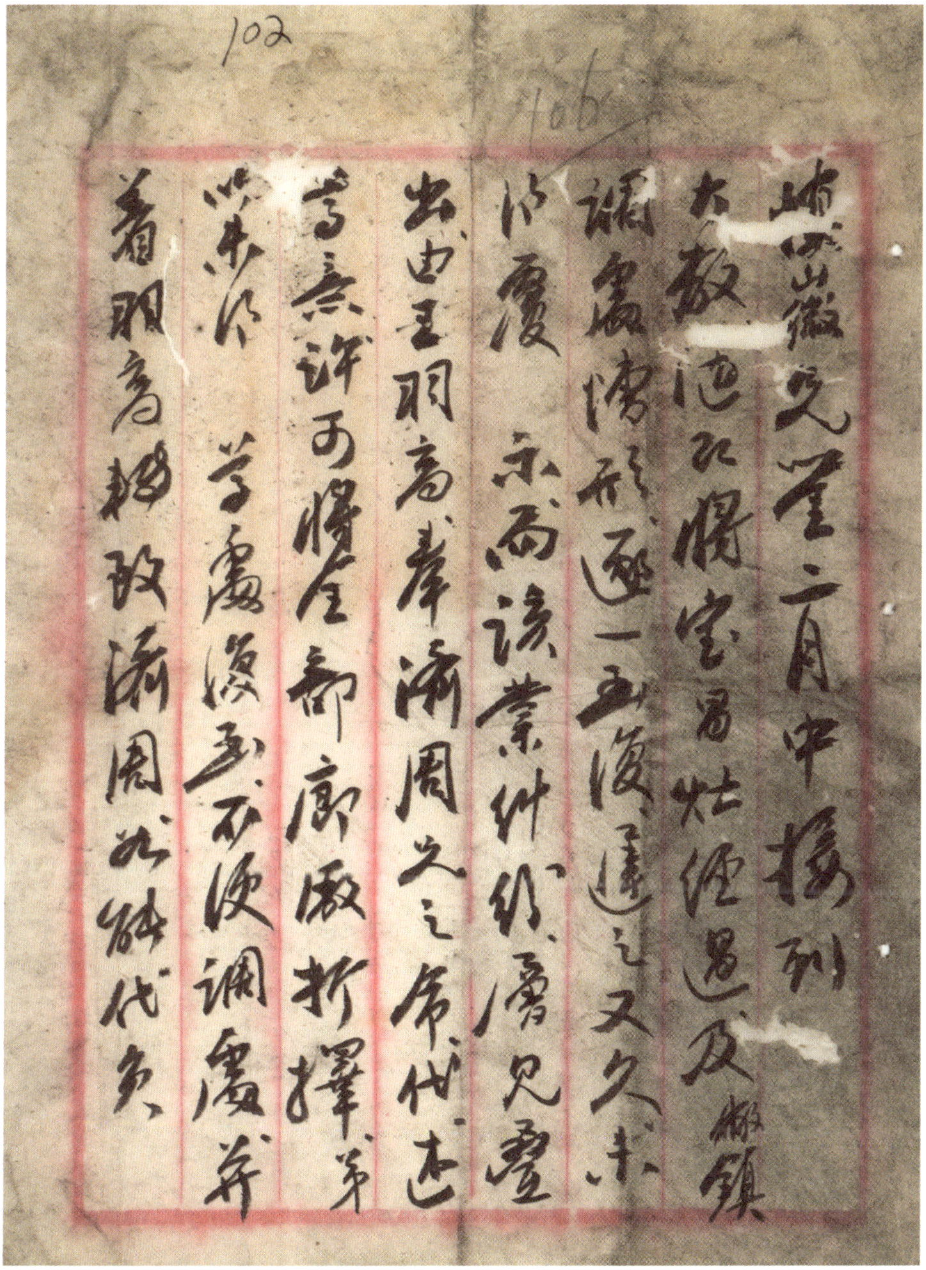

注：慎嶶，其信息不详。

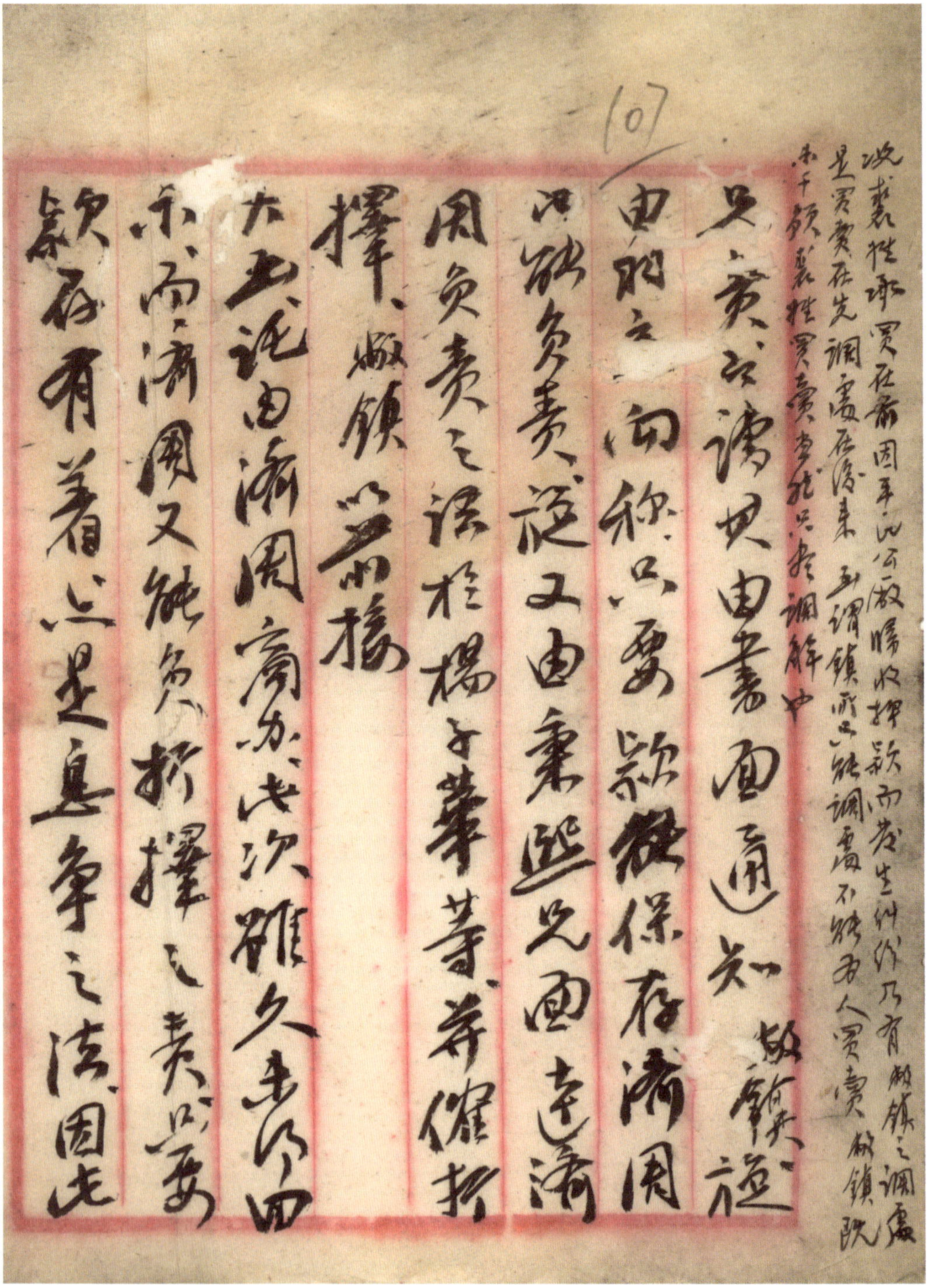

柘溪、溆镇以未阻止、
袁为中、吴泽勉、金林呈银钱每
储备、已早将款用去。至
各储库分若干、亦系在数保存。因二
月中、以来奉君虔遇至昨日乃以
等存粮来大要、溆镇不易遇、是事实
人员须等存之人急委拔调处前准
来到、特将二月以后经过、略择

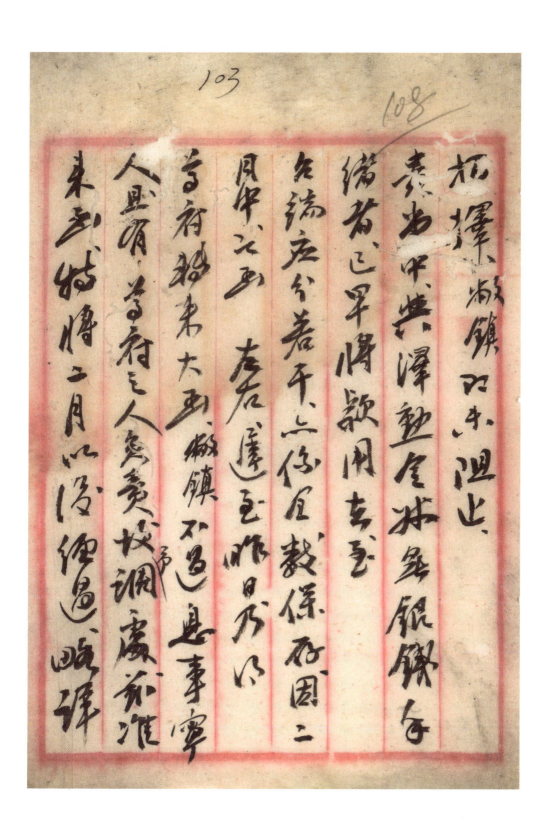

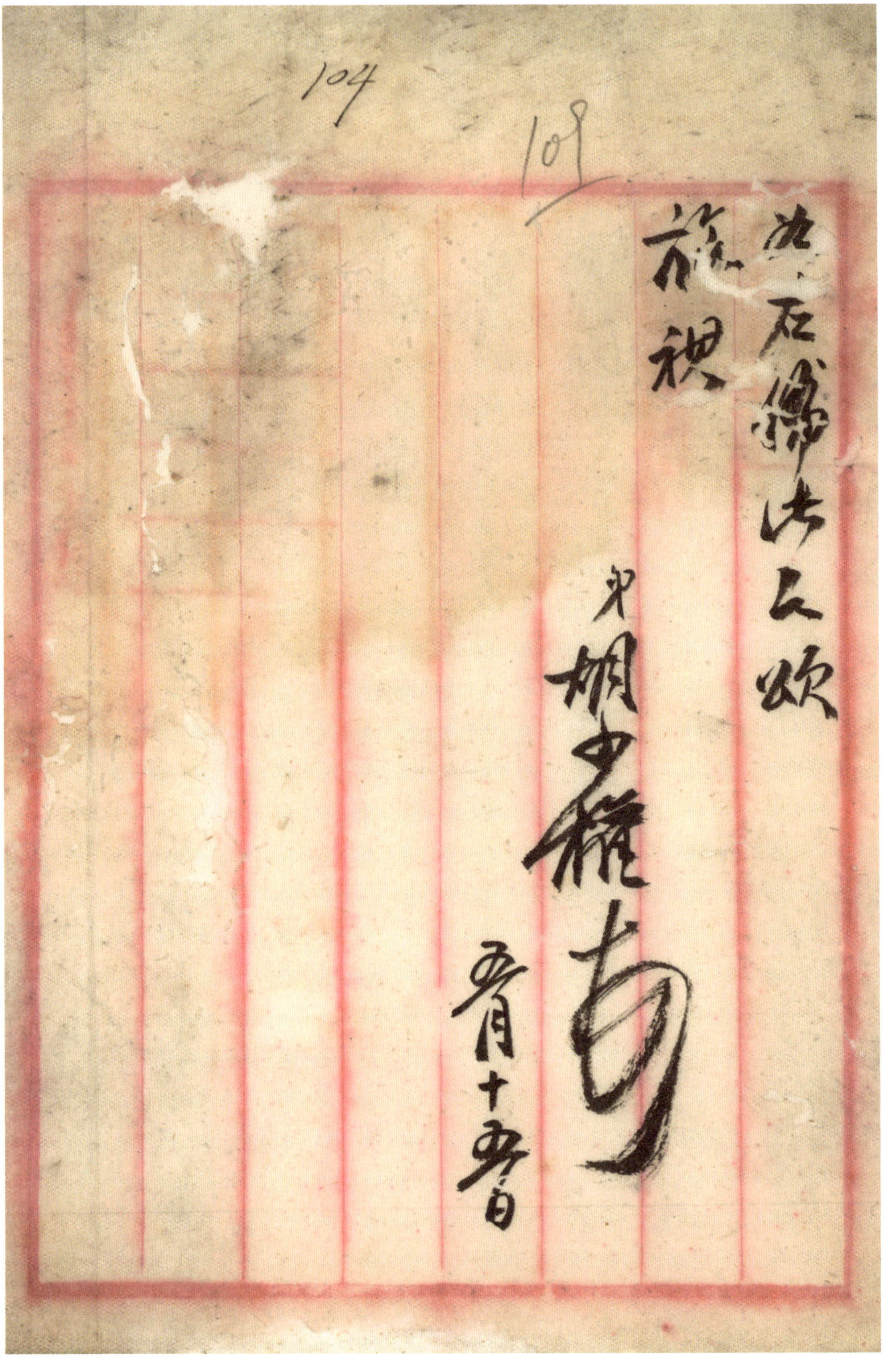

104
109
[illegible]石鄉先大人钧
旅祺
弟 胡中权 启
五月十五日

128 0017-001-0439-081

胡少权为请告知开会事宜及公文盖章等事致王学渊的信函（时间不详）

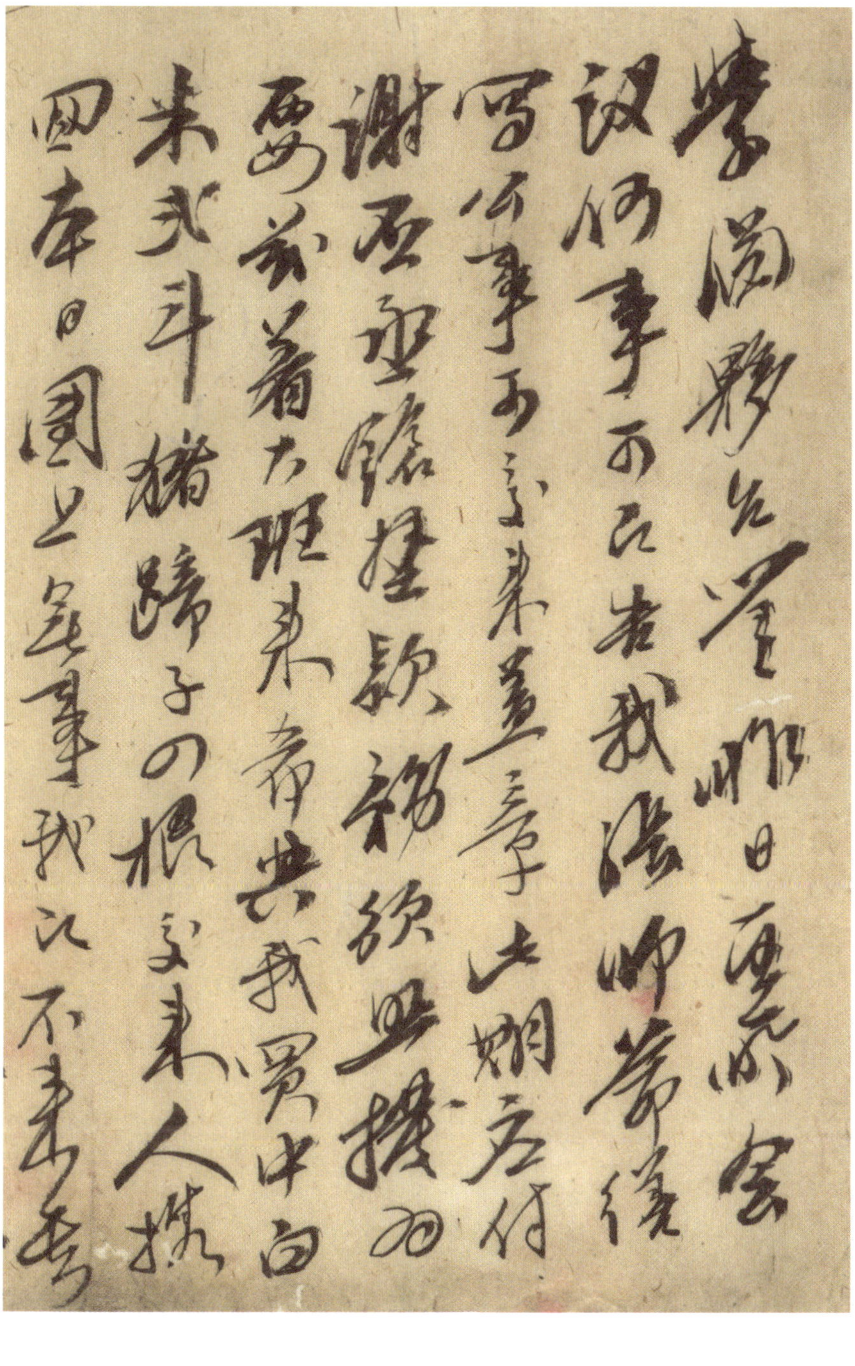

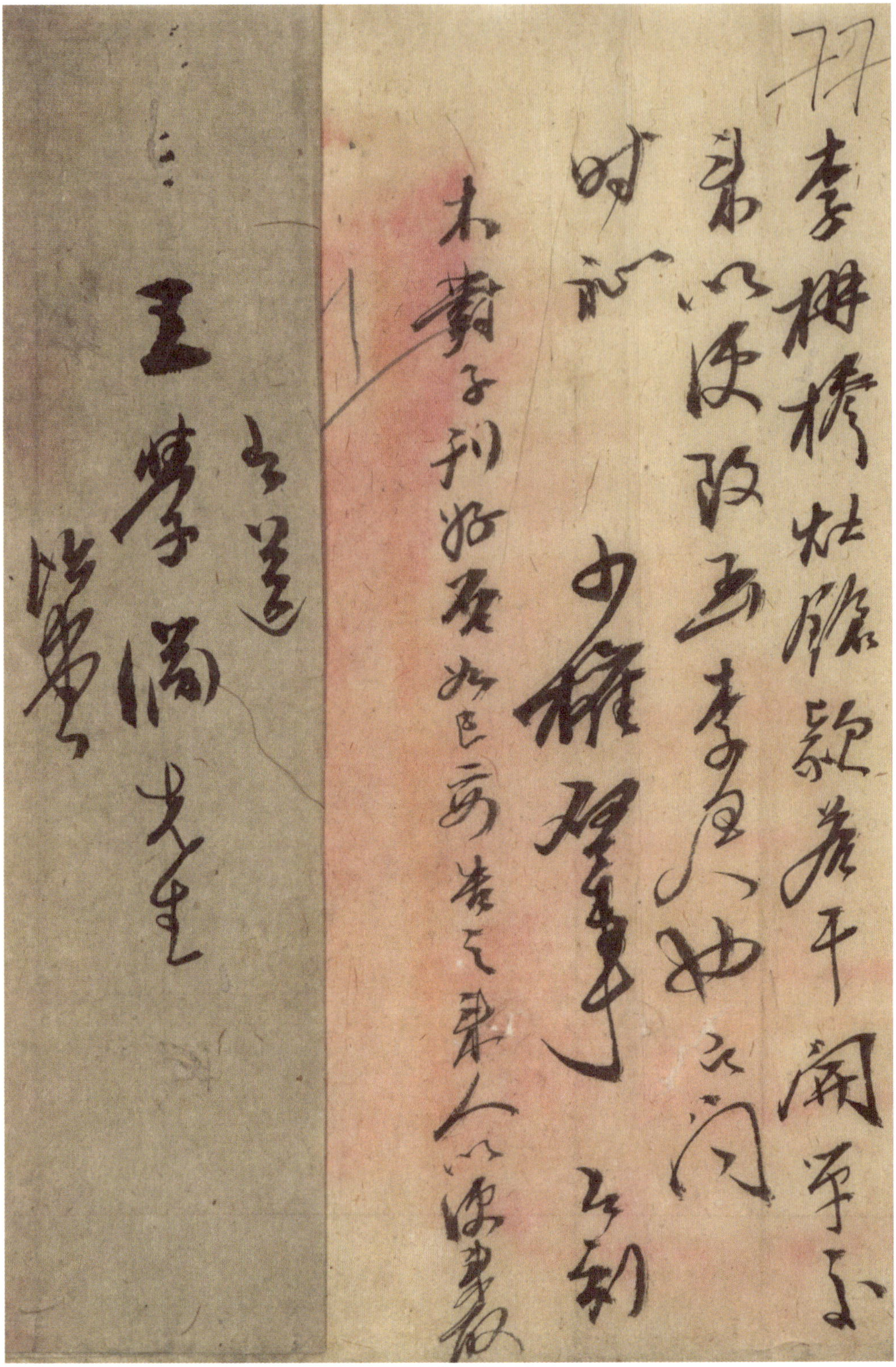

刘念谟

人物简介

刘念谟（生卒年不详），曾任荣县商会会长、荣县参议会参议长。

129 0017-001-0339-097

刘念谟、徐佐麟为“市面金融”已照议决案由政府公布实行及请将电请长官公署设兑现处文稿转致与会各县共同吁请事致李秉熙、侯性涵的信函（1949年7月21日）

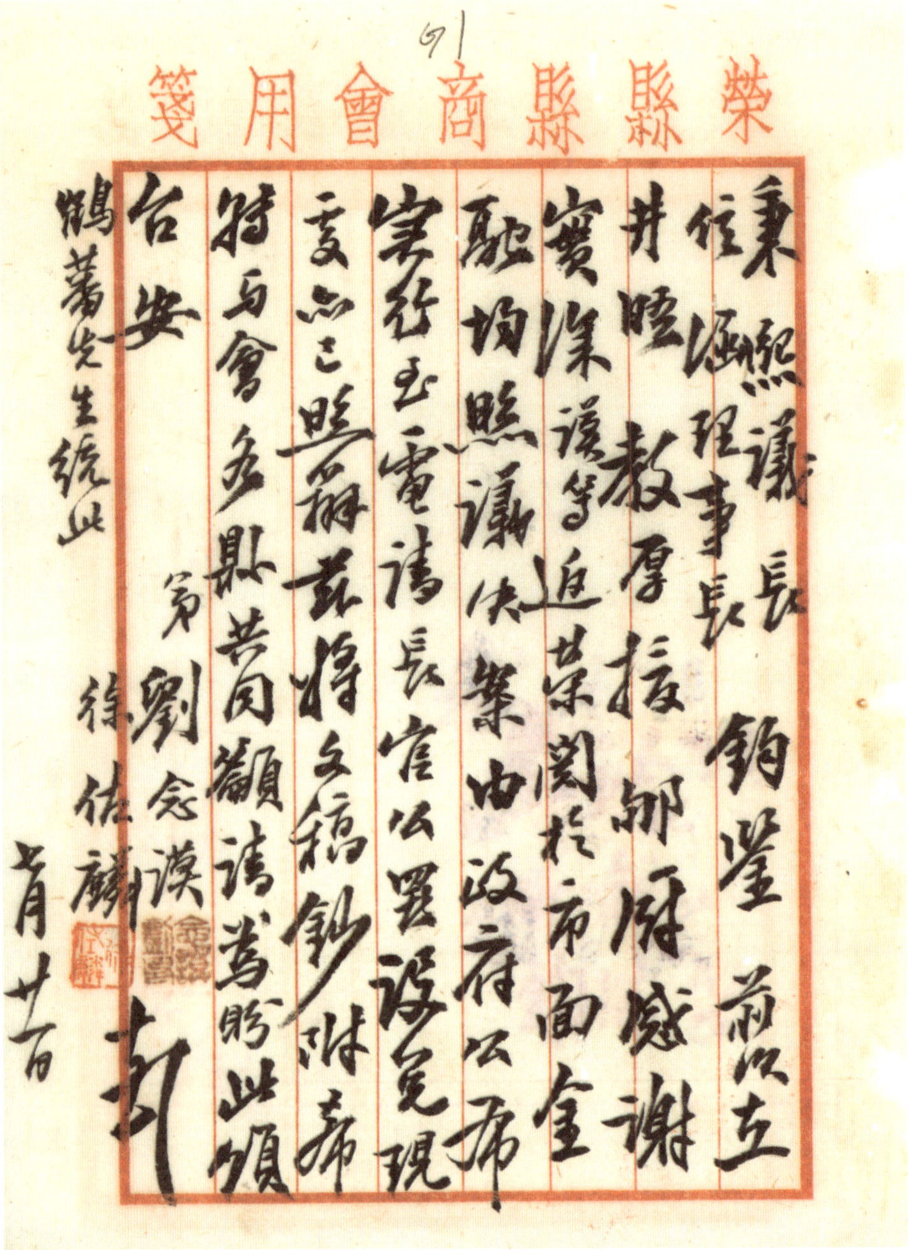
91

榮縣商會用箋

秉熙議長
性涵理事長 鈞鑒：前以立并晤教，厚擾郇廚，感謝實深。議等返榮，關於市面金融，均照議決案由政府公布實行，並電請長官公署設兌現處一節，茲將文稿鈔附奉閱，特與會各縣共同籲請鑒照為盼。此頌
台安
弟 劉念謨 徐佐麟 拜
鴻藩先生統此
七月廿一日

李炤庚

人物简介

李炤庚（生卒年不详），自贡商人。

130　0017-001-0439-090

李炤庚为洪兴井股权变更以致年限敷补生变请予出面理论事致胡少权的信函（1月6日）

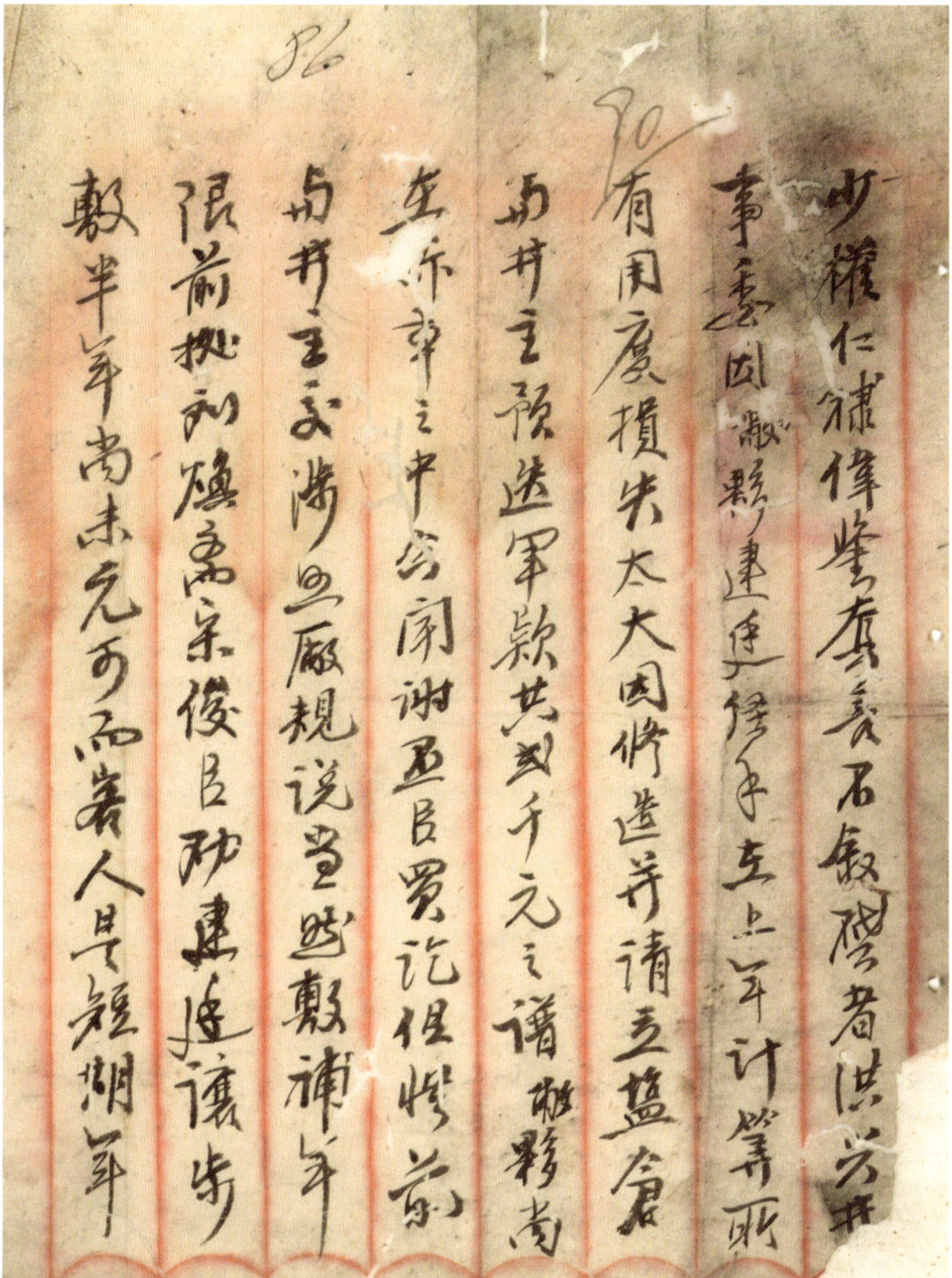
少權仁棣偉鑒：李養石叙啓者，洪兴井
事，委因歉歲，逮延停手，去上年計算所
有困度損失太大，因修造並請立鹽倉
而井主預送軍款共貳千元之譜，敝號尚
在亦郭之中，公同閣謝，並且買訖，但將前
而井主又藉照廠規說當照敷補年
限，前擬利隨息而采，後且動建延讓步
敷半年尚未完可，而寰人是短期年

恨謝燦印負原子孫業，落不將燦燦前

受此清雙窘人損失，置之不問，有是理

乎？閣謝燦以強权手段壓迫，接井掀之，想柔

特恐成功不易，特字達叔，祈將柄推持

燦燦轉圜，甚么見諒。兄虽股份不多，亦

豈出無理蔑。特此上達，尚希諒鑒

為盼。即請

公祺

小兄 李炤庚 頓

一月六号

131 0017-001-0439-067

李炤庚为褚雅山出售在庆余井推机车事致胡少权的信函（4月4日）

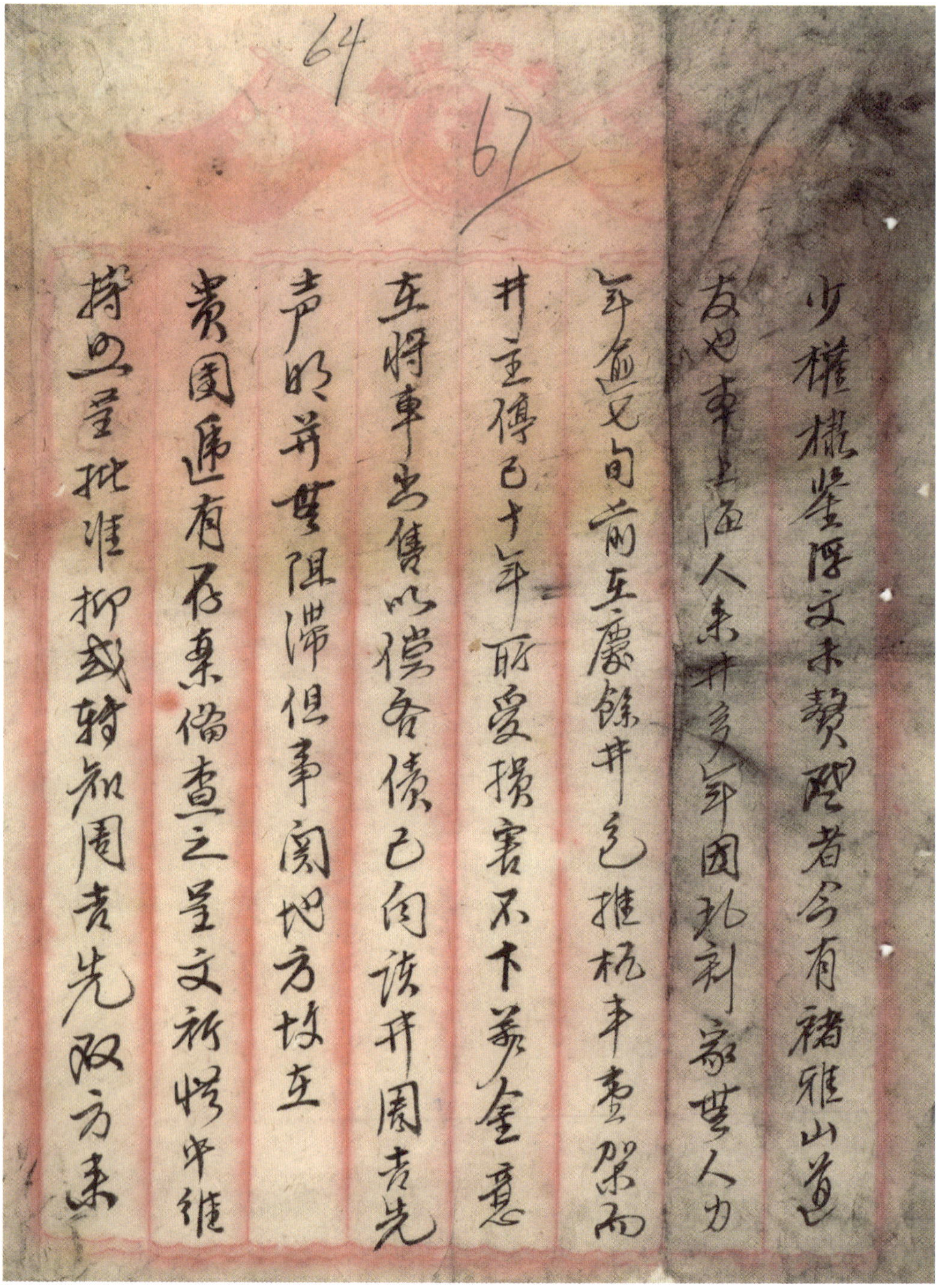
少權棣鉴浮文未赘陈者今有褚雅山道
友也本上海人来井多年因乱剥家无人力
年逾七旬前在庆余井已推机车壹架而
井主傅已十年所受损害不下万金意
在将车出售以偿各债已向该井周君先
声明并无阻滞但事关地方故在
贵国区遇有存案备查之呈文祈将中准
特此呈批准抑或转知周君先取方来

68

圓面商解決，以免誤會致發生異議，亦是濟人利物之舉。有勞之處，容當面酬，餘容後敘。特此，即請
公私迪吉

小兄 李炤庚 敬

四月四號

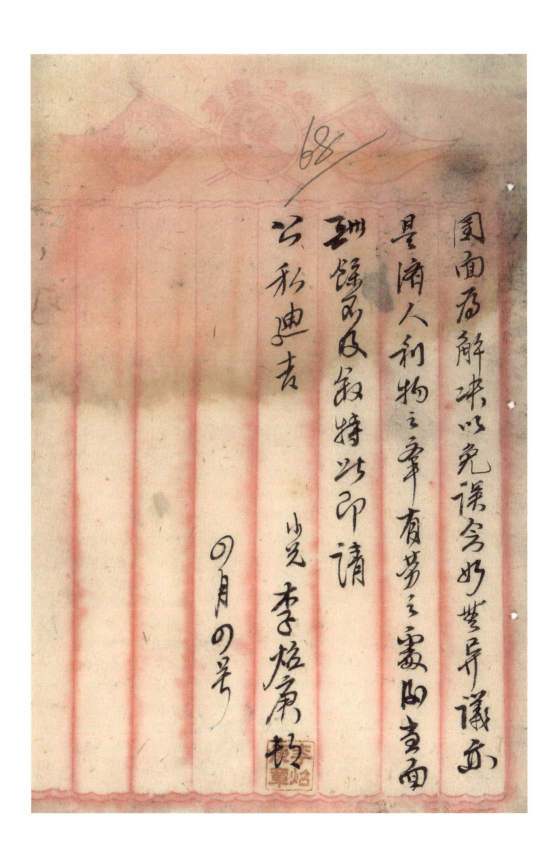

李炤庚章

连铁恒

人物简介

连铁恒（生卒年不详），曾任职于中和盐业公司自流井分公司，并任自贡市运盐商业同业公会负责人等职。

132　0005-001-0087-012

连铁恒为请予致函傅云成推荐江甫华担任育英小学音乐教师事致崔矜夫的信函（2月6日）

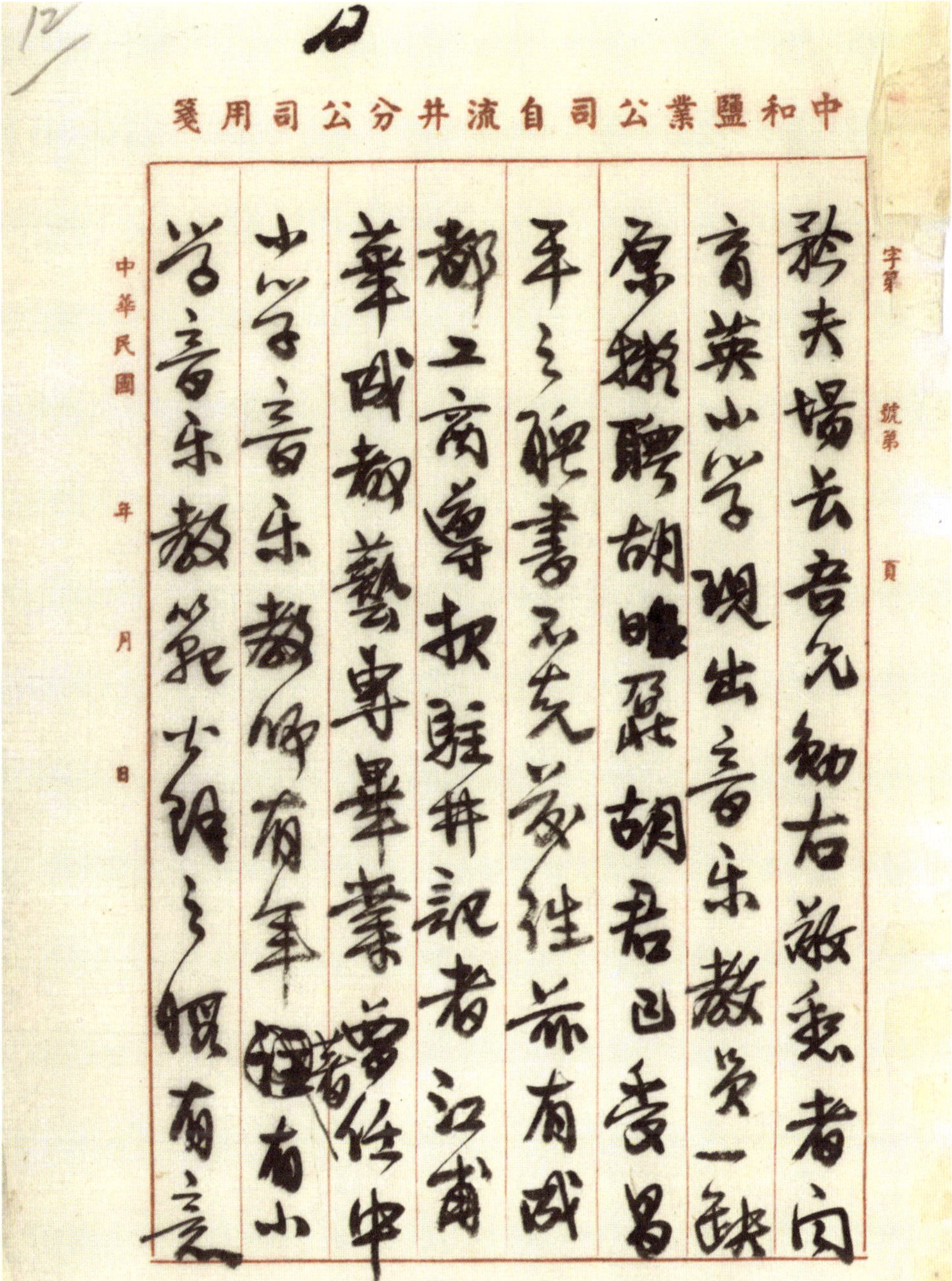

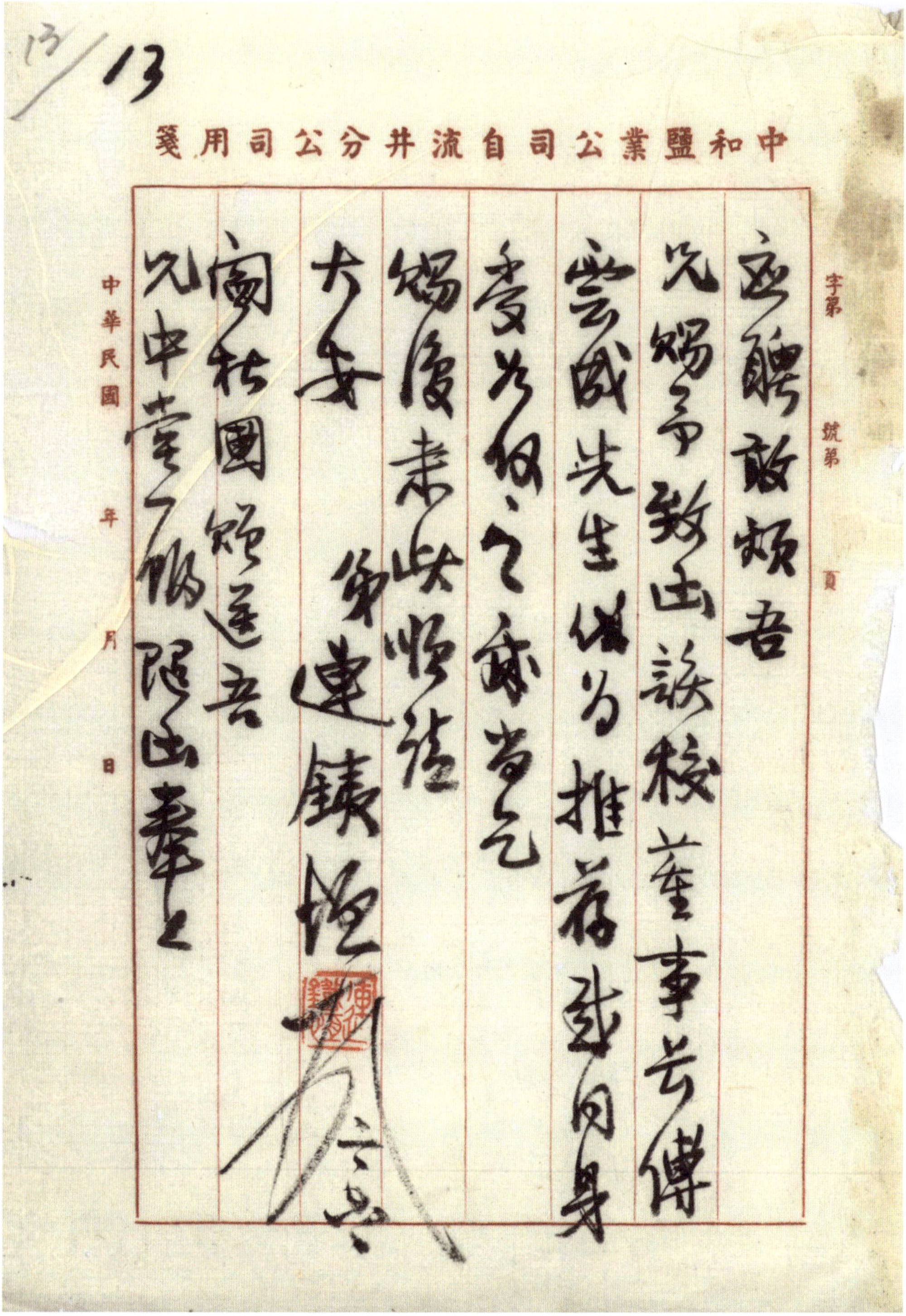
13

中和鹽業公司自流井分公司用箋

字第　　號第　　頁

迳聆教頃吾
兄錫予致函該校董事長傅
常誠先生保為推薦我自身
受兄役之賜當已
錫侯來此順請
大安　　弟建鏞頓
閤校圖頌送吾
兄中堂一幅隨函奉上

中華民國　　年　　月　　日

李云湘

人物简介

李云湘（1889—？），四川自贡人。曾在宜宾、重庆等地任检查所检查长。回自贡后经营盐业，创设怀远井、福华灶、福昌祥盐号等，担任富荣盐场场产总社社长。此外，还涉足保险业、金融业，担任中兴火灾保险公司董事、自流井裕商银行董事长。同时，兼任自贡市私立蜀光中学等多所学校校董会董事。曾任自贡市商会主席、自贡市参议会参议长、四川省参议会参议员。

133　0041-001-0078-0136

李云湘为贡井两短校经费可照数支用事致□光□的信函（2日）

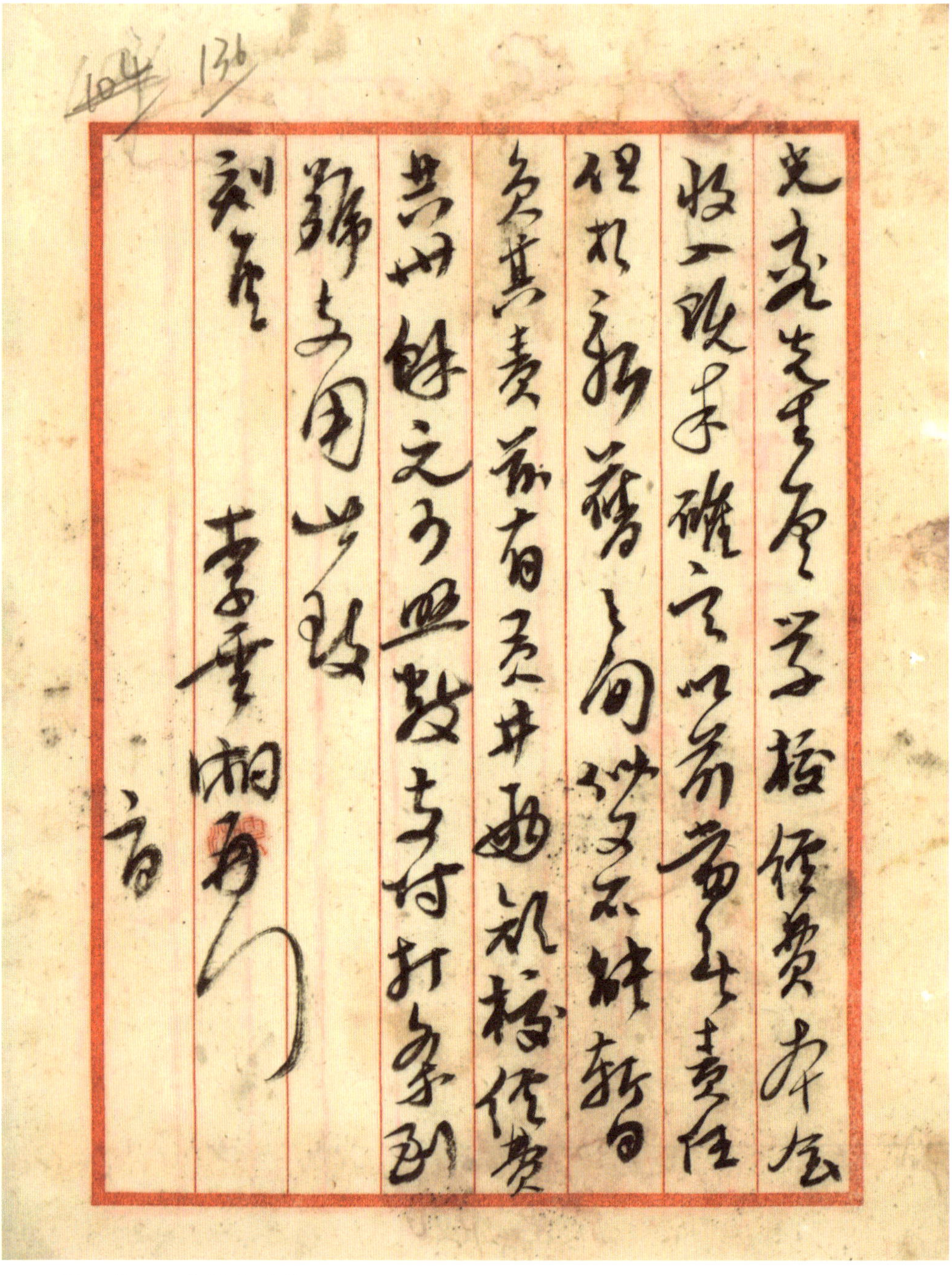

注：光□，其信息不祥。

王和甫

人物简介

王和甫（1867—1930），字德鸾，四川自贡人。自流井珍珠山王宝善祠水支第十八代传人，承袭王氏家族产业仲兴祥，经营有道，成为家族的振兴者。同时，还活跃于官场、商场之中，斡旋于军阀、官吏、盐商之间，担任多种社会职务，广泛参与地方政治、经济、社会事务。此外还利用自身影响积极充当各类社会矛盾的调解者，是自贡清末民初的知名人物。曾先后被清廷封赠花翎二品衔、民政部谘议，曾任度支部主事及漕仓司行走。在自贡盐场，除执掌仲兴祥外，还先后担任和福公盐岩井渡水处经理、新区岩盐井有限公司经理、自贡市商会会长、自贡市筹赈委员会主席等职。

134　0017-001-0487-044

王和甫为楚岸丧失须早日决议办法事致王季良的信函（23日）

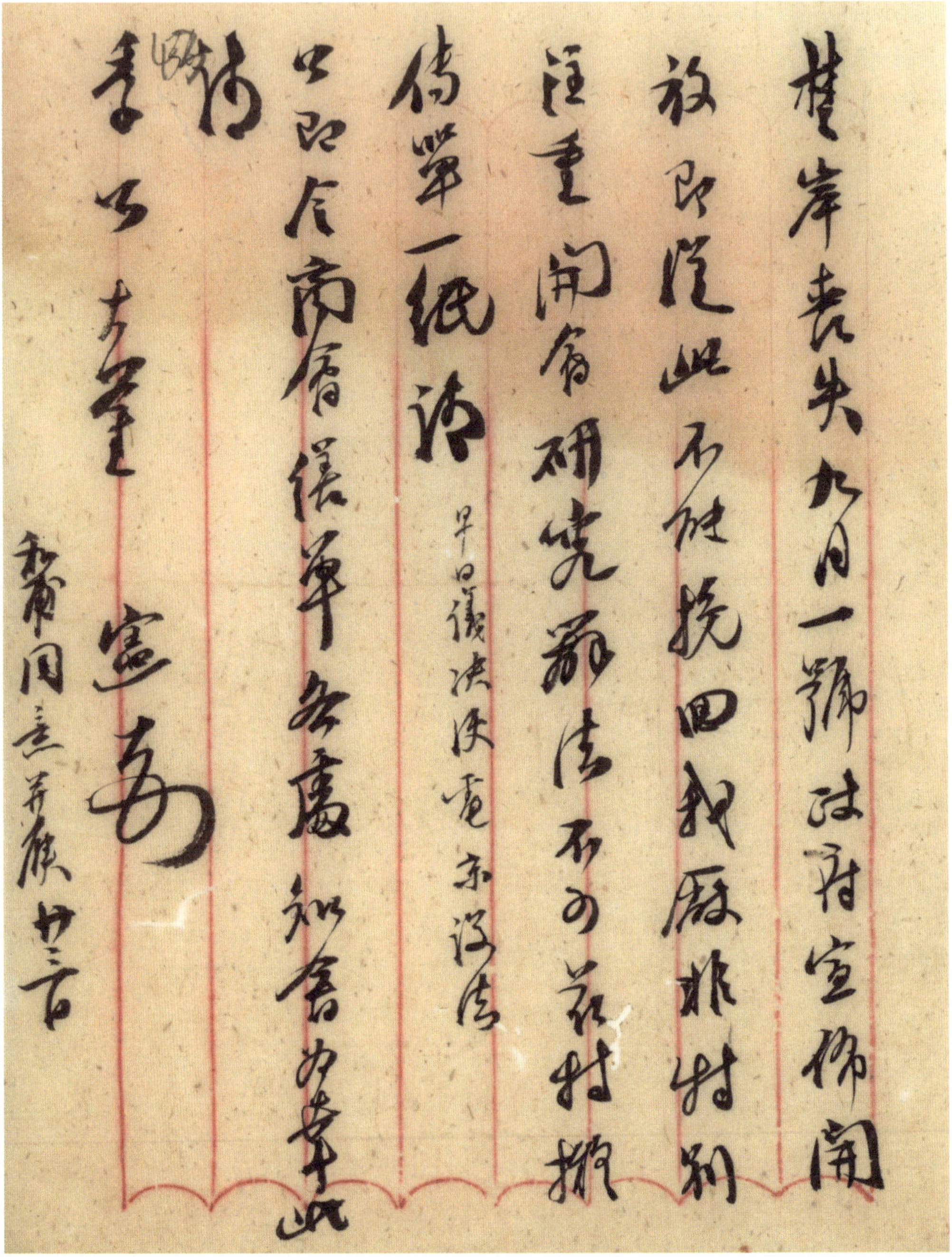

注：季公，即王季良，时任自贡商会会长。

李俊文

人物简介

李俊文（生卒年不详），自贡商人。

135　0017-001-0439-096

李俊文为请先行释放发源井烧盐工人事致王学渊的信函（30日）

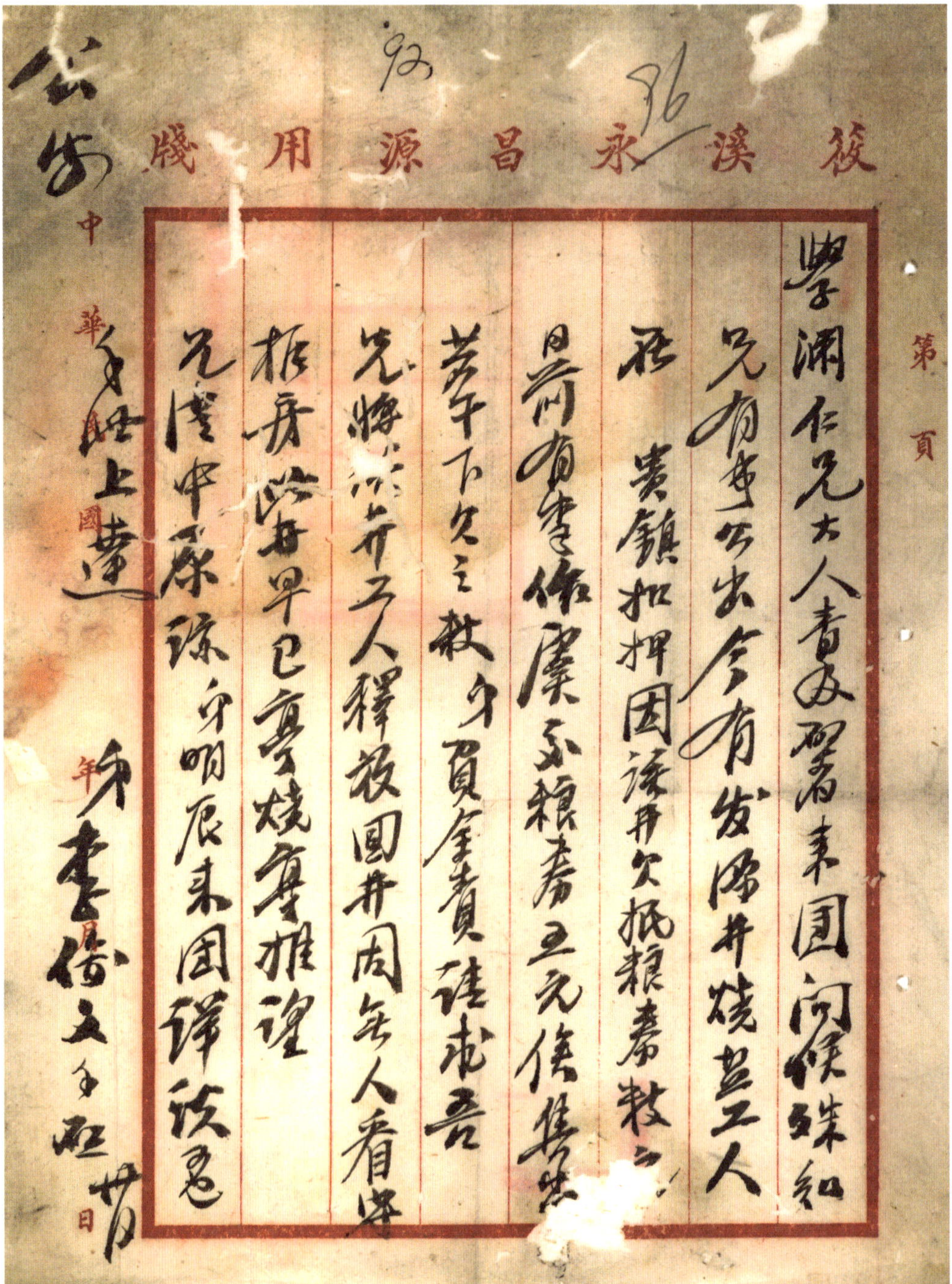
筱溪永昌源用牋

学渊
仁兄大人青及：署前来园问候殊纽，
兄有事外出，今有发源井烧盐工人
在贵镇扣押，因该井欠抵粮券数二
日前有李條虞系粮券五元，借集出
若干，下欠之数，弟负全责，请求吾
先将此井工人释放，因井内无人看守
损失；况西井早已竟烧，专推望
兄俯中察核，分明后来园详谈。急
手，弟李俊文手启 卅日

后 记

本书由四川省档案馆、自贡市档案馆主编，四川省档案馆负责指导、审核等工作，自贡市档案馆负责具体编写工作。

本书在编写过程中，四川省档案馆多次召开会议研究相关问题，馆长祝云、副馆长张辉华对选题选材等给予大力支持和指导。四川省档案馆编研处负责审核。

本书由自贡市档案馆馆长黄晓燕、副馆长潘俊组织策划；张国钢负责档案资料收集、编辑编写；陈彰兰、彭云英负责统稿修订；陈晨负责档案图片的处理、排版。

在本书编纂出版过程中，胡俊峰、陈莉、吴志国、张早立、翟云雲等同志参与了相关服务工作，四川大学出版社亦对本书的编纂出版工作给予了鼎力支持，谨向上述同志和单位致以诚挚的感谢！

本书所收录信件皆为自贡市档案馆馆藏资料，因年代久远，部分信件作者无法确证或联系，如有版权问题，请与自贡市档案馆联系，联系电话：0813-2206902。

编者

二〇二二年九月